国家预算管理

GUOJIA YUSUAN GUANLI（第二版）

王金秀　主　编

魏福成　王银梅　副主编

科学出版社

北　京

内 容 简 介

本书立足于《中华人民共和国预算法》《中华人民共和国预算法实施条例》，以预算决策、预算编制、预算执行和决算、预算绩效管理与评价、预决算监督为基本内容，贯穿预算运行流程这一主线，将我国近年来的预算制度创新融入其中，将预算监管对象从预算收支等流量资金扩大到存量的资产负债管理，将预算监管角色从政府财政拓展到立法机构和社会公众，拓展了预算管理范围和视角，更新了预算观念，探索了预算基础理论，在理论与实践融通、中外结合的基础上形成了符合现代国家治理结构要求的、具有中国特色的现代预算框架。

本书与作者主持建设的慕课相配套，适用于高等院校财政学、公共管理学、法学等专业的本科大学生，也可作为各级人民代表大会、各级财政部门以及各部门、各单位有关人员的参考读物。本书具有系统性、完整性、多学科交叉融合的特点，选用者具体使用时可据情况适当取舍有关内容。

图书在版编目（CIP）数据

国家预算管理 / 王金秀主编. —2 版. —北京：科学出版社，2024.8

国家精品在线开放课程配套教材　国家级一流本科课程配套教材

ISBN 978-7-03-071653-8

Ⅰ. ①国…　Ⅱ. ①王…　Ⅲ. ①国家预算－预算管理－高等学校－教材　Ⅳ. ①F810.3

中国版本图书馆 CIP 数据核字（2022）第 031507 号

责任编辑：王京苏 / 责任校对：王晓茜
责任印制：赵　博 / 封面设计：楠竹设计

科学出版社 出版

北京东黄城根北街 16 号
邮政编码：100717
http://www.sciencep.com

北京天宇星印刷厂印刷

科学出版社发行　各地新华书店经销

*

2017 年 3 月第　一　版　　开本：787×1092　1/16
2024 年 8 月第　二　版　　印张：20 1/2
2025 年 2 月第十五次印刷　字数：486 000

定价：58.00 元

（如有印装质量问题，我社负责调换）

前　言

　　国家预算管理聚焦于如何有效、规范地管理"政府钱袋子"，该领域涉及面广，综合性强，跨度大，具有多学科交叉融合的特点，属于"经世济民"之学。长期以来，人们对预算的认识往往局限于特定的学科，具有片面性、狭隘性，形成了"就平衡论预算""就分钱论预算""就财政论预算"的传统范式。

　　我国现代预算制度为推进中国式现代化建设提供了重要的制度和财力保障。近 20 年来，我国大力推进了一系列强化预算治理、提高预算绩效的改革举措，全面再造了预算管理机制，形成中国特色的预算管理体制机制。新时代以来，我国不断健全预算治理体系，预算制度越来越成为约束公共权力最为有效的"制度笼子"，党的十九大报告要求"建立全面规范透明、标准科学、约束有力的预算制度，全面实施绩效管理"①，此后，党中央、国务院对深化财政改革、全面实施预算绩效管理作出了一系列重大决策部署，出台一系列重要法规文件，包括《中共中央　国务院关于全面实施预算绩效管理的意见》《中华人民共和国预算法实施条例》《中华人民共和国政府采购法》《中华人民共和国审计法》等，这些法律法规进一步创新了预算管理、监督体系和体制机制，党的二十大提出要"健全现代预算制度"②，由此对预算教学体系的更新和内容的与时俱进提出内在要求，这驱使我们将我国预算最新改革与创新的精髓及时地转化为预算教学和研究的新内容。

　　本书特色鲜明，将古今中外预算理论和最新的改革实践有机结合，以现代大预算观的新理念为出发点，内容包括预算制度、流程、方法等，范围涵盖人大、财政、审计、部门、单位的预算绩效管理、评价监督，集预算决策、预算编制、审批、预算执行和决算等内容，基于中国预算最新改革动态，将专业性和思政性融合、宏观微观结合，将经管法政多学科融通，通过多学科交叉的方式构建中国特色的现代预算管理教学体系。具体来说，本书的特色体现在以下几方面。

　　（1）追踪预算理论与改革实践的前沿动态，预算课程思政化教学元素丰富。国家预算是财政的核心，并超越财政，成为现代国家治理的基石，预算领域思政元素极为丰富。1949 年 12 月毛泽东在中央人民政府委员会第四次会议讲话中指出："国家的预算是一个重大的问题，里面反映着整个国家的政策，因为它规定政府活动的范围和方向。"③本书

---

① 《习近平：决胜全面建成小康社会　夺取新时代中国特色社会主义伟大胜利——在中国共产党第十九次全国代表大会上的报告》，http://www.gov.cn/zhuanti/2017-10/27/content_5234876.htm[2022-06-09]。

② 《习近平：高举中国特色社会主义伟大旗帜　为全面建设社会主义现代化国家而团结奋斗——在中国共产党第二十次全国代表大会上的报告》，https://www.gov.cn/xinwen/2022-10/25/content_5721685.htm[2024-07-01]。

③ 《党史百年·天天读】12 月 2 日》，https://www.12371.cn/2021/11/29/ARTI1638190950670566.shtml[2022-06-09]。

将中外前沿的预算改革纳入预算框架，及时反映我国预算管理改革的新动态、新举措，以预算民主化、法治化为取向，紧扣国家治理现代化要求，贯穿我国预算人民性这一主线，将预算的专业性和政治性融为一体，通过结合预算理论、预算制度、预算体制机制，形成中国特色的预算教学内容和体系，便于实现专业课程思政化教学。

（2）采取跨学科交叉的方式，通过多视角分析显现预算全景图。本书立足于国家近年发布的相关法律制度，将财政学与政治学、法学、经济学、管理学、金融学、投资、统计、财务和会计、审计融为一体；将预算决策、编审与执行结合，解析预算管理、控制机制及监督体系，从预算经济学扩展到预算管理学，并进一步引入预算政治学，以经法管政融合融通为特点，形成一幅完整的预算知识全景图谱。

（3）引入人大等多方预算监管角色，突破传统预算的狭隘性。本书突破"就财政论预算"的范式，特别将人大审议和监督预算机制纳入预算教学知识体系，体现财政和人大两大维度各自的预算角色定位，并将视角延展到部门、单位和项目以及上下级政府之间的预算管控机制，形成全方位的预算管理体系。

（4）将中外理论与实务相互结合并融会贯通，创新基础理论。本书将西方零散的预算理论系统化，以学理性为逻辑梳理现有中外财政基础理论，根据公共部门的运行特点修正传统的委托代理理论，形成"政府式"的治理结构和预算委托代理关系学说，并将其作为预算管理的基础理论。

（5）以预算管理流程为基本脉络，汇集各方精髓。将预算知识体系进行宏观和微观融通，从预算的概念、理论、对象、构成体系和内容、流程、规则、标准、法规、管理的制度、体制以及机制等方面展开论述，以预算决策、编制、执行及其结果评估构成的基本预算流程为主线，形成贯穿预算全程、覆盖范围全面的预算管理和监督体系。

（6）去粗取精、化虚为实，简明扼要地拓展并突出知识性。现有预算研究具有学科分割性，预算知识存在零星碎片化甚至过度虚化的情况。本书在拓宽预算视野、增加教学内容的同时，致力于去粗取精、化虚为实，提炼预算知识点、知识块，形成了系统化的预算教学框架，让使用者学有所得、用有所获。

（7）教学内容和手段"双更新"，同步进行线上慕课资源建设。现代社会数字信息技术迅猛发展，纸质版教材的教学资源有限，针对这一现状，以教材资源建设为核心，同步更新网上慕课课程资源，及时跟进现代教学技术、教学手段和方式的要求，适应以学生为中心进行翻转式教学新模式的要求。

本书编者长期以研促教，与时俱进，及时将最新最前沿的预算改革与研究成果进行系统化梳理，知识化提炼后转化为教学内容，不断创新预算教学体系。本书前身源自教育部于 2000 年启动的"新世纪高等教育教学改革工程"，陈共教授担纲教育部立项的重点项目"财政学系列课程主要教学内容改革研究与实践"课题，出版了财政学专业本科生七门主干课程教材，其中"国家预算管理"的研究工作由本教材主编王金秀承担，项目成果《国家预算管理》于 2001 年出版，大幅重构了预算教学体系和内容，被教育部列为"面向 21 世纪课程教材"，此后多次修订，本书以前四版为基础编纂，教材内容和体系再次进行了大幅优化和改进。

本书编者主持建设的国家预算管理课程于 2015 年在中国大学 MOOC（慕课）、中科云教育等上线运行使用，2017 年获评首批国家精品在线开放课程，2020 年被评为国家级一流本科课程，多年来，编者不断适时调整、动态更新线上教学资源，使教学资源与本书具有极强的互补性，读者可将二者结合起来使用，实现线上线下有机结合。

　　本书及其课程建设是集体智慧的结晶，得到了多方的关心、支持和帮助，他们是廖家勤教授、魏福成副教授、王银梅教授、白志远教授、张澜副教授，万玥希、杨翟婷、邓琨和张亮，等等，他们为本书付出了诸多辛劳，特此致谢！感谢科学出版社的辛苦付出和大力支持。

　　由于时间紧、任务重、工作量大，本书难免有不足之处，敬请读者不吝指正，以便我们后续进一步修订完善。

编　者

2024 年 6 月完成于中南财经政法大学晓南湖畔

目 录

第十二章

政府采购制度 ·· 241

第十三章

预算执行 ··· 259

第十四章

预算绩效管理与评价 ······································ 281

第十五章

预决算监督 ··· 291

第一章

现代预算制度的产生与发展

第一节 欧美国家现代预算制度

一、英国现代预算制度

（一）英国现行君主立宪制政体

英国实行君主立宪制，属于单一制国家，政府对议会负责。1341 年，议会分成上、下两院，政府部门分为内阁各部与非内阁部门。内阁各部由部长领导，部长属于内阁成员。英国实行内阁制，内阁是由首相组建、由资深的政府部长组成的正式体制。内阁的大多数成员都是具有国务大臣头衔的英国政府部门的首长。内阁的成员只能从英国上议院和英国下议院的议员中选取。在英国政府体制中，内阁是最高的行政决策机构。议会两院都享有财政审核权，下院对预算具有决策控制权，两院议员都可以向内阁大臣提出问题进行质询。议会不能解除单个大臣的职务，议员可以提请大臣辞职，下议院能够决定政府整体的命运。英国内阁成员从议员中选出，因此，行政部门与立法机关不分离。

现代预算制度产生在英国，英国近代史就是一部国王和议会争夺国家控制权的历史，而对预算权的争夺则是双方斗争的焦点，由此形成了惊心动魄的财政史。

（二）《自由大宪章》初步确立预算宪政原则

在英国，由于教皇、英王约翰及封建贵族对王室权力产生意见分歧，1215 年 6 月 15 日，英王约翰被迫在泰晤士河边的草地上与反叛贵族签署了宪法性的文件《自由大宪章》。这部典型的封建法和习惯法文献第一次通过立宪的方式规定，除了国王被俘后赎身或其他特殊事项外，课税必须得到贵族和教士代表会议的同意。《自由大宪章》规定，"国王非经贵族和教士组成的大会议同意，不得向封建主征收额外的税金"，《自由大宪章》确立了"法律至上，王在法下"的原则，首次以法律形式确立"不开会不纳税""非赞同毋纳税"的预算原则。此后，美国以"无代议士则不纳税"为口号掀起了独立战争，摆脱了英国殖民统治，确立了"无代表不纳税"的预算原则。《自由大宪章》第六十一条，即"安全法"规定，由 25 名贵族组成的委员会有权随时召开会议，具有否决国王命令的权力，并且可以使用武力，占据国王的城堡和财产。《自由大宪章》也成为日后英国宪法的基石。1265 年，贵族孟福尔自行召集英国历史上第一次议会；13 世纪中叶以后，随着工商经济的繁荣，城乡中等阶级迅速崛起，平民代表参与议会的比例大增，使封建性的御前会议逐步向全国性政治机构（议会）转变。爱德华二世即位后，大贵族操纵议会，宣布议会是国家权力的中心，每年必须在固定地点召开两次会议，议会在中央国家机器中的位置逐步稳固下来。到 14 世纪，国王要开征新税或增加税赋，必须经代表资产阶级利益的议会同意和批准，批准纳税几乎是议会唯一也是最重要的职能，因此，英国有句法谚说"税收是代议制之母"。

（三）光荣革命确立资产阶级的预算宪政体制

英国 1640 年爆发资产阶级革命，1649 年宣布建立共和国，1680 年议会通过决议，"从今以后，无论君主以关税、货物税的收入，还是以取自家庭钱财的收入为担保，而进行借款，都被认为是在妨碍议会的活动，而必须对这些行为负责"，要求君主借款处于议会的完全控制之下。1688 年"光荣革命"后通过颁布一系列法案逐渐确立了资产阶级君主立宪制政体，使议会与国王近半个世纪的斗争以议会的胜利而宣告结束，英国走上了发展资本主义的道路，议会获得了控制政府开支的法定权力，其中下议院逐步对预算具有决定权。1689 年英国议会通过《权利法案》（Bill of Rights），规定"凡未经国会准许，借口国王特权，为国王而征收，或供国王使用而征收金钱，超出国会准许之时限或方式者，皆为非法"。其强调议会对国王课税的同意权，主张议会的地位优于国王，重申不经议会的批准，王室政府不得强迫任何人纳税或作其他缴纳。1697 年，英国议会通过《国王年金法案》，授予国王年金，终生享用，与此同时，国王被迫同意放弃由王室征收的那部分财政收入，并以此换取下议院批准给皇室的年度固定拨款，这样，议会就完整地控制了全部财政收入。17 世纪英国编制了第一个国家预算，奠定了预算制度的雏形，标志着英国资产阶级君主立宪制的确立。

（四）预算法律逐步确立预算编审权的配置

1701 年通过的《王位继承法》规定，王位的继承由议会而非君主本人来决定，确立了英国"议会至上"的原则，议会逐渐成为国家的最高权力机关。"光荣革命"后，英国议会故意不赋予国王及政府任何足以使他们得以独立生存的终身财源。1707 年，英国议会通过的《任职法案》规定："凡议员得到国王任命或从国王那里领取薪俸后，就失去了议员资格。"从 1760 年起，财政大臣必须在每个财政年度开始之前，向议会提交国家预算报告，以此寻求议会拨款，此后逐步形成惯例。1760 年以后，议会进一步取消了国王自行决定征税的权力，国王放弃了由皇室征收的财政收入，换取了下议院批准对皇室的年度拨款，国家和皇室收支都必须经过议会批准。1760 年起，财政大臣必须于每个财政年度开始之前，向议会提交预算报告，至此，资产阶级议会完整地控制了国家全部财政收支和财政权。1787 年，英国首相威廉·皮特按照议会通过的《统一基金法案》要求向议会提交了涵盖政府全部收支的概算书，把全部财政收支统一在一个文件中，从此有了正式的预算文件，标志着现代政府预算制度的诞生。1789 年议会通过了《联合王国统一基金法案》，建立了"统一基金"（这是政府在英格兰银行的公共账户名称），由此，政府的所有收入均纳入统一基金，所有的支出均由统一基金支付。统一基金的建立极大地增强了下议院的预算控制权。《联合王国统一基金法案》规定政府必须向议会提出"财政收支计划书"，并由议会审核批准，才具有法律效力。至 19 世纪初，确立了按年度编制和批准预算的制度，即财政大臣每年提出全部财政收支的一览表，由议会审核批准。1832 年通过了《议会改革法案》。1848 年，通过的博林提案要求所有的政府部门都必须不折不扣地向议会呈送年度的全部收支预算。1854 年通过《公共收入统一基金支用法》使议会变成真正的代议机构，实现了对所有收入和支出的控制，预算成为控制政府官员行政行为的工具。1861 年议会重新组建了具有超党派性质的"公共账户委员会"，加强了议会对财政的控制。1866 年议会通过了《国库与审计部法》，建立总审计长制度，设立国库审计部和职业审计员，对议会负责，监督政府按指定用途使用经费，实现了议会对预算权的完全控制，奠定了英国现代预算制度的主体框架。此后，《国民贷款法案 1968》、《统一基金法案 2003/04》、《贸易基金法案 1973》及后来的修订法案《贸易基金法案 1997》等，一并构成英国的预算法律体系。

（五）率先确立独立的审计监督预算体制

为了保证政府财政预算的使用具有合法性和绩效性，各国都设置了专门的审计监督机构。英国是世界上最早设立审计机构的国家，早在 13 世纪就建立了王室财政审计制度。1314 年，英国国王任命了历史上第一位国库主计长，在财政署设立了国库审计师，这是最早履行监督政府支出的行政官员。此后，英国历代王朝都设立了审计机构，国家审计职责和权力得到不断发展和加强。1559 年，伊丽莎白女王设立预付款审计师，正式负责对国库支付款项行使国家审计权。

1689 年通过的《权利法案》规定，财政权属于国会，由国会审查国家预算和决算，财政大臣必须先将上年度的财政决算、下年度的财政预算和征税项目提交国会审议，接受监督。1785 年通过《更好地检查和审计本国王公共账目法案》（Act for the Better Examining and Auditing of the Public Accounts of this Kingdom），议会创立了由五个人组成的公共账目审计委员会（Commissioners for Auditing the Public Accounts），取代预付款审计师的国家审计职能，负责审计各部门的公共账目。1834 年修订有关审计法律，设置实行终身制的审计院长，增设国库审计长办公室（Office of Comptroller General of the Exchequer），与已有的公共账目审计委员会合作，共同负责政府款项的审计监督。格莱斯顿（Gladstone）主持公共财政改革，改变了国家行政型审计体制，1861 年，英国议会下院设立决算审查委员会，专门负责对决算进行审查并向议会报告，1866 年 6 月 28 日伦敦议会通过《国库和审计部法案》（Exchequer and Audit Departments Act），决定设立主计审计长职位以及国库审计部，对政府部门和公共机构进行审计，规定一切政府开支都必须经过独立于政府之外的，代表国会的审计院长的审计。1867 年成立国库和审计部，宣告了世界上第一个现代立法模式国家审计制度的诞生。《国库和审计部法案》规定，下议院负责批准财政支出，主计审计长负责审计所有政府部门的账目并控制款项的支付，最终由议会专门委员会作出结论，向下议院报告。1921 年议会修订了《国库和审计部法案》，不再要求主计审计长对所有的支出项目都进行审计；1957 年进一步细化了主计审计长的报酬与职责。1983 年通过了《国家审计法》，设立国家审计署（National Audit Office），取代国库和审计部；在议会设立公共账目委员会（Public Accounts Committee），要求进行绩效审计，国家审计署有权就政府部门和其他公共机构使用公共资源的经济性、效率性和效果性展开检查，公共账目委员会负责讨论和审议国家财政事务和审查审计长的审计报告。纵观英国历史，新兴资产阶级经过几百年的斗争，预算制度渐进发展，议会于 14 世纪前后从控制征税权到逐步控制财政支出权，直到 19 世纪才最终建立起真正的现代国家预算制度，即每年由财政大臣提供全部财政收支的一览表，事先对国家收支做出大概的估算，制定取得收入的相应办法，经议会审批后行政部门执行，预算执行结果由主计审计长进行独立审计。

（六）财会审预算联动管理政府资源

英国是实行君主立宪制的单一制而非联邦制国家，地方政府隶属于中央政府。1979 年撒切尔夫人上台执政，严格控制政府财政支出，削减福利开支，推行国有企业私有化改革，同时采取雷纳评审、部长管理系统、财务管理新方案和《下一步行动方案》一系列措施为其文官制度改革和新经济政策提供保障，拉开了新公共管理运动的序幕。

1994 年英国财政部发布绿皮书《更好地核算纳税人的钱——政府资源会计和预算》（Better Accounting for the Taxpayer's Money：Resource Accounting and Budgeting in Government），正式提出在中央政府部门实行权责发生制会计与预算。1996 年英国财政部和各政府部门开始启动采用权责发生制会计的准备工作，主要是制定相关的会计制度、评估各部门资产等工作，并成立了财务报告咨询委员会（Financial Reporting Advisory Board，FRAB）。1997～1998 财年，英国从部分政府部门扩大到所有政府部门都试行编制权责发生制基础的资源会计报告，并为此公布第一版《资源会计手册》（Resource Accounting Manual）；1998～1999 财年，英国政府部门资源报告第一次接受了审计总署的非正式审计。

2000 年 7 月议会颁布《政府资源与会计法案 2000》（Government Resources and Accounts Act 2000），要求所有政府部门、机构及其他公共团体，都要在权责发生制基础上编制年度资源会计报表，并接受主计审计长审查。2000～2001 财年，英国各政府部门同时向议会提交两套经审计的报告，分别是现金制基础的拨款报告和权责发生制基础的资源报告。2001～2002 财年，英国首次在中央政府部门预算中采用权责发生制。2005～2006 财年，英国首次将《资源会计手册》名称变更为《政府财务报告手册》，英国财政部每年都会对《政府财务报告手册》进行更新并在新的财政年度开始之前发布。

（七）预算责任办公室对财政实行独立评价和监管

目前，英国议会设财政委员会审查预算，英国财政部负责开展和执行英国政府的公共财政政策和经济政策。为了能够提供客观权威的公共财政分析，英国从 2010 年起设置独立于政府的预算责任办公室（Office for Budget Responsibility，OBR）来监管英国财政框架。英国议会在 2017 年 1 月批准的《预算责任宪章》中设立了政府的财政规则，《预算责任宪章》规定，财政大臣向国会提交预算报告或年中预算执行报告，在通常情况下需要提前至少 10 周告知 OBR。此后，OBR 和英国财政部共同拟定一个时间表，就双方围绕经济和预算预测、政策成本预测等事项开展沟通并作出安排。OBR 首先会根据自己对经济运行状况的预测估计政府乃至整个公共部门的各项分类收入和支出，并据此汇总出收入和支出的总量和变化趋势，评估政府实现中期预算目标的前景；其次，OBR 将上述预测结果和评估结果提交给财政大臣，征求其意见，根据来自财政部的反馈意见，OBR 再对经济和财政预测作出修正；最后，OBR 向财政大臣提交其最终预测结果和评估结果。在业务磋商和意见反馈的过程中，OBR 和英国财政部都很重视来自对方的观点和意见。这样，OBR 嵌入到了英国财政部代表英国政府开展的预算准备和管理过程之中，成为推动英国财政部提高预算管理水平的重要力量。

OBR 由英国财政委员会批准任命，英国 OBR 主席还会在财政委员会召开的听证会等场合发布自己的计划方案，或向社会发布专题报告，如 OBR 在 2017 年 7 月发布首份《财政风险报告》（*Fiscal Risks Report*），分析了英国来自经济和金融体系、财政收入、公共支出和资产负债表的一系列风险，并包含财政压力测试。

二、美国现代预算制度

欧美资本主义国家的预算制度确立较晚，一般是在 18～19 世纪建立了资产阶级政权之后才逐步形成的，到 20 世纪初，几乎所有资本主义国家都建立了国家预算制度。

美国 1776 年宣告独立，实行多党竞争、轮流执政、三权分立制衡、高度分权的联邦制政治体制，预算制度自 1789 年建立以来先后经历了国会主导预算管理（1789～1921 年）、总统主导预算管理（1921～1974 年）、国会和总统共同控制预算管理（1974 年至今）三个历史时期。

（一）美国联邦政府 1921 年建立现代预算制度

美国独立战争结束后，13 个殖民地地区根据邦联条例，首次成立了以大陆会议为形式的各州间的松散联盟，这种体制缺乏全国性的行政和司法机构，大陆会议没有征税权，邦联政府无权向国民征税，国会对各州之间的关税也无权介入。为了解决邦联存在的问题，1787 年 5~9 月各州代表在费城召开制宪会议，制定了《美利坚合众国宪法》，这是世界上第一部资产阶级的成文宪法，于 1789 年生效。《美利坚合众国宪法》赋予国会征税和借债的权力，规定所有预算支出都必须经过国会审批后才能从美国财政部支出，《美利坚合众国宪法》确立了美国联邦制政体，规定立法权属于国会，行政权属于总统，司法权属于最高法院；联邦与各州实行分权，联邦与州都有权征税，但联邦不得对自各州输出的货物课税。1789 年，美国联邦政府成立之初就依据宪法的有关规定在美国财政部设立了 6 名审计官。美国 1789 年通过《财政法案》（The Treasury Act），国会规定在美国财政部内设立一个审计师和一个主计师。1800 年规定美国财政部要向国会报告财政收支，但只是财政收支的汇总情况。1802 年国会成立众议院拨款方式和方法委员会，1816 年参议院设财政委员会，1865 年成立众议院拨款委员会主管财政收支，1867 年成立参议院拨款委员会，1870 年美国国会颁布《拨款法案》，对拨款程序和方式进行改革，并因此在当年制定了《反超支法》。由于国会众多的拨款委员会，美国陷入议员贪腐横行的黑暗时代，代议制预算民主背离了人民。

1908 年和 1909 年美国财政收支连续出现赤字，促使美国政府考虑建立联邦预算制度。第一次世界大战结束后，美国参议院、众议院于 1921 年通过《预算和会计法案》（Budget and Accounting Act），赋予总统向议会提交全面预算计划的权利，同时，在国会设立了以总审计长为首的总审计局，在美国财政部设立以预算局长为首的预算局和审计办公室，授权总统在预算编制中起主导作用，该法案确定美国政府财政年度自 7 月 1 日起至次年 6 月 30 日止，要求总统在每届国会正常开会期间的第一天向国会提交行政预算，就新的税收和开支提出建议。美国总审计长独立于总统。1939 年将预算局从美国财政部移到总统行政办公室，成立预算与行政管理办公室（Office of Management and Budget，OMB），扩大其预算职责权限，直属总统管辖，正式规定总统每年要向国会提出预算报告，扩大了总统预算权；同时决定在国会成立会计总署（General Accounting Office，GAO）[①]，对政府预算开展审计。1945 年《政府公司管制法案》规定 GAO 应对与国防有关的国营公司的财务和经营状况进行审计。美国联邦预算制度推动美国步入"进步时代"，罗斯福总统以"预算改革"为工具实践凯恩斯主义，通过有效的预算约束和透明监督，以预算民主改革运动从政治上重塑了政府的合法性。

（二）绩效预算模式的形成与发展

1905 年成立的纽约市政研究局率先开启了预算改革，以此参与公共事件，该机构于 1907 年在《改进管理控制计划》的报告中强调"通过对已批准项目的管理，提高资源

---

① 根据 1921 年《预算和会计法案》，美国联邦政府成立了预算与行政管理办公室，法律规定联邦预算编制活动统一由这个新机构负责；同时依法建立独立于行政部门以外的 GAO，负责审查所有账目、支出和公共经费的应用问题，故也常常被称为会计检察院或审计总署。2004 年 GAO 更名为政府问责办公室（Government Accountability Office）。

使用效率"，特别关注民主高效地使用资金。20 世纪 30 年代，田纳西河流域管理局采取绩效预算，20 世纪 40 年代美国"重组政府"运动方兴未艾，借此契机，1949 年第一届胡佛委员会提出了绩效预算和标准的改革方案，共包括 270 项改革建议，核心是通过绩效预算的方式实现改革目标，完整定义了绩效预算，明确地描述了绩效目标、预算拨款与绩效指标之间的关系，阐述了请求拨款是为了达到目标。1950 年，美国国会通过《预算与会计程序法案》，明确要求政府提供预算绩效信息。1955 年，第二届胡佛委员会提出预算、成本和管理方面的改革方案，要求在关注经济和效率的同时，把改进管理作为绩效评估的重要内容。1961 年美国国防部首先创用计划-项目-预算制（Planning-Programming-Budgeting System，PPBS），通过对计划、项目和预算进行系统管理达到合理分配和使用资源的目的。1965 年美国总统约翰逊颁布总统令，要求所有的联邦政府部门实行计划-项目-预算制度，确立长期计划目标，把行政项目融入计划和预算，采用成本效益分析方法来提高行政效率，目的是加强总统对各联邦政府部门的行政活动和预算的控制，以增强总统的权力，实现长期绩效目标。美国得克萨斯仪器公司的彼德•A. 菲尔（Beter A. Pyhrr）1970 年提出零基预算法（zero-base budgeting，ZBB），零基预算是不考虑过去的预算项目和收支水平，一切从实际需要出发，预算年度内各项费用的内容及其开支标准逐项审议，通过成本收益分析对一揽子决策方案进行优先排序，结合财力状况，在综合平衡的基础上编制预算的一种方法。1973 年，担任佐治亚州州长的卡特将其引入美国的政府部门，卡特任美国总统后要求所有的联邦政府部门从 1979 财政年度开始执行零基预算制。1973 年，美国总统尼克松决定实施新的改革方案——目标管理。其优点是把联邦政府的绩效目标与各部门的绩效目标、预算和责任相结合，在注重投入产出的同时，关注目标和结果的实现，以增强各部门实现联邦政府整体目标的责任。1974 年《国会预算和截留控制法》建立国会的预算审议程序，在众议院和参议院分别设立预算委员会，在国会设立预算办公室，并规定 GAO 应设置专门机构，负责审计联邦政府各部门的预算执行情况和拨款使用的效果。

20 世纪 80 年代的新公共管理运动强调目标管理，1980 年，国会启动预算综合修正程序，在国会的预算审议过程中第一次使用修正议案。1985 年国会制定《平衡预算和紧急控制赤字法案》，第 252 条确定"量入为出"原则，设立减少预算赤字的目标。1990 年国会制定《预算执行法》，确定自主支出的上限和法定支出量入为出的原则。1991 年国会制定《首席财务官法》，规定每个主要行政部门要配备一名首席财务官，对本单位的预算进行整体控制，参与本部门会计和预算管理的全过程。1993 年国会立法通过《政府绩效与结果法》（Government Performance and Results Act），首次以立法的形式规范了联邦政府绩效管理的相关活动，规定从 1999 财政年度开始，政府所有项目开支要进行绩效措施并进行绩效评价，由此强化建立一种"结果导向型"的预算资金分配机制，并将这一机制贯穿于预算管理的全过程。1993 年 3 月，克林顿宣布成立国家绩效评审委员会，并任命副总统戈尔主持统筹联邦政府绩效改革计划的实施。1995 年国会制定《未安排资金委托事权法》，对 1974 年《国会预算和截留控制法》进行修改，限制联邦政府未经国会的充分研究和审议，向州、地方和部族政府或私人部门委托不提供资金的事权。布什政府时期，美国预算与行政管理办公室 2002 年开发运用项目评估定级工具，取代此前的计划项目预算系统，目的是整合绩效与预算，并将其作为联邦财政预算绩效工具来全面提升政府治理能力。2010 年 12 月国会通过《政府绩效与结果修正法案》，2011 年 1 月 4 日，奥巴马总统签署了这个法案，其正式生效。

（三）GAO 预算监督重心调整

2004 年《美国会计总署人力资源改革法案》通过，自 2004 年 7 月 7 日，美国 GAO 正式更名为政府问责办公室，意在强化对政府责任审计。

早期 GAO 的工作主要着眼于会计，详查政府凭证和收到款物、开支等方面的财务合规性。GAO 虽然还是美国政府合并会计报表的审计师，但是财务审计只占 GAO 工作量的 15%。在年度绩效报告中，GAO 也报告其他非财务的成果，如加强联邦建筑的安全等。GAO 的大部分工作是项目评估、政策分析等，这些工作的内容涉及广泛的政府国内外项目和行动，包括了联邦政府在世界各地正在开展或将要开展的所有行动。例如，GAO 工作人员前往伊拉克，关注从军队后勤到联合国石油换食品项目合同的成本等所有问题。GAO 已经形成了一个现代的、具有多种不同学科的综合服务技能的专业服务机构。GAO 的独特权威在于有能力在国会需要时提供职业化的、客观的、实事求是的、不受党派影响和不受意识形态因素影响的信息。GAO 属于立法机构，与审计和监督的执行机构保持着一定的距离。GAO 的负责人——审计长能够享有长达 15 年的任期，这使 GAO 的领导具有在联邦政府官员中少有的连续性。

美国预算法律制度体系顺势而变，经过 200 多年的发展，深深地烙印着美国权力制衡、预算法定、程序规范等特征，这些特征源于美国特定的历史文化、政治架构等因素。历史上，美国预算领域往往成为民主党、共和党之间政党分肥、追求选票最大化的角逐场，常常导致预算决策困境，致使出现多次政府关门停摆的局面。

三、法国现代预算制度

（一）政治体制与预算法律体系

法国是单一共和制国家，实行中央、大区、省、市镇四级政权自治管理，实行分税制财政体制，整个国家预算由中央预算、地方预算和国家社会保障预算三部分组成。总理领导内阁会议，政府总理负责履行宪法第 21 款赋予的管理政府事务的所有职权，各部门的职能由内阁会议确定。各部门负责编制和执行每年《预算法案》中规定的本部门预算。政府向国民议会负责，国民议会可以通过投票解散政府。法国实行中央高度集权的管理体制，这种政体给予总统一定的预算权，国会拥有控制和监督政府预算的实权。

法国的预算法规体系主要包括《法兰西共和国宪法》和《财政法》以及每年国会通过的《预算法案》，法国现行宪法于 1958 年 10 月 4 日通过，后经多次修正，宪法对预算立法、预算程序、预算科目以及预算执行机构的职责作出了明确的规定。1959 年颁发的《财政组织法》确立了法国财政预算的基本框架。

1982 年议会通过、1983 年生效的《关于市镇、省、大区的权利和自由法》，改革高度集权的体制，明确划分中央与地方政府预算范围，将中央政府的部分职能交给了地方政府，主要包括教育、土地使用以及社会发展等职能，推行政府工作透明化。法国实行中央、地方分级财政管理体制，法国预算由中央预算（国家预算）和地方预算组成。财权集中在中央，中央预算约占财政收支总额 70% 以上，地方预算则不到 30%。中央对地方补助较大，占地方预算收入来源的 25% 左右，地方对中央有相当大的依赖性。

（二）推进预算绩效和会计一体化改革

1999 年，法国首次将权责发生制基础应用于财政管理总报告。2001 年 8 月法国总统颁布新《财政组织法》，明确提出建立以结果和绩效为导向的绩效预算，引入绩效预算机制，采用权责发生制，赋予财政部门加强财政支出监管的职责；使管理者在分配使用国家财政资源上拥有更大的灵活度与责任，提高公共支出的效率，逐步对预算支出单位"松绑"，依法赋予预算单位更大的使用预算的灵活度与责任，注意发挥各部门在加强预算管理过程中的作用。新《财政组织法》规定：在预算批复的项目内，在保证目标、效益的前提下，各部门公共政策项目负责人可自由调剂各项支出使用的预算额度，但人员工资除外，不能增加人员支出。为满足预算与会计信息处理的需要，法国建立了新的政府财政管理信息系统，目标是提供一个完整的预算管理和会计信息系统，范围涉及预算执行、会计和财务报告、税收征管、工资管理和项目管理等，使新预算分类和新会计系统相互融合。这个新系统可以适时更新，并可充分共享。

（三）加大议会的预算监控力度

随着新《财政组织法》的实施，议会对预算的监控力度和作用进一步增强，改善了民主制度，使评估和监督成为议会在预算领域工作的重点。一是扩大了议会对预算批准的权力。新《财政组织法》规定，在拨款分配方面，在不影响财政预算平衡的条件下，议员可以建议对某项财政任务下的拨款进行重新分配。二是提高议会获取预算信息的质量。在每年的预算法案辩论和表决时，提高了议会获取政府经济财政方针报告和大量分析报告等相关信息的质量，同时建立了恰当的预算管理原则。三是建立了便利议会预算工作的各种机制。例如，使 20 世纪 80 年代末建立的预算方针辩论成为一个正式的机制；确立新的预算草案表决规则，进行分项分类分次投票。四是强化决算的政策和绩效审议，提前决算法草案的审议时间，审议的宗旨不再是对财务报告作形式上的修改，而是对公共政策进行评估，并对每个项目的结果、成本和使用进行分析等。

（四）预算编审和执行

法国的预算编制工作是在总理领导下，由经济、财政与工业部下设的预算部具体组织和实施，预算部下设预算局、公共会计局、税务总局、海关及间接税总署以及公共养老金司。预算局负责国家预算编制的具体工作，决定国家预算收支平衡和政府开支的优先秩序，提出收入、支出、赤字的数据并准备预算议案提交议会，负责运用计算机对编制预算的数据进行分类与汇总。预算局下设机构为司，它们分别管理和控制政府各部门的预算，其中有一个司负责综合预算及编制《预算法案》中的收入和支出项目预算。税务总局负责税收方面的事务，公共会计局负责预算执行和管理国库账目、年终财政决算等工作。此外设有公共财政高级委员会，这是独立于法国政府部门的财政评估组织。

编制预算时，总统决定预算的"大方向"，关心国防和外交政策问题，总理决定其他各项预算政策。总理对各部门的预算分歧进行仲裁，签署预算"框架信"以及"最高限额信"发给各部部长。《预算法案》在提交议会之前，内阁负责对其进行审议。

政府提交的年度《预算法案草案》首先由议会的财政委员会（Finance Committee）审议，然后再交给部门委员会（Sector Committee）审议。与其他法案不同，《预算法案草案》必须首先经国民议会通过，再经参议院通过。如果在两院不通过，就由两院成立一个联合委员会，与政府共同讨论一个相互妥协的方案。如果联合委员会仍然不能与政府达成一致，最后就由国民议会说了算。

法国预算收入中税收占比高，约占 90%，所有税收收入都由财政部派驻地方的税务机构和公共会计机构征收；国库由中央财政统一管理，财政部在各地都有派出机构，大区和省为财政厅局，省以下为财政所。各级政府的预算收支都必须经财政厅局（或所）办理。

（五）严格的财政部"双重监察制"

法国国库资金管理模式比较特殊，国库资金的管理不是由法国国库署操作，而是由财政部公共会计局操作。财政部公共会计局在全国各地区都派有公共会计。大区设有财政厅，财政厅厅长就是财政部的公共会计，财政厅厅长下面还有很多公共会计人员。省级下设财政局，局长是财政部的公共会计，市镇也设有公共会计。全国公共会计人员约60 000 名，全部是财政部的公务员。法国各级政府的所有收支都要通过公共会计，各级地方政府的预算由各级政府自己负责制定，但收支账目要由财政部派出的公共会计进行管理。

法国预算执行遵循支出决策与执行相分离的原则，实行严格财政监督和检查制度。在拨款过程中，首先，由各部部长授权本部门的支出管理人员（即授权人员）作出支付决策，即开具拨款凭证。其次，每一笔拨款都必须经财政部派驻各部门的财政监察专员签字。财政监察专员检查各项拨款是否符合预算，支出部门是否还有预算资金用于该项拨款。最后，在财政监察专员签字之后，拨款凭证送达政府的公共会计，由公共会计负责具体拨款。全国所有的公共会计都是财政部的公务员，它的责任是审核拨款是否符合规定和手续。公共会计责任很大，如果出现差错，责任直接由公共会计个人承担。为了避免风险，大多数公共会计都将收入的一部分投保。

如果支出部门违反了预算法规，支出管理者就可能被送交预算纪律法院（Court of Budgetary Discipline），该法院可以对支出部门处以罚款，情节严重的，还可能给予法律制裁。公共会计在支付过程中出现错误，将被送交审计法院处理，其本人要向国库赔偿所造成的损失。

（六）设置审计法院实行司法型审计体制

法国的最高审计机关是审计法院，其曾在 1789 年的资产阶级革命中被取消，1791 年国民议会通过法令建立国家审计署，取代审计法院，1807 年拿破仑重建审计法院，1822 年审计法院接受议会委托，对国家预算执行情况进行审计，1869 年审计法院摆脱皇帝控制，成为介于行政和立法之间的独立的最高审计司法机构，1958 年法国宪法规定，审计法院协助议会检查国家财政法令的执行情况。审计法院每年要向总统上报审计报告，但总统无权强制审计法院进行某项审计；议会只能建议审计法院去做某项审计调查，但决定权属于审计法院，政府审计机构拥有司法权，政府审计人员具有司法地位。最高审计组织和地方审计组织的关系明显具有司法特征，审计法院可以接受地方审计法庭判决不服的上诉，并作出终审判决。相对于立法模式而言，司法型审计体制更侧重于审查和追究当事人的财务责任，而不注重于向议会提供建设性的批评和建议。

法国监察体系还包括议会对《预算法案》、《预算法案》修正案和财政决算进行监察，通过法律的形式确定政府部门支出项目和数额，并通过财政决算审查其花钱和履职情况。各部部长对本部门预算行为进行行政监察。

四、德国现代预算制度

（一）预算法律体系

作为一个发达资本主义国家，德国预算管理的法律体系比较健全，任何财政活动都必须依法进行。与预算管理相关的法律主要有四个层次：《德意志联邦共和国基本法》、《联邦预算法》、《财政平衡法》、年度预算和其他财政预算法律法规。《德意志联邦共和国基本法》的作用相当于宪法，它规定了财政职能、支出范围、预算原则等内容。《联邦预算法》是根据《德意志联邦共和国基本法》制定的，是预算管理的直接法律依据。

1971 年 12 月 23 日修订发布的《联邦预算法》是规范国家预算体制的基本法，全文共 119 条，分为预算计划总则，预算计划的制订，预算计划的执行，支付、簿记和核算报告，预算执行的审查监督，联邦直接领导的公法法人，特别财产，解除责任，附则 9 个部分。

德国是联邦制国家，各州有充分的财政自主权。为了保证各地公共服务水平基本一致，实现区域经济协调发展和加强宏观调控，德国还制定了《财政平衡法》，规定各级政府的财政采取纵向平衡和横向平衡两种方法调节财政收入的再次分配。

（二）预算编审体系

德国的权力中心在议会，它由联邦议院和联邦参议院组成。联邦议院设有财政委员会、预算委员会、审计委员会等20多个专业委员会。联邦议院行使立法权，监督法律的执行和联邦政府的行政工作。联邦参议院是各州的代表机构，按各州人口比例由各州政府选派3～6名州政府成员或代表组成。联邦参议院参与联邦立法并对联邦的行政管理施加影响，维护各州的利益，在州与州之间的横向资助方面发挥着重要作用，从而影响联邦预算的编制。

联邦政府设财政部、经济部等。德国联邦财政部是主掌联邦预算，主管联邦财政和税收政策的机构，是联邦政府最重要的部门之一。财政部部长有两名议会国务秘书协助工作，另有两名文官国务秘书（相当于常务副部长）协助部长领导财政部。为使财政部部长能从专业上更好地领导和决策，联邦财政部还设立了专家顾问委员会，由23名不同领域专家组成。专家通过各种专题分析报告，对各种政策措施与计划方案提出科学的分析及看法，为部长提供专业上的咨询。财政部预算司主要负责提出联邦的预算计划及联邦的五年财政规划的年度计划，执行《联邦预算法》和处理账目、管辖联邦财政管理方面的会计事务，以及对联邦金库、预算结账与账目方面的电子数据处理进行业务监督等。

1998年德国政府开始着手对预算原则法案进行修订，并在政府核心部分开始允许引入权责发生制，在政府预算领域增强了灵活性，以法律条文的形式明确了政府可以灵活地进行资金调度，从而提高资金的利用效率。

（三）三级预算的分税制财政体制

德国行政体制分为联邦、州、市镇三级，三级政府的职责与政府支出范围以法律形式在联邦宪法中予以明确。《德意志联邦共和国基本法》对各级政府的事权和支出责任作了原则规定，同时也相应明确了各级政府税收分配制度，形成了联邦、州、市镇三级核算的分税制财政体制。税收立法权相对集中于联邦，州政府只能对联邦立法之外的某些地方性税种行使立法权，州以下地方政府基本无立法权。德国联邦和州预算各自独立，有权决定自己的收入和支出。联邦预算的编制和执行权属于行政权，归属于联邦财政部；预算审批决定权归属于联邦议会。

（四）预算行政监督体系

德国预算监督权分属于联邦财政部、联邦审计院和联邦议会。联邦议会设置了预算委员会，负责预算审查监督的具体工作。

德国预算监督包括内部监督和外部监督两个方面，从内部来看，联邦各个部委在其下属机构各委派一名预算执行专员，负责监督部门预算的执行。预算专员由各部长任命，其既是各处单项财政预算的资料的准备者，又是预算执行者。财政部门和审计部门发挥重要的外部监管职能。

在分配阶段，年度预算法案通过后，由联邦财政部给各部门分配经费和项目款项。联邦财政部在拨付资金时，要求每个项目都要有一个执行人，执行人是各部部长或专门的人选，通过项目执行人分配资金。资金分配阶段通过两种方式来实施监督，即审批项目的人与执行人分离、预算和执行分离。在对项目单位的拨款中，一方面要检查拨款是否在计划之内，是否需要拨款；另一方面要对项目资金来源进行全面检查，查清政府其他部门是否有拨款。在使用阶段主要检查各部门的资金是否按照预算使用。财政部门对预算执行情况全权负责，若某部门偏离预算时，财政部门可以提出限制和冻结该部门的资金。

（五）独立型审计体制

1950 年根据《德意志联邦共和国基本法》成立联邦审计院，1985 年修改的《联邦审计院法》彻底改变了国家审计的地位，审计体制从司法型转变为独立型。

目前，德国审计部门对预算资金收支运行与管理进行全过程监督。联邦及州审计机构名义上属于政府机构，但具有很大的独立性，联邦审计院首长及高级审计人员都由议会任免。议会还设有审计委员会，负责审查国家预算执行及监督审计部门的工作。审计委员会成员有权质询审计工作过程，并对审计机构的工作进行检查，检查中可随时对有关人员进行提问，如果审计中有遗漏，还要重新审计。德国审计机构的独立性与审计个人的独立性都受宪法保护，为保障审计工作的独立性，联邦德国审计院和各联邦州审计院，都不隶属于立法机关与行政机关，实行独立审计体制。

议会财政委员会可随时质询联邦政府财政资金的使用，要求各部门作出解释。联邦审计院通过会议交流、社会传闻等渠道获知信息后，随时会对有问题的单位进行审查。各部门每年都要把有关财政支出执行情况的资料上交联邦审计院，联邦审计院把每个部门的预算和执行情况相核对，重点审查在资金使用中是否有问题，并根据审计情况作出年度报告送呈议会，由议会责成审计委员会去审查。对审计发现的问题，由议会中的财政委员会、联邦财政部一同商议弥补办法。

联邦宪法法院是最高司法机构，此外，另设普通法院、联邦行政法院、联邦财政法院、联邦劳工法院、联邦社会法院等专业法院。德国的财政法院包括初级财政法院和联邦财政法院两级，分别负责处理地方、中央有关税收管理和公用事业付费等方面的纠纷。

第二节　中国预算制度演进

一、早期预算思想萌芽

我国是四大文明古国之一，伴随着国家的出现产生了国家财政。早在西周时期，周王就遵循"量入为出"的理财思想，《礼记·王制》中记载："冢宰制国用，必于岁之杪，五谷皆入，然后制国用。用地小大，视年之丰耗。以三十年之通制国用，量入以为出。"西周的"宰夫"是我国有史记载最早的国家审计。西汉时期，汉武帝时代开疆拓土需要大量的资金，桑弘羊在主管汉朝的财政时提出"量出为入"观点。据《盐铁论》记载："计委量入，虽急用之，宜无乏绝之时。""计委量入"即"量出为入"的财政收支原则。唐朝时期，确立"量出制入"制度，"长行旨条"是我国最早出现的全国性财政预算原则，标志着我国预算制度早期形态的确立。唐德宗时宰相杨炎主张在预算"百役之费"的基础上，预算国家的各项收入，提出了"量出以制入"原则和预算概念。南宋建炎元年（公元 1127 年），将诸军诸司专勾司改名为诸君诸司审计司，也称审计院，这是我国古代第一个以"审计"命名的专职审计机构。在我国古代官厅会计核算中既有各项收入的预算，也有各项支出的预算，国家可以先计划支出数额，以支定收。在我国漫长的封建社会里出现过国家财政收支要有事先计划的设想，但商品货币经济没有得到长足的发展，没有形成代表新的生产力发展要求的独立社会力量与封建王朝进行经济、政治斗争，因而缺乏形成国家预算制度的经济和政治基础。

西周时期，中央政权设置有"宰夫"一职，其工作是带有审计性质的财政监察，是我国国家审计的萌芽。秦汉时代的"上计制度"、隋唐时代的"比部"都对审计制度有所完善和发展。到了宋代，专门设立了审计司，是我国正式以审计一词命名审计机构，南宋建炎元年（公元 1127 年），将诸军诸司专勾司改名为诸军诸司审计司，也称审计院，这是我国古代第一个以"审计"命名的专职审计机构。元、明、清三代，未设立专门的国家审计机构。①

二、晚清时期探索预算制度

（1）鸦片战争后初步介绍西方预算制度。鸦片战争以后我国逐步沦为半殖民地半封建社会，为了探索救国救民之道，西方理财思想逐步输入，西方预算制度被初步介绍到中国。1887 年，驻日公使黄遵宪在《日本国志》一书中最早详细介绍日本与西方的预算制度，此后，郭嵩焘、郑观应、盛宣怀、张謇等不断呼吁仿泰西之法,实行预算。黄遵宪指出："泰西理财之法，预计一岁之入，某物课税若干，一一普告于众，名曰预算。及其支用已毕，又计一岁支出，某项费若干，某款费若干，亦一一普告于众，名曰决算。其征敛有致，出纳有程，其支销各有实数，于预计之数无所增，于实用之数不能滥，取之于民，布之于民；既公且明，上下平信。"首任驻外公使郭嵩焘考察了西方的财政制度，他虽然没有使用"预算"一词，但是他介绍的制度显然也是以预算为核心的财政制度，"西洋制用之经，均先核计一年出入总数何款应从减，何款应增，预为之程，至年终则视所核计者有无赢绌及意外之费，而筹所以弥增之"，"西洋制国用，因其赢绌之数，以制轻重之宜，一交议员诸绅通议，而后下所司行之"。郭嵩焘看到了西方预算制度的先进性，慨叹英国正是由于有这样的先进财政制度，"而后知其君民上下，并力一心，以求制治保邦之义，所以立国教千年而日致强盛者也"。1894 年前后，郑观应在其所撰名著《盛世危

---

① 《我国国家审计的产生和发展情况如何？》，https://www.audit.gov.cn/n6/n37/n60/c12151/content.html[2024-07-01]。

言·度支》详细介绍了西方预算制度，主张建立中国的"度支清账"制度，即国家预算，"度支者，国家预筹出入之数也。泰西各国每岁出入度支，皆有定额，不能逾限。如明岁出款若干，进款若干，两抵之外尚欠若干，户部即与今预为之备。若有军务急需，则辟院集议另筹。所有进出各款，岁终刊列清账，布告天下，以示大众"，呼吁"当仿泰西国例，议定一国岁用度支之数"。

（2）戊戌变法时期，光绪诏令户部变革预算遭守旧派扼杀。戊戌变法前，康有为在其《日本变政考》中主张："泰西国计，年年公布，有预算决算之表广……今吾户部出入，百官无得而知焉……是益以愚我百官而已。"1896 年康有为在变法方案中提出编制预算，公开财政，每年的收支款要分门别类，列为一表，按月刊报。翰林院庶吉士丁惟鲁条陈建议："户部将每年钱漕正供所入若干、关税杂款之有定者若干、其无定者约入若干，缕析条分，按簿细核，定为岁入一表。即将每年度支，自宫廷内外，以及各省常年开支，分别正项杂项，逐一开单，进呈御览，交王大臣会同各部院详加核议，将有名无实之款，一概淘汰，定为岁出一表。俟诸臣核议详妥奏闻，均行颁布，天下周知。若所议有不尽不实，皆得指名揭参。"丁惟鲁建议建立预算制度，而且要"均行颁布，天下周知"。光绪二十四年（1898 年），光绪皇帝上谕，诏令户部改革财政，着手办理预算制度："翰林院奏代递庶吉士丁惟鲁，请编岁入岁出表，颁行天下一摺。户部职掌度支，近年经用浩繁，左支右绌，现在力行新政，尤须宽筹经费，以备支用。朕惟古者冢宰制国用，量入为出，以审计岁之盈虚。近来泰西各国，皆有预筹用度之法。著户部将每年出款入款，分门别类，列为一表，按月刊报。俾天下咸晓然于国家出入之大计，以期节用丰财，蔚成康阜。朕有厚望焉。"（刘锦藻，1988；新中国图书局，1913）因戊戌变法失败，预算制度改革被顽固守旧势力扼杀，但"预算"一词却由此广为人知。

（3）媒体介绍预算制度。20 世纪初，媒体力推速行预算制度，并系统介绍西方预算制度。1906 年，《东方杂志》、《南方报》等刊登了一篇题为《论中国于实行立宪之前宜速行预算法》（陈旭东，2017；刘守刚，2014）的文章阐释了预算的本质、作用和必要性，指出"所谓预算者，国家预定收入、支出之大计划也。盖国用之收入，收之于民也。收入自民，故不能不求民之允诺，不能不示以信用。预算者，示民以信用之契据也。国用之支出亦为民也，支出为民，故不得不邀民之许可，欲民许可，不得不受其监督。预算者，受民之监督之凭证也"，"而预算编制之权限其要点在发案权与定议权之分。发案权在于政府，定议权属于议会。政府对于预算费常有要求增加岁入之意，议会对于预算费用，常有要求核减岁出之心"，"预算之法，须经宪法规定，议会协赞。今我国宪政未行，议会未立，果将何法以行预算乎？不知预算之发案权既操自政府，则凡所有收入支出各款，经常特别各项必须报告全国，自不致有出纳极滥之弊。即使编成预算案，我国民有不能承认者，议会虽未成立，而既有议会权之性质则监督财政为应尽之义务，我国民自可公举代表，向政府要求增损，初不必俟宪法颁布，而始行预算法也"。

1907 年 4 月 21 日《时报》发表《论国民当知预算之理由及其根据》一文，指出"欲维持国家之生存发达，不得不征收租税以应支用。然租税之负担在国民，非得国民之承诺而徒恃强制力以征收之，未免为无理举动。故立宪国家所以必待议会承诺者，盖恐国家流于专断有伤人民之感情也"（马金华，2009）。

（4）清廷上下达成共识并渐进推行预算制度。清廷官员向朝廷提出建立预算制度的主张并逐步试行预算，1902年下半年，时任湖广总督张之洞发出札文责令上至布政使司下至有关衙门、局、府及海关等机构编制翌年财政预算表。这一诏令随着变法夭折。1907年12月22日，福建道监察御史赵秉麟上奏《整理财政必先制定预算决算表以资考核折》称："近泰西各国岁出岁入，年终布告国人，每岁国用，妇孺咸晓。考泰西列邦，所以国人咸知国用者，在有预算以为会计之初，有决算以为会计之终。其承诺之任，监财之权，悉议会担之。故英国每年出入预算案，由国会决。《大宪章》第十二条，国内收补助费，必由国君议决。后世守之，愈益发达……泰西各国之财务、行政，必须国民以两种监察：一期前监察，承诺此年度之预算是也，一期后监察，审查经过年度之决算也。故国民知租税为己用，皆乐尽义务；官吏知国用皆有纠察，皆不敢侵蚀。所谓君臣共治也。"（梁发苹，2010）政府新派激进人物杨度1907年在《金铁主义说》中指出：监督会计及预算之制，其严重如此，是皆国会重要之权，即立宪国所以建设责任政府唯一之武器也。1910年，清廷下令各省官员条陈新政办法，江西九江府德化县县令昌寿即提出在全国举办预算的设想："预算决算均刊刷表册，散之民间，榜之通衢，使举国之民皆知公家无私财，无冗费。国用不足，稍议加赋，民不以为苛。"可见，当时引进西方预算制度已成为朝野共识。

（5）清廷试办预备立宪和预算制度的夭折。在各界呼声之下，清政府决计实行宪政及预算制度，1906年9月1日颁布"预备仿行宪政"谕旨，11月发布厘定中央新官制的上谕，将户部改为度支部，并入财政处、税务处，由皇室宗亲溥颐任首任尚书。清廷指示宪政编查馆奏定预算办法，具体安排了实行预算的进程，即"九年筹备"，从1908年开始为推行预算作各项准备工作，到第九年即1916年宣布宪法，确定预算决算。由于清政府的腐败和挥霍无度，财政收不抵支，只得向国外大量举债，外国政府要求清王朝公开财政，编制财政收支计划，迫使清政府不得不编制预算。1908年，光绪皇帝和慈禧先后驾崩，摄政王载沣诏令办理立宪事宜，成立各省咨议局，将九年立宪改为六年，清政府颁布《清理财政章程》。1910年11月，清廷决定将实行预算的时间提前，宪政编查馆因此重新修正了逐年筹备事宜。1910年起试编1911年的国家预算，由清理财政局主持编制预算工作，这是我国历史上第一次编制国家预算。预算编审程序是首先由各省汇报，然后由度支部（相当于现在的财政部）加以审核，资政院加以修正，奏请施行。1910年，梁启超发表《度支部奏定试办预算大概情形折及册式书后》一文，猛烈抨击清政府颁布的预算收支草案。1910年清廷开启了《预算册式及例言》，拟定以每年正月初一到十二月底为预算年度，预算册内先列岁入，后列岁出，各分"经常"与"临时"两门，门内分类，类之下分设款，款下分项，项下分子目。预算岁入主要包括田赋、盐茶课税、洋关税、常关税、正杂各税等10类。预算岁出主要包括行政费、财政费、军政费、交通费、民政费、司法费、教育费、各省应缴赔款、洋款等19类。由于各地清理财政与《财政说明书》的编纂完成及宪政的提前，度支部1911年奏定《试办全国预算简明章程》《试办特别预算暂行章程》《宣统三年预算案实行简章》等，试办宣统三年（1911年）预算。由于条件限制，1911年预算案受到人们的非议，预算形似统一，实际上，由于清政府统治已摇摇欲坠，各省形成割据状态，财政并未统一，仅仅是各省数字的拼凑而形成的账面统一。1911年辛亥革命爆发，推翻了清政府，宣统三年预算也没有等到做决算的那一天，清朝的灭亡导致仅有预算而无决算。虽然如此，宣统三年预算作为我国第一部国家预算在我国财政史上仍具有划时代意义。

三、中华民国时期国家预算制度发展

从辛亥革命开始，部分独立省份设置审计机关，开展审计工作。1911 年武昌起义后成立中华民国，以孙中山为大总统的南京临时政府公布临时宪法《中华民国临时政府组织大纲》，1911 年 11 月 3 日公布的《重大信条十九条》中规定，"本年度之预算，未经国会决议者，不得照前年度预算开支。又预算案内，不得有既定之岁出，预算案外，不得为非常财政之处分"，"皇室经费之制定及增减，由国会议决"。由此，资政院的财政预算权已得到法律的承认，称得上是中国历史上具有开创性的法律文件。1912 年 3 月南京临时参议院颁布施行《中华民国临时约法》，这是中国第一部资产阶级性质的宪法，《中华民国临时约法》确定实行"三权分立"政治原则，实行国家预算制度，规定参议院有权议决一切法律、预算、决算等，建立预算制度成为审计监督制度确立的基础。南京国民政府时期，初期曾独立设置与政府各部会、监察、司法、考试等机关并列的审计院，后又将审计院改组为监察院审计部，实行监审合一体制。从表面看，在五院制的政权架构下，监察院审计部独立于财政管理机关和政府行政系统之外，有一定的独立性。

1912 年 4 月，中华民国中央政府从南京迁至北京，史称北京政府，为北洋军阀所统治。1912 年 9 月 25 日，北京政府成立审计处，这是北京政府初期设置的临时性审计机构。1912 年 10 月 22 日，大总统批准施行《审计处暂行章程》，规定：在审计院法未公布前暂设审计处，隶属于国务总理，掌理全国会计监督事务。为推动地方审计机关尽快成立，审计处在呈请大总统的报告中提出：各省审计机关名称可按中央直辖部门名称命名，省为审计分处，原任长官转任为分处处长。北京政府在成立审计处的近两年时间里，先后制定实施了一系列审计法规以及专门规范地方审计事务的规章制度，主要内容包括隶属关系及职责、内设机构及分工、职官设置及职权、审计内容及程序等。

1914 年 3 月公布实施《审计条例》，1914 年 5 月 1 日中华民国总统袁世凯公布北洋政府《中华民国约法》，取代《中华民国临时约法》，《中华民国约法》采用总统制取代临时约法的内阁制，将审计处改为审计院，隶属于大总统；规定立法院具有议决法律、预算的职权，议决或承诺关于公债募集及国库负担之条件；国家岁入岁出之决算，每年经审计院审定后，由大总统提出报告书于立法院。审计院审计国家岁出岁入之决算，审计院以参议院选举之审计员组织。为了使整理财政有所取则，编制预算有所依据，机关收支有所遵从，审核决算有所遵循，北洋政府颁布了《会计条例》[①]，设计出一套较为完整的预算制度，对预算年度、总预算收支、金库，预备金、编制方法、决算，特别会计等予以规定。财政部据此制定出该年度的国家预算简章。1914 年 6 月 16 日，大总统申令颁布《审计院编制法》，规定审计院直隶于大总统，依法审定国家岁出岁入决算。审计院成

---

① 1914 年北洋政府制定颁布《会计条例》为原来草拟名称，后经过参政院讨论决议改称《会计法》，这是我国历史上第一部《会计法》。

立后,各省不设立审计分院,审计分处均被裁撤。1914 年 10 月北洋政府颁布我国首部《审计法》和《审计法施行细则》,对审计的范围,各种决算的审计报告书包括的项目,审计方式,审计程序以及其他有关事项进行明确规范,确立了审计监督的法律地位,审计活动以财政支出为重点,主要审计政府各机关凭证单据、军费支出、盐务收支和外债等。1923 年颁发《中华民国宪法》,先后颁布了四部审计法和《审计院编制法》《审计院组织法》《审计官惩戒法》等多部专门法律对审计工作、审计官员任职等作出了明确规定。

1928 年南京国民政府领导的北伐战争取得胜利,北洋政府彻底覆灭。国民党政府时期,1931 年成立主计处,先后陆续制定了《会计法》《会计师法》《决算法》等相关法规。1932 年 9 月 24 日,国民政府颁布了中国历史上的第一部预算法,1947 年颁发《中华民国宪法》。这些宪法和法律都明确预算制度要求,同时规定了审计的法律地位和审计机关的职责。

总体而言,北洋军阀和国民政府时期的预算、会计、审计制度属于半殖民地半封建性质的旧中国的预算,是为当时的统治阶级服务的。

第三节　现代预算制度的成因

一、现代国家预算产生的条件

国家财政随国家的产生而产生,国家预算则是国家财政发展到一定阶段的产物。奴隶社会就有了较为系统的国家财政收支活动,中国古代和古罗马都有国家财政收支的粗略估计或记账,还有个别的预计收支。那时,民智未开,奉行君权神授,王权至上,国家预算处于萌芽状态,还没有形成完整、独立的财政预算。

(1)国与家分离,形成独立、统一的财政收支计划。奴隶社会和封建社会早期,王室私财收支与国家财政收支不分,国家实际上就是国王的家天下,"朕即国家",作为最基本生产资料的土地为国王或皇帝所有。我国《诗经》中写道,"溥天之下,莫非王土;率土之滨,莫非王臣",因而不可能有完整、系统的国家财政管理制度来规范皇室财产、生活开支与国家财政收支安排。另外,自然经济的生产方式、不发达的商品货币关系,使财政收支缺乏统一的衡量尺度,基本上是直接支配实物和劳动力,不可能以货币形式事先对财政收支进行比较精确的计算,也没有明显的财政收支划分,很难建立起规范的国家财政收支计划。

(2)国家财政收支的决定缺乏法定的立法程序。奴隶社会、封建社会的国王或皇帝享有至高无上的权力,可以无节制地支配全部国家资财,由此决定了财政收支的安排不可能有健全的法律程序和手续,各级机构在财政活动上所处的地位也不明确,不可能形成完整的国家预算制度。

资本主义生产方式不仅解放了生产力,也形成了商品货币关系,随着商品经济进一步的高度发展,货币关系渗透到经济活动的所有领域,使财政分配可以完全以货币形式进行。只有在财政分配货币化的条件下,才能对全部财政收支事先进行详细的计量,并反映在统一的平衡表中。因此，财政分配的货币化是国家预算产生的必要条件。

（3）社会财富增长形成可分配的剩余品。各国现代预算制度产生的共同条件在于资本主义生产方式带来社会财富的快速增长，出现更多的生产剩余，改变了社会经济结构，由此引发社会各阶层为了维护自身的经济权益而斗争，这种斗争进一步上升到政治利益和诉求，预算法制逐步成为各方权益平衡和协调机制。

二、西方现代预算制度的成因

（一）西方预算制度是新兴资产阶级同封建君主斗争的产物

资本主义生产方式开始出现，新兴资产阶级有力地促进了生产力的发展，正如马克思和恩格斯（2018）指出的，"资产阶级在它的不到一百年的阶级统治中所创造的生产力，比过去一切世代创造的全部生产力还要多，还要大"。但在资产阶级出现的初期，由于本身力量的单薄，仍然依附于封建统治阶级并为封建国家承担纳税义务。另外，生产力的迅速发展导致西欧有些国家出现了政治统一和中央集权的趋势，随着国家统治机关的强化、官吏俸禄的增加、常备军的建立、对外扩张的加强，以及封建贵族阶级的奢靡浪费日盛，财政支出大量增加，除了增加捐税外，还举借债务，严重损害了新兴资产阶级和广大劳动人民的利益。新兴资产阶级依靠城市平民和广大农民反封建的力量，对封建统治阶级渐进地展开了长期尖锐的经济斗争，并从经济斗争进一步上升为政治斗争，在这一过程中形成了国家预算制度。

（二）西式预算民主法治化体现在确立政府和议会的预算编审权

英国议会在初期主要是一个纳税人会议，基本控制了国家征税权；拨款的使用主要还是由国王控制，议会仍无权过问，浪费、挪用现象十分严重。此后，资产阶级充分利用议会与封建统治者争夺财政支出控制权，限制皇室财政权，二者的斗争从争夺征税权逐步扩大到争夺财政资金支配权，最终要求取消封建统治阶级对财政的控制以及财政特权，要求政府各项财政收支必须事先制订计划，编制全年财政收支平衡表，经议会审查批准后才能执行，财政资金使用要接受议会监督，这大大限制了封建君主权力，并通过将预算审议决定权赋予下议院，体现西式的预算民主化，预算民主化从其诞生之日起就是维护资本和资产阶级利益的民主。

（三）资本主义生产方式是西方现代国家预算制度产生的根本原因

在西方现代预算制度的萌芽时期，资本主义生产方式的出现使新兴资产阶级逐步形成一股强大的政治力量，这股政治力量要求限制皇权、保护和发展私人资本，这就需要通过议会来掌握国家的财政权，通过编制和审核财政收支计划的方式控制国家全部财政收支。为此，新兴资产阶级在同封建君主的经济政治斗争中充分利用议会与封建统治者争夺国家的财政权，要求限制封建王朝的财政特权，对国家财政进行监督，提出以立法形式规定国家的财政收支规模，并制订财政收入和支出计划。

从中国看，由于资本主义生产方式的发展，帝国主义国家日渐感到国内市场的狭小，从而采取军事扩张和经济侵略的方式来扩大市场容量，使中国沦为半殖民地半封建国家，由此促成了旧中国国家预算制度的产生。

（四）立宪政治是西方预算制度产生的直接原因

立宪政治必须以管理财政为起点。英国是宪政之母，英国是资本主义发展和议会制度形成最早的国家，国家预算也最早在英国出现，英国近代史就是一部国王和议会争夺国家控制权的历史，而对预算权的争夺则是双方斗争的焦点。最初斗争的焦点集中在课税权上，要求对国王的课税权进行一定的限制。国家预算的形成大体经历了课税权之争、支出权及控制特权之争、借债权之争等阶段。

国家预算作为一种法律制度规范，属于上层建筑的范畴，反映了经济基础的状况，又反作用于经济，促进经济的发展。国家预算的产生既是资产阶级与封建统治阶级斗争的结果，同时在推翻封建统治阶级的斗争过程中也发挥了重要作用，国家预算制度的逐步确立还极大地促进了商品经济的发展和资本的积累。

三、现代预算制度发展的共性

（一）各国预算体制须适合本国国情

预算是财政的核心，是国家发展和社会变革的主要力量，预算制度的发展是社会、经济、政治、文化多种因素共同作用的结果。预算发展的历程就是预算民主化和法治化的历程，各国国情不同，建立现代预算制度的具体起因也各不相同，不可盲目地照搬别国的预算体制。曾为英国殖民地的美国在1921年之前简单照搬英国预算模式，结果议员滥用预算权，腐败猖獗。中国预算制度晚清肇始、民国奠基，经历多次失败，直到中华人民共和国成立后才得以确立。在20世纪初的晚清时期，鸦片战争以后，帝国主义入侵导致我国沦为半殖民地半封建社会，西方的理财思想逐步输入，欧美的宪政文化和预算思想已为社会各界普遍接受，人们开始认识到争得私人财产权、督促政府建立预算制度的重要性。光绪末年，形成朝野共识，清廷开启推进宪制和预算制度的进程，光绪皇帝按照西方理财模式改革清王朝财政，结果两度效仿西方推进预算制度均告失败，第一次因为戊戌变法夭折而未能实施，第二次则随清王朝的覆灭而告终。民国时期的预算制度只有法制之形，而无民主之实，其废除具有历史的必然性。

（二）现代预算发展是加强预算监管的需要

国家预算产生后，随着社会生产力水平的提高，财政分配规模日益扩大，财政收支项目逐步增加，收支关系也日益复杂，预算的作用越来越重要。为了加强预算管理和监督，以保证筹集和运用国家资金的合理性、科学性，现代预算制度得以进一步发展。国家预算是加强财政管理和监督的有效工具，是财政的核心，并超越财政而成为国家治理的基石和重要支柱。国家预算制度的确立，规定了统一的收支科目和计量单位，便于权力机关和社会公众的审核、监督，为科学、有效的财政管理和监督工作奠定了基础。另外，健全预算管理制度是将滥用政府权力之手装进制度笼子的最为有效的方式，一个好的制度可以使坏人变成好人，一个坏的制度可以使好人变成坏人。因此，习近平提出把"权力关进制度笼子"[①]，预算管理制度是最有效的制度笼子，因为政府权力滥用的背后大多是利益作祟，健全预算管理制度，能够最为有效地堵住钱权交易的通道，防止政府权力滥用。预算监督是指国家通过预算活动对社会经济各项活动进行的监督，也包括监督预算本身，以防范风险。

（三）专设审计监察促进预算规范有效

欧美国家在确立现代预算制度的同时，将财务、会计、审计联动改革，在依据本国国情进行预算编制权、审批权、修正权的配置时，专设审计部门监督预算专项，建立健全预算监察机制，强化部门和有关人员的责任，提高预算支出的规范有效性。其中，英国、美国的审计机构隶属于立法部门，独立性强，如 GAO 隶属于国会，联邦政府各部门设立监察长办公室进行政府内部审计。美国联邦审计署与地方审计署不是领导与被领导的关系，各州的审计机关向该州地方议会报告工作。法国的审计法院是介于行政和立法之间的独立机构，实行司法型审计体制。德国审计院是既不属于行政和立法序列，也不属于司法序列的独立机构。

四、国家模型趋向预算国家

人类社会解决重大问题的方法按时间脉络大体上依次经历了宫廷解决、广场解决、战争解决和会议解决的历程，熊彼特在 1918 年指出国家是出于财政的需要而建立的，并按发展进程将国家划分为领主国家和税收国家两种模型，研究了税收国家的危机（the crisis of the tax state）；王绍光、马骏、大岛通义等进一步提出预算国家模型。据此，国家按财政发展进程划分先后历经贡纳型国家、税收型国家、预算型国家等不同模式。

以领主为基础的贡纳型国家存在于奴隶社会和封建社会早期，国王既是所有者也是统治者，土地归国王所有，国王把土地以封地的形式分封给王公大臣及诸侯，诸侯又可以把属于自己的封地分封给下一级贵族，以此类推。依照宗法制的规定，这些被封赐的土地成为各级封建领主的世袭所有，可以世代相传，土地归君王或受分封的王公大臣所有，这种土地所有制形成了以天子为首的封建土地所有者阶级的等级结构，土地上的人

① 《中共中央关于全面深化改革若干重大问题的决定》，http://cpc.people.com.cn/n/2013/1115/c64094-23559163-10.html [2022-06-10]。

民成为附庸，即成为固定在土地上的依附农民，也就是农奴，农民归领主管，向领主提供服务、劳役及税收，领主再酌情以进贡奉纳等方式向国王表达忠心。

赋税自古以来就是国家政权稳固的物质基础。在税收型国家模式下，国王的钱来自税收，而不是来自封建领主的贡献。封建君主筹资经历过多种不同形式，从北魏到隋朝时期是以均田制为基础的租、调、力役制度，唐朝前期的赋役制度称为租庸调，特点是以丁为征收单位，不服徭役可以折"庸"代替；实施"两税法"改革后，税收逐步成为主体收入。国家财政收入只有建立在税收的基础上，才能具有权威性和可预期性，尽可能地减少对公民财产权利的"侵害"。中国早在秦汉时期就基本上具备了税收型国家的形态，而西方出现税收型国家比较晚，英国在16～17世纪成为税收型国家，税收型国家是现代市场经济国家的典型特征。

预算型国家就是采用现代预算制度来组织和管理财政收支的国家，其特征：一是统一管理政府收支，使政府收支预算全面、完整、统一、准确、严密、有效；二是代议机构能监督政府预算，包括财政收支、部门和单位预算，确保预算是依财政年度制定的、公开透明的、清楚的、事先批准的、事后有约束力的。贡纳型国家不可能出现预算，因为各领主账目具有私人属性，有些领主可能根本就没有账。税收型国家是预算国家的前提条件，没有税收的国家不可能做预算。由"税收型国家"向"预算型国家"转型是现代法治国家的普遍经验。法国在1831年大致完成向预算型国家的转型。1688年光荣革命后，英国议会获得了控制政府开支的法定权力，直至19世纪70年代才完成了向预算型国家的转型。

第四节　中国共产党领导的预算民主法治化

一、革命战争时期初创财政预算制度

1927～1937年土地革命时期，为了解决军队给养，"有足够的经济力"实现工农武装割据建立根据地，中国共产党开启了自己的财政工作，制定了筹款自给的方针，主要采取打土豪、战争缴获、摊派和募捐等方式筹款。1931年11月中华苏维埃共和国临时中央政府成立，为了克服各自为政的问题，着力统一财政，中央任林伯渠为财政部部长，阮啸仙为中央审计委员会主任，同年12月中央统一颁布《中华苏维埃共和国暂行财政条例》建立预算决算制度，收回各级政府收支的自主权，明确收支标准和范围，加强工作的计划性。同时，为了执行和贯彻党的政策，1931年11月颁布《中华苏维埃共和国暂行税则》，发挥税收调节各阶级收入差距的作用，建立起了统一的税收制度；1932年12月发布《中央财政人民委员部训令第十二号——统一会计制度》，通过规定各项会计准则、会计科目、各种账本单据规则等，初步建立起了统一的会计制度，要把收钱的、管钱的、领钱的、支配的四个机关分开。1932年12月中央工农民主政府人民委员会颁布《国库暂行条例》，自1933年1月1日起实施，为加强财政管理、平衡财政收支，建立起了国库制度。1934年，成立中央审计委员会：第一，开展全面节约、节制运动，建立健全预算制

度和会计制度；第二，审查国家企业的财务收入与支出。1937～1945 年，这时财政的主要任务为保证抗日根据地的供给问题，1945～1949 年解放战争时期，财政的主要目标是落实新民主主义的三大经济纲领，保障军队供给，为恢复国民经济和夺取全国政权做准备。战争时期，各革命根据地曾编制各地的预算，但由于战时客观条件的限制，在根据地被敌人分割的情况下，不可能建立统一的国家预算。

二、中华人民共和国成立后行政主导预算

新中国成立后确立了行政型预算，之后，逐步转变为法定形式的人民民主式预算。1948 年 9 月中央政治局扩大会议提出逐步统一财经工作，1949 年 3 月中共七届二中全会正式决定建立中央财政经济委员会，1949 年 7 月 12 日中共中央财政经济部与华北财经委员会合并组成中央财政经济委员会，陈云任主任。1949 年 7 月 27 日，中央财政经济委员会组织召开上海财经会议。1949 年 9 月 21 日，中国人民政治协商会议第一届全体会议在北平中南海怀仁堂隆重开幕，会议代行全国人民代表大会的职权，通过了具有临时宪法性质的《中国人民政治协商会议共同纲领》，选举产生了中央人民政府委员会，宣告了中华人民共和国的成立。《中国人民政治协商会议共同纲领》规定："建立国家预算决算制度。"1949 年 10 月中央财政经济委员会成为政务院财政经济委员会，中央人民政府着手编制 1950 年财政收支概算草案，即新中国第一个预算。1949 年 12 月 2 日在中央人民政府第四次会议上，财政部部长做了《关于一九五零年度全国财政收支概算草案的编成报告》，会议讨论并通过 1950 年度全国财政收支概算，决定发行人民胜利折实公债。1950 年政务院通过了《关于统一国家财政经济工作的决定》，据此统一了国家财政收支，为确立统收统支的计划经济体制奠定了基础。1951 年 8 月，政务院发布了《预算决算暂行条例》，规定了国家预算的组织体系，各级政府的预算权，各级预算的编制、审查、核定与执行的程序，决算的报批与审定程序。1954 年举行第一届全国人民代表大会，从此构建现代预算编审体制，初步建立中国共产党领导的、人民当家作主的民主预算制度。

三、改革开放后预算管理制度改革

改革开放以来，我国不断强化预算法治建设，预算管理范围不断拓展、内容不断细化，监督管理制度的机制日益健全，全面实施绩效管理。1978 年启动改革开放，以财政放权让利启动财政收入体制改革，1983 年将中华人民共和国成立初撤并的审计机构予以恢复，1988 年 11 月 30 日国务院发布《中华人民共和国审计条例》，1991 年 10 月 21 日国务院发布《国家预算管理条例》，1994 年 3 月 22 日第八届全国人民代表大会第二次会议通过《中华人民共和国预算法》，1995 年 1 月 1 日起施行。1994 年 8 月 31 日全国人民代表大会常务委员会通过《中华人民共和国审计法》，1995 年 1 月 1 日实施。1995 年 11 月 2日国务院第三十七次常务会议通过《中华人民共和国预算法实施条例》，当年 11 月 22 日起施行。针对预算外资金扩张、体外循环的问题，国务院 1996 年 7 月发布《关于加强预算外资金管理的决定》，1997～1998 年开始实行预算会计制度改革。

2000 年以来，我国推进了部门预算、国库集中收付、政府采购预算外资金收支两条线等一系列财政支出管理方式的改革，财政部为此发布了一系列有关文件推进预算有关制度建设，2006 年 2 月全国人民代表大会常务委员会修正《中华人民共和国审计法》，并于 2021 年 10 月进行了第二次修正。

四、新时代健全预算绩效治理体系

预算是财政的核心，2012 年党的十八大报告提出"加强对政府全口径预算决算的审查和监督"[①]的要求，2013 年《中共中央关于全面深化改革若干重大问题的决定》提出深化财税体制改革，财政是国家治理的基础和重要支柱，科学的财税体制是优化资源配置、维护市场统一、促进社会公平、实现国家长治久安的制度保障。必须完善立法、明确事权、改革税制、稳定税负、透明预算、提高效率，建立现代财政制度，发挥中央和地方两个积极性。实施全面规范、公开透明的预算制度。我国经过近 20 年的预算改革逐步形成了多元治理体系，预算民主法治化提高，基本建成了全面预算绩效管理机制。2014 年 6 月 30 日中共中央政治局审议通过《深化财税体制改革总体方案》，确定预算改革、税制改革和政府之间预算体制改革三大任务，预算改革成为三大任务之首率先推进，因此，《中华人民共和国预算法》的修订历经四次审议终于在 2014 年 8 月 31 日全国人民代表大会常务委员会表决通过，2015 年 1 月 1 日起施行。2018 年修正的《中华人民共和国预算法》立法宗旨定位为控权法，并将诸多预算监督管理的创新之举予以法定，形成不敢腐的惩戒机制、不能腐的防范机制、不易腐的保障机制。2014 年国务院印发《关于深化预算管理制度改革的决定》，为落实《中华人民共和国预算法》而部署了一系列深化预算管理制度改革的具体措施。

2017 年 10 月党的十九大报告提出："建立全面规范透明、标准科学、约束有力的预算制度，全面实施绩效管理。"[②]2018 年中共中央、国务院印发《关于全面实施预算绩效管理的意见》，对全面实施预算绩效管理作出顶层设计，要求建立全方位、全过程、全覆盖的预算绩效管理体系。2019 年行政事业单位实行政府会计新制度，2020 年 8 月国务院令第 729 号，公布修订后的《中华人民共和国预算法实施条例》，自 2020 年 10 月 1 日起施行。2021 年 4 月国务院印发《关于进一步深化预算管理制度改革的意见》，部署新时代进一步深化预算管理制度改革的具体措施，大力推进预算管理一体化系统。2023 年，中共中央办公厅、国务院办公厅印发《关于进一步加强财会监督工作的意见》，进一步要求"加强预算管理监督，推动构建完善综合统筹、规范透明、约束有力、讲求绩效、持续安全的现代预算制度，推进全面实施预算绩效管理"[③]。

[①]《胡锦涛在中国共产党第十八次全国代表大会上的报告》，https://www.gov.cn/ldhd/2012-11/17/content_2268826.htm [2022-11-20]。

[②]《习近平：决胜全面建成小康社会 夺取新时代中国特色社会主义伟大胜利——在中国共产党第十九次全国代表大会上的报告》，http://www.gov.cn/zhuanti/2017-10/27/content_5234876.htm[2022-06-09]。

[③]《中共中央办公厅 国务院办公厅印发〈关于进一步加强财会监督工作的意见〉》，https://www.gov.cn/gongbao/content/2023/content_5743630.htm[2023-02-15]。

党的十八大推动政府实行全口径预算决算的审查和监督，2018年3月党中央发文要求人大预算审查监督向重点项目和重大决策拓展，并进一步推进全过程监管。2018年3月组建中国共产党中央审计委员会，中央审计委员会是中共中央决策议事协调机构。2021年修正《中华人民共和国审计法》。

总体而言，中华人民共和国成立后在党的领导下建立了社会主义性质的预算，充分体现了预算民主法治、预算权责对称、分工协调、相互制衡、预算公开等现代预算的基本原则，规范了政府预算行为，强化了各级人民代表大会预算审查和监督，健全了审计、财会监督体系，将政府的预算权力关进制度的笼子里，为预算收支安排"取之于民用之于民"提供了保障，扩大了预算监管的范围，体现了预算的人民性，促进了国家治理现代化。

第五节　国家预算界定

一、预算的基本问题

（一）资金分配的决策机制

凯伊在1940年的一篇论文"The lack of budgetary theory"中提问：政府基于何种理由将资金用于A计划项目而非B计划项目？凯伊认为资金分配本身需要依据，这是预算理论需要解决的基本问题，凯伊期望新预算理论能够探寻一种决策机制，找到一套决策工具，或者说一套标准，帮助预算部门完成对预算资源的分配，使大家可以科学合理地分配资金，并通过这种配置创造更多的财富。

1. 确定政策优先项

预算其实是要处理一个国家、一个政府的不同政策的优先项，要在不同的甚至相悖的优先项之间做出权衡，研究支出的目标和顺序，帮助决策者考虑备选项目。

打通政府决策通道，集中比较备选方案，让决策者可以对它们的相对价值做出判断。政府财政对不同的优先项的支持是持续变化的，也可能出现重大的转移。在公共支出上，即使是小幅的调整，也可能产生显著的效果。

2. 权衡相对效用

权衡相对效用是指需要权衡不同支出类型的相对效用、边际效用，并考虑这种调整的效果。关于如何实现有效政府的问题，凯伊认为，从某种意义上来看，建立一些选择方法，使公共官员选择那些能带来最大效用、能最准确地实现社会期望的支出项目，是构建最具生产力政府的核心问题。凯伊主张利用公共支出的相对效用来完成资金分配，本质上还是为选择公共支出项目建立标准，因此，需要设计一些工具在系统框架内实现各种价值的平衡，既要考虑当前各种利益，又要考虑未来利益。

（二）制度的作用

凯伊认为确定政策优先项的做法可能会遇到现实中官僚体系的阻碍，如结构限制和部门分割等问题。因为预算改革必须正视的组织前提是内部割裂的政府，要在这样的组织结构内促进信息的沟通与交流，必然受到制度内的阻力。

公共支出应对形势的变化而做出的调整，可能会受到公共部门内的制度摩擦的阻碍。这里引出了另一个基本问题，即什么是制度？从某种意义上说，预算制度是已经完成的各种分配的体现，是对分配结果的记录。制度是一种高度的利益体现和固化，是没有言说的分配，但它却对预算产生持续的、不可忽略的影响。从某种意义上说，制度（包括实体性制度和过程性制度）决定预算。因此，要对预算过程进行调整，必须正视制度对它的反作用力。

二、国家预算的内涵

国家预算是各级政府、公共部门依据法律和制度规定编制，并经法定程序审核批准后成立的、以政府年度财政收支为主的财力配置计划。

（一）国家预算是政府的年度财力配置计划

传统的国家预算概念往往被定义为政府的年度财政收支计划，近年来，预算管理范围由收支流量延伸到结余等存量、由资金扩展到资产与负债、由静态发展到动态，涵盖一切公共资源。据此，可将国家预算界定为政府按预算年度进行的公共领域财力配置计划。

国家预算的核心是对政府财政收支的预先安排，它规定了年度内国家财政收支项目、内容、应达到的指标及其平衡状况，是对年度政府财政收支的规模及结构进行的预计和测算。国家预算进行财力配置计划的具体形式是按一定的标准、口径和格式将政府预算年度的财政收支分门别类地列入各种计划表格，这些表格不仅可以反映一定时期政府财政收入的具体来源和支出方向，还可以反映政府的收支情况，并进一步反映政府资产与负债的规模与结构。

（二）国家预算是依法定程序审批的法律规范

国家预算应该包括政府全部的年度财力配置计划安排，但现实中国家预算与政府全部的年度财力配置计划往往不完全一致，通常情况是，前者的覆盖范围小于后者。此外，政府的年度财力配置计划只有经过法定程序、由立法机关审批通过后形成法律文件，才成为国家预算。追根溯源，当经济社会发展要求对国家财政收支制定统一的年度计划，并要经过一定立法程序审查批准时，国家预算才成为国家财政体系及财政管理的内容。没有经法定程序审批的年度财力配置计划仅仅是国家预算草案。

政治权力必须受到约束，政府预算就是立法权和行政权之间相互制约、达成均衡的结果。由立法机关审核批准国家预算，可以明确政府的法律责任和义务，同时为监督机构监督检查政府职能履行情况提供依据。政府预算一旦经立法机构审批就具有法律效力，政府必须贯彻执行，不能任意修改，如需调整预算要按规定的程序经立法机构批准。

（三）国家预算是立法机关给政府的授权文书

国家预算经立法程序审批后得以成立，从而具有法律效力，因此有些国家也将其称为年度预算法案，这意味着预算是由立法机构赋予政府预算执行权。立法机构是民意代理机构，由于立法机构采取代表制度，立法程序审批预算就是将各方代表的意志进行归集的过程，之后归集结果由立法机构授权给政府，由此确立政府活动的范围和方向。毛泽东曾说过，国家的预算是一个重大的问题，里面反映着整个国家的政策，因为它规定政府活动的范围和方向[①]（中共中央文献研究室，1999）。

从规范意义上讲，国家预算应该是立法机关代表国民给政府的授权文书，国家预算是具有法律效力的文件，政府负有贯彻执行的责任，政府应按照预算规定的收支项目、内容来组织财政分配活动，保证国家实现其职能的物质需要，达到国家编制年度预算的目的。

政府的专职理财机关必须每年代表政府编制年度预算草案，并按法定要求将预算草案提请立法机构，立法机构按法定程序组织民意代表审议审查预算草案，预算草案经过批准后才能进行预算活动，通过政府预算进行的公共财力安排应该用于满足社会公共需要，以便达成公共品供求之间的均衡。

（四）国家预算的实质应该是体现民意

预算采取立法这一政治行政程序加以确立，其目的是力图使国民意愿和政府履行职能的财力安排达成一致，政治行政程序是对国民意愿进行归集的方式，也是立法机构授权的政府财力计划。因此，从规范性角度看，预算应该体现国民意志，国家预算也是表达国民意愿并监督政府活动的一种制度安排。

古人云：治政之要在于安民，安民之道在于察其疾苦。现代预算运行的目的是满足公共需要，亦即公共理财要坚持一切从人民群众的需要出发，权为民所用、情为民所系、利为民所谋、财为民所理，为构建和谐社会提供财力支持。

（五）国家预算管理融经管法政于一体

有政必有财，财为政之资。亚当·斯密曾说过：财政乃庶政之母。1953 年 8 月邓小平

---

① 《党史百年·天天读》12 月 2 日》，https://www.12371.cn/2021/11/29/ARTI1638190950670566.shtml[2022-06-09]。

同志兼任财政部部长后提出，财政部门是集中体现国家政策的一个综合部门，财政工作一定要有财有政，切不可"有财无政"（钟文，2004）。由此可见，国家预算融经管法政于一体，涉及范围具有宽泛性。国家预算按范围可划分为单元预算和汇总预算，单元预算构成预算的基本单位，汇总预算是以单元预算为基础汇总编制的预算，单元预算和汇总预算具有相对性，大部分的预算是通过汇编方式形成的。

　　国家预算按组织机构可划分为支用机构的预算和分配机构的预算，在我国表现为行政事业单位预算、部门预算和各级政府财政总预算。在支用机构的预算层面，其中行政事业单位预算为单元预算，部门预算是以其所属的单位预算为基础汇总编制的预算，而行政事业单位预算又是由本单位水费、电费等更为基础的单元预算汇编而成的。

　　国家预算管理是国家依法对公共财力的筹集、分配、使用进行合理安排、有效配置、优化管理而开展的组织、指挥、控制、协调和监督等一系列活动的总称，其基本目标是合理编制预算，有效完成预算收支任务，提高预算绩效。

（六）国家预算管理的基本要素

　　（1）国家预算的主体是国家。国家是由依托不同权力的相关机构共同构成的组织体系，包括依托行政权的各级政府及其职能部门、依托立法权的民意代议机关等。国家预算主体大致包括各级政府及其理财机构——财政机关、政府其他职能部门、立法机关、审计机关等组织，由此构成预算编制、审批、执行及监督体系，在我国则分别由各级人民代表大会及其常务委员会、中央和地方各级人民政府、财政机关、职能部门等行使相应的预算职权。

　　（2）国家预算由专职理财机构主管。国家预算主体具有多元化的特点，预算经过立法审批确立后授权政府实施，政府具有行政权，也是开展各项行政活动（包括预算活动）的领导者。政府为了履行并实现各项职能需要按职能设置一系列的组织机构，其中专职理财机构设置必不可少，专职理财机构可代表政府履行理财职能，主管财政预算事宜。我国各级政府的专职理财机构是各级财政部门。

　　（3）国家预算管理的对象是公共资源运行情况。公共资源运行情况是以政府资金收支为主的公共财力配置、使用的全部活动过程和结果，贯穿于由预算编审、执行和决算等各工作环节组成的全过程。对此要求：①依据法规和政策组织预算收入，确保收入任务的实现；②妥善安排各项预算支出，及时拨付预算资金；③在收支过程中量入为出，努力做到收支平衡；④加强政府资金、资产负债管理，控制债务风险，保障国有资产安全有效。

　　（4）国家预算管理的依据是法规。国家预算管理的依据是国家的有关法律法规及方针政策。《中华人民共和国预算法》是规范我国预算活动的基本法律依据，经过审批后成立的年度预算法案是执行当年预算的直接依据，依据法规开展国家预算活动要求强化预算的约束力，并使政府预算资金的组织、协调和监督等一切活动纳入法治化轨道，切实做到有法必依、执法必严、违法必究，实现依法理财、依法治财，全面推进依法治国。

三、现代预算的特征

国家预算作为一个独立的财政范畴，从产生到发展为现代国家预算，其内涵不断充实，形成了区别于其他财政范畴的特征。

（1）预测性。凡事预则立，不预则废。国家预算是一定时期财政收入与支出的估算表，最典型的是年度财政收支计划。计划具有预测性，国家预算的预测性是指国家通过编制预算对财政收支规模、收入来源和支出用途做出事前的预计和设想。一般在本预算年度结束以前，需要对下一年度的财政收支做出预测，编制预算收支计划，进行收支对比，进而研究对策。虽然计划与实际是否相符且计划能否实现，取决于预测的科学性和民主化程度，也受预算执行中客观条件变化及预算管理水平和预算管理手段的影响，但提高预测的准确度仍是完善国家预算管理的基础。

（2）法定性。国家预算与一般的经济计划不同，它必须经过法定程序，并最终成为一项法律文件。国家预算的法定性是指国家预算的成立及执行结果要经过立法机关审查批准，经立法机关审批的国家预算才具有法律效力。《中华人民共和国宪法》和《中华人民共和国预算法》明确规定各级人民代表大会有审查批准本级预算的职权。各级预算确定的各项收支指标经国家权力机关审查批准后下达，具有法律强制性；各级政府、各部门、各单位都必须维护国家预算的严肃性、权威性，严格贯彻执行，并保证预算收支任务的圆满实现；非经法定程序，任何地方、单位和个人均不得擅自改变批准的预算；如需调整预算，必须报请本级人民代表大会常务委员会审查批准。总体而言，无论是预算编制还是预算执行都必须依据国家相关的法律、法规和制度。

（3）集中性。为了从资金上保证实现国家职能、满足社会共同性的需要，国家必须通过预算安排，集中财政资金，统筹资金的使用。国家预算是国家集中分配财政资金的手段，国家预算资金即国家集中性的财政资金。国家预算的规模、来源、去向、收支结构比例和平衡状况，要从国家整体利益出发进行统筹安排。预算收入必须及时、足额地缴入国库，任何部门、单位或个人不能坐支、挪用；各地区、部门、单位必须按照预算规定的数额、用途等使用资金，不得各行其是。

（4）完整性。国家预算的内容应包含国家在履行职能时产生的各项政府收支，以体现国家的整体工作安排，综合反映政府活动的全貌，使预算成为国家各项收支的汇集点和枢纽。为了综合反映政府收支活动的全貌，预算应该包括一切收支，并以总额列入预算，不应该以收抵支，只列入收支相抵后的净额。国家预算涉及范围广泛、综合性强，如工商税收计划、基本建设拨款计划等财政单项收支计划是国家预算的组成部分，受国家预算的制约。

（5）循环性。预算收支的起讫时间通常为一年。在预算年度内，预算工作的程序按时序通常包括预算的编制、预算的执行和决算等环节，各环节在年度内依次递进，并在年度之间循环往复。很多国家不仅编制年度预算，还编制五年或十年的中长期预算，以指导中长期的财政工作并调节经济周期的运行，但法定预算仍以年度为时限。

马克思说："预算只不过是国家本年度预期收入和支出的一览表，它是以上一年度的财政经验即平衡表为根据的。"（马克思和恩格斯，1961）这说明国家预算应当有年度性，即按年度编制财政收支一览表，同时说明当年预算要以上年度预算执行情况为依据，这样才具有可靠性。

（6）公开性。一般而言，私人经济活动存在隐私或商业秘密，只需向利益相关主体提供必要的信息，除法律有规定外，不必向社会公开。公共经济行为涉及全体民众的利益，除涉及国家安全的内容外，其他应向社会公开。在现代国家，国家预算是社会公众和政府之间委托代理关系的一种反映，换言之，预算可以理解为政府代理公共事务所需财力资源及其配置的一种契约，这种契约是以法律文书形式呈现的权责合约。因此，预算内容必须明确、公开、透明，以便社会公众及其代表能理解、审查和监督；同时，政府预算收支计划的制定、执行及决算的全过程也应向公众公开，一般是采取向权力机构提交预算报告的形式阐述预算编制的依据，并说明在执行过程中为保证政府预算实现而采取的措施，同时报告上一年度政府预算的执行情况和结果，即决算。预算及决算经审议通过后还要由新闻媒介向社会公布。

四、国家预算的地位

财政是国家治理的基础和重要支柱，在国民经济管理中，财政管理属于以国家为主体对国民收入分配进行的管理，是收入分配管理的主导；国家预算是国家财政体系的重要组成部分，并位居核心地位。

（一）现代预算制度是国家治理的基础和重要支柱

1. 现代预算制度是实现国家长治久安的制度保障

预算不仅仅是财政的核心，还超越财政。预算是经世济民的学说，它不仅归属于经济范畴，也归属于社会和政治范畴，通过预算进行公共资源的配置能够决定政府职能的实现程度，影响政府与市场、国家、企业和个人，各级政府之间，以及政府部门之间的关系，筑牢预算制度的笼子能够使政府活动受制于府院权责关系的制度安排。因此，预算不仅是约束政府预算行为、规范预算活动、推动预算权力结构合理配置的最为有效的制度安排，也极大地影响着经济、政治、文化、社会、生态文明"五位一体"建设任务协调发展的进程，是推进科学的财税体制、优化资源配置、维护市场统一、促进社会公平、实现国家长治久安的制度保障。

2. 现代预算制度是国家实行民主管理的重要形式

现代国家通常实行代议民主制，由代议机构或者立法机构代表社会公众行使立法权并监督政府运行。国家预算由代议机构审议、批准并监督政府执行，是国家实行民主管理的重要形式。国家提供什么样的公共品和服务，提供多大规模的公共品和服务，应当取决于社会公众的偏好，根据社会公众的需求加以确定。国家预算以价值的形式反映由政府组织的公共供给的规模和构成，由立法机构审议并批准国家预算，实际上是将公共供给的决定权交给代议机构或者立法机构这一代表社会公众利益的机构来行使。立法机构审议国家预算的过程，也是归集和反映社会公共偏好的过程，而对预算的批准，则是公民意志的体现。同时，立法机构和社会公众有权对政府执行国家预算的情况进行监督检查，政府也有义务向前者报告相关的情况。

3. 现代预算制度是实现国家施政方针的重要方式

国家预算是政府实现国家经济社会规划、落实国家政策意图、体现国家施政方针的重要方式。美国预算专家 Wildavsky（1992）指出，预算作为政府的生命和血液，如果我们不说"政府应该怎样做"，而说"政府预算应该怎样做"，就可以更清晰地看出预算在政府公共治理中所起的核心作用。目前，我国编制的国民经济和社会发展五年规划与每年度的国民经济和社会发展计划，是国家对规划期间国民经济和社会发展所作的全面安排和部署，用以引导和调节国民经济和社会活动。国家预算与国民经济和社会发展规划的制定和实施具有密切关系：一方面，国家预算为国民经济和社会发展规划的落实提供财力保障，国民经济和社会发展规划各项指标的安排要受政府财力的制约，无论是编制还是实施国民经济和社会发展规划，都必须考虑财力的可能；另一方面，国家预算本身就是国民经济和社会发展规划的有机组成部分，是国家的"财力规划"，预算编制必须以经济社会发展规划为基础，并与之协调、衔接，达到人力、物力、财力的平衡。只有这两方面达到统一，才能使国家规划落到实处。

（二）国家预算是国家进行宏观经济调控的重要杠杆

1. 国家预算具有"稳定器"和"调节器"的功能

在市场经济中，国家预算具有"稳定器"和"调节器"的功能，是国家进行宏观经济调控的重要杠杆。预算调控主要从三个方面实现：一是调节社会总供求。总量调控是宏观调控的主要内容，预算收支直接或间接影响社会总供求，预算收入规模影响部门的产出和需求水平，预算支出则构成社会需求的一部分，并制约供给水平，无论预算收入还是支出，都具有乘数效应，收支规模及对应关系变化会带来总供求关系的相应变化，因此，国家可根据经济运行情况，通过调整预算收支规模及对应关系，影响社会总供求关系，使之实现平衡。二是调节经济结构。预算收支具有结构效应，收支结构的变化会引起经济结构的相应变化。例如，在经济发展的一定时期，通过国家预算支出的安排，保证农业的基础地位、保障基础产业和重点建设的投入，支持"瓶颈"产业的发展，可以促进生产要素的合理配置，优化经济结构，提高经济效益。三是促进社会公平。其包括通过预算管理体制的合理设计正确处理中央和地方、地方与地方之间的关系，合理分配财力，缩小地区间的经济差距；通过税收和支出调节城乡之间、地区之间、行业之间的利益关系，缓解分配上的矛盾；通过社会保障的安排，做到老有所养、病有所治、难有所帮，促进社会和谐。

2. 国家预算可以反映国民经济的运行状态

国家预算活动联系面广、综合性强，预算的收支涉及一系列经济社会行为，不仅反映政府活动的范围和方向，而且反映经济和社会发展各方面的情况。在预算的编制和执行中，国民经济各部门、各有关企事业单位、国库及财政部门内各职能机构，都要按规定向政府预算管理机构及时报告情况，同时，经济社会活动的各项指标都会直接或间接地反映到预算上来，从而形成一个以预算为中心的四通八达、反应灵敏的信息系统，使预算管理工作成为国民经济运行状态的观察哨。预算收入反映国民经济发展规模和经济效益水平，预算支出反映各项经济社会事业发展的基本情况。因此，通过国家预算的编制和执行，能够掌握国民经济发展的态势，发现其中存在的问题，及时采取措施，促进国民经济稳定、健康、快速地发展。

（三）国家预算管理是财政管理的核心

1. 国家预算收支计划是国家集中和分配政府资金的主要手段

财政管理由预算管理、税收管理、行政事业和国有企业财务管理、国家投资管理等各部分组成，只有各项管理相互衔接配套、协调运行，才能保证管理的有效性。在财政的各项管理中，预算管理是核心，而其他专门化的分支管理则是财政管理的基础。这是因为国家预算具有综合性，在财政分配活动中起到枢纽性作用，各项税收构成预算收入的主体，国有企业纯收入是预算收入的重要来源，国家预算对行政事业和国防等部门供应资金，预算管理体制是财政管理体制的中心环节。因此，抓住国家预算管理这个核心，就可以带动或推进整个财政管理。

国家以预算形式集中了相当数量的、以货币表现的社会资源，用以满足公共需要，预算活动体现了财政集中和分配资金的基本过程。一方面，国家通过税收、企业收入、公债等手段把分散在各地区、部门、企业和个人手中的一部分国民收入集中起来，形成预算收入，为满足各项公共需要奠定物质基础；另一方面，通过预算支出的安排，维持国家机构运转，促进经济社会发展，提高人民生活水平。因此，国家预算资金的来源和去向反映财政分配活动的主体部分，并在一定程度上反映国民经济和社会发展的规模、结构、速度和效益水平。

2. 国家预算资金配置是保障公共品供给所需资源的重要工具

公共品具有非竞争性、非排他性，市场不能有效地提供，需要公共部门对其供给配置资源。实际上，国家以预算形式集中资金只是手段，保障公共品提供才是其基本目的。在经济社会发展的不同历史时期，社会的公共品的需求规模和结构会有差异，国家预算对资金的分配反映了不同时期国家在处理公共供给和非公共供给，以及公共供给内部各类关系上的安排，或者说国家预算的规模大体反映了一定时期公共供给的总体状况，而预算支出的结构比例、去向用途则反映国家提供的公共品及服务的基本构成。

正确发挥国家预算管理的核心作用，要求对财政收支活动进行统筹安排，综合协调，不仅要考虑预算收支本身的平衡，也要考虑经济综合平衡；不仅要考虑中央预算的需要，也要考虑地方预算的需要；不仅要考虑国家预算集中资金的需要，也要考虑企业和个人的承受能力；不仅要考虑经济活动领域的资金需要，也要考虑社会活动及国防等领域的资金需要。

本章思考与练习题

1. 如何理解国家预算的内涵？
2. 说明不同类型国家预算产生的直接原因。
3. 现代国家预算产生和发展的基本原因是什么？
4. 说明中西国家预算的属性和特点。
5. 解析预算的特征。
6. 评析西方预算均衡理论的有效性。
7. 简单回答预算主要关注的基本问题。
8. 解析预算和预算管理的含义。
9. 说明国家预算与财政的关系。
10. 解析国家预算与国家治理的关系。

第二章

预算理论与决策

第一节　国家预算监管理论

一、预算应然性理论

公共品理论、外部性理论、福利经济学等理论阐明了政府通过预算提供公共品的必要性，属于应然性理论。

1919 年林达尔（Lindahl）提出公共品的税价模型，萨缪尔森（Samuelson）于 20 世纪 50 年代对公共品做了经典定义，公共品具有消费的非竞争性与非排他性两大特性，因此私人和市场机制不愿意或不能高效提供资源，需要政府通过预算收支来有效配置和使用，满足人们的公共需求。外部性理论产生于 19 世纪末，源于马歇尔（Marshall）1890 年发表的《经济学原理》，马歇尔的学生庇古（Pigou）将外部性进一步分为正外部性和负外部性，并提出以庇古税和政府规制来解决外部性，外部性理论的延伸之意是人们的市场活动会产生"外部经济"和"外部不经济"，对此需要通过政府收支来调节人们的损益。

福利经济学于 20 世纪 20 年代创立，其研究对象是社会经济福利的最大化问题，注重关注稀缺性资源使用效果的评价及判断。早期以英国的庇古为代表的福利经济学从基数效用论出发论证社会经济福利最大值，根据边际效用基数论提出，国民收入总量越大，国民收入分配越是均等化，社会经济福利就越大。新福利经济学以意大利的帕累托（Pareto）为代表，在序数效用论的基础上考察了"集合体的效用极大化"问题，将福利命题转化为效率，反对人为地改善收入分配，提出假想的社会补偿原理。

二、预算实然性理论

公共选择理论、预算最大化理论、花钱办事四种模式理论、寻租理论、博弈论从不同角度揭示了政府失灵和预算低效的现实客观性，属于实然性理论。

公共选择理论产生于 20 世纪 40 年代末，英国经济学家邓肯·布莱克（Duncan Black）被尊为"公共选择理论之父"，美国著名经济学家布坎南（Buchanan）1954 年发表的《社会选择、民主政治与自由市场》文章和布坎南与戈登·图洛克（Gordon Tullock）二人合著的《同意的计算——立宪民主的逻辑基础》是公共选择理论的经典著作。公共选择理论从"理性人"假设出发，结合"特殊利益集团"和投票策略等对集体或非市场化的政治投票决策机制进行经济研究，阿罗 1951 年出版的《社会选择与个人价值》一书指出试图在任何情况下从个人偏好次序达到社会偏好次序，这是不可能的，即"阿罗不可能定理"，或出现孔多塞的投票循环困境。

美国经济学家曼瑟尔·奥尔森 1965 年出版著作《集体行动的逻辑》，认为参与私人经济部门和公共部门活动的人均希望自己行为最大化，不存在无行为主体的公共利益。尼斯坎南（Niskanen）于 1971 年发表《官僚机构与代议制政府》，提出官僚预算最大化理论，即官僚在履行职能时为了同时实现自身效用而追求预算规模最大化。

弗里德曼花钱办事四种模式理论：一是花自己的钱给自己办事，既讲节约又讲效果；二是花自己的钱给别人办事，只讲节约不讲效果；三是花别人的钱给自己办事，只讲效果不讲节约；四是花别人的钱给别人办事，不讲节约也不讲效果。政府预算行为往往是第三、四种花钱办事模式。

寻租理论是研究政府运用行政权力干预和管制企业和个人的经济活动，从而使得少数有特权者能够取得超额收入机会的学说。美国经济学家布坎南和克鲁格（Krueger）将这种超额收入称为"租金"，谋求这种权力以获得资金的活动被称作"寻租活动"，俗称"寻租"。寻租理论思想最早源自 1967 年戈登·图洛克的论文《关税、垄断和偷窃的福利成本》，1974 年克鲁格在探讨国际贸易中保护主义政策形成原因的一项研究中正式提出寻租理论概念，20 世纪 70 年代发展壮大的监管经济学认为，政府干预容易被利益集团"俘获"，具有"过度监管""寻租"等缺点，政府干预必须适度。新制度经济学强调制度是一个国家或地区经济增长的基础，只要社会交易成本大于零，政府就有必要参与各种制度设计。

博弈论研究决策主体的行为发生直接相互作用时的决策以及这种决策的均衡问题，主要研究博弈互斗局势中局中人各自为了争取自己最大利益、处理竞争与合作问题的决策科学。博弈有合作博弈和非合作博弈、双方博弈及多方博弈、零和博弈与非零和博弈，非零和博弈又包括正和博弈、负和博弈。零和博弈是指参与博弈的双方中一方的收益必然意味着另一方的损失，各方收益和损失相加的总和为"零"，整个社会的利益并不会因此而增加一分。非零和博弈是非合作博弈各方收益或损失的总和不是零值，可能为正和或负和。正和博弈指博弈双方利益都有所增加，或者至少是一方利益增加，另一方利益不受损害，因而整体的利益有所增加；负和博弈则是双方都有损失。

三、我国财政基础理论

我国财政基础理论主要包括国家分配论、建设性财政论，公共财政论、财政风险论、社会集中分配论、新市场财政论、发展财政论、预算平衡理论等。

我国财政基础理论的发展具有阶段性特征，20世纪50年代末许廷星教授提出的国家分配论是计划经济时期的主流财政理论。20世纪90年代张馨教授提出公共财政论，贾康研究员提出社会集中分配论，刘尚希研究员提出财政风险论。近年，李俊生教授提出新市场财政论；郭庆旺教授提出发展财政论；马国贤教授提出"一观三论"，即"花钱买服务"的预算观、公共委托代理论、结果导向管理论及为"顾客"服务论；高培勇教授基于国家治理现代化对财政的新要求，从理论上论证了现代财政应该具有的特征；吴俊培教授从财政学学科视角对主流经济学通用的理性经济人假设条件及其学说解析力提出了挑战。这些理论随着我国经济社会体制机制的改革变迁而发展，从不同角度相互补充，用于解析特定时期的财政状况，形成了具有中国特色的财政基础理论，但这些学说还没有将应然和实然融为一体，不能对我国预算改革及其方向、发展规律进行有针对性的解析，普适性程度还不够。

四、科斯的企业契约论

18世纪法国启蒙思想家、哲学家让·雅克·卢梭著有《论人类不平等的起源和基础》《社会契约论》等著作，提出"天赋人权说"，反对专制、暴政，主张自由平等，主张建立资产阶级的"理性王国"。20世纪30年代以科斯为代表的新制度经济学突破传统经济学假设前提和理论，传统经济学假设市场完全竞争，交易者间信息完全对称，那么资源配置完全可以通过价格机制解决，任何增加委托代理环节的制度安排只不过徒然增加了资源配置的成本，但如果市场不完全竞争，信息不完全对称，则任何一项交易本身都需要付出多重成本，如信息搜索成本、讨价还价签订契约的成本、监督契约执行的成本等。因此，只要能有效降低交易成本，增加一种制度安排依然可能降低总成本。

新制度经济学的各种学说众多、相互分割，新制度经济学的创始人科斯在1937年发表的论文奠定了现代企业理论的基础，提出了经典的企业契约论，20世纪30年代伯利（Berle）和米恩斯（Means）提出所有权与控制权分离的假定性说明，格罗斯曼（Grossman）和哈特（Hart）开创了不完全契约的理论等。各种学说之间看起来自成一体、相互分割，有必要将新制度经济学有关学说按逻辑梳理、归并整合，形成系统完整的标准企业契约论或称标准委托代理理论体系。现代企业的特点是企业出资人所有权和经营者经营权"两权"分离，自利最大化的代理人存在机会主义的倾向，由于存在市场易变的风险，在信息偏于代理人一方的情况下，委托人的监督成本非常高昂，企业治理应设计一种由代理人分享"所有者剩余"的报酬激励机制，让经营者与企业经营状况紧密相连。

五、预算委托代理理论创新

标准委托代理理论以企业为对象，对公共部门不完全适用，需要基于国家治理结构进行创新，形成预算委托代理理论。

从规范经济学角度分析，国家预算应该是国民、立法机关、政府、部门、单位等诸多角色之间就政府活动的范围和方向所形成的委托代理式契约关系，这种契约关系集中体现为预算编审体制各方的权责关系，通过法律、规程和制度等，采取法约、显性契约和隐形契约等多种契约方式规定预算及其管理的相关要求，由此而形成预算运行机制。按新制度经济学基本原理，组织体系中代理人存在机会主义的倾向，在委托代理关系中，委托代理的链条越长，初始委托人的行为能力越弱。国家预算属于多层级、多链条的委托代理关系，初始委托人的行为能力弱，外加内部人控制、信息不对称、契约不完备、"搭便车"行为等，为代理人的机会主义倾向变为现实提供了条件，易形成"逆向选择"，出现"败德"行为。

报酬激励机制适合于市场机制主导的企业或公司组织，预算委托代理关系具有公共性、非营利性，如果简单效仿设立报酬激励机制会促使政府部门异化为追逐利益的营利性组织。对于公共部门的代理人问题，就需要通过加强预算监督的方式来解决，为此，需要推进预算信息公开透明，政府工作流程的相对稳定也可为预算监督提供便利。

第二节　预算决策模式

一、民主决策模式

预算民主就是把政府的花钱行为交给老百姓来决定，或通过民意代表在审议预算中体现民意，关键点在于预算审批制度。

（一）立法审批预算

国家预算本质上是国民、政府和政府机构之间就政府的活动范围和方向所形成的委托代理关系。在现代民主国家，构建预算民主的中心应是代议机关预算审批权，因为预算乃行政机构的生命之源。审查与批准预算法案，一方面是代议机关掌控公共财政资金的使用，以及截断政府滥用权力的物质来源，从而威慑政府的一种有力手段；另一方面通过代议机关民意的行使，表明民意代表和人民对政府的信任与支持，从而保证政府权力运作的正当性和经济基础。

（二）参与式预算

参与式预算是指民意代表和普通民众可以在立法会上"参与"政府预算的审查，对政府的"花钱计划"发表意见并促成政府预算的调整。世界上第一个参与式预算于 1989 年在巴西的阿雷格里港市实施,此后,参与式预算风靡世界,秘鲁还制定了《国家参与式预算法》。参与式预算由"替民做主"转变为"让民做主",以此来建立支出优先性,配置预算资源,使预算的安排更加贴近民众的需求。

中国参与式预算的实践始于浙江省温岭市的"民主恳谈会",新河镇人大代表和其他公民参与镇政府预算方案的讨论和审议,并以镇人大代表提出"预算修改议案"的途径,经镇人民代表大会的法定程序修改、通过镇政府的财政预算报告。新河镇将公众参与纳入基层人大制度框架内,探索建立参与式预算机制,触及预算决策过程的深层机制,开创了中国基层公共预算改革的先河。《中华人民共和国预算法》等有关法律法规将预算直接民主和间接民主结合,规定基层政府预算安排要征求基层人大代表和相关利益方、公众的意见,这提高了预算民主化程度。

二、精英决策模式

(一)社会存在两大集团,决策主体是有权力的少数人

托马斯·戴伊和哈蒙·齐格勒指出,精英决策模式的假设前提是社会上存在两大集团,一个是有权力的少数人,另一个是没有权力的多数人。若两大集团的势力不均衡,集团间的矛盾就会比较激烈。

在精英决策模式中,决策主体是有权力的少数人,只有他们才有权为社会分配价值,他们是垄断国家权力、执行政治功能的由少数杰出人物组成的统治阶级,如长老、首领、执行官、立法官、法官、行政官员、地方议会议员、专制君主等权威角色的承担者,占统治地位的精英决定了公共政策,然后由政府官员和机构加以实施。少数的统治者与杰出人物不是被统治的群众代表,他们主要来自社会中社会经济地位较高的那个阶层。

(二)公众的地位被动,自上而下沟通与决策

精英决策模式认为,精英集团对支撑社会制度的基础准则有一致的认识。社会的稳定和秩序的存在就依赖于精英集团的这种共识,它们反映了社会的基本价值观。政策方案只有与此相符才可能进入政策议程,得到决策层的认真考虑。因此,占统治地位的政治精英把握了政策制定的主动权,公共政策完全由精英来决定,然后由行政官员及其机构加以执行。公众(或者说群众)是麻木的,信息闭塞,在政策制定过程中完全处于被动地位,公众的要求及行动对公共政策不会产生决定性作用。实行精英决策模式,精英与公众的沟通在很大程度上是自上而下的,公众情感往往操纵在精英的股掌之中,公众对精英价值观的影响微乎其微,精英决策模式的极端形式是独裁。

在民主政治发展还不够充分的情况下,公众掌握的决策、必需的知识和技能还十分有限,同时代议制民主走向直接民主还需要一个漫长的过程,精英在政策决策过程中仍

起着主要作用甚至是决定作用。精英模式认为，公共政策的变革和创新是知识精英对其价值观重新定义的结果，出于维护社会制度的需要，精英阶层往往怀有浓重的保守主义情结，所以公共政策的变化必然是渐进性的而不是革命性的，通常，尽管公共政策经常会被修改和补充，但极少会出现被替换和取代的情况。渐进式改革将以现行社会制度最小牺牲和最小混乱的方式对威胁社会系统的重大事件作出必要的反应。

三、集团决策模式

集团决策模式认为，集团是个体的集合，是有共同利益需要或理想追求的一些个人正式或非正式的联合组织形式。公共政策实际上是集团斗争中相互妥协的结果，是不同利益集团之间的一种平衡产物。在集团决策模式中，政府在政策过程中能够起的作用只是组织不同集团进行讨论、对话、协调等沟通活动，尽量缩小各个集团在公共政策期望上的差别，在相互妥协、协商的基础上，确定政策目标，选择各个集团都能接受的政策方案。

集团决策模式中存在多个不同的社会团体，它们经常会围绕不同的利益、权力、价值进行竞争。集团成员资格的相互重叠会使孤立的集团难以偏离社会的基础价值观，从而对平衡的维系发挥至关重要的作用。社会中有许多人既是这个集团的成员又是那个集团的成员，所以一个集团在提出自己利益要求时就必须考虑避免对这些人的利益造成伤害。这样集团间的矛盾与冲突就会在一定程度上得到缓解。

集团决策模式认为，各个团体都有权参与政策制定的过程。在实行民主政治的社会中，由于社会利益的多元化，会形成多种利益团体，要实现决策的科学化、民主化，就必须让不同的团体平等地参与政策制定。集团之间的竞争能够使任何单个集团的势力得到有效的控制，并使所有集团能够在相对基础上做到势均力敌，相互制约，以维护社会的稳定和体系的平衡。

一般而言，具有共同利益的个人会正式地或非正式地结合成某一个团体，以便向政府提出他们的要求。社会中的个人只有在成为集团成员并为集团利益进行活动时，才能够在政治生活中发挥作用。也就是说，公众成为集团成员后参与公共政策的程度会提高。在集团决策模式中，公众参与决策的程度较精英决策模式来说要高。

集团决策模式认为，政策制定的核心是各种政策利益期望的平衡。各个利益集团对政策方案的理解、期望存在差别，只有让它们竞争、妥协，并最后达到平衡、均势、协调，这时选出来的公共政策才是合法的，在实施中才能贯彻下去。也就是说，在集团决策模式中，一旦出现矛盾，大多是比较重要的大的矛盾，较精英决策模式中的矛盾要尖锐，会涉及一些根本性的实质性的问题。

集团决策模式认为，公共政策实际上是集团斗争中相互妥协的结果，是不同利益集团之间的一种平衡产物。制约这种平衡的力量来自不同利益集团的相互影响。毫无疑问，公共政策往往更倾向于影响力较大的利益集团，集团决策模式把注意力集中到集团作用上，并以此分析、处理社会中各种利益间的关系，具有启发性。公共政策的相对稳定依赖于集团斗争均衡状态的持续。一旦这种状态被破坏，公共政策就会发生变化，待到新平衡形成，新政策也会随之出现。任何利益集团政治影响力的减弱或增强都会延伸到政策的制定领域，从而导致公共政策不同程度的变化，其变化的方向无疑是更靠近力量增强集团的要求，远离力量减弱集团的要求，从而在新的基础上达到平衡。

精英决策模式与集团决策模式都是集团（或是团体）的决策，基本反映了占统治地位的那些集团的利益，也反映了各利益集团之间的相互影响力。

四、民主集中制决策模式

民主集中制是民主基础上的集中和集中指导下的民主相结合的制度，它是马克思列宁主义关于工人阶级政党和社会主义国家学说的组成部分，也是我国人民代表大会制度组织和活动的基本原则，同时也是党的根本组织制度和领导制度。民主集中制是一种按照平等的原则和少数服从多数的原则来共同管理国家事务的国家制度。民主集中制下，各级领导机关由选举产生，重大问题民主讨论，要求个人服从组织，少数服从多数，下级组织服从上级组织，全党服从中央。民主集中制要求禁止个人崇拜，各级组织实行集体领导和个人分工负责相结合的制度，领导人要接受党和人民的监督。

我国预算工作坚持中国共产党统一领导下的民主集中制决策模式，是以人民为中心的预算民主化，我国预算的本质属性是"取之于民、用之于民"，还要告之于民。

五、多数投票决策模式

投票是将个人偏好转化为社会偏好。提案按少数服从多数的民主原则表决，多数成员同意即为通过，形成决议相对迅速高效。如果提案在小集团范围内投票会促成人们分派开展竞争，进而会影响决议的质量和执行。

（1）孔多塞的投票悖论。早在 18 世纪法国思想家孔多塞就提出了著名的投票悖论，也称作"孔多塞悖论"。

假设甲、乙、丙三人，面对 A、B、C 三个备选方案，有如下的偏好排序。

甲：A>B>C。

乙：B>C>A。

丙：C>A>B。

由于甲、乙都认为 B 好于 C，根据少数服从多数原则，社会也应认为 B 好于 C，同样，乙、丙都认为 C 好于 A，社会也应认为 C 好于 A，所以社会认为 B 好于 A。但是，甲、丙都认为 A 好于 B，所以出现矛盾。投票悖论反映了直观上良好的民主机制潜在的不协调。

公共选择理论认为，在通过多数原则投票实现个人选择到集体选择的转换过程中会遇到障碍或非传递性，导致可能没有稳定一致的结果，以投票的多数规则来确定社会或集体的选择会产生循环的结果，这就好像一只狗在追自己的尾巴，会没完没了地循环下去。结果，在这些选择方案中，没有一个能够获得多数票而通过，这被称作投票悖论，投票悖论是所有的公共选择问题都会存在的一种固有难题，所有的公共选择规则都难以避开这种两难境地。

（2）阿罗不可能性定理。能不能设计出一个消除循环投票，做出合理决策的投票方案呢？1972 年诺贝尔经济学奖的获得者阿罗在《社会选择与个人价值》一书中，用数学工具把孔多塞的观念严格化和一般化了，把投票悖论形式化了。阿罗的结论是根本不存在一种能保证效率、尊重个人偏好，并且不依赖程序的多数规则的投票方案。换言之，理性的个人效用不可能通过公共选择归集为社会公共利益最大化，此为著名的阿罗不可能性定理。

（3）解决投票悖论。1998 年诺贝尔经济学奖获得者阿马蒂亚·森在 20 世纪 70 年代提出投票悖论的解决方法。阿马蒂亚·森所提出的解决投票悖论、绕过阿罗不可能定理的方法就是改变甲、乙、丙三者中一个人的偏好次序。例如，将甲的偏好次序从 A＞B＞C 改变为 A＞C＞B 的新偏好次序排列。

甲：A＞B＞C；
　　A＞C＞B。
乙：B＞C＞A。
丙：C＞A＞B。

由此可以得到三个社会偏好次序——A＞B、C＞B、C＞A，这样就能避开投票悖论，但它却改变了甲的偏好次序。阿马蒂亚·森把这个发现加以延伸和拓展，得出了解决投票悖论的三种选择模式：一是所有人都同意其中一项选择方案并非是最佳方案；二是所有人都同意其中一项选择方案并非是次佳方案；三是所有人都同意其中一项选择方案并非是最差方案。阿马蒂亚·森表示在上述三种选择模式下，投票悖论不会再出现，取而代之的结果是得到大多数票的人获胜的规则总是能达到唯一的决定。但这有一个问题，就是为了追求一致性，改变、忽略、牺牲了某些人的偏好次序。

第三节　预算决策方式

一、理性主义决策

20 世纪 60 年代以前，理性决策方式一直占主导地位。理性决策方式是从规范的角度去考察问题的，它深受早期经济理论的影响。传统经济理论认为"理性人"知道全部可能的预算方案，知道哪种预算方案能得到最大的效果，知道从所有可行的预算方案中挑选最好的一种，即最优标准。理性主义没有意识到理性限度，高估了预算人员的计算能力，在实际运用中面临种种困难。

为了找到一个资源配置的标准，西方一些专家提出了预算学界十分重要的一个规范性理论，即理性预算理论（rational budgeting theory），该理论主张政府在预算决策过程中，应当通过按部就班的理性计算，考虑各个活动方案的效率和效果，做出理性选择，从而最有效地配置资源。世界各国政府利用理性预算理论相继推出了各种理性预算制度，如计划项目预算、零基预算、目标管理及绩效预算。各国、各级政府逐渐重视有关效果与效率方面的信息，并开始系统地收集、加工和使用这些信息。

二、有限理性决策

20世纪50年代之后，人们认识到建立在"理性人"假说之上的完全理性决策理论只是一种理想方式，不可能指导实际中的决策。赫伯特·西蒙（Herbert Simon）等对传统的纯粹理性决策方式进行了改进。有限理性的概念最初是阿罗提出的，他认为有限理性就是人的行为"是有意识的理性的，但这种理性又是有限的"。西蒙认为政治决策者的理性是"有限的"，因为决策者事实上并不具有有关决策状况的所有信息，决策者处理信息的能力是有限的，因此，在决策中应以"满意"来代替"最佳"，随着信息完备程度的增加，决策者掌握的信息资源增加，基于有限理性的决策者所制定的次优决策效果渐渐趋近于理想的最优决策效果。

西蒙用"社会人"取代"理性人"，提出了满意标准和有限理性标准，形成了有限理性决策方式，大大拓展了决策理论。

三、渐进决策

为了进一步弥补理性决策方式的不足，美国著名政治学家和经济学家林德布洛姆提出渐进决策方式。

林德布洛姆1959年发表《"渐进调适"的科学》一文，认为理性决策方式不切合实际，现实公共决策是渐进的，不一定要用许多理论，而是各方政治力量相互协商达成某种和解、调停和协议，决策者面对已有的基本价值共识，仅仅对现存政策进行小修小补；尽管决策时经常会出现许多变量，但渐进决策着重以已有的政策为前提，只注重对几个重要变量作片段分析，只会形成少数几个而不是广泛的方案，这样形成的决策比较符合实际，风险小更有把握，便于社会各界接受，与现实差距不大，较容易控制。

林德布洛姆主张通过连续比较来减少对理论的依赖，也称为连续有限比较方式，即"渐进调适"方式。从20世纪60年代开始，威尔达夫斯基等一批学者提出渐进预算理论（incremental budgeting theory），认为预算是渐进的，长期稳定的渐进预算结果，一般采取基数加增长的预算决策方式。渐进决策方式提出后产生了极大的反响，一直被视为西方国家行政决策的基本方式之一。

渐进预算理论的创始者威尔达夫斯基认为，理性预算理论并不可行，由于能力与资源的限制，决策者不可能收集绝对完整的信息并全部加以有效的利用，也就是说，针对某一政策目标，决策者不可能列举出所有的可能方案，并准确无误地衡量出每个方案的利弊，因此理性预算制度在真实世界的使用难度就可想而知。各国政府的实践表明，决策过程并不是按部就班的理性计算，决策者往往会以现行预算为决策的出发点，运用简化的策略，作边际修正，这样就大大减轻了计算的负担，缩小了预算争论的范围，使预算编制得以在法定期限内完成。

第四节　预算均衡模型

一、公共品均衡模型

（一）林达尔的公共品局部均衡模型

瑞典经济学家林达尔在维克赛尔的基础上于 1919 年提出公共品理论模型，人们将此理论称为林达尔模型。林达尔认为公共品的价格并非取决于某些政治选择机制和强制性税收，恰恰相反，取决于每个人愿意为公共品以税收形式支付的价格，即每个人都面临着根据自己意愿确定的价格，并且均可按照这种价格购买公共品总量。处于均衡状态时，这些价格使每个人需要的公共品量相同，并与应该提供的公共品量保持一致。因为每个人购买并消费的公共品的产量，按照这些价格的供给恰好就是个人支付价格的总和。

林达尔设想，如果个体为政府供给的产品和服务所支付的税价与这些个体对它们的评价相关联，进而如果能够根据自己的评价进行讨价还价，那就可以直接从讨价还价过程中产生"税价"，并且共享资源供给，这种新的定价方法建立起一个类似于私人品竞争性均衡的公共品的均衡模型，称为林达尔均衡。林达尔均衡是指个人对公共品的供给水平及它们之间的成本分配进行讨价还价，并实现讨价还价的均衡。林达尔均衡没能给出公共品供给的最优条件，萨缪尔森在一般均衡的分析框架下给出证明。

（二）萨缪尔森的公共品一般均衡条件

一般均衡分析是撤销单个公共品的限制从而寻找所有公共品和私人品最优供应的条件。萨缪尔森的一般均衡分析的前提条件是：社会有两名消费者（A 和 B）和两种产品（私人产品 x 和公共品 g），生产可能性组合和消费者偏好既定，公共品提供达到帕累托效率的条件是 $MRS1 + MRS2 + \cdots + MRSn = MRS\ (g,\ x)$，即 $\sum MRS^{A}_{(g,x)} = MRT^{B}_{(g,x)}$，即所有消费者公共品对私人品的边际替代率之和等于公共品对私人品的边际转换率。

二、预算平衡与否的状态

财政收支矛盾是财政分配的基本矛盾，任何国家在任何经济发展阶段的财政都面临财政收支总量关系的处理问题。财政收入代表可供国家当年集中掌握支配的一部分社会产品，财政支出是政府为提供公共品和服务，满足社会共同需要而进行的财政资金的支付。

财政收支通过国家预算来确定是否平衡及如何平衡。马克思说过，"每一个预算的基本问题是预算收支部分之间的对比关系，是编制平衡表，或者为结余，或者为赤字"（马克思和恩格斯，1961）。概括而言，在特定的财政期间内，预算安排或者预算结果包括预算平衡、预算赤字和预算结余三种状态。如果出现财政支出等于财政收入则为预算平衡；如果财政收入大于财政支出，形成的差额则为预算结余；如果财政支出大于财政收入，形成的差额则为预算赤字。预算赤字意味着由大于收入的这部分支出所形成的社会购买力没有相应的社会产品作为物资保证，如果财政赤字过大，财政性的超分配过多，物资供应长期不能满足需要，就会发生通货膨胀；反之，如果预算结余，则可能出现通货紧缩。通常，预算结余适合于抑制过热的经济，赤字适合于刺激萧条的经济，二者均只可短期使用，从长期和常态看则应遵循平衡的原则。

如果一个国家在一定时期（通常为一年）财政收支大致相等，就可以说这个国家的财政是平衡的，一般而言，平衡预算意味着政府增加开支的同时，相应增加同量的税收；反之，政府减少开支的同时，相应减少同量的税收，即政府税收增减量等于政府支出增减量时则为预算平衡。

在判定一个国家或一级政府的财政是否平衡时，通常不把债务收入统计为收入，与此对应，也不把债务的还本支出统计在支出范围。按这种统计口径，把财政收支大致相等看作财政实现了平衡，即财政实现平衡是相对的，财政不平衡是绝对的。因为一个国家在一个财政年度内让财政收入和支出一分不差几乎是不可能的，通常总会有一定数量的结余或赤字。但是，如果把债务收入看作正常收入，把结余也看作正常支出，那么财政收支平衡就是绝对的，不平衡就是相对的。这种财政收支平衡关系绝对性和相对性之间的转化，表明财政收支平衡还是不平衡的区分是相对的。

预算平衡可以从绝对平衡和相对平衡、静态平衡和动态平衡、预算自身平衡和综合平衡、纵向平衡和横向平衡等方面理解。

三、平衡预算乘数

平衡预算乘数（balanced budget multiplier）是指政府收入和支出同时以相等数量增加或减少时国民收入变动与政府收支变动的比率。它描述政府收入和支出同时增加或者减少，即政府预算平衡保持不变时国民收入的变化情况。

设 Y 为国民收入，C 为消费，I 为投资，G 为政府购买支出，b 为边际消费倾向，根据函数 $Y = C + I + G$，可推导出财政政策的乘数效应。

投资乘数和政府购买支出乘数相等，都是 $1/(1-b)$。

转移支付乘数是 $b/(1-b)$，该乘数为正值。

税收乘数是 $-b/(1-b)$，该乘数为负值，税收变动与国民收入呈反方向变化。

以上各乘数的绝对值大小不同，具体为：投资乘数 = 政府购买支出乘数 > 转移支付乘数 = 税收乘数。

平衡预算乘数是同等变动政府支出和税收，即政府购买支出乘数和税收乘数同等变动，因此，平衡预算乘数 = $(1-b)/(1-b) = 1$。平衡预算乘数恒等于 1 的计算不涉及政府转移支付。西方经济学理论认为平衡预算乘数小于或等于 1，其中，传统理论认为平衡预乘数小于1，修正后的理论认为平衡预算乘数恒等于1，二者的差异源自税收乘数的推导。如果确切地分析，平衡预算乘数的大小（等于1或小于1）取决于税制设计。

第五节　预算平衡机制

一、年度预算平衡

年度预算平衡是当年财政收支大体相等、按年平衡。年度预算平衡应该保持年度全部财政收支的整体平衡。年度预算平衡是传统的预算平衡模式。

从理论层面考察，年度预算平衡应该有一个平衡基点的选择，平衡基点则取决于与之相配合的原则。如果选择量入为出的原则，预算平衡以预算收入为基点进行预算约束；如果选择量出为入的原则，预算平衡以预算支出为基点。常规情况下，政府应按照量入为出的原则安排财政支出，便于保持财政收支平衡；如果政府职能界定合理，也可以采取量出为入的原则组织收入，现实情况往往是将量入为出原则和量出为入的原则相结合来安排预算。

二、周期预算平衡

在市场机制自发作用下，社会总供求失衡是经常现象，为了实现社会总供求的均衡，客观上需要通过财政收支差额来调节供求总量。周期预算平衡是指政府收支在一个经济周期内用经济繁荣时的盈余来抵补经济衰退时的赤字，以熨平经济周期为目标，从而在一个经济周期中保持平衡。周期预算平衡是补偿性财政政策的预算工具。补偿性财政政策是为了确保经济稳定，政府审时度势，根据宏观经济态势"逆对风向行事"，交替使用扩张性和紧缩性财政政策，变动支出水平或税收以稳定总需求水平，使之接近物价稳定的充分就业水平的一种财政政策。由于经济波动的周期通常超过一年，因而财政收支平衡的实现也只能是长期的。如果片面强调财政收支的年度平衡，则不但不能熨平经济波动，而且可能加大经济波动的幅度。

三、充分就业预算平衡

充分就业预算平衡是以经济增长和发展为目标确立的预算平衡方案，从广泛意义上看，充分就业是指一切生产要素（包含劳动）都有机会以自己愿意的报酬参加生产的状态。充分就业预算结余是指既定的政府预算在充分就业的国民收入水平，即潜在的国民收入上所产生的政府预算结余。

通常，年度预算平衡着眼于财政自身收支的要求，强调"就预算论预算、就平衡论平衡"的狭隘预算平衡观念。周期预算平衡的目标是实现经济稳定，充分就业预算平衡的目标是促进经济增长，二者都突破了"就预算论预算、就平衡论平衡"的传统预算平衡观念。一般而言，预算平衡应该是立足于预算收支本身、着眼于国民经济全局的平衡，是一种长期、整体和动态的平衡。

四、预算综合平衡论

预算综合平衡论认为国民经济综合平衡的目标是社会总供求平衡，预算收支平衡只是社会总供求平衡的一个组成部分，必须从国民经济综合平衡的角度来研究预算平衡。毛泽东指出："整个经济中，综合平衡是个根本问题。"[①]预算收支平衡是经济综合平衡中的一个局部平衡，本身不是目的，而是手段，预算收支的安排应该有利于实现经济的综合平衡，而不是仅仅局限于实现预算收支本身的平衡。如果脱离国民经济综合平衡，预算即便能实现单独平衡，也只能是一种消极暂时的预算平衡。实现预算收支综合平衡实质就是要在国民经济综合平衡中实现预算平衡。从长远看，国民经济综合平衡的实现有利于预算收支平衡的实现，因而从根本上讲二者是一致的。

"三平"论要求预算安排要从国民经济全局出发，实行预算收支、信贷收支、物资供求三者之间的综合平衡。"四平"论则是在"三平"论的基础上再加上外汇收支平衡而确立的综合平衡理论。综合平衡是指在社会主义再生产过程中，合理安排财政收支、信贷收支，使社会产品的价值与使用价值、货币资金运动与物资运动相互协调适应，形成一种全面综合的平衡关系。"三平"论、"四平"论是计划经济体制下的财政综合平衡理论，其对当前中国经济实现综合平衡仍有一定的借鉴意义。

五、跨年度预算平衡

《中华人民共和国预算法》提出"各级政府应当建立跨年度预算平衡机制"。跨年度预算平衡突破"就预算论预算"的狭隘的平衡范式，立足于宏观经济，不仅要熨平经济周期，促进宏观经济稳定，还应该有利于经济增长。因此，跨年度预算平衡要求将周期预算和充分就业预算结合，形成开放式的新型预算平衡模式。

跨年度预算平衡模式下，各级政府预算收支应该因地制宜、因时制宜、统分结合地进行预算安排，其实质是要求根据民众公共需求、国家宏观经济发展的需要，区分不同的预算项目类型分别实行年度预算平衡、跨年度预算平衡，通过长短期结合确立滚动式的动态预算平衡模式。

跨年度预算平衡要求将预算安排与保障基本公共服务、基本财力均等化，宏观经济稳定与增长，产业结构调整与优化结合，以多元化目标为导向，不同预算项目类型互补，分别确定预算收支不同的平衡状态，确立多元化目标相互协调的滚动式预算平衡模式。

预算稳定调节基金和中期财政规划是促进跨年度预算平衡的机制。预算稳定调节基金主要来自各级预算超收收入及结余资金，但预算稳定调节基金的规模应该控制在国家规定的范围内，不得过大，以免对经济形成紧缩效应。中期财政规划是指在科学预判未

---

① 《沙健孙：毛泽东与新中国的经济建设》，http://dangshi.people.com.cn/n/2014/0122/c85037-24193673-2.html[2024-07-01]。

来三年财政收支情况的基础上，合理确定财政收支政策和重大项目资金安排，逐年滚动管理，构建规划期内跨年度平衡的预算收支框架。中期财政规划是中期预算的过渡形态，其在对总体财政收支情况进行科学预判的基础上，重点研究确定财政收支政策，以达到主要财政政策的相对稳定，同时政府要根据经济社会发展情况适时对中期财政规划进行研究调整，使其渐进过渡到真正的中期预算。中期财政规划的编制要求年度预算平衡应该与跨年度预算平衡相结合，为此，《中华人民共和国预算法》不仅要求各级财政按规定设置预备费和预算周转金，还制定了结余结转资金管理的新规定，进一步规范预算调整。此外，《中华人民共和国预算法》还提出编报权责发生制政府综合财务报告的要求。

本章思考与练习题

1. 说明国家预算应然性理论学说。
2. 解析国家预算实然性理论学说。
3. 阐述国家预算委托代理理论学说。
4. 运用预算基础理论解释预算改革。
5. 说明国家预算决策模式的特点及其选择。
6. 说明民主集中制决策模式的含义与特点。
7. 解析不同预算平衡模式及其成因。
8. 评析计划经济时期的"三平"论、"四平"论。
9. 试论西方预算均衡理论的有效性。
10. 说明年度预算平衡模式的要求和平衡工具。
11. 说明我国的预算综合平衡模式。
12. 解析我国跨年度预算平衡模式的机理和工具。
13. 解析中期财政规划的含义与特点。
14. 说明中期财政规划与预算如何衔接。
15. 解析平衡预算乘数的含义及其政策意图。

第三章

预算内容与方法

第一节　预算收支划分

一、预算收支划分制度的界定

（一）预算收支划分的架构

预算收支划分是对预算收支结构的科学系统的划分，即把名目繁多的各项国家预算收入和预算支出，依据各自的性质和相互联系，按一定的标准和层次进行归并排列、划分类别。若政府一切收支都纳入预算，政府收支分类也为政府预算收支分类。

我国预算收支划分曾经采取预算收支科目的形式发布，目前名为政府收支分类科目。政府收支分类科目应该是对政府收支分类进行的详细、完整的反映。我国财政部每年都会在报告年度统一制定并颁发预算年度的政府收支分类科目。

通常，人们将预算收支科目或政府收支分类科目简称为预算科目。预算科目一般按"两列五级"划分。预算科目一般划分为预算收入科目和预算支出科目两大部分，即"两列"，各列按照范围大小及管理的需要又分为"五级"，由大到小依次划分为"类""款""项""目""节"五级科目；"类"下分设若干"款"，以此类推。预算收支分类科目概括了预算收支的全部内容，五级科目之间逐级相连，前者是后者的概括和汇总，后者是前者的具体化和补充，形成一个完整的分类体系。

（二）预算收支划分制度的地位

预算收支划分是预算管理全过程中统一使用的基础性核算工具，并以其独特的地位支配预算事务，是预算决策的决定因素。建立科学的预算收支划分制度是全面、准确地反映政府活动的基本前提，也是对各项财政支出实施有效控制和管理监督的基础，它对编制预算、组织预算执行、进行会计核算、加强宏观经济管理与分析都具有十分重要的意义。

预算收支划分制度形成交叉分层的信息系统，是汇编预算和决算的前提条件，也是实施预算、强化预算管理的基础性工作。预算科目是全面掌握预算、决算，办理预算缴款、拨款，组织会计核算、财务分析和统计，开展绩效考核等各项工作制度的基础。政府财政收支数据只有按统一的政府收支分类科目进行归集、整理，进行财政收支统计，才便于与有关历史数据、国际数据进行合理的对比分析。

二、预算收支划分原则

国家预算规范着每一预算年度预算收支的组织执行，为了更好地体现政府的决策、意图、活动范围与方向，使国家预算为实现政府职能服务，正确地编制国家预算和决算，正确组织预算执行，完整、准确地反映国家预算资金的积累来源和分配去向，正确地体现党和国家的路线、方针和政策，以及国民经济和社会发展计划的比例关系，就必须对名目繁多的全部预算收支，按照各自的性质和相互联系，进行科学、系统地归并和排列，并根据国家预算管理的需要进行统一分类。

（1）全面准确的原则。我国政府预决算是通过各级财政层层编制，逐级汇总而成的。为了保证预决算编制的科学性和统一性，推进财政管理的科学性和宏观调控的有效性，政府收支分类必须准确、系统、完整地表达国家预算的内容，全面反映各种预算资金的来源和去向，系统地反映各项各种性质的预算收支关系和实现情况，体现不同特征的预算收支，将收入或支出性质大体接近的项目进行合理的汇集归类，明晰归属，使国家预算分配更为规范，更有成效，强化国家预算管理。

（2）规范细化与力求简化相结合的原则。为了适应预算管理规范化、法治化的要求，预算收支分类要对所有政府收支科目进行科学合理的划分，这有利于预算的公正、公开、细化、透明。加强财政经济分析与决策功能，提高财政透明度，有利于建立公共财政体系，为提高政府宏观经济管理水平创造条件。

（3）国际可比性的原则。预算收支分类要将国际惯例与我国国情相结合，将长远目标与现实需要有机结合，既要尽可能符合市场经济国家的通行做法，体现政府职能和经济性，以便进行国际比较与研究，又要充分满足我国现行经济体制和经济管理的客观要求，体现政策的延续性，保证改革顺利进行。

（4）稳定与可变性结合的原则。预算科目作为一种全国核算和预算管理工具，它本身具有较长期的连续性和适应性，不宜经常变动，以保持相对稳定。但长期以来，我国政府预算分类一直采取政府收支分类科目的表现形式，预算科目每年都会进行或小或大的调整，致使预算口径多变，预算指标缺乏直接的纵向可比性。

预算科目的设置涉及各行各业，与各项财政、财务、预算、税收法令、制度有关，因此，当政治经济形势发生变化时，为了适应管理和改革的需要，必须及时对收支科目及其分类进行适当的补充、修改和调整。

三、预算收支划分国际规范

国际货币基金组织（International Monetary Fund，IMF）发布的《2014 年政府财政统计手册》为其成员的政府财政统计划分提供了指导性规范。

（一）政府收入分类

国际货币基金组织将政府收入划分为税收、社会缴款、赠与、其他收入四类。

（1）税收。本类级科目下细分为对所得、盈利和资本收益征收的税收，对工资和劳动力征收的税收，对财产征收的税收，一般商品和服务税，对国际贸易和交易征收的税收，其他税收等。

（2）社会缴款。本类级科目下细分为社会保障缴款和其他社会缴款。其中，社会保障缴款又按缴款人细分为雇员缴款、雇主缴款、自营职业者或无业者缴款、未分类的缴款等。

（3）赠与。本类级科目下细分为来自外国政府的赠与、来自国际组织的赠与和来自其他广义政府单位的赠与等。

（4）其他收入。本类级科目下细分为财产收入，出售商品和服务收入，罚金、罚款和罚没收入，未另分类的转移等。

（二）政府支出功能分类

政府支出功能分类主要包括：一般公共服务，国防，公共秩序和安全，经济事务，环境保护，住房和社会福利设施，医疗保障，娱乐、文化和宗教，教育，社会保护十个类级科目。

（1）一般公共服务。本类级科目包括行政和立法机关、金融和财政事务，对外事务，对外经济援助，一般服务，基础研究，一般公共服务研究和发展，公共债务操作，各级政府间的一般公共服务，未另分类的一般公共服务等。

（2）国防。本类级科目包括军事防御、民防、对外军事援助、国防研究和发展、未另分类的国防等。

（3）公共秩序和安全。本类级科目包括警察服务、消防服务、法庭、监狱、公共秩序与安全研究和发展、未另分类的公共秩序和安全等。

（4）经济事务。本类级科目包括一般经济、商业和劳工事务，农业、林业、渔业和狩猎业，燃料和能源，采矿业、制造业和建筑业，运输，通信，其他行业，经济事务研究和发展，未另分类的经济事务等。

（5）环境保护。本类级科目包括废物管理、废水管理、减轻污染、保护生物多样性和自然景观、环境保护研究和发展、未另分类的环境保护等。

（6）住房和社会福利设施。本类级科目包括住房开发、社区发展、供水、街道照明、住房和社会福利设施研究及发展、未另分类的住房和社会福利设施等。

（7）医疗保障。本类级科目包括医疗产品、器械和设备，门诊服务，医院服务，公共医疗保障服务，医疗保障研究和发展，未另分类的医疗保障等。

（8）娱乐、文化和宗教。本类级科目包括娱乐和体育服务，文化服务，广播和出版服务，宗教和其他社区服务，娱乐、文化和宗教研究和发展，未另分类的娱乐、文化和宗教等。

（9）教育。本类级科目包括学前和初等教育、中等教育、中等教育后的非高等教育、高等教育、无法定级的教育、教育的辅助服务、教育研究和发展、未另分类的教育等。

（10）社会保护。本类级科目包括伤病和残疾、老龄、遗属、家庭和儿童、失业、住房、未另分类的社会排斥、社会保护"研究和发展"、未另分类的社会保护等。

（三）政府支出经济分类

（1）雇员补偿报酬，本类级科目包括工资、薪金（分为现金形式的工资和薪金、实物形式的工资和薪金）和社会缴款（分为实际的社会缴款和估算的社会缴款）。

（2）使用商品和服务。

（3）固定资本消耗。

（4）利息，本类级科目包括向非居民支付的利息、向除广义政府外的居民支付的利息和向其他广义政府单位支付的利息。

（5）补贴，本类级科目包括向公共公司提供的补贴（分为向金融公共公司提供的补贴和向非金融公共公司提供的补贴）和向私人企业提供的补贴（分为向金融私人企业提供的补贴和向非金融私人企业提供的补贴）。

（6）赠与，本类级科目包括向外国政府提供的补贴（分为经常性和资本性两种）、向国际组织提供的补贴（分为经常性和资本性两种）和向其他广义政府单位提供的补贴（分为经常性和资本性两种）。

（7）社会福利，本类级科目反映对住户的经常性转移，包括社会保障福利（分为现金形式的社会保障福利和实物形式的社会保障福利）、社会救济福利（分为现金形式的社会救济福利和实物形式的社会救济福利）、雇主社会福利（分为现金形式的雇主社会福利和实物形式的雇主社会福利）。

（8）其他开支，本类级科目反映对非营利机构的经常性转移、对国外其他经常性转移、对国内非金融公共企业的资本转移、对国内金融机构的资本转移、对国内其他企业的资本转移和其他国内资本转移、对国外其他资本转移等，下设科目包括除利息外的财产开支，未分类的转移，与非寿险和标准化担保计划有关的保费、费用和理赔款等。

四、我国政府收支分类新制度

财政部每年都会发布当年政府收支分类科目。我国原预算收支分类的弊端：一是范围偏窄；二是采用了按部门、种类、企业类型简单罗列的办法，没有统一的标准。我国政府收支分类新制度于 2007 年确定并使用，2015 年按《中华人民共和国预算法》四本预算设置政府收支分类科目，2018 年修改调整政府支出经济分类，分别设置政府预算支出经济分类和部门预算支出经济分类二套科目。

我国政府收支分类新制度改革内容：一是扩大收支科目范围，覆盖所有政府收支。二是采取国际惯例，收入按经济性质分为类、款、项、目四级科目；支出分别按功能标准划分为类、款、项三级科目，按经济性质和用途标准划分类、款二级科目；政府收入分类新制度相对简单，不需要按功能进行分类，而是将各类政府收入按收入来源和性质进行归类和层次划分，以便全面、规范、准确、明晰地反映政府各项收入的总量、结构及来源情况。三是政府收支科目按四本预算划分。四是政府支出经济分类设两套科目，包括政府预算支出经济分类、部门预算支出经济分类。

五、四本预算收支科目

政府收支分类体系按四本预算分别设置一般公共预算收支科目、政府性基金预算收支科目、国有资本经营预算收支科目、社会保险基金预算收支科目。

（一）一般公共预算收支科目

1. 一般公共预算收入按经济性质划分的科目

（1）税收收入，本类级科目下设 20 个款级科目，具体包括增值税、消费税、企业所得税、企业所得税退税、个人所得税、资源税、城市维护建设税、房产税、印花税、城镇土地使用税、土地增值税、车船税、船舶吨税、车辆购置税、关税、耕地占用税、契税、烟叶税、环境保护税、其他税收收入。

"增值税"这一款级科目之下进一步设置国内增值税、进口货物增值税、出口货物退增值税 3 个项级科目。国内增值税项级科目下设国有企业增值税、集体企业增值税、股份制企业增值税、联营企业增值税、港澳台和外商投资企业增值税、私营企业增值税、其他增值税、增值税税款滞纳金罚款收入、残疾人就业增值税退税、软件增值税退税、宣传文化单位增值税退税、核电站增值税退税、资源综合利用增值税退税、成品油增值税退税、黄金增值税退税、光伏发电增值税退税、风力发电增值税退税、管道运输增值税退税、融资租赁增值税退税、增值税留抵退税、免抵调增增值税、免抵调减增值税、进口货物增值税、出口货物增值税等目级科目。

（2）非税收入，本类级科目下分设 8 款：专项收入、行政事业性收费收入、罚没收入、国有资本经营收入、国有资源（资产）有偿使用收入、捐赠收入、政府住房基金收入、其他收入。

行政事业性收费收入，是指国家机关、事业单位等依照法律法规规定，按照国务院规定的程序批准，在实施社会公共管理以及在向公民、法人和其他组织提供特定公共服务过程中，按照规定标准向特定对象收取费用形成的收入。

国有资源（资产）有偿使用收入，是指矿藏、水流、海域、无居民海岛以及法律规定属于国家所有的森林、草原等国有资源有偿使用收入，按照规定纳入一般公共预算管理的国有资产收入等。

（3）债务收入，本类级科目下分设中央政府债务收入、地方政府债务收入 2 个款级科目。中央政府债务收入下设中央政府国内债务收入、中央政府国外债务收入 2 个项级科目；地方政府债务收入下设一般债务收入 1 个项级科目。

（4）转移性收入是指上级税收返还和转移支付、下级上解收入、调入资金以及按照财政部规定列入转移性收入的无隶属关系政府的无偿援助。转移性收入类级科目下设返还性收入、一般性转移支付收入、专项转移支付收入、上解收入、上年结余收入、调入资金、债务转贷收入、动用预算稳定调节基金、地区间转移性收入 9 个款级科目。

2. 一般公共预算支出功能分类科目

我国原来的预算支出分类是按经费管理渠道和支出的具体用途设置类、款、项。新的政府支出统一以功能为标准，反映政府各项职能，体现政府一定时期内的方针政策，清晰反映政府职能活动的支出总量、支出结构与资金的使用方向。政府支出按功能划分，三级科目主要根据政府职能，按由大到小、由粗到细分层次设置。其中类级科目反映政府主要职能，包括一般公共服务、国防、教育、公共安全等；款级科目反映政府履行某项职能所要从事的主要活动，如教育类科目下设普通教育、特殊教育等款级科目；项级科目反映某一活动之下的具体事项，如普通教育款级科目下设小学教育、初中教育等项级科目。

（1）一般公共服务支出，本类级科目下分设人大事务、政协事务、政府办公厅（室）及相关机构事务、发展与改革事务、统计信息事务、财政事务、税收事务、审计事务、海关事务、纪检监察事务、商贸事务、知识产权事务、民族事务、港澳台事务、档案事务、民主党派及工商联事务、群众团体事务、党委办公厅（室）及相关机构事务、组织事务、宣传事务、统战事务、对外联络事务、其他共产党事务支出、网信事务、市场监督管理事务、其他一般公共服务支出 26 个款级科目。

（2）外交支出，本类级科目下分设外交管理事务、驻外机构、对外援助、国际组织、对外合作与交流、对外宣传、边界勘界联检、国际发展合作、其他外交支出 9 个款级科目。

（3）国防支出，本类级科目下分设军费、国防科研事业、专项工程、国防动员、其他国防支出 5 个款级科目。

（4）公共安全支出，本类级科目下分设武装警察部队、公安、国家安全、检察、法院、司法、监狱、强制隔离戒毒、国家保密、缉私警察、其他公共安全支出 11 个款级科目。

（5）教育支出，本类级科目下分设教育管理事务、普通教育、职业教育、成人教育、广播电视教育、留学教育、特殊教育、进修及培训、教育费附加安排的支出、其他教育支出 10 个款级科目。

（6）科学技术支出，本类级科目下分设科学技术管理事务、基础研究、应用研究、技术研究与开发、科技条件与服务、社会科学、科学技术普及、科技交流与合作、科技重大专项、其他科学技术支出 10 个款级科目。

（7）文化旅游体育与传媒支出，本类级科目下分设文化和旅游、文物、体育、新闻出版电影、广播电视、其他文化旅游体育与传媒支出 6 个款级科目。

（8）社会保障和就业支出，本类级科目下分设人力资源和社会保障管理事务、民政管理事务、补充全国社会保障基金、行政事业单位养老支出、企业改革补助、就业补助、抚恤、退役安置、社会福利、残疾人事业、红十字事业、最低生活保障、临时救助、特困人员救助供养、补充道路交通事故社会救助基金、其他生活救助、财政对基本养老保险基金的补助、财政对其他社会保险基金的补助、退役军人管理事务、财政代缴社会保险费支出、其他社会保障和就业支出 21 个款级科目。

（9）卫生健康支出，本类级科目下分设卫生健康管理事务、公立医院、基层医疗卫生机构、公共卫生、中医药、计划生育事务、行政事业单位医疗、财政对基本医疗保险基金的补助、医疗救助、优抚对象医疗、医疗保障管理事务、老龄卫生健康事务、其他卫生健康支出 13 个款级科目。

（10）节能环保支出，本类级科目下分设环境保护管理事务、环境监测与监察、污染防治、自然生态保护、天然林保护、退耕还林还草、风沙荒漠治理、退牧还草、已垦草原退耕还草、能源节约利用、污染减排、可再生能源、循环经济、能源管理事务、其他节能环保支出 15 个款级科目。

（11）城乡社区支出，本类级科目下分设城乡社区管理事务、城乡社区规划与管理、城乡社区公共设施、城乡社区环境卫生、建设市场管理与监督、其他城乡社区事务出 6 个款级科目。

（12）农林水支出，本类级科目下分设农业农村、林业和草原、水利、巩固脱贫衔接乡村振兴、农业综合改革、普惠金融发展支出、目标价格补贴、其他农林水支出 8 个款级科目。

（13）交通运输支出，本类级科目下分设公路水路运输、铁路运输、民用航空运输、邮政业支出、车辆购置税支出、其他交通运输支出 6 个款级科目。

（14）资源勘探工业信息等支出，本类级科目下分设资源勘探开发、制造业、建筑业、工业和信息产业监管、国有资产监管、支持中小企业发展和管理支出、其他资源勘探工业信息等支出 7 个款级科目。

（15）商业服务业等支出，本类级科目下分设商业流通事务、涉外发展服务支出、其他商业服务业等支出 3 个款级科目。

（16）金融支出，本类级科目下分设金融部门行政支出、金融部门监管支出、金融发展支出、金融调控支出、其他金融支出 5 个款级科目。

（17）援助其他地区支出，本类级科目下分设一般公共服务、教育、文化体育与传媒、卫生健康、节能环保、农业农村、交通运输、住房保障、其他支出 9 个款级科目。

（18）自然资源海洋气象等支出，本类级科目下分设自然资源事务、气象事务、其他自然资源海洋气象等支出 3 个款级科目。

（19）住房保障支出，本类级科目下分设保障性安居工程支出、住房改革支出、城乡社区住宅 3 个款级科目。

（20）粮油物资储备支出，本类级科目下分设粮油物资事务、能源储备、粮油储备、重要商品储备 4 个款级科目。

（21）灾害防治及应急管理支出，本类级科目下分设应急管理事务、消防救援事务、矿山安全、地震事务、自然灾害防治、自然灾害救灾及恢复重建支出、其他灾害防治及应急管理支出 7 个款级科目。

（22）预备费。

（23）其他支出，本类级科目下分设年初预留、其他支出 2 个款级科目。

（24）转移性支出包括上解上级支出、对下级的税收返还和转移支付、调出资金以及按照财政部规定列入转移性支出的给予无隶属关系政府的无偿援助。转移性支出下设返还性支出、一般性转移支付支出、专项转移支付支出、上解支出、调出资金、年终结余、债券转贷支出、援助其他地区支出、安排预算稳定调节基金、补充预算周转金等 10 个款级科目。

（25）债务还本支出，本类级科目下分设中央政府国内债务还本支出、中央政府国外债务还本支出、地方政府一般债务还本支出 3 个款级科目。

（26）债务付息支出，本类级科目下分设中央政府国内债务付息支出、中央政府国外债务付息支出、地方政府一般债务付息支出 3 个款级科目。

（27）债券发行费用支出，本类级科目下分设中央政府国内债务发行费用支出、中央政府国外债务发行费用支出、地方政府一般债务发行费用支出 3 个款级科目。

（二）政府性基金预算收支科目

政府性基金预算收入包括政府性基金各项目的收入和转移性收入；政府性基金预算支出包括与政府性基金预算收入相对应的各项目支出和转移性支出。

1. 政府性基金预算收入科目

（1）非税收入，本类级科目下包括政府性基金收入、专项债务对应项目专项收入 2 个款级科目。

（2）债务收入，本类级科目下设地方政府债务收入 1 个款级科目。

（3）转移性收入，本类级科目下包括政府性基金转移支付收入、上解收入、上年结余收入、调入资金、债务转贷收入 5 个款级科目。

2. 政府性基金预算支出功能分类科目

（1）科学技术支出，本类级科目下设核电站乏燃料处理基金支出 1 个款级科目。

（2）文化旅游体育与传媒支出，本类级科目下分设国家电影事业发展专项资金安排的支出、旅游发展基金支出、国家电影事业发展专项资金对应专项债务收入安排的支出 3 个款级科目。

（3）社会保障和就业支出，本类级科目下设大中型水库移民后期扶持基金支出、小型水库移民扶助基金安排的支出、小型水库移民扶助基金对应专项债务收入安排的支出 3 个款级科目。

（4）节能环保支出，本类级科目下设可再生能源电价附加收入安排的支出、废弃电器电子产品处理基金支出 2 个款级科目。

（5）城乡社区支出，本类级科目下分设国有土地使用权出让收入安排的支出、国有土地收益基金安排的支出、农业土地开发资金安排的支出、城市基础设施配套费安排的支出、污水处理费安排的支出、土地储备专项债券收入安排的支出、棚户区改造专项债券收入安排的支出、城市基础设施配套费对应专项债务收入安排的支出、污水处理费对应专项债务收入安排的支出、国有土地使用权出让收入对应专项债务收入安排的支出等 10 个款级科目。

（6）农林水支出，本类级科目下设大中型水库库区基金安排的支出、三峡水库库区基金支出、国家重大水利建设基金安排的支出、大中型水库库区基金对应专项债务收入安排的支出、国家重大水利建设基金对应专项债务收入安排的支出 5 个款级科目。

（7）交通运输支出，下设海南省高等级公路车辆通行附加费安排的支出、车辆通行费安排的支出、铁路建设基金安排的支出、船舶油污损害赔偿基金支出、民航发展基金支出、海南省高等级公路车辆通行附加费对应专项债务收入安排的支出、政府收费公路专项债务收入安排的支出、车辆通行费对应专项债务收入安排的支出 8 个款级科目。

（8）资源勘探工业信息等支出，本类级科目下设农网还贷资金支出 1 个款级科目。

（9）金融支出，本类级科目下设金融调控支出 1 个款级科目。

（10）其他支出，本类级科目下设其他政府性基金及对应专项债务收入安排的支出、彩票发行销售机构业务费安排的支出、彩票公益金安排的支出 3 个款级科目。

（11）转移性支出，本类级科目下设政府性转移支付、上解支出、调出资金、年终结余、债券转贷支出 5 个款级科目。

（12）债务还本支出，本类级科目下设地方政府专项债务还本支出 1 个款级科目。

（13）债务付息支出，本类级科目下设地方政府专项债务付息支出 1 个款级科目。

（14）债券发行费用支出，本类级科目下设地方政府专项债务发行费用支出 1 个款级科目。

（三）国有资本经营预算收支科目

1. 国有资本经营预算收入科目

国有资本经营预算收入包括依照法律、行政法规和国务院规定应当纳入国有资本经营预算的国有独资企业和国有独资公司按照规定上缴国家的利润收入、从国有资本控股和参股公司获得的股息红利收入、国有产权转让收入、清算收入和其他收入。

（1）非税收入，本类级科目下设国有资本经营收入1个款级科目。

（2）转移性收入，本类级科目下设国有资本经营预算转移支付收入、上解收入、上年结余收入3个款级科目。

2. 国有资本经营预算支出功能分类科目

国有资本经营预算支出包括资本性支出、费用性支出、向一般公共预算调出资金等转移性支出和其他支出。

（1）社会保障和就业支出，本类级科目下设补充全国社会保障基金1个款级科目。

（2）国有资本经营预算支出，本类级科目下设解决历史遗留问题及改革成本支出、国有企业资本金注入、国有企业政策性补贴、其他国有资本经营预算支出4个款级科目。

（3）转移性支出，本类级科目下设国有资本经营预算转移支付、上解支出、调出资金、年终结余4个款级科目。

（四）社会保险基金预算收支科目

1. 社会保险基金预算收入科目

社会保险基金预算收入包括各项社会保险基金收入、转移性收入。

（1）社会保险基金收入，本类级科目下设企业职工基本养老保险基金收入、失业保险基金收入、职工基本医疗保险基金收入、工伤保险基金收入、城乡居民基本养老保险基金收入、机关事业单位基本养老保险基金收入、城乡居民基本医疗保险基金收入、国库待划转社会保险费利息收入、其他社会保险基金收入9个款级科目。

（2）转移性收入，本类级科目下设上年结余收入、调入资金、社会保险基金转移收入、社会保险基金上级补助收入、社会保险基金下级上解收入5个款级科目。

2. 社会保险基金预算支出功能分类科目

社会保险基金预算支出包括各项社会保险基金支出、转移性支出。

（1）社会保险基金支出，本类级科目下设企业职工基本养老保险基金支出、失业保险基金支出、职工基本医疗保险基金支出、工伤保险基金支出、城乡居民基本养老保险基金支出、机关事业单位基本养老保险基金支出、城乡居民基本医疗保险基金支出、其他社会保险基金支出8个款级科目。

（2）转移性支出，本类级科目下设年终结余、社会保险基金转移支出、社会保险基金补助下级支出、社会保险基金上解上级支出4个款级科目。

六、政府支出经济分类科目

政府支出经济分类科目可以全面反映政府支出的经济性质和具体用途，并将各类支出充分细化到基本要素，具体反映政府投入情况。2018 年实施支出经济分类科目改革后，政府支出经济分类分设政府预算经济分类和部门预算经济分类两套科目，两套经济分类科目均设置"类""款"两个层级。

1. 政府预算经济分类科目

政府预算支出经济分类包括机关工资福利支出、机关商品和服务支出、机关资本性支出（一）、机关资本性支出（二）、对事业单位经常性补助、对事业单位资本性补助、对企业补助（基本建设）、对企业资本性补助、对个人和家庭补助、对社会保障基金补助、债务利息及费用支出、债务还本支出、转移性支出、预备费及预留、其他支出等 15 个类级科目。

（1）机关工资福利支出，下设基本工资、津贴补贴、奖金等工资奖金津补贴，机关事业单位基本养老保险缴费、职业年金缴费、城镇职工基本医疗保险缴费、公务员医疗补助缴费、其他社会保障缴费等社会保障缴费，住房公积金，伙食补助费、医疗费、其他工资福利支出等其他工资福利支出。

（2）机关商品和服务支出，下设办公费、印刷费、手续费、水费、电费、邮电费、取暖费、物业管理费、差旅费、租赁费、工会经费、福利费、其他交通费用、税金及附加费用等办公经费，会议费，培训费，不纳入固定资产核算范围的专用材料费、被装购置费、专用燃料费等专用材料购置费，咨询费、劳务费、委托业务费等，公务接待费，因公出国（境）费用，公务用车运行维护费，维修（护）费，其他商品和服务支出等目级科目。

（3）机关资本性支出（一），反映机关和参公事业单位安排的资本性支出，下设房屋建筑物购建、基础设施建设、公务用车购置、土地征迁补偿和安置支出、设备购置、大型修缮、其他资本性支出等目级科目。

（4）机关资本性支出（二），反映切块由发展改革部门安排的基本建设支出中机关和参公事业单位的资本性支出，下设房屋建筑物购建、基础设施建设、公务用车购置、设备购置、大型修缮、其他资本性支出等目级科目。

（5）对事业单位经常性补助，反映对事业单位（不含参公事业单位）的经常性补助支出，包括工资福利支出、商品和服务支出及其他对事业单位补助。

（6）对事业单位资本性补助，反映对事业单位（不含参公事业单位）的资本性补助支出，包括事业单位资本性支出和切块由发展改革部门安排的基本建设支出中的事业单位资本性支出。

（7）对企业补助（基本建设），反映切块由发展改革部门安排的基本建设中对企业的补助支出，包括对企业注入资本金的支出和对企业的其他补助支出、不包括政府投资基金股权投资。

（8）对企业资本性补助，反映政府对各类企业的补助支出，包括对外企业资本金注入、政府投资基金股权投资、费用补贴、利息补贴、其他对企业补助等。

（9）对个人和家庭补助，包括离休费、退休费、退职（役）费、抚恤金、生活补助、救济金、医疗费补助、助学金、奖励金、个人农业生产补贴、代缴社会保险费、其他对个人和家庭的补助。

（10）对社会保障基金补助，下设对社会保险基金补助、补充全国社会保障基金2个目级科目。

（11）债务利息及费用支出，包括国内债务付息、国外债务付息、国内债务发行费用、国外债务发行费用4个目级科目。

（12）债务还本支出，包括国内债务还本支出、国外债务还本支出2个目级科目。

（13）转移性支出，这是政府预算支出经济分类科目，下设上下级政府间转移性支出、援助其他地区支出、债务转贷、调出资金、安排预算稳定调节基金、补充预算周转金等目级科目。

（14）预备费及预留，这是政府预算支出经济分类科目，下设预备费、预留2个目级科目。

（15）其他支出，下设赠与、国家赔偿费用支出、对民间非营利组织和群众性自治组织补贴、其他支出4个目级科目。

2. 部门预算经济分类科目

部门预算经济分类科目包括工资福利支出、商品和服务支出、对个人和家庭的补助、债务利息及费用支出、资本性支出（基本建设）、资本性支出、对企业补助（基本建设）、对企业补助、对社会保障基金补助、其他支出等10个类级科目。这些科目的细化科目与内容与政府预算支出经济分类大同小异，不再赘述。

政府支出经济分类的两套科目之间具有一定的对应关系，有利于部门预算与政府预算相衔接，政府预算支出经济分类的款级科目设置相对概括性更强，财政以此控制部门的预算和资金拨付。政府预算支出经济分类的款级科目设置更加细化，主要由部门和单位用于进行内部管理控制。

第二节　预算收支测算

一、收支测算的常规方法

编制预算具有复杂细致性，为了增强预算的可靠性、科学合理性，要做好对本年度预算执行情况的预计和分析工作，拟定下年度预算收支指标。具体工作包括核实各项基本数字，分析上年预算执行情况，找出其内在规律性，预测发展趋势，研究影响预算期收支的因素。

在编制国家预算之前，各级财政部门要事先对计划年度预算的各项收支进行测算，以最终确定各项收支的具体数额。通常，测算各项预算收支分两步：一是大体匡算，这是采用"算大账"的办法，确定下一年度各项预算收支的数额。为了及时确定计划年度的预算收支规模，各级财政部门在预计和分析报告年度全年预算执行情况的基础上，经过充分的调查研究，参考历年的预算收支规律，结合对计划年度经济发展趋势的预计及财力的需求与可能，匡算出计划年度的收支规模，并初步制定出计划年度的预算收支平衡计划。二是具体测算，这是在匡算的基础上，根据有关经济指标和预算定额，各部门、各单位分别对各项预算收支指标逐项进行具体测算，以求得到更为确定、准确的预算指标数额。

预算收支的具体计算可采取基数法、系数法、定额法、比例法、综合法、因素推演法、标准财政收支法等方法。

（一）基数法

测算预算收支指标常常使用基数法，包括基数增长法和基数分析法。

1. 基数增长法

在编制下一年度支出预算时，先要确定上年支出的基数，在上年支出基数的基础上同时考虑下一年度中各项支出的增长因素，由此来核定下一年度各项支出的数额。由于人为因素影响较多，预算往往不能考虑预算单位的人员状况、经费标准、事业发展水平的变化情况，预算安排与实际的动态管理不能同步。基数法承认既成事实，不考虑影响支出的因素是否发生变化、发生的变化是否合理。按基数法编制预算，预算单位基数大的，经费开支就相应宽松，基数小的，经费开支就相应紧张。

基数增长法以上年度的预决算数为基础来编制当年的预算，重视过去预算连续性的方法，测算公式为

$$计划年度某项收支的数额 = 上年预算收支数额 \times （1 + 增长率）$$

2. 基数分析法

在报告年度预算收支的执行数或预计执行数（上年收支数额）的基础上，考虑财经形势和政策变化对计划年度预算收支增减变动的影响因素及其影响程度，从而测算出计划年度预算收支数额。其测算公式为

$$预算收支预测数 = 上年预算收支实际数 + 各种因素影响预算收支的增加额$$
$$- 各种因素影响预算收支的减少额$$

【例 3-1】   某报告年度某地区工商税收收入完成 40 亿元，计划年度税率调整将使税收收入减少 3 亿元，因计划年度商品销售收入增长将增加税收 6 亿元，要求测算计划年度工商税收收入。

$$计划年度工商税收收入 = 40 - 3 + 6 = 43（亿元）$$

基数法计算简便、容易操作，对计划年度预算收支的预测，考虑了事业发展和经济建设的延续性，适合预算规模不大、信息不足的情况。但测算方法离不开基数，承认既成事实会通过错误的累积效应将历年的不合理因素放大，形成能升不能降的增量预算，造成单位苦乐不均，也使预算规模失控。

此外，基数法虽然简单，但收入增长率和增减因素的确定，带有一定的主观性，在一定程度上会影响计算的正确性。

（二）系数法

系数法是指利用两项不同性质而又有内在联系的数值之间的比例关系，根据其中一项已知数值求得另一项数值的方法。一般都是根据计划年度的有关经济指标来测算计划年度预算收支指标。因为预算收支与国民经济和社会发展事业的经济、事业指标之间必然存在着某种内在联系，这种内在联系反映出来的比例关系就是系数。

预算收支测算中利用的系数有两种：一是以两项指标的绝对数计算系数；二是以两项指标的增长速度计算系数。

（1）绝对数系数测算

$$绝对数系数 = \frac{基期某项预算收支统计数}{基期有关经济指标统计数}$$

$$某项预算收支计划数 = 有关经济指标统计数 \times 系数$$

【例 3-2】 某部门报告年度上缴利润 60 万元，其工业总产值为 600 万元，计划年度工业总产值为 800 万元，试测算该部门计划年度上缴利润。

$$绝对数系数 = 60/600 = 0.1$$

$$计划年度上缴利润 = 800 \times 0.1 = 80（万元）$$

（2）增长速度系数测算

$$增长速度系数 = \frac{基期某项预算收支增长速度}{基期有关经济指标增长速度}$$

$$预算年度某项收支增长速度 = 有关经济指标计划增长速度 \times 系数$$

$$预算收支预计数 = 上年该收支实际完成数 \times (1 + 该收支增长速度)$$

【例 3-3】 某部门报告年度工业总产值增长率为 8%，上缴利润增长率为 4%，计划年度工业总产值增长率为 10%，报告年度上缴利润 50 万元，试测算该部门计划年度上缴利润。

$$增长速度系数 = 4\%/8\% = 0.5$$

$$计划年度上缴利润增长速度 = 10\% \times 0.5 = 5\%$$

$$计划年度上缴利润 = 50 \times (1 + 5\%) = 52.5（万元）$$

（三）定额法

定额法是指利用各项预算定额和有关经济指标来测算计划年度预算收支的一种方法。预算定额是指根据历年统计资料和长期的实践确定的，测算某些预算收支项目时采用的经济指标额度。有的预算定额是国家统一制定的，有的则是在实践中形成的。

$$计划年度某项预算收支 = 计划年度有关经济指标计划数 \times 预算定额$$

【例 3-4】 某地区计划年度平均拥有病床 10 000 张,每张病床年补助定额为 200 元,请据此测算该地区卫生事业费的支出额。

该地区卫生事业费支出额 = 200×10 000 = 2 000 000(元)

(四)比例法

比例法是指利用局部占全部的比例关系,根据其中一项已知数值,计算局部或全部数额的一种方法。

$$某项预算收支占总收支的比例 = \frac{基期某项预算收支统计数}{基期总预算收支统计数}$$

根据预算单项收支测算预算收支总额。

$$计划年度预算收支总额 = \frac{计划年度某项预算收支数}{某项预算收支占总收支的比例}$$

【例 3-5】 某省报告年度预算收入 100 亿元,其中税收收入为 90 亿元,计划年度税收收入 128 亿元,测算计划年度预算总收入数。

报告年度税收收入占预算总收入的比例 = (90÷100)×100% = 90%

计划年度预算总收入数 = 128÷90% ≈ 142.2(亿元)

根据预算收支总额测算预算单项收支数额。

某项预算收支预计数 = 当年预算收支总数×上年该预算收支占预算总收支的比例

【例 3-6】 某省报告年度预算支出 90 亿元,其中教育事业费等支出 18 亿元。计划年度预算支出 115 亿元,测算计划年度教育事业费支出。

报告年度教育事业费支出占预算总支出的比例 = (18÷90)×100% = 20%

计划年度教育事业费支出 = 115×20% = 23(亿元)

(五)综合法

综合法是综合运用系数法和基数法测算预算收支的一种方法。这种方法是在报告年度预算执行的基础上,既使用系数法计算经济、事业增长因素对预算收支的影响,又考虑影响预算收支的其他各种因素,进行综合分析测算,使计算结果更为准确。

某项预算收支数 = 上年该预算收支基数×(1 + 计划年度该预算收支增长速度)± 各因素影响该预算收支的增减额

【例 3-7】 计划年度工业总产值的增长速度为 10%,据历史资料计算,工业总产值每增长 1%,预算收入可相应增长 0.3%。报告年度预算收入为 7000 亿元,计划年度因调整税率将会减少预算收入 8 亿元,调整工资将会减少预算收入 12 亿元,调整部分商品价格可增加预算收入 30 亿元,试测算计划年度预算收入指标。

分步测算如下。

(1)增长速度系数 = 0.7%/1% = 0.7。

（2）计划年度预算收入增长率 = 10%×0.7 = 7%。

（3）计划年度预算收入数 = 7000×（1 + 7%）−8−12 + 30 = 7500（亿元）。

（4）综合测算计划年度预算收入数 = 7000×（1 + 10%×0.7%/1%）−8−12 + 30 = 7500（亿元）。

（六）因素推演法

因素推演法是通过对预测期间影响收支变化的诸因素及其影响程度的调查，分析各因素的影响系数，并根据基期的实际值来进行预测的一种方法。影响系数是指影响因素引起收支状况变化的百分比。影响因素引起收支状况增长时，影响系数的符号为正；影响因素引起收支状况缩减时，影响系数的符号为负。通过调查分析，找出几个影响较大的主要因素，测定其影响系数，其他次要因素的影响可忽略不计，或认为相互抵消。

$$预测值 = 基期实际值×（1 + 影响系数之和）$$

影响系数之和，即影响本年收入（支出）的诸因素的影响系数的和。

我国测算预算收支指标的上述方法不是互相对立的，其共同特点是离不开历史数据，即基数。在实际工作中，应根据所掌握的资料和具体情况，采取不同的方法，灵活运用，以提高测算的科学性和准确性。

（七）标准财政收支法

标准财政收支法需要分别测算标准财政收入和标准财政支出。

1. 标准财政收入

标准财政收入是指依据各地方政府的各项税收所对应的经济税基而估算出的应有的收入水平，它反映的是各地方政府应有而非实有的收入规模。标准财政收入的计算公式为

$$标准财政收入 = 地方税基×标准税率$$

2. 标准财政支出

标准财政支出是指在全国同等的支出效率前提下，地方政府达到均衡范围内公共支出项目均等化所需的支出，它要求考虑地方政府提供公共服务所存在的客观成本差异。

地方标准财政总支出一般等于地方政府所承担的教育、社会治安、交通等各项公共服务的标准财政支出之和。

$$某项公共服务的标准财政支出 = 该项公共服务的单位成本×调整系数$$
$$×该项公共服务的单位数量$$

或者

$$某项公共服务的标准财政支出 = （单位成本 + 地区费用调整）×单位数量$$

式中，调整系数或地区费用调整为对各地区的地理环境（如人口密度、边境、高寒等）

因素造成的公共服务人口成本和其他成本的差异进行的调整，旨在合理计算支出标准；单位数量为某公共服务中基本单位的个数，如义务教育中的学生人数或教师人数、公共医院的病床数、公路维修项目的公路面积等。

二、收支预估的数理技术

估计与预测技术是指对未知数值作出量化评估，估计所针对的是现在或过去发生的事情，而预测针对的是将来的事情。估计和预测会存在误差，难以精确，如果预算过程中的收支预测准确，在决策者力图将总收入与总支出相互联系以作出决定时，公共组织就能利用预测得知什么是现实可行的选择，这关系到政府施政纲领的制定和实施。

目前已知的预测方法有 200 种左右。按预估基础划分，估计与预测技术大致包括四种方法，分别是主观性预估技术、抽样估计技术、时间序列预测技术和关联预测技术。

（1）主观性预估技术。这是人们凭经验或预感估算政府收支情况的一种预估方法，这种方法的估算结果质量取决于估算者的经验、政策水平以及认知能力，受人为因素影响较大，在很大程度上具有主观性。

（2）抽样估计技术。这是在抽样调查的基础上所进行的数据推测，即用抽样调查所得到的一部分单位的数量特征来估计和推算总体的政府收支数据等情况。抽样估计技术是对总体进行描述的方法，它具有花费小、适用性强、科学性高等特点。

（3）时间序列预测技术。这是用最佳数学模型研究预测目标与时间过程的演变关系，对未来政府收支情况进行预测的一种统计方法。

（4）关联预测技术。这是依据两个或多个事物之间存在的关联关系，从其中一个事物出发对其他事物进行预测的技术分析方法，此方法可以挖掘出隐藏在数据之间的相互关系。

第三节　预算规模与结构

一、预算规模度量

预算规模可以用财政收入规模衡量，也可以用财政支出规模衡量。衡量预算规模的指标可以用绝对数表示，也可以用相对数表示。衡量财政收入规模的绝对量指标是财政总收入，主要包括中央和地方财政总收入、中央本级财政收入和地方本级财政收入、中央对地方的税收返还收入、地方上解中央收入、税收收入等。财政收入的绝对量指标系列，具体反映了财政收入的数量、构成、形式和来源。

预算规模用相对数指标反映社会产品价值总量中政府支配的份额，一般表示为

$$预算收入规模（R）= FR/GDP = 政府收入总额/国内生产总值 \qquad (3-1)$$

$$预算支出规模（G）= FG/GDP = 政府支出总额/国内生产总值 \qquad (3-2)$$

式中，FR、FG 分别为一定时期内（一年）的政府收支总额。财政收支可以根据反映对象和分析目的的不同运用不同的指标口径表达，通常用财政收支，也可用部门和单位收支来表达。政府收入有税收和非税收入之别；财政支出则存在是否包含债务收入及转移支付等不同口径上的差异。

财政收入规模相对指标反映政府对一定时期内新创造的社会产品价值总量的集中程度，又称为财政集中率（K）。财政收入规模也常常被称为宏观税负。目前，国际上衡量宏观税负水平的通用指标是政府收入占 GDP（gross domestic product，国内生产总值）的比重，具体包括两种口径：一是宽口径，指财政收入占 GDP 的比重。按照国际货币基金组织的统计口径，财政收入包括税收收入、社会保障缴款、赠与和其他收入。二是窄口径，指税收收入占 GDP 的比重。

式（3-1）和式（3-2）中的分母指标一般运用 GDP 表示也可运用不同的口径表示，如社会总产值、国民生产总值（gross national product，GNP）、国民收入等，这些都是反映宏观经济的总量指标，但它们既有联系又有区别，价值构成各不相同。社会总产值计算社会产品的全部价值；GNP 计算在生产产品和提供劳务过程中增加的价值，即增加值，不计算中间产品和中间劳务投入的价值；国民收入既不计算中间产品价值，也不包括固定资产折旧价值，即只计算净产值。

二、预算扩张规律

（一）瓦格纳法则

19 世纪 80 年代德国著名经济学家瓦格纳在对许多国家公共支出资料进行实证分析后形成的结论是：财政支出会随国民收入的增长而增长，随着人均收入水平的提高，政府财政支出占 GNP 的比重将会增加，这就是财政支出的相对增长，此为瓦格纳法则，又称为预算扩张规律。

瓦格纳把导致政府支出增长的因素分为政治因素和经济因素。政治因素是指随着经济的工业化，正在扩张的市场与这些市场中的当事人之间的关系会更加复杂，市场关系的复杂化引起了对商业法律和契约的需要，并要求建立司法组织执行这些法律。这样就需要把更多的资源用于提供治安和法律设施。经济因素则是指工业的发展推动了都市化的进程，人口密集化，由此会产生拥挤等外部性问题。这样就需要政府进行管理与调节工作，需要政府不断介入物质生产领域，因而形成了很多公共企业。此外，瓦格纳把对于教育、娱乐、文化、保健与福利服务的公共支出的增长归因于需求的收入弹性，即随着实际收入的上升，这些项目的公共支出的增长将会快于 GDP 的增长。

影响财政收入规模的因素包括政治、经济、社会、管理和技术等多种因素，其中经济发展水平是基础，技术进步是关键，两者与财政收入规模之间是"源"和"流"的关系。一般来说，随着经济发展水平的不断提高，国民收入不断增长，该国的财政收入规模也会不断扩大。从横向比较看，经济发展水平较高的发达国家财政收入水平一般高于经济发展水平较低的发展中国家。

预算收入规模不仅与经济发展水平正相关，还与预算支出结构紧密相关，通常社会保障水平较高的国家预算收入规模也相对较高。

（二）官僚预算最大化理论

尼斯坎南于1971年提出了官僚预算最大化理论，即官僚是追求总预算规模最大化的。尼斯坎南以新政治经济学为分析途径，以微观经济学的理性人假设作为分析的逻辑起点，即认为个人是效用最大化的追求者，认为官僚就像经济市场中的消费者和厂商一样是理性自利的，追求预期收益的最大化。官僚机构和官僚个人的行为动机和出发点既不是作为普遍福利的社会公共利益，也不是政治家确定的国家利益，而是官僚机构和官僚自身的利益。在特定的制度环境下，官僚追求自我效用的最大化，官僚提供公共品和服务的程度主要是看某一物品和服务与官僚机构和官僚自我利益实现的关联程度。官僚的效用函数主要包括以下变数：薪金、福利津贴、公共声誉、权力、恩惠、机关产出、容易改变、容易管理等。在这些变数中，除了最后两项变数都是与机关预算正相关的单向函数。官僚为了扩大自己的权力，提高自己的薪金、福利津贴和公共声誉，必然趋向于扩大机关预算的规模。尼斯坎南模型的结论是，预算规模越大，官僚的自我效用越大，追求预算最大化成为官僚机构运转和官僚行为的基本取向。

1974年，米格和毕朗哥对尼斯坎南的模型进行了修改，他们认为官僚最关心的是管理的自由裁量，只有自由裁量的预算收入超过最低成本的部分才是官僚真正想最大化的。然而，他们承认自由裁量的预算依赖于总预算。尼斯坎南后来也对官僚预算最大化模型进行了反思，于1975年、1991年先后两次修正了这一理论，1975年提出官僚的效用可能是自由裁量的预算和产出总预算的函数，1991年在《官僚制与公共经济学》一书中提出"官僚力图使其自由决定的预算最大化"。

（三）财政幻觉

1. 财政幻觉的定义

公共选择学的代表丹尼斯·C. 缪勒（Dennis C. Mueller）研究"财政幻觉与政府规模扩张"。财政幻觉是指现有财政税收制度使纳税人在财政选择过程中产生幻觉，使纳税人认为他们所要缴纳的税收低于自己承担的税收负担，或使公共品受益者认为政府所提供的公共品的价值高于实际价值，投票者不能充分理解政府支出增长时的税收的真正含义，由于财政幻觉而将选票投给实行高支出政策的候选人，即政府机构用公民察觉不到的方法来增加公民税收负担（如乱收费），从而扩张财政支出。

2. 财政幻觉的成因

（1）税收和支出分离导致的财政幻觉。财政幻觉是指选民通常更关心扩大公共支出能给自己带来的好处，忽视了税收负担也有可能同时增长。纳税义务人遗忘增加公共支出势必引起税负提高，或误以为自己不需负担全部的支出成本，而极力争取政府扩大公共支出的现象即为财政幻觉。日常财政决策过程往往是税收提案和支出提案分别表决，这会更加强化选民的财政幻觉，导致选民主动投票支持更大规模的财政支出。

（2）税制结构复杂化及公共收入获取形式导致的财政幻觉。意大利财政学家普维亚尼（Puviani）于 20 世纪初提出财政幻觉假说（fiscal illusion hypothesis），该假说认为，为了减少纳税人对税收的反抗和抵触，课税者总是要尽力创造某种感觉，使纳税人觉得所承受的负担比实际上的负担要轻，从而导致财政幻觉。如果公民以他们所纳的税赋来衡量政府财政支出的多少，那么政府会以让纳税人觉察不到税收的方式而低估税赋，从而使纳税人极力支持政府更多地扩大财政支出，当纳税人出现这样一些感觉时就是财政幻觉。税收结构越复杂，越偏重间接税制，越容易产生财政幻觉。

（3）政府筹资方式导致的财政幻觉。地方当期支出融资方式有税收、举债和上级补助，李嘉图（Ricardo）等价定理指出政府债务是延期的税收，因此税收等同于举债，但是，公债具有资产效应，个人持有公债时往往认为自己的资产（财富）增加了，而不认为是未来的纳税义务增加了。当个人没有负担将来税收的预期或无法完全预期到举债所含的未来纳税义务，用举债代替当期税收融资降低了纳税人对政府产品和服务所感觉到的价格，从而导致政府支出规模的扩大。上级补助对公共品的地方需求具有收入效应和价格效应，会导致对地方提供的产品和服务成本的低估，相应增加其需求，结果是地方公共部门的规模比在地方财政独立情形下更大。

此外，皮考克（Peacock）和魏斯曼（Wiseman）于 1961 年用"梯度渐进增长理论"、马斯格雷夫（Musgrave）和罗斯托（Rostow）根据"经济发展阶段增长论"、鲍莫尔（Baumol）采用"非均衡增长理论"解释了预算规模扩张规律的成因。

三、预算规模优化

（一）最优预算规模的界定

预算规模一般以预算收支、财政收支或政府收支加以体现，财政收入规模过大或过小都会影响经济与社会的健康发展。财政收入规模过大，会加重社会经济负担，拖累社会经济发展；财政收入规模过小，又会加剧财政收支矛盾，影响政府机构的正常运转和政府职能的实现，难以满足社会公共需要，同样是对经济与社会发展的损害。

最优财政收入规模是指处于这样一种理想状态下的财政收入规模：财政收入的分配规模既能满足政府公共投资需要，又不会压抑市场经济领域里的私人投资热情，能够使私人投资和公共投资处于投资总量上的最大化状态，最有利于社会投资最大化目标的实现。最优财政收入规模可以采取"以支定收"与"以收定支"的方式来确定，使财政收支在总量上对称或相等。

（二）最优预算收入规模的要求

（1）既能保证政府公共经济的运行效率，又有利于提高市场领域里私人经济的运行效率，从而使整个社会的资源配置和资源利用处于效率最大化状态。

（2）既能使政府发挥宏观经济调控的功能，又能使市场机制发挥自动调节作用，从而使整个社会的福利分配处于效用最大化状态，最有利于保证社会成员的福利最大化目标的实现。

（3）能够使公共经济与私人经济间的资源流动处于均衡状态，使整个社会的财力分配既有利于促进公共经济的发展，又有利于促进私人经济的发展，从而能够最大限度地满足整个社会对公共品和私人品的需要。

基于以上分析，可以将最优财政收入规模的概念界定为：以实现社会投资最大化、社会资源利用效率最大化和社会福利最大化为追求目标，以正确处理公共经济与私人经济关系为基础，所形成的处于社会经济均衡状态下的财政收入规模。

（三）最优预算收入规模的实现条件

（1）推进预算民主化。必须具备能够充分反映社情民意的社会民主制度，按照集合民意、体现民愿的集体表决方式，以真实的社会公共需要来界定政府的公共职责范围和政府公共职责的具体内容，社会居民充分行使自己的民主权利，自觉监督政府预算行为，督促政府依法行政、有效履职，为社会提供高质量的公共品，满足社会公共需要。

（2）权衡财政收支关系。改进财政支出方式，有利于提高财政资金的使用效果，有利于控制财政支出规模和提高政府服务绩效，通过对财政收支关系的权衡，财政收入规模处于优化状态。

（3）改进征收管理方式。财政收入征收管理效率越高，越有利于提高财政资金的使用效果和公共经济的运行效率，使公共经济与私人经济发展过程中的社会资源配置处于相对均衡状态，实现最优财政收入规模分配。提高财政收入征收管理效率，不仅要做到依法组织财政收入，还必须不断改进财政收入的征收管理方式，努力降低财政收入征收管理成本。

四、预算结构优化

（一）预算收入结构优化

预算收入是国家为保证实现其职能的需要，通过国家预算所集中起来的财政资金，它是发展国民经济和兴办各项事业的主要财力保证。

（1）国家预算收入来源。马克思《资本论》揭示，社会总产值或者商品价值 $= c + v + m$，其中 c 为不变资本，表示生产资料价值，v 为可变资本，表示劳动力价值，m 为劳动力创造的剩余价值。国家预算收入作为国家集中的一部分社会产品的价值量，其来源不外乎 c、v、m 三部分，其中，国民收入 $(v + m)$ 特别是剩余产品价值 (m) 是预算收入的主要来源。

为了满足预算管理的需要，便于分析预算收入结构，便于更深入地分析国民经济各部门、各经济成分及各种收入形式对预算收入的影响，揭示预算收入增长的特点和趋势，寻求增加预算收入的途径，需要对预算收入进行分类。

（2）国家预算收入形式。预算收入可采用多种分类方法，一般可以按经济成分、经济部门、预算级次、复式预算的要求、收入形式等不同标准进行分类。其中，预算收入按收入形式可分为税收收入、国有资产收益上缴收入、行政事业收费、专项收入、其他收入、债务收入等。

预算收入采用不同的收入形式，体现不同的分配关系。税费是政府以社会管理者身份获取的收入，税收一般可以统筹安排预算支出；利是政府以所有者身份获取的收入；债是政府以借款人身份形成的负债，这种负债成为政府可以支配的资金，也称为债务收入。税收收入结构可以依据税类划分为直接税收入、间接税收入，也可以按税收来源划分为来自居民个人的税收收入、来自企业的税收收入。

我国改革开放后很长一段时间内，我国政府非税收入规模一度膨胀，未来预算收入结构优化的方向是清费并税，通过税费整合、联动改革来提高税收收入的占比，提高直接税比重，优化税收结构，提高国有资本收益收缴的比例，合理控制债务规模。

（二）预算支出结构优化

（1）预算支出划分。各种预算支出之间应该形成合理组合，优化结构。预算支出可以按职能、经济性质、复式预算划分，也可以按与市场交易的关系划分为购买性支出和转移性支出，还可以按预算用途划分为人员经费、公用经费、基本支出、项目支出。

通常，预算支出从经济角度上分析往往大致划分为经济建设的投资支出、民生支出及综合管理支出。我国计划经济体制时期，经济建设性支出比例高，改革开放后推进公共财政模式，未来应该加大民生支出，控制管理性支出膨胀。

（2）预算黄金法则。经常性支出主要使现在的纳税人受益，其税负不应转移到后代身上，反过来，现在的资本性支出将使现在和未来的人共同受益。这并不意味着资本性支出总是比经常性支出好，它们各负其责，都旨在实现纳税人资金的价值最大化，并对经济产生持久的影响。预算黄金法则提倡代际公平，要求政府按不同经济性质区分经常性支出和资本性支出，分别制定经常性预算和资本性预算，即复式预算，使政府有责任保持经济发展必需的投资水平，并确保公共投资存量保持良好的状态，同时，保持财政政策的稳定性也至关重要，政策制定应符合长期利益，投资过大或失误的成本巨大，而且纠错的过程也非常痛苦。

预算黄金法则要求除短期债务以外，政府举债只能用于基础性和公益性资本项目支出，不能用于弥补政府经常性预算缺口。预算黄金法则意味着在各经济周期中，政府借款只能用于投资而不能用于当期支出。

预算黄金法则还要求遵循持续投资准则，即政府借款用于投资的决策要确保各经济周期的净公债支出占 GDP 的比重维持在稳定和谨慎的水平上。持续投资准则表明预算体制改革要向着满足经济稳定的目标发展。

第四节 预算组织构成体系

一、财政总预算

我国实行一级政府一级财政一级预算，根据政府政权结构和政府级次，国家预算从上到下相应分为五级预算，我国各级政府预算是由同级财政机关代表本级政府汇总编制的，故称为财政总预算。对每一级次的财政总预算而言，各级政府都是相对独立的预算主体，各级政府预算是由该级政府组织体系的有关预算汇总而成的。

（1）中央预算。中央预算是经法定程序批准的中央政府财政收支计划。我国的中央预算是由财政部代表中央政府（国务院）汇编的、经全国人民代表大会审批通过的财政收支计划。中央预算由中央各主管部门的行政单位预算、事业单位预算、企业财务计划、基本建设财务计划、国库和税收计划等汇总而成。

（2）地方预算。地方预算是经法定程序批准的、除中央预算以外的地方各级政府财政收支计划的统称，在我国包括省级及其以下的各级政府预算，预算级次有省、自治区、直辖市，市（设区的市、自治州），县（自治县、不设区的市和市辖区），乡（民族乡、镇）四级预算。县级以上地方政府派出机关根据本级政府授权进行预算管理活动，但不作为一级预算。

整个国家预算由中央预算和地方总预算构成，地方总预算由各省、自治区、直辖市总预算汇总编制而成。

地方各级政府总预算由地方本级财政机关代表同级政府汇编，根据其涵盖的范围、级次，又分为本级预算和汇总下一级所属政府总预算。各级地方政府总预算由本级政府预算及所属的下级政府财政总预算汇总而成，是反映本级行政区域范围内政府财政收支的计划。例如，省总预算由省本级预算及所属市、县总预算汇总而成；设区的市、自治州总预算由市、自治州本级预算及所属自治县、不设区的市、市辖区总预算汇总组成；县总预算由县本级预算及所属乡、镇总预算汇总组成。其中，各级政府的本级预算由同级政府各主管部门汇总的其直属行政单位预算、事业单位预算、企业财务计划、基建财务计划等汇编而成，是反映本级政府财政收支的计划。

二、机构预算

机构主要是指支出财政资金、花钱办事、履行政府职能的机构。机构预算主要是使用公共财力的组织所编制的预算，包括部门预算和单位预算。为了有效履行公共职能，政府组织体系通常实行科层制，形成诸多相对独立又紧密联系的组织体。政府体系中需要设置履行不同职责的部门，如中央政府设置教育部、民政部等职能部门；部门内设置一定的行政、事业单位，如教育部下属的高等院校，在国家预算中相应形成了部门预算和单位预算的范畴。

（一）部门预算

部门预算是反映一级政府中一定部门（含直属单位）全部财力的年度配置计划。部门预算由各部门所属各单位预算汇总编制而成。这里的部门是指与本级财政直接发生预算缴拨款关系的国家机关、军队、政党组织和社会团体；直属单位是指与本级财政直接发生预算缴拨款关系的企业和事业单位。部门预算是所辖单位预算汇编而成的汇总预算，部门预算的基本单元是单位预算。

（二）单位预算

单位预算是指各部门下属的机关、团体和企事业单位的年度财力配置计划，它主要以资金收支形式反映预算单位的各种活动。具体而言，单位预算是由行政事业单位根据其职责、工作任务和发展计划编制，并经过规定程序批准的年度财务收支计划，它不仅反映预算单位与财政之间的资金领拨、缴销关系，还反映行政或事业活动的规模和方向，是对单位一定时期财务收支规模、结构、资金来源和去向所做的预计。

根据与某一级政府预算发生的经费领报关系，我国将预算单位分为一级预算单位、二级预算单位和基层预算单位。一级预算单位是指与同级政府预算直接发生资金缴拨款关系，下面还有所属下级单位的单位；二级预算单位是指与主管预算单位发生资金缴拨款关系，下面还有所属下级单位的单位；基层预算单位是指与二级预算单位或一级预算单位发生资金缴拨款关系，且下面没有所属下级单位的单位。

在我国，单位预算的主体一般是行政单位和事业单位。行政单位是指依托国家政治权力而为社会提供公共品和服务的公共组织，其职能主要是进行政治、社会和经济管理。事业单位是指由政府批准设立、依据其业务范围为社会提供特定公共品和服务的非营利性公共组织。

单位预算是汇编部门预算的基础，部门预算是编制政府本级预算的基础，各级部门预算经过汇总后编制成各级政府的财政总预算，因此，部门预算位居承上启下的地位，对整个政府预算体系具有重要的作用。

三、预算组织形式

预算组织形式是指预算安排的外在组织形式，其实质体现预算收支之间的内在联系和资金管理的要求。预算一般包括两种组织形式，即单式预算和复式预算。

（一）单式预算

单式预算是指将政府同一个预算年度内的全部财政收支汇集编入单一的总预算内，排列在一张预算平衡表上。表中的收入总计等于支出总计（包括结余），这是一个恒等式，而不去区分各项或各级财政收支的经济性质。单式预算是传统的预算组织形式。

单式预算的优点:一是符合预算的完整性原则,单式预算把政府全部财政收支分列于一张预算平衡表上,单一汇集平衡,整体性强,便于立法机关审议批准和社会公众了解;二是简单易懂,一目了然,收入与支出科目的划分同国民收入核算体系相关,口径一致。

单式预算的缺点是财政收支未按经济性质分类分列和分别汇集平衡,难以对支出项目和资金使用效益进行深入考察、追踪管理,透明度较差,不便于有选择地进行宏观经济控制,不利于经济效益的分析。另外,单式预算把不同性质的支出汇总成一个会计平衡表,不能清晰地反映各类公共品的成本。

第二次世界大战前,大部分国家都采用单式预算,之后,西方国家陆续采用复式预算。

(二)复式预算

复式预算是指将政府同一个预算年度内的所有项目的预算收支按照预算收支科目以一定的方式划分在两个或两个以上的预算平衡对照表中,分别编列,形成由几个分预算组成的一组预算。

复式预算通常是不同资金按经济性质、来源和用途,分别从各个不同的侧面,准确、完整地汇编在不同的收支对照表上,以特定用途的收入来源,保证特定用途的支出项目,并使收支之间保持相对平衡和稳定的对应关系,以便按资金性质进行预算管理。在复式预算中,几个分预算一方面相对独立、自成体系,各部分的预算分别以各自来源应付各自支出,各自平衡;另一方面相互之间又具有内在联系、内容相互补充,预算的平衡相互关联,并在一定的规则上相互流通,由此,共同构成一个科学、完整的预算体系。

丹麦构建了复式预算的雏形,典型的复式预算则始自瑞典。复式预算是为了适应政府干预经济、应对 20 世纪 30 年代世界经济危机而产生的,其拓展了政府预算的范围,便于根据资金的来源分析各类资金的使用情况,但容易分割预算、破坏预算完整性。

复式预算一般由经常性预算和资本性预算构成,我国的复式预算目前由一般公共预算、政府性基金预算、国有资本经营预算和社会保险基金预算"四本预算"构成。

四、预算运行环节

近年来,我国进行了一系列重大的预算管理制度改革,以编制部门预算为主线调整了财政内部机构的设置,在不同层面的预算运行机构设置和职责划分上形成了预算决策、预算编制、审批、执行之间,管理和监督等运行流程各环节之间相互分离制衡、系统协调的机制。在宏观层面形成了人民代表大会审批监督预算、政府审查预算、财政主管预算编制和执行的体制;在财政机关内部建立了专职监督与业务管理机构日常监督相结合的双重监督机制,实现了对预算编审、执行全过程全方位的监督,改变了过去财政内部多个业务机构既参与编制预算又负责预算执行的状况,避免了传统预算管理编制、执行职责界定不清、部门交叉扯皮的弊端,使预算四个环节在工作中相互分离、各负其责,使各环节一脉相承但又彼此相对独立。

第五节　预算周期与循环

一、预算年度

预算年度是指国家预算收支起止的法定有效期限，通常为一年。预算年度一般与财政年度或会计年度一致，它是编制和执行预算的法定有效期限，体现预算的时效性。各国预算年度的起止日期不尽一致，可分为历年制和跨年制两种。

（一）历年制和跨年制

历年制是按公历年度计，国家预算年度起止时间与公历年一致，即从公历 1 月 1 日起至 12 月 31 日止。目前，世界多数国家的预算采取历年制，如法国、德国、意大利、奥地利、挪威、瑞士、荷兰、中国、朝鲜、匈牙利、波兰等。

跨年制是指一个预算年度跨越两个公历年度，但总时长仍等于一个日历年度。世界上也有不少国家的预算年度采用跨年制，其起止日期选择主要有三类：一是四月制，以英国、加拿大、日本、印度为代表，从当年 4 月 1 日起至次年 3 月 31 日止。二是七月制，以瑞典、埃及、孟加拉国、巴基斯坦、苏丹、澳大利亚、喀麦隆为代表，从当年 7 月 1 日起至次年 6 月 30 日止。三是十月制，以美国、泰国、尼日尔、尼日利亚为代表，从当年 10 月 1 日起至次年 9 月 30 日止。美国在 1976 年以前是自当年 7 月 1 日起至次年 6 月 30 日止，1976 年以后改为自当年 10 月 1 日起至次年 9 月 30 日止。此外，沙特阿拉伯、尼泊尔等国家的预算年度实行浮动制度，沙特阿拉伯根据伊斯兰历（也称回历或 Hajra 历）编制预算，其每一年度预算的起止日期和时间周期各有不同。

一般来说，一国中各级次政府预算年度的选择是一致的，但也有例外，如美国，不同级次政府的预算年度并不都一致。美国联邦政府的预算年度始于 10 月 1 日，各州的预算年度不尽相同，大多数州始于 7 月 1 日，新泽西州始于 1 月 1 日，纽约州从 4 月 1 日开始，得克萨斯州始于 9 月 1 日，在同一个州内，州与地方政府及地方政府之间的预算年度也不完全相同。不仅预算年度的起止时间不一致，而且预算时间的长短也不同，联邦和大多数州及地方政府实行一年期预算，但有些州采取两年期预算。

（二）影响预算年度选择的因素

一国预算年度起止日期受该国国情、历史、传统习惯等因素的影响，主要考虑国会会期、税收与工农业生产的季节性、宗教和习俗等因素。预算年度的确定要考虑立法机构召开会议的时间，财政收支的季节因素也会影响预算年度起止日期的选择，这在那些财政收入长期依赖于农业的国家表现得尤为明显，因为预算安排要与农业种植和收获季节相适应。此外，一些原来属于殖民地或附属国的国家，其预算年度的起止日期一般受其宗主国做法的影响，在独立后仍然采用原来的预算年度起止日期。

二、预算管理程序及其构成环节

国家预算的科学性、合理性需要以预算程序、步骤为保证，预算管理程序是指国家在预算管理过程中依法定程序进行的各个工作环节所构成的有秩序活动的总体。通常，预算管理程序由预算准备工作、预算编制和审批、预算执行与调整、决算编制与审批四个基本工作环节组成。各预算程序、步骤组成一定的预算周期。

（一）预算准备工作

（1）中央政府编制经济社会发展规划，下达编制预算的指示。为编制国家的经济社会发展规划，中央政府需召开省级行政区的行政机构首长及各部部长会议，并在经济工作会议上确定下年度经济社会发展的基本目标，据此，财政部向省、自治区、直辖市政府和中央部门下达编制下年度预算草案的指示，提出编制预算草案的基本原则和要求。

（2）财政部门测算预算收支指标。《中华人民共和国预算法》第三十二条规定"各级预算应当根据年度经济社会发展目标、国家宏观调控总体要求和跨年度预算平衡的需要，参考上一年预算执行情况、有关支出绩效评价结果和本年度收支预测，按照规定程序征求各方面意见后，进行编制"。因此，各级财政部门应该通过总结、分析和预测，掌握本级政府财政收支及业务活动的变化情况，找出影响本期预算的各种因素，剔除上年一次性或临时性的因素，了解预算年度国家经济社会发展规划对预算的要求，分析预算年度经济社会发展及国家有关政策对预算的影响。

预算必须与政策目标挂钩，在预算编制前，应对预算年度的政策目标做具体的研究与评估，排列优先次序，使预算与预测、预算与政策有机地结合起来。

（3）财政部制定并颁发国家预算科目和表格，具体部署和安排预算编制事项。财政部根据国务院有关编制下一年度预算草案的指示，部署编制预算草案的具体事项，每年第四季度由财政部制定统一的预算表格，包括财政总预算表格和单位预算表格，各预算编制单位要熟悉预算科目和表格，保证预算的统一性和规范性。各级财政每年要通过召开会议或发布通知、指示等形式，部署预算编制的内容、方针和任务，各主要收支预算的编制要求、编制方法、报送程序、份数与期限等。

（二）预算编制和审批

编审预算包括编制和审批预算草案，预算草案是指各级政府、各部门、各单位编制的未经法定程序审查和批准的预算。编制预算草案是预算管理的起点，预算编制要坚持量力而行、收支平衡的原则，以国家的财政经济方针和有关法律法规为指导，以国民经济和社会发展规划的主要指标为基础，以上一年预算执行情况和本年收支预测为依据，积极稳妥地安排各项收支指标，做到收入稳固可靠、支出留有后备，把预算收支安排建立在科学合理的基础上。编制好的预算由政府提交同级人民代表大会审议，经人民代表大会审议批准的国家预算才具有法律效力。

（三）预算执行与调整

预算执行是实施预算方案，这是预算管理的中心环节。政府是预算执行的主体，财政税务部门是预算执行的主要职能机构。预算规定的收入任务，必须保证完成；预算规定的各项支出，必须及时足额地拨付。对于执行过程中必需的预算调整，超出政府法定权限的，要报请同级人民代表大会常务委员会审批，未经批准，不得调整。各级政府有责任监督下级政府的预算执行；各级财政部门有责任监督本级各部门预算的执行，并做好预算执行情况的分析，向本级政府和上级财政部门报告本级预算的执行情况。

政府为掌握计划执行效率，在计划执行前，将计划核定经费按季或按月分配预定执行数，并于执行过程中，计算经费实际核销数、已估验尚未付款或已施作尚未付款、依合约扣留的保留数、计划结余数加总合计值与按季或按月分配累计数值之比值，可采取百分比方式表示，由此，形成预算执行率计算公式。

$$预算执行率＝（累计支用数＋应付未付数）/累计分配数$$

国家预算执行的依据是"法"，其中批准的年度预算是直接依据，《中华人民共和国预算法》是基本依据，此外，还有国务院及有关部委发布的行政性规范。在预算执行中出现需要进行预算调整的事项和情形，必须按照法定程序办理。预算管理离不开相关信息、数据资料的掌握和分析，预算执行的基础工作包括政府会计、国库工作、财政统计及"金财工程"。

（四）决算编制与审批

决算是对年度预算收支执行情况的总结和最终反映，也是一年内国民经济和社会发展计划执行结果在财政上的集中反映。国家决算由中央决算和地方决算组成。决算的构成和收支项目同预算相一致。决算草案由各级政府、各部门、各单位在每一预算年度终了后按照国务院规定的时间编制。各级政府决算草案经过立法机关依法定程序审查批准后，政府在预算年度内的预算执行责任才得以免除。

在预算管理程序中贯穿了对预算与决算的监督，包括立法机关、各级政府、各级政府财政部门、审计部门以及社会中介机构、社会新闻媒介在内的各监督主体对中央和地方的预算和决算所进行的监督。我国各级立法机关对预算、决算的监督职权主要有立法机关及其相关职能部门的初步审查权、组织调查权、询问质询权、要求备案权，要求政府部门提供落实有关预算决议情况权、对审计工作报告做出决议权等。

三、预算周期

（一）标准预算周期制度

标准预算周期制度是指将预算管理中相互关联的各环节从时间序列上划分为三个标准阶段，即预算编制阶段、预算执行与调整阶段、决算与绩效评价阶段，每一阶段都具有一定的时间跨度，从预算编制开始到决算完成形成一个时间跨度大约为30个月的标准周期。

（1）预算编制阶段。一般从每年年初开始，在对上年预算执行结果进行绩效评价的基础上，测算下一年度预算收支规模和增长速度，编制下一年度预算草案，期限约为12个月。

（2）预算执行与调整阶段。从次年年初开始，组织该预算的执行，分析预算执行情况，办理预算调整，期限为12个月。

（3）决算与绩效评价阶段。从第三年年初开始，组织编制本级和汇总下一级决算草案，并对预算执行结果进行分析总结和绩效评价，作为编制下一年度预算的依据，期限约为6个月。

就每一预算年度而言，不同预算管理周期的上述三个阶段同时并存。下年度预算的编制通常应该在当年的预算批准后开始，一般提前10个月到1年。

美国联邦预算编制程序复杂、耗时，从各部门编制各自的预算开始，到联邦预算执行后的审计，一个预算周期历时33个月。一是预算编制共9个月。其中准备预算框架3个月；各部门编制预算3个月；预算与行政管理办公室审定部门预算形成总预算需要3个月。二是国会审批预算共需9个月。三是预算执行年度为12个月。四是决算的汇总和审计过程需要3个月。

美国联邦政府每年向国会报送审批的年度预算及相关材料有数千页之多，非常细致具体。日本政府预算的细化程度也相当高，以爱知县为例，每年县政府报送审批的预算有两本，一本是概要，另一本是具体的预算，在预算及相关资料中，几乎每个用款单位的每个用款项目都能在其中查到，每个公民都可以查阅，这就使预算执行有了严格的依据，并接受社会的监督。

（二）预算编报审批日程

预算准备期是指从中央机构发出预算编制指示（预算通报）到行政机关预算定案提交立法机关批准前的时间跨度。有些国家下年度的预算编制是在当年预算批准后不久开始的，英国和瑞典就是如此，大约是在实际提交预算一年前，就把编制的概算通报分送给各支出机构。在美国，预算日程表在提交预算的18个月前就开始编制了，在预算生效前的11～12个月，国会就进行考虑。举例来说，2015～2016财政年度的预算编制工作，从2014年3月就开始准备预算申请；在秋季，总统及预算与行政管理办公室审查预算申请。根据美国预算相关法律的规定，不管国会何时集会，总统每年必须在 2 月的第一个星期一向国会提交联邦预算草案。

日本的预算年度是从 4 月 1 日开始的，但各省（厅）的负责人必须在上一年度的 8 月 31 日前，将所有与预算编制有关的估算资料提交给具体负责起草预算草案的财务省大臣。参众两院、最高法院和会计检查院的估算资料，也须在同期提交内阁。财务省从 9 月开始举行预算听证会，审查各部的预算要求和报告。大约在 12 月底编制出预算草案，送内阁讨论。在次年 1 月，内阁将预算提交国会审议和表决。由此程序可知，日本预算的编制工作至少在预算年度开始前的 15 个月就开始了，立法机关的审议和表决时间约 3 个月。

四、预算编审权责

（一）财政部部署预算草案编制

我国财政部于每年 6 月 15 日前部署编制下一年度预算草案的具体事项，规定报表格式、编报方法、报送期限等。省、自治区、直辖市政府按照国务院的要求和财政部的部署，结合本地区的具体情况，提出本行政区域编制预算草案的要求。

县级以上地方各级政府财政部门应当于每年 6 月 30 日前部署本行政区域编制下一年度预算草案的具体事项，规定有关报表格式、编报方法、报送期限等。

（二）部门预算草案编制与审核

各部门应当按照政府要求和财政的部署，结合本部门的具体情况，组织编制本部门及其所属各单位的预算草案。

各部门负责本部门所属各单位预算草案的审核，并汇总编制本部门的预算草案，按照规定报同级财政审核。

财政部审核中央各部门的预算草案，具体编制中央预算草案；汇总地方预算草案或者地方预算，汇编中央和地方预算草案。

县级以上地方各级政府各部门应当根据本级政府的要求和本级政府财政部门的部署，结合本部门的具体情况，组织编制本部门及其所属各单位的预算草案，按照规定报本级政府财政部门审核。

（三）预算草案汇编与上报

县级以上地方各级政府财政部门审核本级各部门的预算草案，具体编制本级预算草案，汇编本级总预算草案，经本级政府审定后，按照规定期限报上一级政府财政部门。

省、自治区、直辖市政府财政部门汇总的本级总预算草案或者本级总预算，应当于下一年度 1 月 10 日前报财政部。

县级以上各级政府财政部门审核本级各部门的预算草案时，发现不符合编制预算要求的，应当予以纠正；汇编本级总预算草案时，发现下级预算草案不符合上级政府或者本级政府编制预算要求的，应当及时向本级政府报告，由本级政府予以纠正。

各级政府财政部门编制收入预算草案时，应当征求税务、海关等预算收入征收部门和单位的意见。预算收入征收部门和单位应当按照财政部门的要求提供下一年度预算收入征收预测情况。

第六节　预算公开透明

一、预算透明度建设的动因

预算透明度是指政府预算及相关活动信息的公开程度，预算透明度建设目的是优化财政管理、保障政府和相关人员负起责任。

（1）提高预算透明度是公共财政的内在要求，也是保障公民对预算信息应有的基本知情权。

（2）预算透明度影响预算规模伸缩，抑制政府资源浪费。预算透明度对政府规模具有双重作用：一方面，官僚机构追求预算最大化，财政透明对此具有抑制功效；另一方面，提高财政透明可以增加公民对政府的支持，也可以扩大政府规模。

（3）预算透明度是良好财政管理的一个方面，执行预算透明度可推动公共服务供求的公平。

（4）预算信息透明是预算监督、审议的前提。

预算资金具有公共性，民众拥有基本知情权，应该将预算信息"告之于民"，所以现代国家都大力推进预算透明度建设。预算透明度建设一般以预算信息公开为原则，不公开为例外；公开的预算应该清晰、细化、完整，让公众能够看得清、看得懂、看得明白。

二、预算透明度国际规范

目前，为了评判预算透明度建设的情况，国际组织及各国众多民间机构已发展出多种比较成熟的评价指标体系和方法，其中，国际货币基金组织、国际会计师联合会（International Federation of Accountants，IFAC）、经济合作与发展组织（Organization for Economic Co-operation and Development，OECD）、欧盟和国际预算合作组织（International Budget Partnership，IBP）所做的努力尤其引人注目。

国际货币基金组织和 OECD 都制定了财政透明度的做法准则，作为指导各国财政透明度实践的指南。国际货币基金组织发布了《财政透明度良好行为守则》及其配套的《财政透明度手册》。OECD 强调预算透明度，而不采用财政透明度的提法，OECD

解释说，预算是政府重要的政策文件，政府的政策目标均体现在预算的具体条款中，因此，OECD 制定了《预算透明度最佳做法》。国际货币基金组织和 OECD 构建预算透明度标准体系的目的主要是从政府的角度出发，推进政府良好治理、促进国际合作。

为了让广大的普通公民理解预算、参与预算，国际预算合作组织对全球 100 多个国家开展全球"预算公开调查"，对各国的预算透明度进行打分，得出一个量化的"预算公开指数"，该指数表示各国的财政预算文件和其他预算信息全面、及时向社会公开的程度。

三、预算透明度的界定

传统理念下，人们往往就财政论预算，并未将财政透明度和预算透明度明确加以区分。Kopits 和 Craig（1998）于 1988 年将财政透明度定义为，向公众公开政府的结构与功能、财政政策意向、公共部门账户及财政预测的程度，并从机构透明度（institutional transparency）、会计透明度（accounting transparency）、指标与预测的透明度（transparency of indicators and projections）三个方面对财政透明度的含义进行详细说明。这一定义被国际货币基金组织财政事务部所采纳，《财政透明度手册》确认财政透明度是指向公众最大限度地公开关于政府的结构与职能、财政政策取向、公共部门账目和财政筹划（fiscal projections）预测的信息，并且这些信息是可靠的、详细的、及时的、容易理解并且可以进行比较的，便于选民和金融市场准确地估计政府的财政地位和政府活动的真实成本与收益。公众被定义为所有与制定和实施财政政策有关的个人与组织。国际货币基金组织力图推行一些切实可行的、可适用于各种经济发展水平的良好做法，1998 年 4 月正式发布的《财政透明度良好行为守则》和《财政透明度手册》是国际性组织在推动财政透明度进程中的一个重要里程碑。《财政透明度良好行为守则》历经多次修订，提出了四项核心原则，即明确职责、公开预算程序、方便公众获得信息、确保真实性，并在每一核心原则下提出了一些具体要求。

OECD 将预算透明度定义为对政策取向、表达和执行的公开，所有相关财政信息及时、系统地进行充分披露的程度。OECD 于 2001 年 5 月制定的《预算透明度最佳做法》其内容分为预算报告、特殊披露和完整可控性三个部分。预算报告部分对每个预算文件都提出了相应的披露内容与公开要求；特殊披露部分则为要求公开的一些特殊信息；完整可控性则为对预算公开的质量提出的一些具体要求。《预算透明度最佳做法》对政府应编制的预算报告的种类要求比较详细，对预算前报告、月度报告、年中报告、年末报告、选举前报告等预算报告应包含的内容、报告频率及相关的控制和审计机制作出了具体规定，并特别要求披露编制预算的经济假设、税式支出、金融负债和资产、非金融资产、员工养老金负债、或有负债等特殊信息。

与国际货币基金组织不同的是，OECD 的《预算透明度最佳做法》涉及的主体是中央政府而不是广义政府。信息透明的一个重要方面是使公众能够方便地获取财政报告。对此，OECD 指出，立法机构应当能够有效地检查所需要的财政报告，应当使公众能够获取《预算透明度最佳做法》中所规定的财政报告，包括在互联网上免费提供报告。

Poterba 和 von Hagen（1999）采用描述的方法对预算透明度进行了界定，他们指出透明的预算程序应该能够对政府财政政策的每个方面提供清晰的信息，如果预算中包含特殊账目，或者不能把所有的财政活动都合并到一个有约束的预算之中，这样的预算是不透明的；反之，能够让公众获得信息并且能参与政策制定和提供合并信息的预算是透明的。

Alt 等（2002）着眼于"制度"和"指标与预测"，分析了 OECD 诸国的财政透明度情况，认为透明的预算程序有四个特征：①在较少的预算文件中能够披露更多的信息，信息容易得到且便于公众监督；②经验显示在进行有说服力的、可信赖的联系中起关键作用的独立作证的可能性能够促进透明度；③预算用语准确，用词和分类应该清晰，意义明确；④减少预算项目的乐观主义情绪和政府的创造性。

四、我国预算公开透明

公开透明是现代政府预算的应有之义，财政预算是否足够公开是衡量政府透明度高低的重要指标。《中华人民共和国政府信息公开条例》第十九条要求"对涉及公众利益调整、需要公众广泛知晓或者需要公众参与决策的政府信息，行政机关应当主动公开"，并将"财政预算、决算信息"等列为主动公开信息的范围，现行《中华人民共和国预算法》第一条确定的立法宗旨是"规范政府收支行为，强化预算约束，加强对预算的管理和监督，建立健全全面规范、公开透明的预算制度"，将推进预算公开透明的要求上升到法律高度。《中华人民共和国预算法》还确立了预算信息以公开为原则，以不公开为例外的要求，明确了预算公开的时限、范围、程序和责任主体，要求对政府间转移支付、政府债务、机关运行经费等社会高度关注的事项公开作出说明，并规定了违反预算公开的法律责任，《中华人民共和国预算法》第十四条规定除了涉及国家秘密的事项之外，"经本级人民代表大会或者本级人民代表大会常务委员会批准的预算、预算调整、决算、预算执行情况的报告及报表，应当在批准后二十日内由本级政府财政部门向社会公开，并对本级政府财政转移支付安排、执行的情况以及举借债务的情况等重要事项作出说明。经本级政府财政部门批复的部门预算、决算及报表，应当在批复后二十日内由各部门向社会公开，并对部门预算、决算中机关运行经费的安排、使用情况等重要事项作出说明。各级政府、各部门、各单位应当将政府采购的情况及时向社会公开"。对各级政府及有关部门未依照《中华人民共和国预算法》规定对有关预算事项进行公开和说明的，责令改正，对负有直接责任的主管人员和其他直接责任人员追究行政责任。在《中华人民共和国预算法实施条例》中，预算公开的范围进一步扩大到财政专户资金、单位预算决算等，并细化预算公开的要求。第六条规定"一般性转移支付向社会公开应当细化到地区。专项转移支付向社会公开应当细化到地区和项目。政府债务、机关运行经费、政府采购、财政专户资金等情况，按照有关规定向社会公开。部门预算、决算应当公开基本支出和项目支出。部门预算、决算支出按其功能分类应当公开到项；按其经济性质分类，基本支出应当公开到款。各部门所属单位的预算、决算及报表，应当在部门批复后 20 日内由单位向社会公开。单位预算、决算应当公开基本支出和项目支出。单位预算、决算支出按其功能分类应当公开到项；按其经济性质分类，基本支出应当公开到款"。

在现代国家，预算公开透明是国际惯例，推进预算公开透明旨在保障公众知情权，强化预算监督与管理，建设透明政府、责任政府和服务型政府，推进国家治理体系现代化进程。为了度量并推进我国预算公开透明度，上海财经大学公共政策研究中心课题组从 2009 年起对 31 个省区市的财政透明度进行评估和打分排名，发布《中国财政透明度报告》；清华大学公共经济、金融与治理研究中心课题组为了反映公共财政公开透明的状况，研究提出了衡量中国市级政府财政透明度的指标体系和相应的评价标准，自 2012 年起每年定期发布《中国市级政府财政透明度研究报告》。2017 年 12 月 29 日财政部首次对外发布"2016 年度地方预决算公开度排行榜"，此后，每年财政部都公开发布上年度地方预决算公开度排行榜。通过对预算公开的时效性、完整性、细化性、可读性等的考量，有效引导激励地方各级政府和部门强化主动公开意识，促使各地因地制宜地不断建立健全预决算公开的制度体系、常态化监督机制，施行考核奖惩措施，全力推进预决算公开规范化、常态化、制度化，进一步提升公开规范性，创新优化公开方式。

本章思考与练习题

1. 简述政府收支分类制度的含义和作用。
2. 说明我国政府收支分类新体系。
3. 预算收支测算的技术与方法有哪些？
4. 解析预算规模扩张规律。
5. 说明度量预算规模的不同指标口径的差异。
6. 说明预算规模和结构如何优化。
7. 解析预算最大化理论的现实性。
8. 分析瓦格纳法则对预算的影响。
9. 结合实际说明财政幻觉会如何影响预算安排。
10. 解析我国一般公共预算收支科目体系的组成。
11. 预算管理程序由哪些环节组成？
12. 说明预算年度的类型和选择。
13. 简述标准预算周期制度的含义和构成。
14. 解释预算透明度的国际标准体系。
15. 阐述如何进一步提高我国预算透明度。

第四章

预算规则与依据

第一节　预算法治化

一、预算法治化界定

市场经济是法治经济，法制是社会公理和民意通过立法确定的规范。预算是立法机关通过立法程序对政府授权而形成的法律文书，规则体现法治化要求，遵守规则是每个人应尽的义务。在现代国家，预算管理法治化要求依法理财、预算管理法制化，具体要求做到：一是预算管理活动都必须依法进行，依法征收；二是以法律规定为依据编制预算，强化预算约束力，依法组织预算执行活动，并对预算执行结果依法开展绩效评价；三是有法可依、执法必严、违法必究。健全预算法律制度，有法可依是预算法治化的前提。

预算法治化的前提是建立健全预算法制，关键是强化执法。一个国家的法律制定相对来说较容易，但要使法律的作用得以充分地体现还是得通过法的实施，而法的实施却比制定要难得多。执法是指国家行政机关、司法机关及其公职人员依照法定程序实施法律的活动，其中，国家行政机关执行法律是法的实施的重要方面。在现代社会，国家行政机关被称为国家立法机关的执行机关，后者制定的法律、法规主要由前者贯彻、执行、付诸实现。中国预算民主化、法治化的特色是坚持党的领导、人民当家作主、依法治国有机统一。

二、预算法制体系

纵观古今，预算制度发展史也是政府管理走向民主化与法治化的历史。预算法制是有关国家的预算收支及进行预算管理的法律规范的总称。各国预算法制体系一般包括宪法、国会立法和行政法规三个层次，我国预算法制体系在这三个层级之上还有具有统领性地位的党中央文件。

（一）宪法层次的预算法规

中国、美国、德国等许多国家都在宪法的高度确定了预算重大和基本预算权责配置。例如，《中华人民共和国宪法》第六十二条第（十一）项规定"审查和批准国家的预算和预算执行情况的报告"属于全国人民代表大会的职权；第十二条规定社会主义的公共财产神圣不可侵犯；第八十九条规定国务院行使"编制和执行国民经济和社会发展计划和国家预算"的职权。再如，美国宪法建立了制定、执行和解释预算法案的基本政府构造和制度，为很多后来颁布的预算法案提供了基础，1789年生效的宪法奠定了美国政治制度的法律基础，成为预算管理权力的源泉。美国宪法第一条是有关立法机关的规定。其中对财政权的规定包括：国会拥有征税和发债的权力，用于为美国偿还债务、提供防务和一般福利；众议院负责提出筹集收入的议案，参议院可以参与筹集收入议案的修改；非经通过依法作出的拨款决定，不得从国库中支取资金；所有公共资金的定期会计记录和报表都应当经常公布等（美国宪法第一条第七款、第一条第八款、第一条第九款）。

（二）立法机构颁发的专门预算法律

这是预算法制体系的主体，往往由预算基本法和某方面的专项法构成。比如，我国目前的预算法律制度主要包括《中华人民共和国预算法》《中华人民共和国政府采购法》《中华人民共和国会计法》《中华人民共和国审计法》《中华人民共和国社会保险法》《中华人民共和国招标投标法》《中华人民共和国合同法》《中华人民共和国企业国有资产法》《中华人民共和国资产评估法》《中华人民共和国行政许可法》《中华人民共和国行政诉讼法》《中华人民共和国行政复议法》《中华人民共和国行政监察法》《中华人民共和国保守国家秘密法》《中华人民共和国行政处罚法》《中华人民共和国国家赔偿法》等相关法律及其相关的政府行政性规范和部门规章；此外还有各种税法和税制，以及《中华人民共和国税收征收管理法》等。

美国宪法以下是国会和总统颁布的制定法，包括编制、递交、批准和执行的预算制度、程序和决策规则，国会凭借美国宪法第一条第一款授予的立法权，在行使其财政管理权限的过程中制定了许多有关预算管理的法律制度，包括美国1870年制定《反超支法》、1921年《预算和会计法》、1974年《国会预算和截留控制法》等，上述法律的主要内容均被编入《美国法典》第31卷（货币与财政）。此外，比较重要的法律还包括1990年《联邦信贷改革法》、1991年《首席财务官法》、1993年《政府绩效和成果法》和1995年《未安排资金委托事权法》、2010年《政府绩效和成果法修正案》等。美国联邦政府的预算周期可以分成相继而关联的三个阶段，即预算编制和递交环节、预算审议和批准环节以及预算执行环节，不同预算阶段涉及不同的预算法案。

每年经过立法程序审批后的预算即为立法机关授权的法律文书，许多西方国家将其称为年度预算法案。

（三）政府和部门制定的行政性预算规章

比如，我国国务院颁发的《中华人民共和国预算法实施条例》《中华人民共和国政府采购法实施条例》，财政部以及财政部与主管部门联合发布的有关预算规范；美国总统管辖的预算与行政管理办公室发布的通告，如美国预算与行政管理办公室颁布修订的第 A-110 号通告《关于对高等教育机构、医院及非营利机构给予资助的统一管理要求》，这是一个包括预算编制、递交和执行的全面文件。

三、预算法治化原则

按照自古罗马以来的法律传统，法律有公法和私法之分。公法是指规范国家及社会关系和人民之间关系的法律，以公权力、公权力配置、公法关系和公法责任为主要内容，是配置和调整公权力的法律规范的总和，只要适用法律一方的主体是公权力主体，那么这个法律是公法。私法主要是指调整公民个人的权利义务关系的法，是调整平等的个人民事主体之间的法律规范，遵循自治的原则。

公法和私法遵循不同的法治原则，对私权力来说，"法无禁止即自由"；对公权力来说，"法无授权不可为"。"法无授权不可为，法无禁止即自由"是西方 17~18 世纪的法谚，这是卢梭《社会契约论》、孟德斯鸠《论法的精神》的相关表述与延伸。"法无授权不可为"是指国家公权力的行使必须经过法律授权，政府要谨慎运用每一份权力，还要充分尊重公民的权利。"法无禁止即自由"是指市场主体或者公民的行为无法律禁止皆不违法，这是对公民权利的保护，公民可以大胆地行使自己的权利，监督政府。

需要强调的是，只有实现了公权力的"法无授权不可为"，才能更好地实现私权力的"法无禁止即自由"。公权力掌握着强大的国家机器，常常会自觉不自觉地倾轧私权力。公民的生命权、财产权、受教育权、知情权等都是其基本的合法权利。亚当·斯密说，每一个人，在他不违反正义的法律时，都应听其完全自由，让他采用自己的方法，追求自己的利益。

政府预算管理具有公共性，预算法属于公法，强调法定性和法定授权原则，一方面强调"法无授权不可为"，另一方面要求"法定职责必须为"。

四、中国预算法治化

（1）立法机关增设预算机构，强化人民代表大会权能。《中华人民共和国宪法》规定了人民代表大会的预算审批权和监督权，全国人民代表大会常务委员会为加强这方面的工作，于 1998 年 12 月设立了全国人民代表大会常务委员会预算工作委员会，地方人民代表大会常务委员会应抽调一批专业知识强，长期从事财政、审计、统计分析工作的同志成立全国人民代表大会常务委员会预算工作委员会，为地方人民代表大会审批预算和监督预算执行服务。另外，将来还可以考虑逐步实现部分代表专职化，将代表按行业划分为不同的专业审议组团等，增强审查力量。

（2）人民代表大会集智共研提升专业力量，推进预算民主化。我国政府预算由人大代表直接表决进行审批，人大代表受专业水平限制，难免会有对财政预算审批不当的现象。针对这一问题，各地开展了相关改革。例如，武汉市人民代表大会常务委员会特聘请经济学、财政学、会计学等方面的专家组成预算专家组，配合开展预算相关工作；北京市、四川省人民代表大会常务委员会预算工作委员会与高校联合成立人大预算审查和监督研究机构；上海市闵行区人民代表大会党务委员会对项目预算实行公众听证会制度；浙江温岭实行参与式预算、公众询问制度。这些改革有利于提高预算的民主化、科学性、合理性。

（3）创新审计体制，加强审计对预算的监督。世界各国审计机构的名称、职权不一，但共同点就是协助议会审批监督预算，如美国审计机关就有很强的监督控制功能。我国审计署归属于政府，于2018年组建了中央审计委员会，加强了党对国家审计工作的统筹领导，使各级审计机关协助同级人民代表大会对预算的合法性、真实性、效益性进行监督，推进了人民代表大会经济监督的专业化、科学化、综合化。

（4）健全预算法律制度，推进预算法治化。我国预算法治体系日益健全，每年经过立法程序审批后的预算即为立法机关授权的法律文书，因此，预算对政府财政行为具有法律约束的效力，这就要求严格按照批准的预算执行，增强预算的严肃性。《中华人民共和国预算法》是开展预算活动必须依据的基本法律，经全国人民代表大会审批后的年度预算是开展预算法治的直接依据，而国务院、财政部及主管部门制定的法规、制度、条例等则是落实预算法治的行政规章，是规范预算行为的相关依据。

我国依法理财要求预算收支管理的各环节都要按照法律、法规办事，财政收入要依法征集，做到应收尽收，同时防止收过头税和人情税，制止乱收费；财政支出要依法安排和控制，资金按规定用途使用，严格执行国家规定的开支范围和标准，控制支出的增长，厉行节约，反对浪费。依法理财要求健全财政管理制度，规范会计、财务管理、支出效果考核标准等，强化预算约束，严格预算调整，提高预算规范化、法治化水平。

第二节 预算管理原则

一、尼琪的古典预算原则

意大利的财政学家尼琪提出了古典预算原则，该原则偏重控制性，着眼于立法机关控制预算。

（1）公开性原则。公开性原则要求预算的内容力求详尽通俗，以便于立法机构和公众了解政府收支活动的全部情况。同时，公开性原则还要求全部预算收支必须经过议会审查批准，成为公开性的文件。

（2）确定性原则。确定性原则要求在编制预算时，认真收集各种相关资料，依据社会经济发展的趋势，对预算收支做出准确切实的预测，防止虚假预算，谋求预算的稳定与确实。

（3）统一性原则。统一性是各项收支编列的标准，统一性原则要求在同一预算收支体系内部，各项收支的编列与测算标准应该力求逻辑上的一致性，并且所有政府收支均应纳入预算之内进行管理。

（4）总括性原则。总括性原则要求将所有的政府收支都编列于预算收支表格中，不得存在任何形式的预算外财政资金，而且政府全部的预算收支都应该通过规定的程序批准后才能进行。总括性原则是古典预算原则控制性的重要体现。

（5）分类性原则。分类性原则要求将所有的政府预算收支根据其性质分门别类编列，以使社会公众和审议机构一目了然地了解政府财政活动以及预算资金的来龙去脉。

（6）年度性原则。年度性原则要求预算必须按照规定的预算年度编制和执行，不能逾越预算年度。

二、马克斯的传统预算原则

传统预算原则强调民主政治监督功能及财务收支规划功能，德国学者马克斯（Max）的八点原则最具代表性。

（1）公开原则。政府预算内容应公开，让所有国民皆能充分了解政府的收支状况、财务计划及施政内容。

（2）明确原则。政府预算的收入来源及支出用途、项目与分类皆应明确。

（3）事前决定原则。政府预算应在年度开始前，经由议会通过。

（4）严密原则。预算应对各个支出项目产生约束力，并力求与将来的决算一致。

（5）限定原则。预算各个项目间应有明确的界限，禁止经费相互流用，同时限定须在同一个年度支出。

（6）单一原则。国家财政收支应纳入一个预算内作综合表示，不得另有独立的预算，即预算需单一，不得重复。

（7）完全原则。所有收入与支出完全列入预算中，即不得有任何预算外收支，以维持国家财政的完整。

（8）不相属原则。任何财政收入与支出，不得有个别相属关系，如以特定收入对应列支特定支出。

三、史密斯的新预算原则

新预算原则不应再局限于民主政治监督控制，为了加强政府行政责任与行政职能，预算原则更强调提升行政绩效，注重预算的经济稳定、资源配置及行政管理等功能。美国预算与行政管理办公室领导人史密斯1945年所倡议的新预算原则有下列八项。

（1）计划原则。政府所有预算皆应按计划来编制，预算反映政府计划。

（2）责任原则。行政首长对于预算的责任是使行政机关的计划符合立法部门所反映的民意，并以最低廉的成本来执行计划。

（3）报告原则。预算的编制、立法与执行，均应以政府各机关的财务及业务报告为依据，而不能盲目地任意决定。

（4）权力适当原则。行政机关必须具备执行预算的权限及执行职权的必要人员。

（5）多元手续原则。政府预算的手续，可依行政活动、工作计划的不同而有差异，无须强求一致。

（6）自由裁量原则。在不违反施政方针或目标的前提下，可授予各机关自由裁量的空间，使其更有效地使用资源。

（7）时间弹性原则。政府施政计划的实施及经费支出的时期，可以随着总体经济状况作必要而有弹性的调整。

（8）机关关联原则。中央预算机关与各机关执掌预算及计划的部门，应相互保持充分联系、协调与合作的关系。

四、现代预算管理原则

（1）统一性原则。理想的情形是：预算包含政府的一切财政事务和同财政活动相关的事务，向决策者和管理者提供关于公共部门事务的全面图像，包括收支、税式支出、政府资产负债、政府贷款担保形成的或有负债等。

（2）明确性原则。预算包含的内容多，预算编制复杂，并通过特定的政治和法定程序运行，因此，预算编制应能够明确地表述政府支出的目的，明确定义各种限制指标、部门准备金和免责条款，以便于公众及其代表理解和审查其内容，避免混乱和无效的预算执行。

（3）透明性原则。透明性要求行政透明，包括会计、预测及部门预算安排，以此来获得普遍的支持；预算应成为公开性文件，其内容要简洁、清晰、明了、细化，能为全社会所了解，使立法机关和社会公众能够接受。

（4）灵活性原则。灵活性原则要求政府控制且不影响对外界突发事件的应对。

（5）平衡性原则。平衡性原则要求财政资金的供给足够应对某一具体目标的支出需求。

（6）强制性原则。预算须经立法机关批准，受立法机关约束，遵循合法性原则；预算确定后，立法机关也只有依据预算才可调动资金。法律一旦确定，就具有强制性，对不能完成预算的要有惩罚和强制执行力。

（7）一致性原则。一致性原则要求一整套标准与财政原则要互相适应，同时又要与宏观经济政策相适应。

（8）高效性原则。高效性原则要求政策行为应当有效率，应当作为财政改革的一部分，确保财政的可持续发展。

五、我国预算管理原则

《中华人民共和国预算法》要求各级预算应当遵循统筹兼顾、勤俭节约、量力而行、讲求绩效和收支平衡的原则。此外，还要遵循如下四个维度的预算管理原则。

（一）预算体制管理原则

（1）统一领导、分级管理原则。这是由我国的基本政治、经济制度和国情所决定的。预算管理体制的核心是解决集权与分权的关系问题，从我国的实际出发，关系国家整体利益的预算管理权限和国家的主要财力应集中在中央，以保证国家重大方针、政策、法规的统一性和宏观调控的需要。同时，赋予地方一定的预算管理权，地方各级政府应有权根据国家法律法规制定本地区的预算管理办法，地方预算由本级人民代表大会审议通过，地方拥有必要的财力满足地方的财政需要。

（2）权责对称、相互统一原则。这里的"责"是指各级政府的经济社会管理职责和任务，即事权。各级政府间的事权划分是财权、财力划分的前提和依据，事权决定财权，又以财权作为保证。只有事权没有财权，事权无法落实；只有财权没有事权，财权难以约束。权责统一主要解决一级政府的财政权力与财政责任的合理结合问题，一级政府财权的界定应与其事权范围的划分基本一致，以保证各级政府的有效运行，履行各自的经济社会职责。

（3）分工合作、制衡协调原则。18世纪法国思想家孟德斯鸠说"一切有权力的人都容易滥用权力，这是万古不易的一条经验。要防止滥用权力，就必须以权力制约权力"。预算管理涉及的机构多，影响面广，必须明确预算编制、执行和监督三大流程的功能，明确各机构的职责和权限，并在各个层面建立"分工制衡"与"合作互动"效应相结合的机制，构筑精细化管理的制度体系，避免权力过于集中形成暗箱操作，预防腐败浪费。

（二）预算收支安排原则

（1）量入为出和量出为入相结合，确立预算平衡原则。量入为出原则、量出为入原则可以分别与预算平衡原则进行组合，并由此确立收入或支出作为不同的平衡基点。量出为入要求根据政府职能范围合理界定其事权，据此确定财政收入规模；量出为入要求预算支出规模追随收入进行平衡，量入以制出，将预算支出控制在预算收入的水平上。《中华人民共和国预算法》规定地方各级预算按照量入为出、收支平衡的原则编制，除另有规定外，不列赤字。现实中，预算收支是相互联系的两个方面，因此量入为出原则和量出为入原则二者应该相互结合，由此确立预算平衡原则。

（2）统筹兼顾，确保重点的原则。在保证政府合理需要的前提下，结合国家在不同时期的发展战略，区别轻重缓急，妥善安排各类预算支出，体现"一要吃饭，二要建设"的要求。对保障基本公共品供给的支出，以及关系国计民生和国家发展大局的支出，应优先保证，通过财政支出结构的优化，优化经济社会结构，有效满足社会成员的公共需要。

（三）预算运行监管原则

（1）标准科学、约束有力的原则。标准科学就是要遵循财政预算编制的基本规律，根据经济社会发展目标、国家宏观调控要求和行业发展需要等因素，明确重点支出预算安排的基本规范。标准包括预算支出标准、资产配置标准、绩效评价标准等，其中预算支出标准至关重要，决定预算方案的质量。预算支出标准是指对预算事项合理分类并分别规定的支出预算编制标准，包括基本支出标准和项目支出标准。预算约束有力要求严格落实预算法，切实硬化预算约束，构建管理规范、风险可控、增强财政可持续性的政府预算运行机制，完善政绩考核体系，落实部门、单位和各级地方政府主体责任，加大对失范行为的问责追责和查处力度。

（2）公平为本、讲求绩效的原则。国民经济持续、稳定、协调发展是预算收入增长的基础，收入预算的编制应以国民经济发展状况为依据。预算资金分配实际上涉及各种利益关系，必须贯彻公平负担的原则，协调各方利益关系、促进经济增长、培植财源。资源具有稀缺性，政府预算活动必须遵循财经纪律、规范行为，勤俭节约、讲求绩效，注重提升行政绩效、促进经济稳定、提高资源配置效率，优化行政管理职能，健全民主政治监督控制体系，强化政府行政责任。

（四）资产与预算结合原则

行政事业单位资产大多由财政资金形成，将预算管理与资产管理的有机结合，能够从源头上控制资产的增量，并对资产进行科学、合理、有效的配置，创建节约型政府，因此，需要建立资产标准，掌握资产状况，规范资产处置，以资产为依据编制年度预算，避免资产重复购置，减少资源浪费和不必要的经费支出。

第三节 预算标准体系

一、预算标准的界定

预算标准是指按照国家的方针、政策要求，根据行政事业单位职能、工作任务等情况，采取一定的程序和方法确定组织机构设置、各类人员配备的编制指标、有关收支及费用额度标准的合称，包括人力、物力、财力耗费等方面所规定的指标额度。

（一）人员经费支出标准

定员是指国家机构编制主管部门或单位的上级主管部门根据行政事业单位的性质、职能、业务范围和工作任务所下达的人员配置标准，包括规定的人员编制和定员比例。财政供养人员的核定一般由编制部门负责，财政部门积极参与。

行政事业单位人员核定主要有两种方法。一是按机构级别和类型规定，即按照所属行政区划和级别，考虑服务对象及人口因素，结合职能设置，将机构分为若干个等级，按职能类别、级次规定行政事业单位人员配备的数额。二是按比例确定，即按照特定的计量单位所确定的人员比例来确定其人员编制。

行政单位定员的核定遵循"精兵简政"原则，一般是按照行政单位的机构设置和工作任务、所处区域面积大小、所辖人口多少而规定的人员配备标准。

事业单位定员有两种确定方法。一是按机构类型定员，即按照事业单位的类型差异、规模大小、工作任务繁简和业务量的多少规定人员配置数量。二是按特定比例定员的方法，即按照特定的业务计算单位和规定的定员比例确定人员配置数量。

人员经费中的工资标准、津贴补贴标准等按国家和地方规定执行，一般是根据上年度的实际工资水平、计划年度工资调整、人员变动等因素加以调整确定。

（二）公用经费支出标准

公用经费支出标准主要指预算支出标准，这是根据各单位的工作性质和支出类别、特点，对其财力、物力的消耗、补偿、配备、利用等方面所规定的经济指标额度。在公用经费支出中，差旅费、培训费等经费开支标准遵循国家或地方、部门的有关限额等规定。

预算标准应该分类分层次制定，分别形成全国统一的通用标准、地区标准、行业标准以及单位标准。预算标准一般是按照单位完成其业务工作量所需要的财力物力，并考虑到国家的财力可能，制定的一个计算经费预算的指标额度。

根据公平和效率的原则，制定预算标准应该根据客观现实情况和政策的变化不断进行修订完善，使其既能体现公平性，又能起到鼓励先进、鞭策落后的作用，以保证定员定额的科学性和合理性。

二、预算标准的构成

（1）按预算标准的范围大小可以分为综合标准、单项标准和扩大衡量标准。综合标准是在同类型、同性质的项目中，把若干个单项标准合并汇总为一个包括多项构成内容的标准，是单项标准的汇总。单项标准是综合标准的具体化，是对每一项具体开支项目确定的标准。扩大衡量标准是指若干综合项目的汇总标准，表现为某种扩大计算范围的标准。

（2）按计量方式可分为货币标准和实物标准。货币标准是指直接以货币计算和按实物折算的标准。实物标准是指按实物数量确定的配备量或消耗量的标准。有时，以实物数量计算的标准比直接以货币数量计算的标准更为科学合理，其优点包括：一是可以保证各地区同一类型机构的同一性质的需要得到同样的满足，以免发生宽严不一的情况；二是在一定年度期间内具有相对的稳定性，不因物价的变动而变动；三是较直接地用货币数量计算的平均标准更切合实际，有助于避免因盲目采购而造成资金、物资的积压浪费。

（3）按标准的性质可分为收入标准和支出标准。支出标准进一步分为基本支出标准和项目支出标准。基本支出标准又分为人员经费标准和公用经费标准。人员经费主要指工资和职工福利费等个人性的开支。人员经费支出属于刚性支出，没有伸缩性，应严格按照国家规定的工资标准和福利费等标准分别予以核定，每年的标准也可以随国家政策的变化而改变。公用经费部分主要指公务费、设备购置、修缮及业务费等公用性的开支，公用经费的支出多属于弹性支出，其支出的标准也随各单位职责的不同及资产占有量的多少有所区别。公用经费一般要求以规定的开支标准为依据编制预算，日常公用经费是公用经费的主体部分。

确定支出标准的基础是核定各项支出标准。支出标准是根据财力可能，结合部门的工作量、占有的资源、实际支出状况及部门分类，以人或实物为计算对象制定的。标准的确定既要能满足行政机关开展工作的基本需要，又要考虑国家财力的可能，不能脱离实际制定不足的标准或超前标准。我国地方各级政府财政部门应当根据财政部制定的预算支出标准，结合本地区经济社会发展水平、财力状况等，制定本地区或者本级的预算支出标准。

三、基本支出标准制定

基本支出标准是指财政机关根据行政事业单位机构正常运转和日常工作任务的合理需要，结合财力的可能，对各项基本支出所规定的指标额度。根据基本支出的特点，对政府预算支出经济分类的科目进行合理调整、归并，形成若干基本支出标准项目。

（一）测算基本支出标准

1. 人员经费标准的测算

人员经费包括政府支出经济分类中的"工资福利支出""对个人和家庭的补助支出"等的款级项目确定；人员经费的预算控制数根据编制内实有人数与各单项标准核定。

2. 日常公用经费标准的测算

日常公用经费包括政府支出经济分类的款级科目中属于基本支出内容的支出。日常公用经费以人员为计算对象的部分，根据编制内人数与各单项标准核定。以物耗为计算对象的部分，根据单位实物数量与实物标准核定。日常公用经费标准按照政府支出经济分类确定，如水电等公务费、业务费一般按照每人每月平均耗费或每人每年平均耗费确定这些项目的支出标准，取暖费是按房屋面积、燃料、价格确定支出标准，修理费是按车辆数量确定支出标准。

日常公用经费标准按平均先进原则，选取有代表性单位的主要开支项目进行测算确定。通常，以在职职工或其他人员人均标准为主，以实物标准为辅；有政策规定的选取政策标准，如果没有政策规定，则可以根据实际开支需要测算出合理的标准；具体要求以消耗对象为主体进行标准的因素分析测算。

　　行政事业单位日常公用经费标准采取按机构性质分类分档标准外加标准系数调整的方法确定。标准系数是对标准的调整和修正，即对同类单位的标准，根据同类别、不同档次单位的划分，针对标准项目的相关因素进行调整的系数。

　　对日常公用经费的确定以规定的开支标准为依据编制预算；对正常公用经费先以开支的主要细项作为因素，按因素测算法确定不同类别单位的标准公用经费标准，再按分类分档情况确定不同的系数计算同类单位中不同档次单位具体的公用经费标准。调整后的标准作为核定单位正常公用经费预算的标准，以及核定单位公用经费预算的最高支出限额。

　　对日常公用经费标准不能包括的特殊情况，可再核定一个经费预算调整数，以满足单位维持正常运转的需要。

（二）测算基本支出预算控制数和财政补助数标准

　　（1）测算基本支出预算控制数。根据各个单项标准及标准的计量单位测算出基本支出预算的控制数。其中，人员经费根据编制内实有人数与各单项标准核定；日常公用经费根据编制内人数与各单项标准，通过分类分档的方法核定。

　　（2）核实单位的收入情况。事业收入是事业单位的主营业务收入，要参照前几年事业收入的具体情况，按照可靠性原则测算出单位预算年度事业收入水平；在测算本预算年度基本支出预算控制数时，应首先用事业收入安排其基本支出预算，不足部分可由财政予以适当补助，即财政补助数。

　　（3）为便于分析和管理，可根据基本支出财政补助数和单位编制内实有人数计算人均财政补助标准（包括人员及日常公用经费）。

　　（4）标准初步确定后，要进行复盘试算。测算时应按标准项目测算出大口径的基本支出预算控制数，以及按综合标准测算出财政补助数，必要时与部门进行沟通，并根据当年财力情况进行调整，最终确定应下达给单位的标准。

四、项目支出标准测算

　　项目支出标准是指为满足项目支出预算管理需要，在对预算项目进行合理分类的基础上，结合经济社会发展水平，以项目的资产配置量、资产消耗量或业务工作内容为主要对象确定的预算支出标准。

（一）项目支出标准管理原则

　　（1）统筹规划。统一项目标准体系建设规划，优化标准体系整体结构，注重项目标准之间的相互衔接，发挥标准体系的整体功能。

　　（2）突出重点。按照项目标准管理规律，优先选择与部门核心职能最相关的，以及部门急需的业务工作开展项目标准管理。

（3）动态优化。在保持标准相对稳定的前提下，结合经济社会发展和技术水平变化，对标准实施动态优化。

（二）项目支出标准的类别

项目支出标准分为财政部标准和部门内部标准。财政部标准是指由财政部（或会同中央部门）发布或认可的项目标准；部门内部标准是指由中央及地方各部门自行发布的项目标准。

财政部标准分为通用标准和专用标准。通用标准是指适用于所有或大多数部门的、共性的项目标准，具有普遍适用性；专用标准是指适用于特定部门、特定活动或特定项目的标准，具有特定的适用范围。

项目支出标准原则上应涵盖项目的全部支出内容，主要包括项目支出范围、业务工作内容标准、取费标准等。项目支出标准可根据业务特点，分类分级制定。

第四节　国有资产管理

一、国有资产界定与范围

国有资产是在法律上确定为国家所有并能为国家提供经济和社会效益的各种经济资源的总称，意指国家所有的一切财产和财产权利，其范围十分广泛。

国有资产按照归属机构性质可分为行政单位国有资产、事业单位国有资产、企业国有资产、社会性国有资产以及自然资源性国有资产。国有资产按照行政管理层次可分为中央政府的国有资产和地方性国有资产。国有资产按照存在形态可分为流动资产、固定资产、材料和低值易耗品、对外投资、无形资产、公共基础设施和其他资产，其中，对外投资包括股权投资、债权投资等。

行政事业性国有资产是指行政单位、事业单位通过一定方式取得或者形成的资产，包括使用财政资金形成的资产，接受调拨或者划转、置换形成的资产，接受捐赠并确认为国有的资产，以及其他国有资产。

行政事业性国有资产具有非生产性，其占有和使用具有无偿性，资产使用的目的是提供公共服务，具有服务性和资金补偿、扩充的非直接性。国有资产管理的主要目标是合理分配、有效使用国有资产，维护国有资产完整，为行政事业单位履行社会职能提供有力的保障。

国有资产管理是以国家（政府）为主体，以产权为基础，以提高国有资产营运的经济效益和社会效益为目标，以资产的占有者和使用者为对象开展的管理活动。

国有资产管理体制是关于国有资产管理机构的设置、职责以及管理方式方法等有关制度的总称。行政事业性国有资产实行国家所有，实行政府分级监管、各部门及其所属单位直接支配的管理体制；各级人民政府应当建立健全行政事业性国有资产管理机制，加强对本级行政事业性国有资产的管理，审查、批准重大行政事业性国有资产管理事项。

我国各级财政机关是行政事业单位国有资产的主管部门。少数地方将行政事业单位国有资产划归专门的国有资产管理机构，与国有企业国有资产一并管理。

行政事业性国有资产的管理活动应当遵循资产管理与预算管理相结合、资产管理与财务管理相结合、实物管理与价值管理相结合的原则。

二、行政事业性国有资产管理

国有资产管理应该贯穿资产配置、申领、接收、使用、移交、维护、清查盘点、处置和评估、产权登记等全链条各环节，实现国有资产全生命周期动态管理。行政事业单位应当按照标准配置资产，推行实物费用定额制度，促进资产整合与共享共用。

（一）行政事业性国有资产配置和实物费用消耗标准

国有资产配置标准是指对行政事业单位国有资产配置的数量、规格和价格等方面的限定。我国有统一规定的房屋、土地和车辆配置标准：房屋建设及办公使用面积标准、土地使用标准、公务用车配备标准、专业用车配备标准、通用办公家具配置标准等。

实物费用消耗标准是财政为了促进预算改革深化，加强实物资产高效管理，对政府资产运用中发生相关费用所推行的实物费用消耗标准管理工作。其主要表现为财政对部门下达行政机关用房和机动车辆等实物的费用标准，由此要求部门按照财政统一规定的格式设分类账核算反映本部门的行政机关用房和机动车辆费用消耗情况，其中机动车辆按单车核算，可区分为行政人员专用车和一般公务用车。对于各单位超过配置标准及其他不应该由行政管理费负担的房产、车辆，一律不得纳入行政经费预算安排，即超标准部分单位自行调剂解决，以切实发挥预算改革对加强政府资产管理的政策效应。

国有资产配置标准和实物费用消耗标准可以采取渐进方式进行调整，同时需要进一步完善定员标准，将国有资产配置标准、实物费用消耗标准与整个定员标准管理结合，进一步细化优化基本支出标准管理工作，促进年度预算分配核定与国有资产存量和资产配置标准相结合、与实物费用消耗标准相结合，提高预算编制的科学性，改进预算配置效率。

（二）行政事业性国有资产全生命周期管理

1. 行政事业性国有资产配置

行政事业性国有资产配置是指行政事业单位为保证履行职责的需要，按照国家有关法律、法规及规章、制度规定的标准和程序，通过购置、建设、调拨、调剂、租赁和接受捐赠等方式配备资产的行为。行政事业性国有资产配置应该遵循节约的原则，优先采取调剂方式，先调剂后购置、先租后建，确实需要购置和建设的要严格按标准配置，并按规定程序和权限审批后纳入预算，按预算和资产配置计划执行。同级财政部门有权调剂使用或者处置行政单位超标配置、低效运转或者长期闲置的国有资产。

2. 行政事业性国有资产使用

行政事业性国有资产使用包括单位自用和对外投资、出租、出借、担保等方式，未经同级财政部门审核批准，行政单位不得对外出租、出借国有资产；同级财政部门应当根据实际情况对行政单位国有资产对外出租、出借事项严格控制，从严审批。行政单位出租、出借的国有资产，其所有权性质不变，仍归国家所有；所形成的收入，按照政府非税收入管理的规定，实行"收支两条线"管理。行政单位不得用国有资产对外担保、对外投资，不得以任何形式用占有、使用的国有资产举办经济实体。

国有资产处置是产权转让或者注销产权的行为，包括调拨、变卖、出售、出让、转让、对外捐赠、报废、报损以及货币性资产损失核销等方式。行政事业单位进行国有资产处置要按权限报批，单位国有资产处置应当遵循公开、公正、公平的原则，出售、出让、转让、变卖资产数量较多或者价值较高的，应当通过拍卖等市场竞价方式公开处置。国有资产处置收入属于国家所有，应当按照政府非税收入管理的规定，实行"收支两条线"管理。

（三）行政事业性国有资产信息化管理

2007年财政部根据行政事业单位国有资产管理需求，研发并推出了行政事业单位资产管理信息系统，构建了行政事业单位国有资产电子信息化管理系统，系统分为财政及主管部门版和单位版，全面满足财政、主管部门和单位对国有资产动态监管和日常管理的需要。

行政事业单位应当建立健全资产购置、验收、保管、使用等内部管理制度，建立严格的国有资产管理责任制，将国有资产管理责任落实到人，对所有国有实物资产应当定期清查盘点，做到家底清楚，账账、账卡、账实相符，防止国有资产流失。

三、公物仓管理模式

过去，行政事业单位为举办大型活动或召开会议，往往需要电脑、桌椅、音响、奖品等物品，通常都是专门购置，而且不能循环利用，资产使用效率低。

公物仓资产实行专库存放、专人保管、专户管理。公物仓管理机构具体负责公物的保管、租赁、出借、调剂及处置等工作。通常，党政机关组建临时机构、举办大型会议（活动）所需的除一次性消耗品外的资产，由牵头部门提出申请后从公物仓借用，市直行政事业单位因临时或突击性工作需要而单位又不能调剂解决的资产，也可从公物仓借用或租赁。由此可见，公物仓的资产可多次利用，能够让资产发挥最大效益。实行公物仓管理制度，对推进城市经济社会又好又快发展，建设节约型机关和建立资源共建共享共用机制，起到了积极的推动作用。

公物仓仓储资产范围包括党政机关举办大型会议（活动）结束或临时机构撤销后收回的资产，行政事业单位更新车辆交回可继续使用的旧车，执法部门的罚没物资，因单位撤并等原因收回以及其他应收回的资产。借用或租赁期满，使用单位须及时将资产交回公物仓。对更新换代较快的自动化办公设备，可通过公物仓进行及时调剂使用，这样一来，就减少了损失和浪费。

四、企业国有资产的管理

国家出资企业是指国家出资的国有独资企业、国有独资公司，以及国有资本控股公司、国有资本参股公司。各级政府应当按照政企分开、社会公共管理职能与国有资产出资人职能分开、不干预企业依法自主经营的原则，依法履行出资人职责。

我国企业国有资产占比高，是国有资产的主体，传统"管人管事管资产"的管理模式造成政企不分、政资不分，党的十六大以来，我国建立起了中央政府和地方政府分别代表国家履行出资人职责的国有资产管理体制，基本建立国有资产出资人制度，国务院确定的关系国民经济命脉和国家安全的大型国家出资企业、重要基础设施和重要自然资源等领域的国家出资企业，由国务院代表国家履行出资人职责，国务院国有资产监督管理委员会（以下简称国务院国资委）为国务院直属特设机构，依法依规履行出资人职责，监管中央所属企业（不含金融类企业）的国有资产，加强国有资产的管理工作，承担监督所监管企业国有资产保值增值的责任。由财政部或委托中央汇金投资有限责任公司（以下简称汇金）代表国务院履行中央国有金融资本出资人职责，中央金融类企业，包括银行、保险、证券、基金、投资等企业。国有金融资本是指国家及其授权投资主体直接或间接对金融机构出资所形成的资本和应享有的权益。

我国近年推进国有资产管理体制从"管资产"向"管资本"转变，改革国有资本授权经营体制，组建国有资本投资、运营公司，作为国有资本市场化运作的专业化平台，在国有资产监管机构依法授权下，对授权范围内企业的国有资本依法自主开展运作。

《中共中央关于全面深化改革若干重大问题的决定》提出的混合所有制经济，对国有、集体、民营、外国股权交叉进行了资源优化配置，产生了杠杆放大作用，激发了一种新的经济活力。

五、国有资产评估方法

国有资产评估方法是指资产评估机构根据资产原值、净值、新旧程度、重置成本、获利能力等因素对资产进行评估的方法。

（1）市场价值法。市场价值法是指参照相同或者类似资产的市场价格，评定重估价值。市场价值法一般是通过市场调查，选择一个或几个与评估对象相同或类似的资产作为比较对象，分析对象的成交价格和交易条件，进行对比调整，估算出资产价值。市场价值法适用于数据充分可靠、市场活跃的资产，如房地产、旧汽车等的评估以及二手设备与某些无形资产的评估。

（2）收益现值法。收益现值法是指将评估对象剩余寿命期间每年（每月）的预期收益，用适当的折现率折现，累加得出评估基准日的现值，以此估算资产价值的方法。收益现值法一般是指根据被评估资产合理的预期获利能力和适当的折现率，计算出资产的现值，并以此评定重估价值。目前，我国企业经营受非经营因素影响较大，对预期收益的预测具有一定困难，因此，收益现值法评估并没有广泛运用。收益现值法一般只用于评估长期获利的企业，如评估长期出租或经营的企业，评估股份制企业及专利、版权等无形资产。

（3）重置成本法。重置成本法是指利用现时条件下被评估资产全新状态的重置成本减去该项资产的实体性贬值、功能性贬值和经济性贬值，估算资产价值的方法。实体性贬值是使用磨损和自然损耗造成的贬值。功能性贬值是技术相对落后造成的贬值。经济性贬值是外部经济环境变化引起的贬值。

重置成本法一般是根据该项资产在全新情况下的重置成本，减去按重置成本计算的已使用年限的累计折旧额，考虑资产功能变化、成新率等因素，评定重估价值，或者根据资产的使用期限，考虑资产功能变化等因素重新确定成新率，评定重估价值。在应用收益现值法或市场价值法的客观条件不完全具备的情况下，重置成本法被广泛地采用。但由于此法未对未来经济作分析，因此对中外合资、合作经营，以及国有资产转让给非国有单位或者与之合资、合作，应创造条件用收益现值法，对股份制企业也应逐步采用收益现值法。

（4）清算价格法。清算价格法是指根据企业清算时其资产可变现的价值，评定重估价值。清算价格法适用于企业破产、抵押、停止清理等情形中的资产评估，适用于依照《中华人民共和国企业破产法》的规定，经人民法院宣告破产的企业的资产评估。

（5）其他评估方法。这是指国家有关部门规定的、可以运用的其他资产评估方法。资产评估机构进行资产评估时，应根据不同的评估目的和对象，选用一种或几种方法进行评定估算；选用几种方法评估，应对各种方法评出的结果进行比较和调整，得出合理的资产重估价值。

六、国有资产报告

国有资产报告编制要实现全口径、全覆盖，采取价值量与实物量相结合的方式，全面、科学反映各级各类国有资产管理情况。

国有资产报告采取综合报告和专项报告相结合的方式。综合报告全面反映各级各类国有资产管理情况。行政事业性国有资产专项报告的范围包括各类行政事业单位依法直接支配的各类资产，包括固定资产、在建工程、无形资产、对外投资以及流动资产等，还包括由行政事业单位用于提供公共服务的公共基础设施、保障性住房、政府储备物资、文物文化资产等。

第五节　预算管理目标

一、组织确定预算

（1）合理编审预算。预算收支反映一定历史发展时期政府活动的范围、内容和方向，通过预算管理使所编审的预算具有科学性和合理性。一方面，充分反映公共需求，合理确定公共供给的构成和财力来源；另一方面，明确政府在资金使用上的职责，保障公共资财的有效运用。在预算形成和发展的初期，预算的规模较小，编制较为粗糙，管理也较简单。随着经济的发展和政府职能范围的扩大，预算收支不断增长，预算内容日益复杂，预算管理的要求也越来越高，这时，预算不仅是反映政府总体意图的文件，更重要的是，它反映政府和立法机构在公共收支上形成的共识及立法机构赋予政府的职责，而这种职责要通过预算落实到具体的部门和单位。相应地，预算程序在不断健全，预算编制方式在不断完善，各种具体的编制方法也不断发展起来，如预算的内容日益细化，数量分析方法尤其是成本收益分析方法的运用日益普遍，更加强调支出与政府目标实现的关系，强调支出安排的合理依据，更加重视预算安排的效率问题等。

（2）依法实施预算。预算形成以后，完成预算收支任务就是预算管理的重要目标。组织预算收支是政府理财活动的主要内容，它为国家实现职能提供基本的财力保障，预算收支任务完成情况可以侧面反映政府职能的履行状况。由这一目标可引申出如下目标：一是加强国家宏观管理和调控，保证经济和社会的健康发展；二是协调各级政府和各部门预算之间的分配关系，特别是正确处理预算资金管理中的集权与分权的关系，充分调动各方面的积极性；三是合理配置和使用资源，一方面通过预算管理促使公共资源配置和使用更加合理有效，另一方面引导市场资源的配置，优化经济社会结构。

二、促进社会公平

（1）马太效应（Matthew effect）。马太效应指强者愈强、弱者愈弱的现象，广泛应用于社会心理学、教育、金融及科学等众多领域。圣经《新约·马太福音》中一则寓言："凡有的，还要加给他叫他多余；没有的，连他所有的也要夺过来。"马太效应是世俗经济社会中十分重要的自然法则，此术语后为经济学界所借用，反映赢家通吃的经济学中收入分配不公的现象。

（2）张弓效应。老子《道德经》指出："天之道，其犹张弓欤？高者抑之，下者举之；有余者损之，不足者补之。天之道，损有余而补不足。人之道则不然，损不足以奉有余。"张弓效应是"天之道，损有余而补不足"，讲究公平、"仗义疏财"机制，组织者及政府制定政策和裁判市场行为应该追求社会公平；马太效应是"人之道，损不足以奉有余"，指出世俗经济社会法则是减损不足的，用来供给有余的，讲究的是效率，"赢家通吃"的市场机制，追求财富积累和市场要素配置效率。

政治哲学领域里程碑式的理论建树是20世纪罗尔斯的正义论，罗尔斯在自由主义和民主社会的功利主义之外提出社会契约论，论证了两大正义原则，即平等自由原则和机会公平与差别原则，既贯彻了自由主义的基本精神，又表现出对弱势群体的眷顾。

（3）漏桶理论。大同理想社会的法则是减去有余的并且补上不足的。政府与市场的关系，是政府公平的张弓效应与市场效率的马太效应的和谐统一，这才是我们追求的大同理想社会。张弓效应与马太效应，具有相辅相成的内在机制。

美国经济学家阿瑟·奥肯由此提出了著名的漏桶理论，奥肯曾形象地说："当我们拿起刀来，试图将国民收入这块蛋糕在穷人和富人之间做平均分配时，整个蛋糕却忽然变小了。"漏桶理论揭示了公平与效率的交替关系：为了效率就要牺牲某些公平，为了公平就要牺牲某些效率。

（4）涓滴效应（trickle-down effect）。涓滴效应理论认为在经济发展过程中不需要给予落后者特别的优待和照顾，而是由优先发展起来的群体或地区在消费、就业等方面惠及落后群体或地区，带动其发展。里根政府执行的经济政策认为，政府救济不是救助穷人最好的方法，应该通过经济增长使总财富增加，最终使穷人受益，里根经济学被称为"涓滴经济学"（trickle-down economics）。

（5）效率与公平的统一性。世界经济发展史证明，公平与效率是矛盾统一的关系，公平是效率的前提，只有实现社会公平，经济才能健康快速发展，反之则反是，甚至会爆发经济危机。我国坚持走社会主义道路，根本目标是实现共同富裕，为此，习近平在《扎实推动共同富裕》一文中提出"加大税收、社保、转移支付等调节力度并提高精准性"[①]。

三、严肃财经纪律

严肃财经纪律，规范政府预算行为是加强预算管理的基本目标，把政府权力装在预算管理制度的笼子里，能够有效地预防和制止各种违法乱纪行为，推进反腐倡廉，弘扬风清气正的政治生态。近年来，各级各部门不断加强党风廉政建设，加强财务管理，规范预算收支行为，提高财务管理水平，但从近年中央和省委巡视组、审计、纪检等监督检查情况看，仍有部分地区和单位无视财经纪律和法规，存在财务管理混乱、会计账务失真、公款吃喝、公费旅游、公车私用、滥发津补贴等违规违纪行为，扰乱了正常的财经秩序。严肃财经纪律，要切实加强财务管理，强化约束，筑牢防线，各级政府、各部门、各单位和有关人员必须强化预算约束理念，将严肃财经纪律作为长期坚持的方针，切实增强法治观念，坚持常抓不懈，务求抓出实效，切实维护良好的财经秩序，从源头上预防和治理腐败。

四、提高预算资金运行的效率

花钱问效是常理，任何管理活动都应讲求效率，效率是绩效的前身，我国近年基本构建起了全过程、全方位、全口径覆盖的预算绩效管理机制。预算绩效的提高通过实现预算职能加以体现，主要贯穿于有效配置资源、宏观和发展经济稳定等职能的履行之中，政府提供预算安排与市场互补、市场机制难以有效供应的社会公共服务。国家预算绩效大体包括资源配置绩效和组织运营绩效两个阶段、宏观绩效和微观绩效两个层次。

（1）资源配置绩效。资源配置绩效可以用帕累托效率来体现，其内涵为：当社会稀缺资源的配置达到了这样一种状态，改变这种状态已不可能使一个人的福利增加而不损害其他任何人的福利，那么就达到了最优配置。如果通过资源的重新配置，能使某些人的福利水平在不影响其他人福利的情况下提高，或所增进的福利抵去所减损的福利后仍有剩余，则称为帕累托改进。

---

① 《在高质量发展中扎实推动共同富裕》，http://cpc.people.com.cn/n1/2024/0624/c64387-40262622.html[2024-06-24]。

　　国家预算对资源的配置主要是处理社会有限资源在公共用途（提供公共品、满足公共需要）和私人用途（提供私人商品、满足私人需要）之间，以及不同的公共用途之间的关系。从理论上看，私人商品供需的绩效标准是个人边际收益与其边际成本相等。公共品由众多的社会成员共同消费，其供需的绩效条件是所有个人从公共品消费中获得的边际收益的总和与公共品供给的边际成本相等。从总体上看，当所有不同商品供需的边际收益与边际成本均分别相等时，资源配置就达到了绩效最大的状态。从实际情况看，提高预算配置效率的关键是使预算决策符合社会成员的公共需求偏好以及相应的承受能力，并且体现国家宏观经济调控政策的需要。因此，预算决策程序和方法的安排要有民主性和科学性，以充分体现公共意愿并有客观的计量依据。

　　（2）组织运营绩效。1966年哈维·莱宾斯坦在企业资源配置和生产活动绩效之外提出影响绩效的活动，即X[低]效率。它实质上是一种组织或动机的绩效，其中，X代表造成非配置效率的一切因素。组织运营绩效是资源配置后的使用资源的绩效，包括生产和管理绩效。生产绩效又称为投入产出的绩效，是指一定资源投入或占用水平下产出量最大，或一定产出水平下资源投入或占用量最低。因此，生产绩效考察的是投入与产出之比、费用与效果之比、开支与收入之比、代价与收益之比，延伸到管理领域，则为实际成绩与标准成绩之比、实际完成任务量与可完成任务量之比等。对于市场经济中的竞争性经营组织而言，对效率的追求通常转化为对利润最大化的追求，在财务报告中表现为追求经营收入与成本间的最大差额。政府是公共部门，以有效提供公共品、满足公共需要为基本职责，因而政府预算收支的管理不存在对利润的追求问题，但是，政府的每一笔收支、取予，也要讲求成本效益，关注投入与产出、所费与所得的比较，遵从"少花钱、多办事、办好事"的原则，用尽可能少的资源提供尽可能多的能满足人们需求的公共品和服务。西蒙认为："有效率无非是指，用最短的路径、最省钱的方法，去达到预期目的。"绩效包括效率，其内涵远比效率更加丰富。

　　（3）配置和运营绩效的统一。配置绩效是总体绩效，居于宏观层次，解决整体上有限资源在不同部门、领域间的合理划分和运用问题。运营绩效是个别效率，居于微观层次，解决具体的部门、单位如何有效运用资源，使之发挥最大效用的问题。预算管理实现这两种绩效的要求有所区别，前者要求国家预算的安排在总体上有最优的规划和决策，在收支中正确处理政府部门之间、非政府部门及政府部门内部的各种利害关系；后者要求每一个资金使用部门和单位都精打细算，节约支出，讲求绩效，以最小的投入取得最大的社会效益。

　　配置和运营两个层次效率相互联系、互为条件和结果。配置绩效是运营绩效的前提，配置的低效往往导致运营的无效，因为在资源总体配置不当的情况下，一些投入的社会边际成本高，所形成产出的社会边际收益低，投入产出比无论从微观层次看还是从宏观层次看都是无效或低效的。运营效率是配置绩效的基础，配置绩效依靠运营绩效得以最终实现，只有高效的微观活动，才能真正增加经济资源总量、增进社会福利。

五、落实财政政策

　　财政政策是指国家根据一定时期政治、经济、社会发展情况而规定的财政工作指导原则，通过预算安排财政支出与税收政策来调节总需求。财政政策是现代市场经济体制的国家干预经济，实现宏观经济目标的工具，包括稳定经济和促进经济增长的政策。稳定经济的财政政策是针对经济周期波动采取逆对风向行事，分别形成扩张性财政政策、紧缩性财政政策和中性财政政策。扩张性财政政策是在经济衰退时期，通过发行国债、增加财政支出和减少税收，实行财政赤字，以刺激总需求增长，降低失业率，使经济尽快复苏。紧缩性财政政策是指通过增加财政收入或减少财政支出、形成预算结余，以抑制社会总需求增长。中性财政政策指国家财政分配对社会总需求的影响保持中性，这种政策一般为收支平衡政策，不宜有大量的结余或赤字。我国稳健财政政策是在总量上保持财政收支基本平衡，结构则是"有松有紧，有保有控"，实质是协调发展政策。

财政政策通过预算配置方案来体现，通过预算管理和执行来落实实施，增加政府支出或减少税收收入，可以刺激总需求，增加国民收入，反之则压抑总需求，减少国民收入。

六、防控财政风险

财政风险是指各种不确定因素、不当财政行为等可能带来的各种潜在危害，包括财政活动失范、公共资金资产资源贪腐浪费、财政资金遭受损失、财政支出困难、财政收支严重失衡等导致的危及政权正常运转、影响政府正常行使职能、影响社会安全和稳定的情形。财政风险包括税收风险、支出风险、国债风险、地方债风险、地方财政风险、公共风险等。财政风险具有隐蔽性强、广泛性、机遇性、时滞性等特征，其诱发空间广、传导快、危害性大，必须防患于未然。恰当的预算决策和监督、管理活动能够有效防范和规避财政风险，因此，必须构建科学有效的预算决策、执行和监管制度。

本章思考与练习题

1. 解析国家预算法治化的内涵。
2. 说明预算法治化的要求。
3. 国家预算管理应该遵循哪些基本原则？
4. 简述国有资产管理的范围与类型。
5. 简要说明企业和行政事业单位国有资产管理体制。
6. 解释国有资产全生命周期动态管理。
7. 解析公物仓管理模式的含义与适用范围。
8. 说明预算标准的含义、类型和确定方法。
9. 国家预算安排如何兼顾公平与效率？
10. 国家预算管理的目标如何定位？

第五章

预算环境和编审

第一节　内部控制制度

一、COSO①内部控制规范

内部控制是指单位为实现控制目标，通过制定制度、实施措施和执行程序，对经济活动的风险进行防范和管控。

美国反虚假财务报告委员会所属的COSO 1992年9月发布专题报告《内部控制整体框架》（*Internal Control-Integrated Framework*），后经修改，扩大了内部控制涵盖的范围，增加了与保障资产安全有关的控制，且得到了GAO的认可。2004年发布《企业风险管理整合框架》，2013年5月发布新版《内部控制整体框架》及其配套的应用指南，2017年9月COSO《企业风险管理战略和绩效整合》正式发布。

1. COSO1992年《内部控制整体框架》

COSO认为，内部控制是由董事会、管理层和员工共同设计并实施的，旨在为实

---

① COSO（Committee of Sponsoring Organizations of the Treadway Commission）是由包括AICPA（American Institute of Certified Public Accountants，美国注册会计师协会）和IMA（Institute of Management Accountants，美国管理会计师协会）在内的五个发起组织组成的专门委员会，这些组织定期会面并给企业风险管理（enterprise risk management，ERM）、内部控制、防范欺诈提供思想指引。

现组织目标提供合理保证的过程。《内部控制整体框架》提出的内部控制概念、三类控制目标、五大要素、有效内部控制标准以及相关论述等，共同构成了内部控制框架。三类控制目标包括经营的效率与效果、财务报告的可靠性、相关法律法规的遵循性。

内部控制是一个过程，受董事会、管理层和员工的影响，旨在保证财务报告的可靠性、经营的效果和效率以及现行法规的遵循。《内部控制整体框架》从目的、承诺、能力、监督与学习四个方面提出 20 项控制基准，指出内部控制系统由控制环境（control environment）、风险评估（risk appraisal）、控制活动①（control activity）、信息与沟通（information and communication）、监督（monitoring）五大要素组成，五大要素之间的相互关系用三维"立方体"表示，各要素的实际内容广泛，相互关联。控制环境是其他控制要素的基础，在规划控制活动时，必须细致了解和评估企业可能面临的风险，开展风险评估和控制活动必须借助企业内部信息的有效沟通，实施有效监督可以保障内部控制的质量。内部控制制度取决于管理层经营企业的方式，并融入管理过程本身。

《内部控制整体框架》提出的控制模型如下。一是强调"软控制"的功能，更加强调管理文化层面等软性管理因素。二是强调内部控制应与企业的经营管理过程相结合，而不是凌驾于企业的基本活动之上，内部控制只是管理的一种工具，并不能取代管理。三是突出强调信息系统的作用。四是明确对内部控制的责任，指出不仅是董事会、管理人员、内部审计人员，组织中的每一个人都对内部控制环节负有责任。五是强调内部控制的分类和目标。目标的设定虽然不是内部控制的组成要素，却是内部控制的先决条件，也是促成内部控制的要件。内部控制目标分为三类：与营运有关的目标、与财务报告有关的目标以及与法令的遵循性有关的目标。这样的分类高度概括了企业控制目标，有利于不同的人从不同的视角关注企业内部控制的不同方面。六是内部控制只能做到合理保证，只能为管理层及股东达成企业经营目标提供合理保证。

2. COSO2004 年《企业风险管理整合框架》

COSO 2004 年提出《企业风险管理整合框架》，对风险管理的定义为：风险管理是一个过程，受董事会、管理层和员工的影响，包括内部控制及其在战略和整个公司中的应用，旨在为实现经营的效率与效果、财务报告的可靠性及相关法律法规的遵循性提供合理的保证。

《企业风险管理整合框架》在确立的五大要素的基础上增加到八大要素，具体包括：控制环境、目标设定、事项识别、风险评估、风险应对、控制活动、信息与沟通、监督。八大要素互相关联，贯穿于企业风险管理的过程中，并且每个要素承载四个目标，即战略目标、经营目标、财务报告目标、合规性目标。同时，一个企业的各个单元则用三个维度来表示，包括总部、分部、业务单位和附属机构。

---

① 控制活动通常包含两个要素，即确定应做什么的政策和有效实施政策的程序，也可以分为预防性控制、检查性控制、纠正性控制和补偿性控制等类型。

最高审计机关国际组织①1992 年发布《内部控制准则指南》,在 2001 年提出内部控制是政府应有的责任,更新《内部控制准则指南》并于 2004 年通过《公共部门内部控制准则指南》。

3. COSO2013 年《内部控制整体框架》

COSO 2013 年 5 月发布的《内部控制整体框架》,自 2014 年 12 月 15 日起替代 1992 年版的内部控制框架正式实施。

COSO 2013 年《内部控制整体框架》包括四部分内容。一是内容摘要,对新框架进行高度总结,包括内部控制的定义、目标、原则,内部控制的有效性和局限性等,使用对象为首席执行官和其他高级管理层、董事会成员和监管者。二是框架内容和附录,包括内部控制的组成部分及相关的原则和关注点,并为各级管理层在设计、实施内部控制和评估其有效性方面提供了指导。三是评估内部控制系统有效性的解释性工具,为管理层在应用框架特别是评估有效性方面提供了模板和行动方案。四是外部财务报告内部控制,方案和示例摘要,在准备外部财务报告过程中为应用框架中的要素和原则提供了实际的方案和示例。

2013 年版内部控制框架在基本概念、内容和结构、评价内部控制体系的有效性标准以及职业判断的运用等方面均与 1992 年版内部控制框架保持了一致,保留了内部控制的核心定义以及内部控制的五大要素及众人所熟知的三维"立方体"。

2013 年版内部控制框架的变化如下。一是反映了科技日益深入的相关性,细化了内部控制框架的结构内容;依据具体形势作出的相关内部控制管理措施。随着经济全球化的发展、技术的不断进步和人才竞争的加剧,近年来企业的商业模式和组织结构发生了巨大变化,企业在运营过程中更多地使用第三方提供的产品或服务,管理层更加关注包括供应商和客户在内的价值链管理。为此,2013 年版内部控制框架专门分析了不同商业模式和组织结构之下内部控制的有效性问题。二是更加注重原则导向,明确列示了用以支持内部控制五大要素的原则。2013 年版内部控制框架最重大的变化是提炼出内部控制 5 项基本要素的 17 项总体原则以及 79 个关注点。这些原则代表着与每个内部控制要素相关的基本概念,可确保五大要素以及整个内部控制系统的有效运行。这些原则都较为宽泛,五大要素和 17 项总体原则组合起来就构成了内部控制的标准,适用于所有的组织,包括营利组织(包括上市公司和私营公司)、非营利组织、政府机构以及其他类型组织。每一项总体原则又由代表其重要特征的多个关注点所支持,每个关注点都与 17 项

---

① 最高审计机关国际组织(International Organization of Supreme Audit Institutions,INTOSAI)是由联合国会员国及其专业机构成员的最高一级国家审计机关组成的一个专业性的非政府组织,受联合国经济及社会理事会领导,成立于 1953 年,总部设在维也纳,由奥地利审计法院负责日常工作。最高审计机关国际组织是各国最高审计机关信息交流、技术合作、培训研讨的主要平台,主要任务是为联合国提供咨询,主要职责是统一规范审计标准,加强业务合作,促进审计事业发展及各会员国之间的信息交流与沟通。我国 1982 年派代表参加该组织在马尼拉召开的第十一届代表大会,1983 年 9 月我国审计署成立后正式加入该组织。该组织最初只有 34 个成员,2013 年已经发展到拥有 192 个全权成员和 5 个协作成员,是全球仅次于联合国的第二大国际组织,是一个成员遍布全球,组织架构井然有序,目标明确,高效和现代的国际组织,其会费由各成员国按联合国缴纳会费的比例分摊。

总体原则中的某个原则相对应，而每一项原则也都与五大要素中的某个要素相对应。这些关注点代表相关原则的特点，各个关注点旨在为管理层提供具体的指引，协助其设计、实施和执行内部控制，评估内部控制的各个要素相关原则是否存在和发挥效用。三是强调管理层判断的使用，更深入地讨论了有关治理的理念。2013 年版内部控制框架对五大要素的分解不是按照子要素来进行的，而是作为"原则"来呈现的，即强调"基于原则"的内部控制实施和管理层判断的使用。2013 版内部控制框架并未要求对 17 项总体原则及其关注点进行单独评估以确定其是否存在或有效，管理层可以自由判断 2013 年版内部控制框架所提供关注点的合适度或相关度，然后根据企业的具体情况，来选择和考虑与某一特定原则密切相关的关注点。2013 年版内部控制框架使内部控制实施更加灵活，同时节省了实施成本。2013 年版内部控制框架强化公司治理的理念，包括了更多公司治理中有关董事会及其下属专门委员会的内容，强调董事会的监督对内部控制有效性的重要作用。四是明确了目标设定在内部控制中的作用，扩大了报告目标类别和范畴，更加关注非财务目标。1992 年版内部控制框架焦点仅局限于对外财务报告。事实上，财务报告相关内部控制只是内部控制的一个重要组成部分。2013 年版内部控制框架基于公司治理的内部控制观，扩大了报告目标的范畴和类别，在报告对象和报告内容两个维度上扩展了报告目标，将内部控制目标从外部财务报告目标扩展到内部财务报告、内部非财务报告、外部财务报告以及外部非财务报告四类报告目标。在报告对象上，既要面向外部投资者、债权人和监管部门，确保报告符合有关监管要求，又要面向董事会和经理层，满足企业经营管理决策的需要。在报告内容上，除了包括传统的财务报告，还涵盖了市场调查报告、资产使用报告、人力资源分析报告、内部控制评价报告、可持续发展报告等非财务报告，有利于从更加广阔的视角来建设与实施内部控制体系。五是加强了对反舞弊预期的考虑。与 1992 年版内部控制框架相比，2013 年版内部控制框架包含了更多关于舞弊与欺诈的内容，并且把管理层评估舞弊风险作为内部控制的 17 项总体原则之一，重点加以阐述。总之，2013 年版内部控制框架并没有改变 1992 年版内部控制框架关于内部控制的基本概念和核心内容，而是对 1992 年版内部控制框架的某些概念和指引进行更新和改进，以期反映企业经营环境的演变、监管机构的要求和其他利益相关者的期望。2013 年版内部控制框架以原则为导向，能够帮助企业董事会和管理层更有效地开展内部控制体系建设与实施工作，内部控制报告目标的扩展也对实施企业提出更高的要求，确立了全面内部控制的思路。内部控制新框架的发布，会引起内部控制评价和内部控制审计程序的设计、标准的制定、报告和监督的执行等一系列的改变。

4. COSO2017 年《企业风险管理战略和绩效整合》

COSO 自 2014 年开始启动了对 2004 年《企业风险管理整合框架》的修订工作，2017 年 9 月发布《企业风险管理战略和绩效整合》，即 2017 年企业全面风险管理新框架。2017 年企业全面风险管理新框架改动较大，包括双向性的风险定义、风险管理在战略选择中的决定作用、2017 年企业全面风险管理框架的新结构，弃用了熟悉的"立方体"结构。

2017 年企业全面风险管理新框架不是单纯地特指风险管理整合框架，而是明确了绩效和战略的作用以及风险管理的价值,并由此将风险定义为影响战略和经营目标实现的事件发生可能性,指出风险管理是"组织在创造、维护和实现价值的过程中,进行风险管理所赖以依赖的、与战略和执行紧密结合的文化、能力和实践",此定义与2004年版框架有很大差别。2017年企业全面风险管理新框架强调文化、能力和价值创造的实践,指出了检查组织文化的作用,说明了战略的重点在于关注任务、展望以及价值的潜在误差。

2017年企业全面风险管理新框架由八大要素改为新五大要素,由23条原则支撑。新五要素是:风险治理与文化,风险、策略与目标制定,执行中的风险,风险信息、沟通与报告,监测企业风险管理的绩效。

2017年企业全面风险管理新框架还阐明了企业风险管理与内部控制的关系,2017年企业全面风险管理新框架并没有计划废除2013年版内部控制框架,内部控制框架的5个主要部分的17条原则不会被取代。但2017年企业全面风险管理新框架涵盖的内容比内部控制更多,内部控制是全面风险管理的不可分割的子集。2017年企业全面风险管理新框架还阐述了风险和绩效的关系。

二、最高审计机关国际组织公共部门内部控制规范

公共部门内部管控国际规范主要是最高审计机关国际组织针对内部控制和风险管理而先后制定或修订的文件。

1. 1992年版《内部控制准则指南》

最高审计机关国际组织1992年发布《内部控制准则指南》,这个纲领性文件体现了推进内部控制的设计、实施和评价等方面的要求。随着国家审计实践的发展、反腐要求的高涨、信息技术的进一步发展,2001年最高审计机关国际组织第17届大会提出内部控制是政府责任的基础,确认修订1992年发布的《内部控制准则指南》,借鉴美国COSO发布的《内部控制整体框架》,扩充了应对道德价值观、为相关信息处理控制活动一般准则提供更多信息等方面的内容,吸收《内部控制准则指南》当代风险管理思想并对其进行了更新。

2. 2004年《公共部门内部控制准则指南》

2004年第18届最高审计机关国际组织会议通过《公共部门内部控制准则指南》,各成员审计机关对该准则指南提出的内部控制概念达成共识。《公共部门内部控制准则指南》定义的内部控制概念吸收了COSO 1992年《内部控制整体框架》中内部控制的概念模式,考虑了COSO 2004年《企业风险管理整合框架》的理论,体现了公共部门管理特点,赋予内部控制新内容,包括拓宽内部控制目标、突出公共资源安全控制的地位、扩大信息控制范围,发展了信息技术控制,强调了信息技术控制对政府履行责任、提高办公透明度的重要性,还体现了公共道德控制和信息资源控制的社会政治效应,使命目标和政策执行控制的社会经济效益等公共部门内部控制的特征。《公共部门内部控制准

则指南》是最高审计机关国际组织成员审计机关制定和实施内部控制测评准则的基本参考依据，有助于我国审计机关结合本国实际情况理解内部控制发展及原因，运用并发展财务审计内部控制测评，研究效益审计、信息技术审计内部控制及测评，推动审计质量控制。

企业风险管理就是应对影响价值创造和价值保持的风险和机遇，COSO2004 年《企业风险管理整合框架》中对风险管理的定义如下："风险管理是由一个机构的董事会、管理层和员工共同参与的过程，应用于机构的战略制定并贯穿到主体的各个部门及各项活动之中，旨在识别可能影响机构的潜在事项，并在其风险偏好允许的范围内管理风险，从而为机构目标的实现提供合理保证。"COSO2017 年《企业风险管理战略和绩效整合》简化了企业风险管理的定义，强调了风险和价值之间的关联性。在公共部门中的机构，最高审计机关国际组织用服务创造和服务保持替代 COSO 定义的价值创造和价值保持。

制定机构使命或远景是机构风险管理的起点，管理层应按照机构使命的要求确立战略目标，选择实现战略目标的策略，并在整个组织内建立与战略目标相协调的支撑目标。最高审计机关国际组织在《内部控制准则指南》中将目标分为四类。一是战略目标，指高级目标。该目标与机构使命一致并支撑机构使命。二是运营目标，指运作的有序性、道德价值、经济性、效率性和效果性，维护资源安全以免丢失、滥用和损毁。三是报告目标，指报告中履行职责和义务的可靠性。四是遵循目标，指遵守相关法律、法规并使其行为能够与国家政策一致。

前两类目标不完全属于机构内部控制框架，因此，风险管理制度仅为得到良好管理的风险提供合理保证，并使管理层及时发觉这两类目标的满足程度。然而，机构内部控制框架都有报告目标和遵循目标，有效的机构风险管理通常为管理层提供这些目标得到满足的保证。

机构风险管理的目标一旦设定，机构风险管理要求组织识别那些影响目标实现的事项，这些事项可能有积极影响，也可能有消极影响，或者兼而有之。消极影响代表风险，它阻碍机构实现目标的能力，这些风险的产生既有内部因素也有外部因素。需要防控政府机构面临的许多风险。

3. 2007 年《公共部门风险管理指南》

2007 年，最高审计机关国际组织从风险管理和内部审计两方面对《公共部门内部控制准则指南》进行细化、扩充，发布《公共部门风险管理指南》。《公共部门风险管理指南》在现行风险管理理论、模式的基础上，统一了风险管理与内部控制的关系，解决了在引用风险管理模式后引发的内部控制与风险管理在理论上的争议，细化了《公共部门内部控制准则指南》；在操作层面上，解决了公共部门内部控制与风险管理的联系，进一步强调了政府风险管理的重要性，提出公共部门风险管理包括政府宏观治理风险。《公共部门风险管理指南》为公共部门应用机构风险管理的原则提出了一个粗略的建议性框架，并提出了机构风险管理的评价原则，该指南由两个章节组成：第一章定义了公共部门风险管理概念并界定了其范围；第二章提出了风险管理的组成要件，并强调了对《公共部门内部控制准则指南》的扩充内容及其亮点。

三、行政事业单位内部控制制度

财政部印发《行政事业单位内部控制规范（试行）》，该规范自 2014 年 1 月 1 日起施行。行政事业单位内部控制是指单位为实现控制目标，通过制定制度、实施措施和执行程序，对经济活动的风险进行防范和管控。行政事业单位内部控制的目标主要包括：合理保证单位经济活动合法合规、资产安全和使用有效、财务信息真实完整，有效防范舞弊和预防腐败，提高公共服务的效率和效果。

行政事业单位内部控制包括单位层面的内部控制和重点关注点业务的内部控制。单位层面的内部控制要建立重大事项集体决策制度，决策、执行和监督分离制度，轮岗和岗位责任制等。单位应当建立预算、收支、政府采购、资产、建设项目、合同等六大重点的内部控制。单位内部控制的控制方法包括八种。

（1）不相容岗位相互分离。合理设置内部控制关键岗位，明确划分职责权限，实施相应的分离措施，形成相互制约、相互监督的工作机制。

（2）内部授权审批控制。明确各岗位办理业务和事项的权限范围、审批程序和相关责任，建立重大事项集体决策和会签制度。相关工作人员应当在授权范围内行使职权、办理业务。

（3）归口管理。根据本单位实际情况，按照权责对等的原则，采取成立联合工作小组并确定牵头部门或牵头人员等方式，对有关经济活动实行统一管理。

（4）预算控制。强化对经济活动的预算约束，使预算管理贯穿于单位经济活动的全过程。单位应当建立健全预算编制、审批、执行、决算与评价等预算内部管理制度；合理设置岗位，明确相关岗位的职责权限，确保预算编制、审批、执行、决算与评价等不相容岗位相互分离。单位预算编制应做到程序规范、方法科学、编制及时、内容完整、项目细化、数据准确。

（5）财产保护控制。建立资产日常管理制度和定期清查机制，采取资产记录、实物保管、定期盘点、账实核对等措施，确保资产安全完整。

（6）会计控制。建立健全本单位财会管理制度，加强会计机构建设，提高会计人员业务水平，强化会计人员岗位责任制，规范会计基础工作，加强会计档案管理，明确会计凭证、会计账簿和财务会计报告处理程序。

（7）单据控制。要求单位根据国家有关规定和单位的经济活动业务流程，在内部管理制度中明确界定各项经济活动所涉及的表单和票据，要求相关工作人员按照规定填制、审核、归档、保管单据。

（8）信息内部公开。建立健全经济活动相关信息内部公开制度，根据国家有关规定和单位的实际情况，确定信息内部公开的内容、范围、方式和程序。

四、财政内部控制制度

我国财政内部控制制度以财政部内部控制制度为典型代表，适用于财政部内设机构、部属单位、监管局。

1. 财政部内部控制的制度体系

财政部和许多地方财政部门为了防控风险而制定了本级财政内部控制制度。财政部内部控制的制度体系包括财政部内部控制基本制度[①]、专项风险管理办法、各单位内部控制操作规程三个层次。组织管理架构包括财政部内部控制委员会和部内各单位两个层级。财政部内部控制委员会下设办公室，简称内控办，内控办设在财政部监督评价局，内控办主任由财政部监督评价局局长担任。各单位设置内部控制管理岗和内部控制管理联络员。通过内部控制制度体系确保将各个业务中的决策机制、执行机制和监督机制融入流程中的每个环节。

2. 内部控制的核心与方法

内部控制的核心是建立制衡机制，分事行权、分岗设权、分级授权，实现决策、执行和监督相互分离、相互制约，强调流程再造和信息化手段的应用，做到关口前移、"未病先防"。内部控制方法包括不相容岗位分离控制、授权控制、归口管理、流程控制、信息系统管理控制五个方法。

3. 内部控制的主要内容

按照全面控制、突出重点的要求，着重防控八类风险，即法律风险、政策制定风险、预算编制风险、预算执行风险、公共关系风险、机关运转风险、信息系统管理风险和岗位利益冲突风险，明确了防控这八类风险需要把握的重要节点和主要措施。同时，对其他内部控制措施，如人事管理、财务管理、采购和购买服务管理、资产管理、内部审计等也提出了要求。

五、企业内部控制制度

财政部等五部委 2008 年联合发布《企业内部控制基本规范》、2010 年 4 月联合发布《企业内部控制配套指引》，以附件方式发布《企业内部控制应用指引》《企业内部控制评价指引》《企业内部控制审计指引》三部具体指引。2010 年财政部单独立项制定了《企业内部控制应用指引》，具体包括企业内部控制应用指引第 1 号组织架构、第 2 号发展战略、第 3 号人力资源、第 4 号社会责任、第 5 号企业文化、第 6 号资金活动、第 7 号采购业务、第 8 号资产管理、第 9 号销售业务、第 10 号研究与开发、第 11 号工程项目、第 12 号担保业务、第 13 号业务外包、第 14 号财务报告、第 15 号全面预算、第 16 号合同管理、第 17 号内部信息传递、第 18 号信息系统等 18 项应用指引，构建了企业内部控制的基础标准体系。为了规范内部控制审计业务，财政部还制定了《企业内部控制审计指引》。

企业内部控制规范要求企业结合风险评估结果，运用手工控制与自动控制、预防性控制与发现性控制相结合的方法，采取相应的控制措施，将风险控制在可承受度之内。

---

① 《财政部内部控制基本制度（试行）》财办〔2014〕40 号。

企业内部控制措施一般包括不相容岗位分离控制、授权审批控制、会计系统控制、财产保护控制、预算控制、运营分析控制和绩效考评控制七项，归纳起来主要包括以下三方面要求。

1. 健全规章制度，组织机构控制

依据国家法律法规，建立单位内部各项规章制度，明确各岗位的工作职责和要求，组织机构的设置、分工的科学性、部门岗位责任制、人员素质的控制。不相容岗位分离控制要求企业全面系统地分析、梳理业务流程中所涉及的不相容岗位，实施相应的分离措施，形成各司其职、各负其责、相互制约的工作机制。授权审批控制要求企业根据常规授权和特别授权的规定，明确各岗位办理业务和事项的权限范围、审批程序和相应责任。

2. 预算控制，财产保全控制

各种财产物资只有经过授权，才可以被接触或处理，以保证资产的安全，为此，要求建立资产专管制度，定期清查盘点，资产登记和处置制度。

预算控制是为达到企业既定目标而从经营、资本、财务等方面综合编制的年度收支及相关财力配置的总体计划。经过批准的预算就是单位的法令，单位内部的各部门都必须严格履行，完不成预算，将会受到处罚。预算控制系统由预算编制、预算执行、预算考核等构成。预算控制的内容可以涵盖单位经营活动的全过程，包括筹资、融资、采购、生产、销售、投资、管理等诸多方面，可以单就某些方面实行预算控制。

预算的执行层由各预算单位组织实施，并辅之以对等的权、责、利关系，由内部审计部门负责监督预算的执行，通过预算的编制和实施，检查预算的执行情况，比较分析内部各单位未完成预算的原因，并对未完成预算的不良后果采取改进措施。

3. 风险防范控制，评估风险

单位风险一般可分为运营风险和财务风险两大类。运营风险是指因业务运营带来的不确定性，大多来源于企业外部，应采取有效的内控措施加以防范。财务风险是指由资金运行带来的不确定性，防止债务风险导致财务困境。

为防范规避风险，单位管理者应建立风险评估机制。企业常有的风险评估内容有筹资风险评估、投资风险评估、信用风险评估。

第二节 预算编制模式

一、投入预算

分项排列预算是指将预算收支按规定的要求分项目进行编排罗列，主要按由谁开支（什么部门）和开支用途进行预算安排的一种方式。分项排列预算是强调立法控制的投入预算。

投入预算只能反映投入项目的用途和支出金额，倾向于确定一个规划或一个部门能够获得多少资源、人员、设备或设施等而不考虑其支出的经济效果。由此，一个规划或项目所花费的资金的数额往往成为主要的成绩考核指标，而且往往伴随着对投入过程的控制，即如何调整投入、如何制定支出标准和财务制度。但是，政府部门和机构的宗旨并不只是为了花钱和遵守规则，各国政府一直在设法弄清楚花了钱到底得到了什么，这就产生了产出预算。

二、绩效预算

产出是指政府部门向市民、企业或其他组织提供的产品或服务。产出预算一般是以公共品或服务来描述公共部门的职能作用，计算这些部门提供了多少公共品和服务。产出预算管理制度一般倾向于采用诸如数量和及时性之类的指标，并在不同程度上采用质量指标，如以最低限度的出错率处理了多少个受益人的申请。预算管理人员对产出的直接控制程度要低于对投入的控制，但是，这种控制程度仍然很大。一个部门即使实行绩效预算，其日常预算管理仍然要依赖产出数据。

绩效是指产出或政府采取的行动对社区产生的影响或带来的后果。绩效预算是以经济社会发展战略和规划为导向、以绩效（效益）目标为出发点、以成本为基础、关注公共产出、强调预算结果的预算编制方法。在绩效预算中，政府往往以公共利益、福利或安全等指标来衡量一个具体规划或职能部门应当取得的成绩。例如，绩效可以是减少疾病发生率，或者取得一定的教育水平。

通常，绩效预算的基本运作程序是：政府各部门先要制订有关的事业计划或工程计划，然后对每项计划进行成本收益分析，再依据经济社会发展总体规划和资金的可能，通过择优排序把项目列入预算。

一般而言，绩效预算是指先由政府部门确定需要履行的职能及为履行职能需要消耗的资源，在此基础上制定绩效目标，并用量化的指标来衡量其在实施每项计划的过程中取得的成绩和完成工作的情况。绩效预算遵循统一规划、适当分类、协调配合、分级负责、弹性控制及正确衡量等原则。

绩效预算始于 20 世纪中期，之后，一些发达国家进行了项目预算、职能预算等多种不同预算的探索，1949 年美国胡佛委员会提出了绩效预算的新模式，启动了从投入预算转向产出预算的变革。20 世纪 90 年代以来，以美国、澳大利亚和新西兰为代表的 OECD 国家进一步从产出预算转变为推行"绩效基础预算"改革，强调支出最终结果，突出预算权责结合，有效抑制预算最大化的冲动。

三、设计规划预算

设计规划预算也称计划项目预算，是为了合理分配和使用资源，对规划、计划和预算进行系统管理的一种预算编制方法，该预算制度由美国国防部于 1961 年首先创用，1965 年被应用到民政部门和企业界，后曾被英国、加拿大财政当局及日本大藏省采用。

设计规划预算系统要求先设计目标，将目标分解落实到规划，通过预算配置资源，将支出按方案分类，方案尽可能和政策目标靠拢，把方案的投入成本和产出结果相联系来安排预算。其运作程序如下所示。一是确定预算方案的目标，预算方案的目标是指实施该方案所提供公共品的效用，如国防支出的目标是战斗力，战斗力又可分为核战略力量、常规力量等，目标下设的子科目是实现目标的手段；二是方案择优，评估现行方案与目标有关的效率，运用成本收益分析对方案进行量化评估，以此为基础对预算支出进行调整，择优选择；三是预算方案评价，对预算方案进行系统、长期的评价，对预算方案的评估需要确定一个适当的时限，时限过短不能充分反映其重要性和成本收益，通常要考虑五年的周期，评价的结果是下一期预算安排的依据。

设计规划预算有利于提高预算支出的效率，可冲破职能部门的边界对预算进行统一设计，由于设计规划预算以方案规划为单元来安排预算，因而需要有超越职能部门的协调机构。

四、基数预算

基数预算是指以过去年度已经达到的预算收支指标为出发点，考虑影响预算年度财政收支变化的各种因素，来确定财政收支计划指标、编制预算的方法。基数预算是一种传统的预算编制模式。基数是指过去年度已经达到或实现的指标，它可以是期末数，也可以是期末前两年或数年的平均数。基数是预算编制的基本依据，确定了基数以后，再考虑影响财政收支变化的各种经济性、社会性、政策性及其他因素，进而确定预算数。由于按这种方法编制预算，基数是基本不动的，变动的是预算年度的增量部分，即按"基数加增长"来编制预算，因而又称为增量预算法。增量预算法是指以基期水平为基础，结合预算期业务量水平及有关影响因素的未来变动情况，通过调整有关原有项目而编制预算的一种方法。增量预算法可能导致保护落后，难以压缩支出。

基数预算的优点在于方法简单，预算编制周期短，预算有历史的延续性，编制和实施中的协调管理成本较低。但基数预算存在明显的不足：一是固化和不断放大基数中的不合理因素，造成资金分配的不均衡。因为影响基数高低的因素很多，基数预算难以剔除各种非正常因素对预算指标的影响，会将非正常因素形成的支出基数固化，甚至累积后放大，导致地方、部门和单位之间预算资金分配失衡。二是不能激励各地方、部门和单位努力增加收入、节约支出。收入增长过快会抬高基数，节约支出会降低基数，这对具体的地方、部门和单位来年的预算安排是不利的。三是不利于优化财政分配结构。从基数出发安排预算使原有的财政分配结构难以调整，不利于利益关系的协调，还会刺激争夺预算资金的博弈行为，降低资金使用效率。

五、零基预算

零基预算是指不考虑基期预算指标的实现情况，一切从效率的角度出发，根据预算年度各部门、单位的实际情况和需要确定预算方案的编制方法。按零基预算模式编制预算，需要对各部门、单位原有的各项开支重新进行审核，并测算预算年度必要和合理的资金需求。由于零基预算不受以往年度预算收支情况的束缚，故而也称为"不连续预算"。零基预算是维恩·刘易斯 1952 年发表《预算编制理论新解》一文中提出的一种预算编制新模式。

零基预算实施的基本步骤：首先，确定各预算部门、单位行使职能应达到的目标；其次，根据预定目标制订相应的预算方案，预算方案应有多个备选，形成"一揽子"决策方案，并细化到具体的项目；再次，运用成本收益分析等方法评估各方案，比较其优劣，择优选择；最后，确定预算方案，并编制详细的执行计划。

零基预算可以在预算编制上突破基数的限制，引入成本效益分析等项目绩效评估方法，使财政资金的安排具有科学性、合理性和灵活性，有利于优化财政分配结构，提高公共供给的质量和效益。

由于编制零基预算要求重新审核和安排所有的预算项目，因而其要求的信息量较大，技术较复杂，编制的周期也较长。因此，推行零基预算需要具备一些基本条件，包括要有完善、准确的定员定额资料，高素质的预算编制人员，畅通的信息网络等。

六、滚动预算

滚动预算是与定期预算相对照的一种预算编制模式。定期预算是以不变的期间作为预算期来编制预算的模式。滚动预算则是指预算期随时间推移而自行延伸的连续性预算，亦称连续预算或永续预算。滚动预算按照"近细远粗"的原则，随着预算执行情况不断延伸补充预算，一般是根据上一期预算指标的完成情况，调整和具体编制下一期预算，并将编制预算的时期逐期连续滚动向后推移，使预算的时期始终保持为一个固定期间。滚动预算编制可采用长计划、短安排的方式进行，使预算不断地滚动下去，按照滚动的时间单位，可以分为逐月滚动、逐季滚动、逐年滚动和混合滚动。滚动预算可以保持预算的完整性、连续性，提高预算的准确性，有利于管理人员对预算资料作经常性的分析研究，从动态预算中始终保持对未来的业务活动作周详的考虑，全盘把握对未来的规划，便于不断地根据当前的执行情况及时调整或修订预算，使预算与实际情况相适应，保证预算管理工作能够持续稳定而有序地进行，有利于充分发挥预算和控制作用。滚动预算的缺点是工作量较大，编制预算的任务比较繁重。

七、中期预算

中期预算是 20 世纪中期，特别是 20 世纪 90 年代以来世界上很多国家为实现财政可持续发展而对年度预算管理制度实施的一项改革。传统上，政府预算是以年度为基础进行编制的。从 20 世纪 80 年代开始，发达国家和部分发展中国家相继采用中期预算框架（medium-term budget framework，MTBF）准备年度预算的体制，以弥补年度预算存在的短视与规划和政策脱节等缺陷。

多年预算通过确定政府在若干年内的预算支出总额、收入总额、赤字总额和债务总额，从而实现对财政总量的控制。中期预算是多年预算的特定形式，通常是一个为期3～5年（有些国家更长）的滚动的、具有约束力的预算总量框架。中长期预算可以通过对各项政策进行长期成本收益分析，决定未来较长一段时间内的预算安排。OECD 国家实际实行的中期预算周期一般不太长，大多为3～5年。例如，新西兰、澳大利亚、俄罗斯和法国的预算期限为3年，英国、德国、美国、加拿大的预算期限为5年。

八、弹性预算

弹性预算是相对于固定预算而言的一种预算编制模式。固定预算是以预算期内正常的、可能实现的某一业务量水平为固定基础，不考虑可能发生的变动因素而编制的预算，又称静态预算。用固定预算编制的收入、支出可以在一定的范围内保持相对稳定，超过一定范围就应当考虑采用其他方法。这种方法简便易行，较为直观，但是机械呆板，可比性差，不利于正确地控制、考核和评价预算执行情况。

弹性预算是以业务度量相关指标之间的依存关系为依据，以预算期可预见的各种业务量水平为基础进行编制、能够适应多种情况的一种预算编制模式，又称变动预算或滑动预算。弹性预算可反映现实经济生活中可变因素的影响，具有预算范围宽、可比性强的优点，能够使预算执行情况的评价与考核建立在更加客观的基础上，便于更好地发挥预算的控制作用。在实际工作中，有些收入和支出可能呈现出变动型或阶梯形的变化趋势，可采用固定预算和弹性预算相结合的办法测算。

第三节　政府财政编报预算

一、预算编报程序

我国预算草案在当年人民代表大会召开之前确定。预算编审的程序按"自下而上、自上而下、两上两下、上下结合、分级编制、逐级汇总"的组织程序进行编制，具体程序如下。

（1）自下而上报预算的建议数。单位、部门提出概算，即由单位、部门自下而上向财政部门上报预算建议数。

（2）自上而下下达预算控制指标。各级财政部门在测算本级预算规模和结构安排的基础上确定各部门预算控制指标并自上而下下达。

（3）自下而上正式编报年度预算草案。单位、部门按预算控制指标自下而上正式编制并汇报年度预算草案，报同级财政部门审核；各级财政部门在本级人民代表大会召开前的规定时间，将本级预算草案提交人民代表大会常务委员会及专门委员会进行初步审查。

（4）从财政部门到部门自上而下批复预算。各级政府提交的预算草案要经同级人民代表大会按规定的立法程序审核批准，经人民代表大会审批后的预算成为当年的正式预算。财政部门要将经批准的本级预算在规定期限内向各部门批复下达，各主管部门再在部门预算的范围内批复所属各单位预算。批复下达的预算成为预算执行的依据。

实行"两上两下"的预算编报和审批程序可使财政部门在预算编制过程中，与其他部门、单位充分交流信息、沟通情况，使预算资金的供求均衡，达成一致，有利于提高预算编制的科学性和准确性。

二、预算草案编报部署

预算草案是指各级政府、各部门、各单位编制的未经法定程序审查和批准的预算。

（1）中央经济工作会议精神是预算草案编制的依据。中央经济工作会议是中共中央、国务院召开的规格最高的经济会议，自 1994 年以来每年举行一次，一般在每年 11 月到 12 月举行。中央经济工作会议的任务是总结当年经济工作成绩，分析研判当前国际国内经济情况形势，制订来年宏观经济发展规划，是预算草案编制的依据。

（2）财政部根据党和政府的要求具体部署和组织预算草案编报具体事项。财政部根据机构职能调整和预算管理的需要，在上年政府收支分类科目的基础上，提前制定并印发预算年度政府收支分类科目。在上年度提前编写出版预算年度部门预算编制指南，发布预算编制的通知，明确预算编报要求，《中华人民共和国预算法实施条例》规定，财政部于每年 6 月 15 日前部署编制下一年度预算草案的具体事项，规定报表格式、编报方法、报送期限等。

财政部发布预算草案编报的部署工作通知后，中央和地方部委主管单位发布通知进一步部署本地区、本部门的预算草案编报工作。《中华人民共和国预算法实施条例》规定，县级以上地方各级政府财政部门应当于每年 6 月 30 日前部署本行政区域编制下一年度预算草案的具体事项，规定有关报表格式、编报方法、报送期限等。

三、预算草案汇编

1. 中央预算草案汇编

（1）中央各部门应当按照国务院的要求和财政部的部署，结合本部门的具体情况，组织编制本部门及其所属各单位的预算草案。

中央各部门负责本部门所属各单位预算草案的审核，并汇总编制本部门的预算草案，按照规定报财政部审核。

（2）财政部审核中央各部门的预算草案，具体编制中央预算草案。

（3）财政部审核各省、自治区、直辖市总预算汇总编制形成地方总预算草案或者地方预算草案后，再进一步汇编形成全国预算草案有关数据。

各级财政报送本级人民代表大会审查和批准的预算草案应当细化。本级一般公共预算支出，按其功能分类应当编列到项；按其经济性质分类，基本支出应当编列到款。本级政府性基金预算、国有资本经营预算、社会保险基金预算支出，按其功能分类应当编列到项。

2. 地方预算草案编报

（1）省、自治区、直辖市政府按照国务院的要求和财政部的部署，结合本地区的具体情况，提出本行政区域编制预算草案的要求。

（2）县级以上地方各级政府各部门应当根据本级政府的要求和本级政府财政部门的部署，结合本部门的具体情况，组织编制本部门及其所属各单位的预算草案，按照规定报本级政府财政部门审核。

（3）县级以上地方各级政府财政部门审核本级各部门的预算草案，具体编制本级预算草案，汇编本级总预算草案，经本级政府审定后，按照规定期限报上一级政府财政部门。

（4）省、自治区、直辖市政府财政部门汇总的本级总预算草案或者本级总预算，应当于下一年度 1 月 10 日前报财政部。

3. 预算草案纠正与协调

（1）县级以上各级政府财政部门审核本级各部门的预算草案时，发现不符合编制预算要求的，应当予以纠正；汇编本级总预算草案时，发现下级预算草案不符合上级政府或者本级政府编制预算要求的，应当及时向本级政府报告，由本级政府予以纠正。

（2）各级政府财政部门编制收入预算草案时，应当征求税务、海关等预算收入征收部门和单位的意见。

预算收入征收部门和单位应当按照财政部门的要求提供下一年度预算收入征收预测情况。

（3）财政部门会同社会保险行政部门部署编制下一年度社会保险基金预算草案的具体事项。

社会保险经办机构具体编制下一年度社会保险基金预算草案，报本级社会保险行政部门审核汇总。社会保险基金收入预算草案由社会保险经办机构会同社会保险费征收机构具体编制。财政部门负责审核并汇总编制社会保险基金预算草案。

四、预算审批确立

1. 预算报备

乡、民族乡、镇政府应当及时将经本级人民代表大会批准的本级预算报上一级政府备案。县级以上地方各级政府应当及时将经本级人民代表大会批准的本级预算及下一级政府报送备案的预算汇总，报上一级政府备案。

县级以上地方各级政府将下一级政府依照前款规定报送备案的预算汇总后，报本级人民代表大会常务委员会备案。国务院将省、自治区、直辖市政府依照前款规定报送备案的预算汇总后，报全国人民代表大会常务委员会备案。

国务院和县级以上地方各级政府对下一级政府依照《中华人民共和国预算法》规定

报送备案的预算，认为有同法律、行政法规相抵触或者有其他不适当之处，需要撤销批准预算的决议的，应当提请本级人民代表大会常务委员会审议决定。

2. 预算批复

各级预算经本级人民代表大会批准后，本级政府财政部门应当在 20 日内向本级各部门批复预算。各部门应当在接到本级政府财政部门批复的本部门预算后 15 日内向所属各单位批复预算。

3. 预算下达

中央对地方的一般性转移支付应当在全国人民代表大会批准预算后 30 日内正式下达。中央对地方的专项转移支付应当在全国人民代表大会批准预算后 90 日内正式下达。

省、自治区、直辖市政府接到中央一般性转移支付和专项转移支付后，应当在 30 日内正式下达到本行政区域县级以上各级政府。

县级以上地方各级预算安排对下级政府的一般性转移支付和专项转移支付，应当分别在本级人民代表大会批准预算后的 30 日和 60 日内正式下达。

对自然灾害等突发事件处理的转移支付，应当及时下达预算；对据实结算等特殊项目的转移支付，可以分期下达预算，或者先预付后结算。

4. 预算抄送

县级以上各级政府财政部门应当将批复本级各部门的预算和批复下级政府的转移支付预算，抄送本级人民代表大会财政经济委员会、有关专门委员会和常务委员会有关工作机构。

第四节　立法机构审批预算

一、人民代表大会审批预算

中央预算由全国人民代表大会审查和批准。国务院在全国人民代表大会举行会议时，作关于中央和地方预算草案以及中央和地方预算执行情况的报告。

地方各级预算由本级人民代表大会审查和批准。地方各级政府在本级人民代表大会举行会议时，作关于总预算草案和总预算执行情况的报告。

我国人大代表由民主选举产生，人民代表大会是国家权力机关，包括：全国人民代表大会；省、自治区、直辖市的人民代表大会；设区的市、自治州的人民代表大会；县、自治县、不设区的市、市辖区的人民代表大会；乡、民族乡、镇的人民代表大会。

全国人民代表大会是最高国家权力机关，地方各级人民代表大会是地方国家权力机关。全国人民代表大会每届任期五年，每年举行一次会议。全国人民代表大会听取和审议政府工作报告、国民经济和社会发展计划，全国人民代表大会听取、审议、审查和批准国民经济和社会发展计划及其执行情况的报告，审查中央和地方预算及中央和地方预算执行情况的报告，批准中央预算和中央预算执行情况的报告。

地方各级人民代表大会行使的预算职权是：县级以上的地方各级人民代表大会在本行政区域内，保证宪法、法律、行政法规和上级人民代表大会及其常务委员会决议的遵守和执行，保证国家计划和国家预算的执行；审查和批准本行政区域内的国民经济和社会发展计划、预算及其执行情况的报告；讨论、决定本行政区域内的政治、经济、教育、科学、文化、卫生、环境和资源保护、民政、民族等工作的重大事项。乡、民族乡、镇的人民代表大会根据国家计划，确定本行政区域内的经济、文化事业和公共事业的建设计划；审查和批准本行政区域内的财政预算和预算执行情况的报告。

全国（县级以上的地方各级）人民代表大会常务委员会是全国（本级）人民代表大会的常设机关，对全国（本级）人民代表大会负责并报告工作。全国（县级以上的地方各级）人民代表大会设立民族委员会、宪法和法律委员会、财政经济委员会、教育科学文化卫生委员会等专门委员会。在人民代表大会闭会期间，各专门委员会受全国（本级）人民代表大会常务委员会的领导。

为加强全国人民代表大会及其常务委员会对中央预算的审查监督，促进依法理财，经中央同意，1998 年 12 月 29 日第九届全国人民代表大会常务委员会第六次会议决定设立全国人民代表大会常务委员会预算工作委员会，作为全国人民代表大会常务委员会负责预算工作的工作机构。其职责有如下几项。一是协助全国人民代表大会财政经济委员会承担全国人民代表大会及其常委会审查预算决算、审查预算调整方案和监督预算执行方面的具体工作；二是受全国人民代表大会常务委员会委员长会议委托，承担有关法律草案的起草工作，协助全国人民代表大会财政经济委员会承担有关法律草案审议方面的具体工作；三是承办常务委员会、委员长会议交办以及全国人民代表大会财政经济委员会需要协助办理的其他有关财政预算的具体事项；四是经全国人民代表大会常务委员会委员长会议专项同意，可以要求政府有关部门和单位提供预算情况，并获取相关信息资料及说明；五是经全国人民代表大会常务委员会委员长会议专项批准，对各部门、各预算单位或重大建设项目的预算资金和专项资金的使用进行调查，政府有关部门和单位应积极协助、配合。此后各级地方人民代表大会也普遍设置预算工作委员会，广州和四川人民代表大会还创新工作机制，设置预算委员会履行专门委员会的职责。

二、预算草案初审制

预算初审是人民代表大会常务委员会在本级党委、政府确定预算方案之前，人民代表大会会前对预算草案开展初审工作进行审查监督的方式。

国务院财政部门应当在每年全国人民代表大会会议举行的 45 日前，将中央预算草案的初步方案提交全国人民代表大会财政经济委员会进行初步审查。

省、自治区、直辖市政府财政部门应当在本级人民代表大会会议举行的 30 日前，将本级预算草案的初步方案提交本级人民代表大会有关专门委员会进行初步审查。

设区的市、自治州政府财政部门应当在本级人民代表大会会议举行的 30 日前，将本级预算草案的初步方案提交本级人民代表大会有关专门委员会进行初步审查，或者送交本级人民代表大会常务委员会有关工作机构征求意见。

县、自治县、不设区的市、市辖区政府应当在本级人民代表大会会议举行的 30 日前，将本级预算草案的初步方案提交本级人民代表大会常务委员会进行初步审查。

县、自治县、不设区的市、市辖区、乡、民族乡、镇的人民代表大会举行会议审查预算草案前，应当采用多种形式，组织本级人民代表大会代表，听取选民和社会各界的意见。

初审工作可以通过分管财经工作领导及时与财政部门沟通，经审前沟通、财政经济委员会初审查漏、人民代表大会常务委员会主任会议复审补缺、会审把关"四道程序"提出初审意见，反馈给政府财政部门，在人民代表大会上要将人民代表大会初审意见及政府财政反馈意见印发给人大代表，并将初审情况向人民代表大会主席团报告。

三、预算听证会

听证会起源于英美，传承了英国习惯法中的"自然公正原则"，是一种把司法审判的模式引入行政和立法程序的制度，其核心思想是任何人都不得做自己案件的法官，任何人在受到不利影响之前都要被听取意见。听证会模拟司法审判，是由意见相反的双方互相开展辩论，其结果通常对最后的处理有拘束力。美国一年一度的国会预算拨款要召开无数个预算听证会。每年总统向国会提交预算咨文后，国会参众两院各个委员会都要就相关管辖部门的预算召开一系列的听证会。我国上海闵行区、河南焦作试行预算听证会进行预算决策，上海闵行区项目预算听证会采取人民代表大会主导并面向全社会公开的形式，在国内开了先河，听证会的结果将为政府的预算编制和人民代表大会的预算审查提供重要依据。

听证会让公共权力在阳光下运行，以保障公民的知情权、参政议政权、监督权等权利，实现社会公正，通过反映民意、吸收民智推进科学民主决策，实现民主监督。

四、人民代表大会重点审查内容

全国人民代表大会和地方各级人民代表大会对预算草案及其报告、预算执行情况的报告重点审查下列内容。

（1）上一年预算执行情况是否符合本级人民代表大会预算决议的要求。
（2）预算安排是否符合《中华人民共和国预算法》的规定。
（3）预算安排是否贯彻国民经济和社会发展的方针政策，收支政策是否切实可行。
（4）重点支出和重大投资项目的预算安排是否适当。
（5）预算的编制是否完整，是否符合《中华人民共和国预算法》第四十六条的规定。
（6）对下级政府的转移性支出预算是否规范、适当。
（7）预算安排举借的债务是否合法、合理，是否有偿还计划和稳定的偿还资金来源。
（8）与预算有关重要事项的说明是否清晰。

五、人民代表大会预算审查结果报告

全国人民代表大会财政经济委员会向全国人民代表大会主席团提出关于中央和地方预算草案及中央和地方预算执行情况的审查结果报告。省、自治区、直辖市、设区的市、自治州人民代表大会有关专门委员会，县、自治县、不设区的市、市辖区人民代表大会常务委员会，向本级人民代表大会主席团提出关于总预算草案及上一年总预算执行情况的审查结果报告。

审查结果报告应当包括下列内容。

（1）对上一年预算执行和落实本级人民代表大会预算决议的情况作出评价。

（2）对本年度预算草案是否符合本法的规定，是否可行作出评价。

（3）对本级人民代表大会批准预算草案和预算报告提出建议。

（4）对执行年度预算、改进预算管理、提高预算绩效、加强预算监督等提出意见和建议。

本章思考与练习题

1. 简述美国 COSO 确立的内部控制框架及其变化。
2. 说明公共部门内部控制国际规范的发展进程。
3. 概述我国企业内部控制制度的构成体系。
4. 说明行政事业单位内部控制的含义和目标。
5. 简述行政事业单位内部控制体系的构成及其要求。
6. 简要回答行政事业单位内部控制的方法。
7. 说明不同预算编制模式的含义与特点。
8. 解释预算编制模式的演变与发展。
9. 解析不同预算管理模式及其适用性。
10. 说明预算绩效的内涵与外延。
11. 解析基数预算的含义和运用。
12. 说明设计规划预算的内涵与外延。
13. 叙述中期预算的要求。
14. 简要回答预算草案的含义与编报。
15. 简述中央和地方预算的审批权责。
16. 简论人民代表大会预算初步审查制度的含义与要求。
17. 说明人民代表大会对预算草案报告重点审查内容。
18. 叙述人民代表大会预算审查结果报告应该反映的内容。

第六章

机构预算管理

第一节　单位预算管理概述

一、单位预算编制内容

单位预算是指行政事业单位根据单位发展目标和计划编制的年度预算收支计划。单位预算由收入预算和支出预算组成。各单位编制本单位预决算草案，按照国家规定上缴预算收入、安排预算支出，并接受国家有关部门的监督。单位对预算收支各部分计算的结果进行综合后，就形成本单位预算。

（一）收入预算编制的内容

收入是指各部门、各单位在预算年度为开展业务及其他活动依法取得的非偿还性资金，收入预算编制的内容包括本级财政拨款收入、其他收入。

（1）本级财政拨款收入，反映部门、单位从本级财政部门取得的预算资金，包括基本支出拨款和项目支出拨款。本级财政拨款收入根据机构编制主管部门核定的单位人员编制和财政部门核定的定额，结合单位工作任务需要和财力可能，逐项计算编列。

（2）其他收入是指部门、单位依法取得的除财政拨款收入以外的各项收入，反映单位非独立核算后勤机构取得的各项收入及其他服务性收入等，包括固定资产有偿转让收入、出租出借收入、报损残值变价收入、利息收入、非独立核算单位的刊物发行收入、服务性收入等其他收入。

收入预算编制时，有收费标准的项目应当按照标准计算编列；没有收费标准的项目，则要根据上年执行情况，结合预算年度相关因素编列。

（二）支出预算编制的内容

支出是指单位开展业务及其他活动发生的资金耗费和损失，包括基本支出和项目支出，支出按其功能分类应当编列到项，按其经济性质分类应当编列到款。

（1）基本支出。基本支出是单位保障机构正常运转和完成日常工作任务所发生的支出，包括人员经费支出和公用经费支出。编制经常性支出预算时，应按其用途分别列入相应的预算科目。其中，人员经费支出应按编制人数和规定标准计算编列；公用经费支出应按支出定额计算，没有支出定额的，应根据上年实际支出数，并考虑本年度增减变化因素编列。

（2）项目支出。项目支出是指行政单位为完成其特定的工作任务所发生的支出。项目支出主要包括大型设备购置费、大型修缮费、大型会议费和专项业务费。项目支出可按照支出用途分别编列到有关项目，或按专项工作任务分项编列，并参考有关的开支水平和定额标准编列。项目支出应当有详细的说明。

二、单位预算编制原则

（1）坚持全口径预算、积极稳妥的原则。该原则要求各部门、各单位在编制收入预算时应该按规定合理划分不同类型的收入，积极稳妥地筹措资金，并将应列入预算的各项收入全部列入预算，不得遗漏，但没有收入数额的项目可以空置。非独立核算后勤机构取得的各项收入及其他服务性收入等其他收入也应列入单位收入预算。

（2）坚持统筹兼顾、保重点讲绩效的原则。一要根据分类管理的要求，对各项支出分别编列预算。各部门、各单位在编制基本支出和项目支出预算时，要将所有资金收入全部纳入预算，统筹考虑、合理安排；二要在保证人员支出和开展公务和基本业务活动必不可少的开支的前提下，合理安排其他各项支出；三要优先安排用于保证人员基本工资和开展公务活动等刚性开支，严格控制一般公务支出和楼堂馆所支出，保障重点政策和战略项目资金需要，统筹安排其他各项支出。

（3）坚守支出标准、科学编制的原则。各部门、各单位应当将各项支出全部纳入单位预算，建立健全支出管理制度。各部门、各单位的支出应当严格执行国家有关财务规章制度规定的开支范围及开支标准编制预算，预算支出标准是指对预算事项合理分类并分别规定的支出预算编制标准，包括基本支出标准和项目支出标准。地方各级政府财政部门应当根据财政部制定的预算支出标准，结合本地区经济社会发展水平、财力状况等，制定本地区或者本级的预算支出标准。各部门、各单位在编制预算草案时还应当根据资产配置标准，结合存量资产情况编制相关支出预算。

（4）坚持专款专用、单独核算的原则。各部门、各单位从财政部门和主管部门取得的有指定项目和用途的专项资金，应当专款专用、单独核算，并按照规定向财政部门或者主管部门报送专项资金使用情况；项目完成后，应当报送专项资金支出决算和使用效果的书面报告，接受财政部门或者主管部门的检查、验收。

（5）坚持收支平衡、不打赤字的原则。行政事业单位具有非营利性，其业务活动具有外部受益性，一般不会带来资金的增值，同时，我国行政事业单位不允许发行债务，因此单位预算编制不允许打赤字或预留收支缺口。另外，国家也不鼓励行政事业单位形成大量的结余，避免单位当年该办的事情不办，该花的钱不花，或追求预算最大化，而且单位结余过多往往会诱发违规违纪等审计问题，也影响国家宏观调控政策的实施效果。因此，各部门、各单位预算编制要坚持收支平衡、不打赤字的原则。

（6）遵纪守法，加强管理的原则。《中华人民共和国预算法》提出各部门、各单位应当加强对预算收入和支出的管理，不得截留或者动用应当上缴的预算收入，不得擅自改变预算支出的用途。政府的全部收入应当上缴国库，任何部门、单位和个人不得截留、占用、挪用或者拖欠。对于法律有明确规定或者经国务院批准的特定专用资金，可以依照国务院的规定设立财政专户。各级政府、各部门、各单位的支出必须按照预算执行，不得虚假列支。各级政府、各部门、各单位应当对预算支出情况开展绩效评价。

三、单位预算核批执行

1. 单位预算核批

（1）财政对主管部门核批预算，核定相关单位各项收支。财政机关在收到经主管部门审核汇总或一级预算单位报送的单位预算后，应进行审核；对符合预算编制要求的，应在规定的期限内予以批复。财政部门核批单位预算一般只核批到主管部门，具备条件的，也可以直接核批到具体单位。

财政机关在批复单位预算时应按照单位预算管理办法，统一核定单位各项收支预算。对收入预算应明确核定各项收入指标；对支出预算要在核定款项总支出的同时，还要核定分类支出数额，并可根据管理需要具体核定到基本工资等目级项目的支出数额。对实行收入上缴办法的事业单位，应核定其上缴上级支出数额。

（2）财政在核定单位预算时确定财政拨款、补助额或上缴额。财政部门在核定单位预算时，财政预算拨款标准应根据单位基本工作任务需要，结合国家财力可能确定。对事业单位，既可确定一个总补助数额，也可针对某些支出项目核定单项补助数额。对共同支出项目制定统一的补助定额，对特殊支出项目要根据单位的特点确定不同的补助标准和支持力度，优化财政资金支出结构。

根据收支统管、各项预算资金统筹结合使用的要求，可用非税收入与财政预算拨款收入一并核定，统一下达，并应首先用于工资等人员支出，以及必不可少的业务和设备购置开支，必须指定用途的，财政部门在核批单位预算时应予以明确。

年度预算确定后，部门、单位改变隶属关系引起预算级次或者预算关系变化的，应当在改变财务关系的同时，相应办理预算、资产划转。

2. 单位预算执行与决算

（1）单位预算的执行与变更。单位应当严格执行批准的预算，财政拨款一般不予变更。上级下达的事业计划有较大调整，或者根据国家有关政策增加或者减少支出，对预算执行影响较大时，事业单位应当报主管部门审核后报财政部门变更预算。收入预算变更后，相应调增或者调减支出预算。

（2）单位决算的编审与分析。单位决算是指单位根据预算执行结果编制的年度报告。单位应当按照规定编制年度决算，由主管部门审核汇总后报财政部门审批。

单位应当加强决算审核和分析，保证决算数据的真实、准确，规范决算管理工作。

第二节　行政单位预算管理

一、行政单位预算主体

单位预算是行政事业单位编制的预算。从预算管理角度来看，行政单位是指实现国家各项职能的专职机构，包括国家权力机关、国家行政机关、国家司法机关、政党组织、社会团体和行使行政管理职能的单位。

（1）国家权力机关，即全国人民代表大会和地方各级人民代表大会及其常务委员会。其中全国人民代表大会是最高国家权力机关，它的常设机关是全国人民代表大会常务委员会，全国人民代表大会和全国人民代表大会常务委员会行使国家立法权。

（2）国家行政机关，即国务院和地方各级人民政府及其工作机构。国家行政机关是运用国家权力对国家经济、政治、教育、科技、文化、卫生、国防等事务进行组织和管理的机关，国家行政机关是国家机构的重要组成部分，其体制、职权由宪法和法律规定，一般称为政府。

（3）国家司法机关，即各级审判机关和检察机关。司法机关是行使司法权的国家机关，是国家机构的基本组成部分，是依法成立的行使相关国家职权的司法组织，包括法院、检察院及有关功能部门。广义的司法是指国家司法机关及司法组织在办理诉讼案件和非诉讼案件过程中的执法活动。其中，司法机关是指负责侦查、检察、审判、执行的公安机关（含国家安全机关）、检察机关、审判机关、监狱机关；司法组织是指律师、公证、仲裁组织。后者虽不是司法机关，却是司法系统中必不可少的链条和环节。狭义的司法是指国家司法机关在办理诉讼案件中的执法活动。

（4）政党组织，政党组织就其本身的性质而言并不是行政单位，但由于它们的财务活动与行政单位具有相同或相近的特点，其所需经费全部或大部分由国家财政供给，其财务管理应纳入行政单位的财务管理体系。

（5）社会团体，我国有部分社会团体被列入行政编制并接受财政拨款，明确规定纳入行政单位管理的社会团体有工、青、妇组织等。

（6）行使行政管理职能的单位，一些虽未被列入行政编制但完全行使行政管理职能的单位，如审计署机构、特派员办事处、财政监察专员办事处，这些单位执行行政单位的财务管理制度。

在我国当前部门预算和定员定额制度改革中，行政部门划分为人民代表大会、政协、民主党派、党务部门、综合性部门、公检法司部门、专业管理部门、一般政务部门、人民团体等类型。例如，中央部门包括国务院所属行政部门，全国人民代表大会，中国人民政治协商会议全国委员会，最高人民法院，最高人民检察院，中国共产党、各民主党派等中央级政党组织及中华全国妇女联合会、中华全国总工会等中央级的社会团体；地方行政部门的划分可比照中央的划分方式。

二、行政单位预算管理办法

财政部门对行政单位实行"收支统一管理，结余和结转按照规定使用"的预算管理办法。

（1）收支统一管理。将行政单位的全部收入和全部支出都纳入单位预算管理体系，进行统一管理，行政单位可综合利用各项资金统筹安排各项支出，解决了收支管理分离、财务与资金管理脱节的状况，完善了财政和单位财务部门的监管职能。收支统一管理要求将行政单位取得的各项收入全部编入收入预算，并根据全部收入的情况统筹兼顾，合理安排各项支出，并确保国家统一规定的工资、津贴、补贴等刚性支出和维持机关正常运转所需的公务费、业务费等必不可少的支出。行政单位其他收入作为经费来源的补充，要与财政拨款收入统筹安排使用，主要用于安排经常性支出和必要的专项支出。行政单位预算编制要坚持量入为出、收支平衡、不打赤字的原则。实行收支统一管理，有利于统筹安排各项资金，全面反映行政单位预算的收支状况，提高资金使用效益，并为财政部门核实行政单位预算提供可靠依据。

（2）结余和结转按照规定使用。行政单位收支预算一经财政部门或主管预算单位核批，除特殊因素外，一般不予调整，由单位自求平衡，财政部门或主管预算单位不再追加财政预算拨款，单位收支差额形成结转和结余。其中，结转资金是指预算安排项目的支出年度终了时尚未执行完毕，或者因故未执行但下一年度需要按原用途继续使用的资金。《中华人民共和国预算法》要求连续两年未用完的结转资金应当作为结余资金管理。连续两年未用完的结转资金是指预算安排项目的支出在下一年度终了时仍未用完的资金。结余资金是指年度预算执行终了时，预算收入实际完成数扣除预算支出实际完成数和结转资金后剩余的资金。目前，结余按规定或留归单位下年继续使用，或归集上缴财政或上级单位或调剂给其他单位。

三、行政单位预算和决算编报

（1）预算管理级次。按照预算管理权限，行政单位预算管理分为下列级次：向本级财政部门申报预算的行政单位，为一级预算单位；一级预算单位有下级预算单位的，为主管预算单位。向上一级预算单位申报预算并有下级预算单位的行政单位，为二级预算单位。向上一级预算单位申报预算，且没有下级预算单位的行政单位，为基层预算单位。各级预算单位应当按照预算管理级次申报预算，并按照批准的预算组织实施，定期将预算执行情况向上一级预算单位或者本级财政部门报告。

（2）预算编制依据。行政单位编制预算应当综合考虑以下因素：一是年度工作计划和收支预测；二是以前年度预算执行情况；三是以前年度结转和结余情况；四是资产配置标准和存量资产情况；五是有关绩效结果；六是其他因素。

（3）预算编报。行政单位预算依照下列程序编报和审批：一是行政单位测算、提出预算建议数，逐级汇总后报送本级财政部门；二是财政部门审核行政单位提出的预算建议数、下达预算控制数；三是行政单位根据预算控制数正式编制年度预算草案，逐级汇总后报送本级财政部门；四是经法定程序批准后，财政部门批复行政单位预算。

（4）预算执行与调剂。行政单位应当严格执行预算，按照收支平衡的原则，合理安排各项资金，不得超预算安排支出。预算在执行中原则上不予调整调剂。因特殊情况确需调整调剂预算的，行政单位应当按照规定程序报送审批。

（5）决算编报。行政单位应当按照规定编制决算草案，逐级审核汇总后报本级财政部门审批。决算报告主要以收付实现制为基础编制，综合反映行政单位年度预算收支执行结果等情况。决算报告由决算报表和决算分析两部分组成。决算报表主要包括收入支出表、财政拨款收入支出表等。决算分析的内容主要包括收支预算执行分析、资金使用效益分析和机构人员情况等。行政单位应当加强决算审核和分析，规范决算管理工作，保证决算数据的完整、真实、准确。

（6）预算绩效管理。行政单位应当全面实施预算绩效管理，加强绩效结果应用，提高财政资源使用效益。

四、行政单位收支预算管理

（1）收入预算管理。收入是指行政单位依法取得的非偿还性资金，包括财政拨款收入和其他收入。行政单位依法取得的应当上缴财政的罚没收入、行政事业性收费收入、政府性基金收入、国有资源（资产）有偿使用收入等，不属于行政单位的收入。

行政单位取得各项收入应当符合国家规定，按照财务管理的要求分项如实核算，行政单位的各项收入应当全部纳入单位预算，统一核算，统一管理，未纳入预算的收入不得安排支出。

（2）支出预算管理。支出是指行政单位为保障机构正常运转和完成工作任务所发生的资金耗费和损失，包括基本支出和项目支出。行政单位应当将各项支出全部以项目形式纳入预算项目库，实施项目全生命周期管理，未纳入预算项目库的项目一律不得安排预算。

各项支出由单位财务部门按照批准的预算和有关规定审核办理，行政单位的支出应当严格执行国家规定的开支范围及标准，不得擅自扩大开支范围、提高开支标准，建立健全支出管理制度，合理安排支出进度，严控一般性支出。

第三节 事业单位预算管理

一、事业单位预算主体

各级各类事业单位包括国有及接受国家经常性资助的非国有事业单位和社会团体。我国的事业单位一般是指受国家机关领导,一般不具有社会生产职能和国家管理职能,直接或间接为社会主义生产建设和改善人民生活服务的单位。它包括经济建设事业单位,文化、教育、科学和科研设计、卫生事业单位,抚恤和社会福利救济事业单位,以及上述事业单位在境外设置的分支机构等。事业单位虽然一般不直接创造物质财富,但对整个社会再生产起着基础、先行作用,是整个国民经济社会生活不可缺少的组成部分,对建设社会主义现代化强国至关重要。

2011年以来,我国按照社会功能将现有事业单位划分为承担行政职能的单位、从事生产经营活动的单位和从事公益服务的单位三个类别。承担行政职能的事业单位逐步将其行政职能划归行政机构或转为行政机构;从事生产经营活动的事业单位逐步转为企业;从事公益服务的事业单位继续保留在事业单位序列、强化其公益属性。今后,不再批准设立承担行政职能的事业单位和从事生产经营活动的事业单位。

根据职责任务、服务对象和资源配置方式等情况,将从事公益服务的事业单位分为两类:承担义务教育、基础性科研、公共文化、公共卫生及基层的基本医疗服务等基本公益服务,不能或不宜由市场配置资源的,划入公益一类;承担高等教育、非营利医疗等公益服务,可部分由市场配置资源的,划入公益二类。

二、事业单位预算管理办法

财政部门对事业单位实行"核定收支、定额或者定项补助、超支不补、结转和结余按照规定使用"的预算管理办法。

(1)核定收支。这是指全面核定事业单位的全部收支,并将其全部纳入单位预算统筹安排。事业单位要将全部收入包括财政补助收入和各项非财政补助收入与各项支出统一编列预算,报经主管部门和财政部门核定。主管部门和财政部门根据事业特点、事业发展计划、事业单位财务收支状况及国家财政政策和财力可能,核定事业单位年度预算收支规模,其中包括财政补助具体数额。核定收支健全了单位预算,有利于掌握事业发展的规模,加强了事业单位收支的管理,提高了事业资金的使用效益。

举办公共事业是政府的重要职能,因此,我国财政支持事业的资金规模将随着财政收入的增加而不断扩大,并保持必要的增长速度。目前,在市场机制的作用下,社会力量和个人兴办某些事业,如具有较为显著经济效益的文化娱乐业、职业化体育运动项目等现象已不断出现,形成了多渠道、多形式兴办事业的新格局。事业单位应当将各项收支全部纳入单位预算,统一核算,统一管理,未纳入预算的收入不得安排支出,建立健全支出管理制度。

（2）定额或者定项补助。定额或者定项补助根据国家有关政策和财力可能，结合事业单位改革要求、事业特点、事业发展目标和计划、事业单位收支及资产状况等确定。定额或者定项补助可以为零。非财政补助收入大于支出较多的事业单位，可以实行收入上缴办法。

对于少数因占有较多国家资源或国有资产，因得到国家特殊政策，以及收支归集配比不清等原因而取得较多收入，超出其正常支出较多的事业单位，可以实行收入上缴办法。收入上缴形式：一是定额上缴，即在核定预算时，确定一个上缴的绝对数额。二是按比例上缴，即根据收支情况，确定按收入的一定比例上缴。上缴时间：一是预算年度执行过程中按月或按季上缴；二是在年终一次性上缴。由于各地情况差异较大，各事业单位情况不同，具体上缴办法授权给各级财政部门会同主管部门根据当地实际情况确定。

（3）超支不补、结转和结余按照规定管理。有关管理要求参见行政单位预算管理相应部分的内容，此处不再赘述。

事业单位参考以前年度预算执行情况，根据预算年度的收入增减因素和措施，以及以前年度结转和结余情况，测算编制收入预算草案；根据事业发展需要与财力可能，测算编制支出预算草案。事业单位预算应当自求收支平衡，不得编制赤字预算。

三、事业单位收入管理

（一）事业单位收入界定及构成

事业单位收入是指事业单位为开展业务及其他活动依法取得的非偿还性资金。

（1）财政补助收入，即事业单位从本级财政部门取得的各类财政拨款。

（2）事业收入，即事业单位开展专业业务活动及其辅助活动取得的收入。其中：按照国家有关规定应当上缴国库或者财政专户的资金，不计入事业收入；从财政专户核拨给事业单位的资金和经核准不上缴国库或者财政专户的资金，计入事业收入。

（3）上级补助收入，即事业单位从主管部门和上级单位取得的非财政补助收入。

（4）附属单位上缴收入，即事业单位附属独立核算单位按照有关规定上缴的收入。

（5）经营收入，即事业单位在专业业务活动及其辅助活动之外开展非独立核算经营活动取得的收入。

（6）其他收入，即上述规定范围以外的各项收入，包括投资收益、利息收入、捐赠收入、非本级财政补助收入、租金收入等。

（二）事业收入管理要求

（1）事业单位应当将各项收入全部纳入单位预算，统一核算，统一管理，未纳入预算的收入不得安排支出。

（2）事业单位应缴款项包括事业单位按照国家有关规定收取的应当上缴国库或者财

政专户的资金、应缴税费，以及其他按照国家有关规定应当上缴的款项。事业单位对按照规定上缴国库或者财政专户的资金，应当按照国库集中收缴的有关规定及时足额上缴，不得隐瞒、滞留、截留、占用、挪用、拖欠或坐支。

四、事业单位支出管理

（一）事业支出界定及构成

事业单位支出是指事业单位开展业务及其他活动发生的资金耗费和损失。

（1）事业支出，即事业单位开展专业业务活动及其辅助活动发生的基本支出和项目支出。基本支出，是指事业单位为保障其单位正常运转、完成日常工作任务所发生的支出，包括人员经费和公用经费；项目支出，是指事业单位为完成其特定的工作任务和事业发展目标所发生的支出。

（2）经营支出，即事业单位在专业业务活动及其辅助活动之外开展非独立核算经营活动发生的支出。

（3）对附属单位补助支出，即事业单位用财政补助收入之外的收入对附属单位补助发生的支出。

（4）上缴上级支出，即事业单位按照财政部门和主管部门的规定上缴上级单位的支出。

（5）其他支出，即上述规定范围以外的各项支出，包括利息支出、捐赠支出等。

（二）事业支出管理要求

（1）事业单位应当将各项支出全部纳入单位预算，实行项目库管理，建立健全支出管理制度。

（2）事业单位的支出应当厉行节约，严格执行国家有关财务规章制度规定的开支范围及开支标准；国家有关财务规章制度没有统一规定的，由事业单位规定，报主管部门和财政部门备案。事业单位的规定违反法律制度和国家政策的，主管部门和财政部门应当责令改正。

（3）事业单位从财政部门和主管部门取得的有指定项目和用途的专项资金，应当专款专用、单独核算，并按照规定报送专项资金使用情况的报告，接受财政部门或者主管部门的检查、验收。

（4）事业单位应当加强经济核算，可以根据开展业务活动及其他活动的实际需要，实行成本核算。成本核算的具体办法按照国务院财政部门相关规定执行。

（5）事业单位应当严格执行国库集中支付制度和政府采购制度等有关规定，加强支出的绩效管理，提高资金使用效益。

（6）事业单位应当依法加强各类票据管理，确保票据来源合法、内容真实、使用正确，不得使用虚假票据。

五、事业单位结转和结余管理

结转和结余是指事业单位年度收入与支出相抵后的余额。结转资金是指当年预算已执行但未完成,或者因故未执行,下一年度需要按照原用途继续使用的资金。结余资金是指当年预算工作目标已完成,或者因故终止,当年剩余的资金。经营收支结转和结余应当单独反映。

财政拨款结转和结余的管理,应当按照国家有关规定执行。财政拨款结转是指当年预算已执行但尚未完成,或因故未执行的情况下的财政款项。财政拨款结余就是预算工作目标已完成,或由于受政策变化、计划调整等因素影响工作终止的财政款项。财政拨款结转资金原则上结转下一年度继续使用,项目支出结转资金结转下一年度按原用途继续使用。

非财政拨款结转资金按照规定结转下一年度继续使用。非财政拨款结余可以按照国家有关规定提取职工福利基金,剩余部分用于弥补以后年度单位收支差额;国家另有规定的,从其规定。

事业单位应当加强非财政拨款结余的管理,遵循收支平衡、盘活存量的原则,统筹安排、合理使用,支出不得超出非财政拨款结余规模。

六、事业单位专用基金管理

专用基金是指事业单位按照规定提取或者设置的有专门用途的资金。专用基金管理应当遵循先提后用、专款专用的原则,支出不得超出基金规模。专用基金包括两项:一是职工福利基金,即按照非财政拨款结余的一定比例提取以及按照其他规定提取转入,用于单位职工的集体福利设施、集体福利待遇等的资金。二是其他专用基金,即除职工福利基金外,按照有关规定提取或者设置的专用资金。

事业单位应当加强专用基金的预算管理,按照实际需要提取,保持合理规模,提高使用效益。专用基金余额较多的,应当降低提取比例或者暂停提取;确需调整用途的,由主管部门会同本级财政部门确定。

各项基金的提取比例和管理办法,国家有统一规定的,按照统一规定执行;没有统一规定的,由主管部门会同本级财政部门确定。

第四节　部门预算制度

一、部门预算定义

部门预算是以政府各部门为依托,由部门的主管单位汇总编制,经财政部门审核后报立法机关审议通过的、以反映本部门所有收支为核心的年度财力配置计划。部门预算要从基层单位编起,层层审核汇总,财政直接核编到一级预算单位。

我国长期以来在预算编制上采取按功能预算的方式。功能预算是指在编制预算时，不以预算部门作为划分标准，而是根据政府的职能和经费性质对开支加以分类进行预算编制的方法。我国传统的功能预算编制简单粗糙，缺乏科学、必要的定员定额标准，缺乏一个反映预算全貌的完整而细化的预算，预算约束软化，致使一年预算、预算一年的情况具有普遍性，预算资金分配权分散，财政的职能分散，不便于有效的财政监督，不能从制度上杜绝不廉洁行为，资金使用效率不高。2000 年起，我国部门预算制度改革的取向是一个部门一本预算，通过部门预算可将政府预算落实到具体的部门。各部门是指与本级政府财政部门直接发生预算缴拨款关系的国家机关、军队、政党组织、事业单位、社会团体和其他单位。各部门预算应当反映一般公共预算、政府性基金预算、国有资本经营预算安排给本部门及其所属各单位的所有预算资金。

各部门预算由本部门所属各单位预算和本部门机关经费预算组成。编制部门预算的主体在资质上应该限定在一级预算单位，由一级或主管预算单位汇总、编制本部门的预算、决算草案，组织和监督本部门预算的执行，定期向本级政府财政部门报告预算的执行情况。

我国部门预算主要由部门收支预算构成，各部门预算收入包括本级财政安排给本部门及其所属各单位的预算拨款收入和其他收入。各部门预算支出为与部门预算收入相对应的支出，包括基本支出和项目支出。基本支出是指各部门、各单位为保障其机构正常运转、完成日常工作任务所发生的支出，包括人员经费和公用经费；项目支出是指各部门、各单位为完成其特定的工作任务和事业发展目标所发生的支出。各部门及其所属各单位的本级预算拨款收入和其相对应的支出，应当在部门预算中单独反映。

二、部门预算改革取向

（1）细化性。部门预算本身就是对功能预算的细化，而且部门预算的内容细化到部门及下属单位和项目，既包括行政单位预算，又包括其下属的事业单位预算，详细地确定和规范部门及其下属单位预算支出项目和支出内容，逐步改变长期以来把资金切块给部门自行分配使用的状况。

（2）完整性。部门预算要全面反映各部门的一切收支，内容既包括一般预算收支计划又包括政府基金预算收支计划，既包括正常经费预算又包括专项支出预算（和基本建设支出），不仅反映本部门财政需求，还要反映其全部收入状况，内容更全面。

（3）综合性。部门预算要体现综合预算的思想，统筹考虑部门和单位的各类资金，增强预算调控能力。部门预算报表包括部门全部收支，涵盖部门所有公共资源，部门预算综合管理是实行综合财政预算管理的基础，各种非税收入要严格执行收支两条线管理，取消收支挂钩的预算核定方法。

（4）科学性。科学性体现在两方面：一是编制预算的方法。打破以上年为基数编制预算的方法，采取零基预算和绩效预算结合的方式，以绩效为导向，重视支出的结果，强调追踪问效，提高办事效率，改进工作方式。二是经费分类管理。部门预算将支出经费划分为基本支出预算和项目支出预算两部分，实行分类编列与管理。基本支出预算以标准的定员定额制度为依据编制；项目支出预算在可行性研究的基础上实行项目库管理方法。

（5）法律性。传统的部门预算信息通常只需在财政业务机构和部门之间进行传递，改革的部门预算方案是作为功能预算的细化部分，还需要传送到立法机构，以便于立法机构审批年度预算法案，并为监督政府预算的执行提供依据。

三、部门预算改革成效

（1）扭转代为编报预算的方式。我国传统的政府预算往往由财政为部门、部门为下属单位按资金性质不同代编形成。部门预算细化、完整等改革取向势必要求政府预算以基层单位为基础编制预算后，再由部门主管单位负责审核、汇总、分析基层单位预算建议计划，编制部门收支预算建议计划并报财政部门，从而使政府预算的编制更加科学合理，有利于提高预算管理水平。

（2）统一预算分配权。一是财政集中预算管理职能，长期以来我国一直将财政资金按财政总预算进行切块，分配给部门，再由各部门自行决定分配和使用财政资金，部门预算改变了这种传统的分散化分配财政资金的方式，增强了财政宏观调控能力；二是调整财政内设机构及其职能，由预算机构作为统一管理预算的部门，改变了原来按经费性质设置机构的做法，做到了一个部门归口财政的一个业务机构，财政部门一个口对外，避免财政内部相互交叉又相互脱节的弊端，减轻财政部门和预算单位双方的工作量，各部门也调整了内部职责分工，统一由一个机构负责编制本部门预算，将部门的所有收支编在一本预算中，预算情况一目了然。

（3）建立相互制衡的管理机制。财政内部、财政和部门之间及部门内部形成预算编制、执行和监督相对分离，建立起分工合理、责任明确、相互制约的财政运行机制。部门预算改革进程中还需要在财政部门与其他宏观经营管理部门之间，在政策、规划和预算之间建立良好的组织协调机制。

实行部门预算后，仍由财政和有预算分配权的部门按经费性质审核部门预算建议数和下达预算控制数，不改变这些部门的分配权限。

（4）减少预算机动权。安排一定规模的预算机动财力具有必要性，如在意大利，总预算中可以按一定比例保留备用金，且任何部门都无权保留机动财力。但长期以来，我国政府各层次都预留了规模过大的机动财力。部门预算改革要求我国有预算分配权的部门严格执行国务院规定的年初预算指标预留比例，预留要降到国务院规定的水平之下，应在规定的时间将所管理的资金落实到具体项目和使用单位，减少机动权。财政原则上不留机动资金，各部门非追加不可的支出应先报财政，由财政汇总审核后报政府审定，动支预备费解决。各部门、各单位对不同预算科目间的预算资金确需调剂使用的，须经本级政府财政部门同意。

（5）提升预算水平。部门预算是全面反映部门收支活动的预算，部门预算通过细化编制，定性与定量分析并重，可提高预算编制的准确度，提高预算的到位率。部门预算是对政府总预算，也是对功能预算更进一步的细化，克服了功能预算粗放、复杂模糊这一最大的缺点，使预算具有公正、透明和便于监督等特点。

部门预算的编制必须合法、准确和完整，并按照综合预算的要求，合理预测部门及所属单位的收入能力，统筹安排财政资金及本部门组织的收入，最大限度地体现部门财力的配置效率。

四、部门收入预算编制与管理

各部门预算收入编制内容包括本级财政拨款收入、财政拨款结转和其他收入。

（1）依据历史和现实全面如实测算。部门收入是预算单位从不同来源取得的各种收入的总称，应当将所有政府收入全部及时足额列入预算，不得隐瞒、少列。

各部门在编制部门收入预算时要根据历年收入情况，特别是近几年实际取得的收入和下一年度的增减变动因素，结合现有资产情况如实测算本部门组织的各项收入，不能随意夸大或隐瞒收入。

（2）收入按类别逐项核定。各部门收入预算由收入预算表集中反映，各项收入按类别逐项核定，其中，财政拨款数要严格按照财政下达的财政拨款控制数填列，对本部门组织的行政性收费和其他非税收入，以及部门其他收入要核定到具体的单位和项目。部门各类收入要按照不同来源分别编制预算，汇总后形成部门收入预算。非税收入应依据上年、当年收入数，下年的政策变化及其他收入增减因素测算。其他收入包括上级补助收入、事业收入（指从事专业业务活动取得的收入）、事业单位经营收入、附属单位上缴收入等。收入预算要积极稳妥，对没有把握的收入项目和数额不得列入部门预算。

（3）按规定标准预测征收。单位收入受经济形势、国家政策、单位业务量、征收率等多方面因素的影响，各部门要掌握比较全面和准确的信息，分析影响预测目标的主要因素，如工程业务量、国家政策导向等，合理预测收入的增减趋势，以保证部门履行职能的资金需求。测算工作要求：一是严格遵循国家批准的范围和标准合理征收，不能从本部门的利益出发，随意扩大或缩小征收范围。任何扩大或缩小征收范围的行为都是违法行为，将增加企业、个人的负担或导致政府财政资源流失。二是提高征收水平，完善征收手段，加强征收管理，以保证收入的真实、准确。

五、部门支出预算编制与管理

（一）部门基本支出预算编制

1. 基本支出预算编制原则

（1）优先保障、不留缺口的原则。部门预算的编制要根据财力可能，结合单位工作任务需要，合理安排各项资金。预算资金安排首先要保障单位基本支出的合理需要，以维持行政事业单位日常工作正常运转的基本需要。在此基础上，本着"有多少钱办多少事"的原则，安排各项事业发展所需的项目支出。

（2）依据定员定额标准的原则。基本支出预算的核定原则上采用定员定额的管理方法，不宜采用定员定额标准核定的特殊项目可采用单项核定的方法。对于基本支出没有财政拨款的事业单位，其基本支出预算可以按照国家财务规章制度规定和部门预算编制有关要求，结合单位收支情况，采取其他方式合理安排基本支出预算。

部分没有财政拨款的事业单位的基本支出预算是用单位自行组织的收入安排的，但根据综合预算的原则，财政可以参照定员定额的要求，采用其他编制方法核定这些单位的基本支出预算。

2. 基本支出预算编制内容

（1）人员经费按定员和工资标准据实核定。人员经费预算以标准的定员定额为依据，按机构编制主管部门批准的人员编制内的实有人数和国家规定的工资津贴补贴标准逐人核定，参考单位上年人员经费实际支出水平进行测算、提出预算年度人员经费支出额度。除另有规定外，在测算财政补助定额时，对单位发放的政策外补贴不予考虑。

基本工资是人员经费的主要部分，一般根据核定的编制人数或全年平均人数、上年平均工资标准，并结合计划年度工资调整情况计算确定。

$$基本工资 = 编制人数 \times 年均工资标准$$

发给在职人员的各项津贴、补贴等补助工资，一般根据编制人数和平均标准测算。

$$补助工资 = 编制人数 \times 年均津（补）贴标准$$

按标准提取的职工福利费、工会经费、长期休养人员生活费、探亲旅费等，一般根据享受职工福利费的人数，逐项按标准计算；也可以参照上年度职工福利费占工资总额的比例进行测算，或按全年工资总额的一定比例计算或定额标准提取。住房公积金根据在职人数、工资总额和计提比例测算。

$$职工福利费 = 工资总额 \times 规定的计提比例$$

离退休人员费用，一般按离退休人数和全年费用额定标准计算确定。

预算编制时，人员经费应该按照编制定额确定单位的经费额度，预算由单位编制，并由部门负责汇总。全国行政单位和教师工资推行财政统一发放工资管理办法，即用财政性资金安排的工资资金采用由财政部门委托代发工资银行（一般应为国有商业银行）直接拨付到个人工资账户上的管理方式。实行"编制部门核准编制、人事部门核定人员和工资、财政核拨经费、银行代发到人、及时足额到位"的管理原则。

（2）日常公用经费按机构性质和部门分类分档标准及其系数确定。公用经费应按零基预算原则，根据经济的发展、财源的变化、事业的布局和职能的转变等因素核定经费额度，这样有利于改变按人头（编制）拨款的现象。各部门和单位应根据现有的公共资源情况和业务工作性质，按照财政机关核定的公用经费单项开支标准和调整系数测算、编制，由此，需要建立一个能够量化的、由支出基本因素和调整系数组成的指标体系。

公务费是公用经费中一项最主要的经费，可以按全年人均开支标准进行测算，也可以根据历年的开支情况，结合实际需要确定。

$$公务费 = 年均公务费标准 \times 人员编制数$$

业务费、修缮费、设备购置费等一般根据实际工作的需要，按照节约的原则，参考上年或历年开支规模和规律，结合政府财力的可能分别确定。

考虑到各类单位经费开支特点及财政供给程度的不同，实行公务员制度的单位由财政部门根据实际需要，结合财力可能，参照历年执行水平等情况进行测定。

（3）经营及往来支出按不同的类别分别确定。经营及往来支出主要包括三种：一是上缴上级支出，这是指实行收入上缴办法的事业单位按规定的定额或比例上缴上级单位的支出。二是事业单位经营支出，这是指事业单位在专业活动及辅助活动之外开展非独立核算经营活动发生的支出。事业单位在经营活动中，应正确归集实际发生的各项费用，无法直接归集的，应按规定的比例合理分摊。直接用于经营活动消耗的材料、工资等费用，直接计入经营支出。要正确划分事业单位经营支出与事业支出的界限，经营支出要与经营收入配比。三是对附属单位补助支出，这是指事业单位发生的用非财政预算资金对附属单位的补助支出。

3. 基本支出预算编制与调整

凡属共性、经常性的开支项目都要实行单项额定标准；对无法细化的项目也应按照量化原则归类核定综合限额标准；其他一次性、不宜在基本支出预算中通过额定标准核定的开支项目，可纳入项目预算进行管理。

经费预算按照财政核定的定额标准测算和编制，其中事业经费的支出标准按照分类的综合限额标准来核定和编制。

基本支出预算中按照政府采购品目规定应当纳入政府采购的支出，应同时纳入政府采购预算，并按照国家有关政府采购的规定执行。

在财政正式批复部门预算后，各部门、各单位要严格按批复的预算执行，不得在执行中自行调整变更。

（二）部门项目支出预算

1. 部门预算项目分类

（1）部门项目按性质可分为基本建设类项目、行政事业类项目和其他类项目三种。

基本建设类项目是指按照国家基本建设管理的规定，用基本建设资金安排的项目。行政事业类项目是指行政事业单位由行政事业费开支的、列入部门预算的国家专门设立的事业发展项目支出，即教育、科学、卫生、文体广播及其他部门的事业性专项支出。行政事业类项目主要包括：由国家批准设立的有关事业发展专项计划、工程、基金项目，经常性专项业务费项目，以及大型修缮、大型购置、大型会议等项目。其他类项目是指除上述两类项目之外的项目。其主要包括用科技三项费用、农业综合开发支出、政策性补贴支出、对外援助支出、支援不发达地区支出等资金安排的项目。

（2）项目按部门预算编报要求分为四类。对于部门预算而言，项目按照部门预算测算及编报要求分为政府已研究确定项目、经常性专项业务费项目、跨年度支出项目和其他项目四种类型。

对前三类支出项目实行滚动管理：前三类支出项目列入部门预算后，项目的名称、编码、使用方向在以后年度申报预算时不得变动，项目预算按照立项时核定的分年度预算逐年安排。每年项目支出预算批复后，部门和财政要对项目库进行清理。

（3）项目按年时间跨度的特点分为两类。新增项目是指本年度新增的需列入预算的项目。延续项目是指以前年度已批准，并已确定分年度预算，需在本年度及以后年度预算中继续安排的项目，不包括以前年度已批准但未确定预算的项目。

（4）项目按属性可分为 13 类。13 个类别分别为：大型会议、培训类项目；专项课题、规划类项目；信息系统运行维护类项目；执法办案类项目；监督检查类项目；调查统计类项目；重大宣传、活动类项目；房租类项目；房屋建筑物购建类项目；信息网络购建类项目；大中型修缮类项目；设备购置类项目；其他类项目。

2. 项目支出预算管理原则

我国要按照建设中国特色社会主义公共财政的要求，通过建立部门和财政项目库与项目评审制度及项目绩效考评制度，逐步规范项目支出预算的编制，最终形成一套科学、规范、合理的项目支出预算管理体系。项目支出预算的管理特点和要求如下。

（1）统筹财力、综合预算管理的原则。项目支出预算要体现预算资金统筹安排的要求。财政部门要根据政府的政策目标、财政财力保障程度、部门事业发展需要和紧迫程度，对部门申请的项目将根据财政预算内拨款需求、部门拟投入项目的不同资金来源情况，进行全面评估，统筹考虑各渠道筹款，确定财政安排的项目资金。

（2）科学论证、量力而行、合理排序的原则。各部门申报项目应当依据行使职能和事业发展的需要，在可行性论证和严格审核的基础上，根据财力情况、遵循"保证重点、兼顾一般""先重后轻""先急后缓"等原则，合理排序后对项目择优安排。

（3）统一规划、统一建库的原则。项目库管理系统由财政机关统一设计，统一规划，统一制定部门项目库管理的规章制度、项目申报文本、项目支出预算报表的格式，统一设计开发计算机应用软件和应用程序，各部门按有关规定填制和上报项目数据。

（4）绩效评价、全程追踪问效的原则。对项目立项、执行、完成的全过程进行审查监督，建立健全项目追踪反馈制度，按预算年度所有因素和事项的轻重缓急、效益大小重新测算，对项目投入要素和成本费用等经济效益和社会效益进行分析、审查，采用必要的方案评估和成本效益分析，开展科学的项目可行性论证，编制项目概算，确保有限的预算资金用于最有价值的项目和用途上。财政和各部门对财政预算安排项目的实施全过程追踪问效，并对项目完成结果进行绩效评价。及时发现问题并进行整改调整，将考核结果作为执行中拨付资金的依据，下年度项目预算安排的参考，不断提高项目资金的使用效率。

3. 项目支出预算管理方法

（1）"打捆"集中管理，避免分散重复。为统一项目申报与测算口径，避免出现预算编报和测算"两张皮"的问题，预算编制中的部分延续性的跨期项目、跨部门或单位的共担项目支出可由项目牵头单位将分散性支出统一归集起来，将跨度大但联系紧密的子项目以"打捆"的方式集中整合在一起进行项目申报、执行和管理。项目"打捆"要按照"打捆项目、集中投入"和"各负其责、各记其功"的原则管理，"打捆"项目要细化支出内容，明确支出标准，提高预算编制的科学性和合理性。

（2）运用数量技术方法，进行可行性分析。财政项目具有公益性，不能像私人投资项目的评估一样运用显性的成本效益分析法进行评估和取舍，需要运用综合成本效益分析法、最低成本法等各种财务分析方法和评估技术手段进行定性、定量分析，形成项目可行性报告。项目可行性报告要注意从项目单位的基本情况，项目实施的必要性、可行性，实施的条件，项目进度与计划安排等几个方面进行编写。

（3）项目分类排队，分层分级入库管理。《中华人民共和国预算法实施条例》规定：项目支出实行项目库管理，并建立健全项目入库评审机制和项目滚动管理机制。项目支出预算管理坚持"区别特点，分类管理"的原则，根据各类支出项目的特点采取不同的管理形式和适宜操作的方法。各单位、各部门要对专项支出进行分类排队，将年度预算编制到具体项目，在进行项目可行性分析之后，可申报项目预算，交由财政部门列入项目备选库，财政部门根据各部门事业发展需要和财力可能统筹安排。部门和财政机关可按照规定对各自设立的项目库实行分级管理，分别设置部门的项目库和财政的项目库，项目库划分为备选库、项目分库和项目总库。项目库是项目支出预算的重要组成部分，是对申请预算的项目进行规范化、程序化管理的数据库系统。进入项目库中的项目应是经过严格论证、审核的合规项目。项目库是开放式的、透明的，可以实行清单公示管理方式。各部门应及时将项目补充入库，除因重大政策调整或难以预料的因素而增加临时性项目外，其他正常项目均从项目库中抽调。

（4）总额控制、有效储备。预算项目体现公共支出需求，调整支出结构，筛选项目要有利于政府公共服务水平的提高，凡进入项目库的项目，都要经过科学的论证，凡不符合条件的，不予安排；部门和单位应根据部门和单位行政工作及事业发展的需要及上一年预算安排项目的情况和当年财政资金支持方向，制定中期项目规划，并根据当年实际情况申报合适数量的项目，不可盲目申报项目，片面追求申报项目的数量。项目库的数量规模实行总额控制。例如，中央部门在进行"一上"预算时，申报的项目支出预算总额应控制在上年度财政拨款安排项目预算总额的120%以内（不含国家发展和改革委员会安排的基建支出）。

（5）分项单独申请、专项管理。专项经费预算实行"按项申报、专款专用、专门核算"的管理办法。专项经费是指为完成专项工程或特定工作任务，需要单独核拨、核算的经费，需按项目申报，财政部门或主管预算单位按项目审查核定。由上级主管部门直接下达的专项工程或特定工作任务，一般由主管部门编制专项经费预算，并在下达任务时下达专项经费；由单位根据需要提出申请，报请主管部门审批后确定的，一般需由单位制订计划，编制专项经费预算，并报请主管部门或财政部门批准。项目专项支出应以项目预算的形式进行编制并归总到部门预算中。对专项支出实行定项管理，并由主管部门汇总，资金由财政部门掌握，可实行政府统一采购，按预算分配给有关部门。

（6）定期清理项目库，实行动态管理。项目清理工作要年年做，它是以后年度预算编报的基础，也是项目库中项目滚动管理的基础。每年制订滚动项目计划，项目支出预算批复后，部门应当按照财政编制部门预算的要求对单位经费中的专项支出进行分类排队，及时清理完工项目，通过定期清理，将延续项目和当年预算未安排的合规合理项目滚动转入以后年度，与新增项目一并申请以后年度项目预算，并可在同等条件下优先安排，减少部门申报项目的工作量。

（三）支出项目化管理

目前推进的预算管理一体化系统，将预算项目作为预算管理的基本单元，所有预算支出都要以预算项目的形式纳入项目库，并根据各类预算支出性质和用途将预算项目分为人员类项目、运转类项目和特定目标类项目。其中，人员类项目支出和运转类项目中的公用经费项目支出对应部门预算中的基本支出；特定目标类项目支出、运转类项目中的其他运转类项目支出对应部门预算中的项目支出（图6-1）。

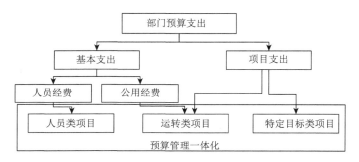

图6-1　预算管理一体化重构部门预算支出结构

所有项目支出都实行项目库管理制度，项目进行可行性论证和评审，由此决定是否入库、是否立项并通过预算分配予以资金支持，项目库实行分类管理、滚动管理。

六、部门预算报表

一套逻辑清晰、内容简化、完整合理的部门预算报表体系，有助于部门有计划地开展工作，也有助于加强预算管理及预算监督。部门预算报表反映部门年度预算收支规模、事业发展重点等基本内容，是部门预算的主要表现形式。

（1）运用数据库管理模式。在保持部门预算报表基本体系相对稳定的前提下，实行数据库集中管理，对部门预算数据录入方式作出了较大改革。数据库集中管理模式的运用，为系统地进行预算数据的分析、跨年度横向比较提供了方便，有利于做好预算编制工作。数据库管理的实施和预算网络的运用，可以使财政机关与各部门之间预算编制信息的经常性交流成为现实，有关部门可以及时掌握部门基础资料和项目库的动态情况，从而为定员定额的合理制定和项目库的滚动管理创造了有利条件。

（2）引入录入表和预算表。部门预算编制将涉及的各种数据表格划分为数据录入表和输出表两类：一是录入表，即数据录入表，主要完成部门预算基本数据的录入，实行数据库管理，格式较固定，不同年度之间在结构上不会发生大的变化，内部结构基本稳定，仅在录入或修改预算数据时使用，便于单位财务人员长期使用。二是预算表，即输出表，是由财政部门根据预算单位预算管理的需要对数据录入报表的基础数据进行处理，按照定义好的报表格式在录入表的基础上由软件自动生成、输出的各类预算报表，输出表不需录入、填制，可根据需要灵活制定，输出表年度间可以有很大的变化，年度内也可以进行更新，但不影响已录入的数据。

引入录入表和预算表具有如下优点：一是改变了录入方式，相同数据只需要录入一次，使部门编制工作量大大减少，减少重复劳动，工作效率显著提高。二是简化数据录入的工作，使计算机存储更加集中，运算速度明显提高，系统的版本升级更加连贯。三是不仅使部门预算报表体系从形式上发生了变化，更主要的是部门预算报表从单纯满足预算编制转向全面支持预算管理和改革。

第五节　企业全面预算管理

一、企业全面预算的含义

企业全面预算是指企业围绕战略目标，对一定时期内（一般为一年或一个既定的期间内）与经营、财务、投资等及价值流相关的所有资金和资源力争进行最合理的配置和安排，并分析、预算和决策，控制预算执行，从而有计划地高效、协调开展企业的所有投资和经营活动。

企业全面预算管理包括业务和财务两方面的预算，涵盖了企业经营活动的各个方面，包括经营预算（销售及收入、生产、成本、费用、采购等）、投资预算（固定资产购置、改扩建、资本运作可行性研究等）、人力资源预算、财务预算（现金流量、损益、资产负债等），以及专项事务预算（如项目关停、撤并、资产处置及人员安排等）。

二、企业全面预算的特点

（1）企业预算管理是一个全面的资源整合和管理系统，包括全额、全员、全过程，是对企业所有资源、所有活动进行的整合。

（2）企业全面预算是公司整体战略发展目标和年度计划的细化。企业全面预算要求将公司整体战略发展目标层层分解，落实到最基本的单元，使总目标建立在可靠可行基础上，细化到年度计划，将职责落实到不同部门、不同岗位、不同人员，降低经营风险和财务风险。

（3）企业全面预算编制要求将预算目标通过数量体系体现出来，并将这些指标分解落实到每个部门、操作单元，使预算的编制、执行达到责、权、利的统一。

三、企业全面预算的构成

各预算执行单位按照业务的类型及责权，编制不同形式的专业预算。

（1）业务预算。业务预算包括收入、采购和费用等方面的预算，涉及销售预算、工程成本预算、生产成本预算、采购预算、期间费用预算、税金等其他业务预算。①销售预算是预算期内销售产品可能实现的销售量及收入的预算，主要依据目标利润、预测的销售量及市场价格等编制。②成本预算包括工程成本预算和生产成本预算，成本预算按建设工程量或生产量、定额、市场价、合同等资料编制。③采购预算是购进材料、低值易耗品等存货的预算，根据计划采购量、市场价格确定。④期间费用预算是指管理费用、财务费用、营业费用等预算，根据实际分项目、分单位编制。⑤税金等预算应根据经营业务预计情况和国家有关政策等资料进行编制。

（2）财务预算。财务预算包括现金流量表、预计损益表、预计资产负债表等。①现金流量表是有关现金收支的汇总，主要作为企业资金头寸调控管理的依据，通常是在预算期内以业务预算、资本预算、筹资预算、利润预算为基础编制。资本预算包括固定资产购建、投资等预算，根据购建、投资计划、市场价等资料编制。筹资预算包括长短期借款及利息预算，根据资金需求、计划、利率等资料编制。②预计损益表根据预算期内销售预算、成本预算、费用预算等资料分析编制。③预计资产负债预算表根据期初、本期的资产和负债预算数等有关资料分析编制。

四、企业预算管理模式

（1）销售主导的预算管理模式。该模式以销售为核心开展预算编制与管理。该模式的缺点有：可能会造成产品过度开发，不利于企业长远发展；可能会忽略成本降低，不利于提高企业利润；可能出现过度赊销，增加企业坏账损失。

（2）利润主导的预算管理模式。该模式以增强企业集团的综合盈利能力作为工作目标，有助于企业管理方式由直接管理转向间接管理。该模式的缺点有：可能引发短期行为，使企业只顾预算年度利润，忽略企业长远发展；可能引发冒险行为，使企业只顾追求高额利润，增加企业的财务风险和经营风险；可能引发虚假行为，企业通过一系列手段虚降成本，虚增利润。

（3）成本主导的预算管理模式。该模式是以成本为核心，以成本预算为预算编制起点，以成本控制为预算控制主轴，以成本为主要考评指标的预算管理模式。其预算编制主要包括三个基本环节，即设定目标成本、分解落实目标成本、实现目标成本。该模式可能只顾降低成本，忽略新产品开发，忽略产品质量。

（4）现金流量主导的预算管理模式。该模式主要依据企业现金流量预算，现金流量是预算管理工作的起点和关键所在。实践中，企业日常财务管理，特别是产品处于衰退期的企业对现金流量的管理极为重视，需要采用以现金流量为起点和核心的预算管理模式。

不同企业对预算模式的选择不同。一般而言，企业预算围绕企业的战略要求和发展规划，以业务预算、资本预算为基础，以经营利润为目标，以现金流的平衡为条件进行编制，最终以财务报表的形式予以综合反映。

本章思考与练习题

1. 说明机构预算的特点和管理范围。
2. 解释行政事业单位预算管理方式的差别。
3. 说明行政事业单位预算管理的范围和构成。
4. 解析单位预算编制应该遵循的原则。
5. 解释行政事业单位预算各环节的管理要求。
6. 试述我国部门预算改革的成因。
7. 说明我国部门项目预算的管理方法。
8. 说明我国部门基本支出的界定及其编制方法。
9. 阐述我国部门预算制度改革的取向。
10. 说明我国部门预算报表的改进。
11. 解析企业全面预算管理的含义与特点。
12. 说明企业全面预算的构成内容及编制方法。

第七章

复式预算管理

第一节　复式预算构成

一、复式预算管理依据

复式预算的核心是建立相对独立的资本预算，根据经济学原理，资本应该具有增值的内在特性，因此，西方复式预算的理论基础在于资本性预算不同于经常性预算，具有不同的管理要求。我国构建复式预算的理论基础有别于西方国家。

（一）国家经济职能实现方式是构建复式预算的起点

国家职能的实现在很大程度上要通过政府财政活动的进行，而政府预算是一国政府活动范围与方向在财政上的集中体现。任何国家都具有社会管理和经济管理两大职能，我国生产资料全民所有制表现为国家所有制，国家的经济管理职能是双重的，即一般经济管理职能和特殊经济管理职能，两者在依据、范围、手段和目标上有着明显的差别。前者依据政权制定和颁布各项法律、法规，从外部来影响不同所有制企业的行为，以维护社会经济环境的合理有序；后者则通过控制产权从内部来影响所有国有企业的行为，以实现国有资产的保值增值。若将两者混同，不仅会降低各自应有的效能，还会产生许多难以解决的矛盾，阻碍经济的发展。这两种经济管理职能分别对应公共财政和国有资本财政，反映到预算上，分别对应公共预算和国有资本经营预算。

（二）国有企业与政府的双重关系是构建复式预算的现实条件

国有企业与政府有着双重关系。一方面，作为独立的市场主体，国有企业对政府公共财政的贡献应与非国有企业一样，主要通过照章纳税来体现；另一方面，作为市场经营主体，国有企业对政府的贡献还应通过向代表政府行使出资人职能的国有资产管理部门上缴投资收益来实现。我国政府具有社会经济管理职能和国有资产管理双重职能，将政府的这两种职能相对分离，两种预算分列，从制度上保证了国有企业的经营自主权，有利于提高国有企业的效率，加强对国有资产的监管，减少国有资产流失。国有资产管理部门是以国有资产所有者代表的身份向国有企业收取产权收入，进行资本投资，并编制资本预算的。因此，国有资本经营预算是国家预算的有机组成部分，国家财政的整体职能不仅不能因机构、预算的分设而被肢解，相反必须得到加强。

二、复式预算两种模式

（一）复式预算可采取"双轨"或"多轨"两种模式

20 世纪 30 年代资本主义世界经济危机爆发后，西方许多国家开始奉行凯恩斯主义和积极干预的财政政策。1927 年丹麦首次将国家预算分为经常预算与资本预算。此后，瑞典、英国、意大利、德国、美国、挪威、卢森堡、葡萄牙国家相继采用这种预算形式；20 世纪 40 年代末，印度和南美洲一些发展中国家也开始采用这种预算形式。

为配合罗斯福新政，美国联邦政府从 1933 年 7 月 1 日起将预算分成"正常"和"非正常"两部分。瑞典著名财政学家 A. 塞纳在阐述资本预算产生的历史背景时指出："1911 年起瑞典设立了很多'资本性基金'，依靠这些基金积累了一些归国家所有的'生产性资本'。生产性资本是指能产生直接货币收益的资本，如铁路、通信、水利、电力工程和森林等公有资产。"当时瑞典政府将国家预算收入分为两部分，一部分由经常性收入组成，另一部分是借贷。预算支出同样也包括两部分，一部分为经常性支出，另一部分为资本积累，也就是给资本性基金的拨款。在这种条件下，1937 年，瑞典的法律改变了原来除战争等特殊情况外，不允许政府借债的规定，但是法律要求政府用债务收入安排的支出，必须产生相应的资产，而不能用于没有收益的消费性支出。瑞典 1937 年预算政策改革中正式引用了资本预算，并于 1938 年开始实行。1939 年，由于政府干预经济和国际局势恶化，英国政府支出直线上升，收不抵支。为了弥补财政赤字，英国政府把预算收入和预算支出划分为经常性预算和线下预算两部分，经常性预算的收支是平衡的，线下预算的赤字通过借债弥补。

由于各个国家的经济结构、发展程度、预算管理等的不同，各国使用的复式预算名称和具体项目也不尽相同，复式预算可采取"双轨"或"多轨"两种模式。

20 世纪 80 年代以来，国家对经济的干预由传统做法过渡到采用现代化宏观管理手段，即主要采用税率、利率、价格和产业政策等手段进行宏观调节，政府直接从事的资本性投资减少，无须单设资本性预算，因此，瑞典、英国等工业发达国家又先后放弃了复式预算的编制形式，但目前仍有许多国家实行复式预算制度，如日本、法国、澳大利亚、印度等。英、美等国即使放弃了复式预算的形式，还是按复式预算原理将支出按其经济性质划分为经常性支出和资本性支出两部分进行预算分析及管理，复式预算管理的理念得以保持并深化。

（二）复式预算的经典模式是"双轨"

复式预算的经典模式是"双轨"，"双轨"复式预算最常见的划分方式是将预算划分为经常性预算和资本性预算两部分。

（1）经常性预算。经常性预算用于反映政府一般行政运行等经常性收支项目。收入的筹措以各项税收为主，支出方为各种公共服务及政府行政经费支出。经常性预算体现政府的社会管理和国家机器职能，也是一国政府的最低活动界限。经常性预算一般不能有赤字，否则意味着政府财政收入陷入极度困境，以致最基本的支出都无法满足。对经常预算支出主要从合理使用、勤俭节约的角度进行监管。复式预算要求经常性支出应该通过税收来满足，并有盈余可供使用。

（2）资本性预算。资本性预算用于反映政府的资本投资，即通过借款筹措资金、公共资产运营而获得社会新生资产，并提供公共品的财力培植计划。其中，资本性预算收入反映政府投资及财产出售收益、经常性预算结余收入及收不抵支时的借债收入；资本性预算支出包括为取得新生产的资产而发生的支出——此支出是全国总投资的一部分，折旧备抵、以前生产的这部分资产并不影响生产总量，却涉及政府资产的定期估价。资本性预算还包括外援。

目前，现实中的复式预算一般分为三部分：一是经常性预算，主要反映税收收入和政府一般活动的经常费用支出，采用政府会计账户收支对照方式；二是资本性预算，主要反映债务收入和政府公共投资支出，采用资产负债表和损益计算书方式；三是专项基金预算，反映各种专项基金的筹集和使用情况。

三、复式预算管理特点

（1）以推动发展和增长为目标。一般理论分析认为，为添置资产而借款是可以接受的，所以预算赤字和盈余只与经常账户有关，但借款收入如果用来弥补经常性支出的不足，就会减少净资产，从而使债务增长与资产增长不相匹配，因此，从净值方面看，必须区分创造资产的支出与不创造资产的支出。对资本性支出进行相对独立的预算管理就应该用借款来供应资本支出的需要，这有利于明确借款及其适用范围，简单地说明资本形成的情况。并且，由于资本或建设性预算支出主要考核投入、产出的情况，资本性预算成为推动发展和增长的工具，发展中国家资本性预算的范围一般与发展计划衔接。

（2）按资金性质进行有针对性的管理。随着政府规模的扩大，业务成倍增长，预算收支之间、预算收支与社会经济变量之间的有机联系日益复杂，但预算又必须易于进行有针对性的管理，由此产生了单式预算和复式预算编制形式的选择问题。复式预算打破了传统的收支统一平衡观念，打破了预算的完整性原则，可能会给预算平衡增加现实困难。但复式预算如果良性运行，又会促进预算平衡，因为复式预算可清楚地展现哪个预算出现了赤字，从而便于采取措施有目的地压缩支出，以减少预算赤字，并采取措施弥补赤字，因此，复式预算便于按资金性质的差异性进行有针对性的管理，提高预算资金的使用效益。复式预算的编制要求广泛应用较高的技术，如电子计算机的应用等。

四、中国现行四本预算

《中华人民共和国预算法》规定：预算由预算收入和预算支出组成。政府的全部收入和支出都应当纳入预算。预算包括一般公共预算、政府性基金预算、国有资本经营预算、社会保险基金预算。四本预算各自具有不同的功能定位、编制原则与方法、管理要求。

我国四本预算应该保持完整、相对独立、各自平衡，但各预算相互之间又具有紧密联系的关系，因此，政府性基金预算、国有资本经营预算、社会保险基金预算应当与一般公共预算相衔接。因为历史的原因及改革的渐进性，我国一般公共预算和社会保险基金预算之间、国有资本经营预算和社会保险基金预算之间在必要时需要相互之间进行资金划拨，所以要逐步加大政府性基金预算、国有资本经营预算向一般公共预算调入的力度，加强与一般公共预算的有机衔接，实行政府资金的统筹安排（表7-1）。

表 7-1　2015～2024 年四本预算实际规模　（单位：万亿元）

年份	一般公共预算		政府性基金预算		国有资本经营预算		社会保险基金预算		总计	
	收入	支出	收入	支出	收入	支出	收入	支出	收入	支出
2024	22.40	29.55	7.08	12.02	0.59	0.33	11.75	10.68	41.82	52.58
2023	21.68	27.46	7.07	10.13	0.67	0.34	11.15	9.93	40.57	47.86
2022	20.37	26.06	7.79	11.06	0.57	0.34	10.15	9.15	38.88	46.61
2021	20.25	24.63	9.80	11.37	0.52	0.26	9.47	8.79	40.04	45.05
2020	18.29	24.56	9.35	11.80	0.48	0.25	7.21	7.88	35.33	44.49
2019	19.04	23.90	8.45	9.14	0.40	0.23	8.08	7.50	35.97	40.77
2018	18.34	22.09	7.54	8.06	0.29	0.22	7.26	6.46	33.43	36.83
2017	17.26	20.33	6.15	6.07	0.26	0.20	5.54	4.90	29.21	31.50
2016	15.96	18.78	4.66	4.69	0.26	0.22	4.83	4.39	25.71	28.08
2015	15.22	17.58	4.23	4.24	0.26	0.21	4.47	3.94	24.18	25.97

注：根据财政部关于××年中央和地方预算执行情况与××年中央和地方预算草案的报告数据整理，各年数据为决算数，2024 年为预算数

第二节　一般公共预算管理

一、一般公共预算界定

（一）一般公共预算的概念和特点

一般公共预算是对以税收为主体的财政收入，安排用于保障和改善民生、推动经济

社会发展、维护国家安全、维持国家机构正常运转等方面的收支预算。该预算依据国家的社会管理者身份取得收入，用于维持政府基本运转政务活动、保障国家安全、维护社会秩序、发展公益性事业等，保证国家机构履行基本职能。

（1）一般公共预算的活动具有非营利性。我国复式预算的目标模式应分为两大体系，其中为市场提供公共服务的部分，应归入公共预算体系，使之只涉及市场失效领域，只进行非营利性活动。一般公共预算支出的范围应该不再包括对私人部门和某些准公共部门的企业、事业单位的投资，而应该限于非经营性的财政支出和公共投资。

（2）一般公共预算以优化资源配置为主要功能。一般公共预算支出是以优化社会经济结构为目的，对经济资源进行再分配，其本身的需求也可拉动经济增长，为竞争性产业长期稳定增长创造良好的外部环境，从而在促进社会经济长期稳定增长中具有主导作用。因此，公共预算是国家的主体预算，也是整个国家预算体系的基础，对各分预算起着联络、协调和平衡的作用。其他预算属于辅助性预算，对一般公共预算起补充作用。

（3）一般公共预算坚持平衡原则。一般公共预算是对已生产出的社会产品的纯消费，它与生产没有直接关系，不能再生产出新的社会产品，因此，应严格按照收支平衡、不打赤字、略有结余的原则安排一般公共预算，贷款（债务）收入一般不得用于消费性支出。

（二）一般公共预算收支编制内容

1. 一般公共预算收入

一般公共预算收入包括各项税收收入、行政事业性收费收入、国有资源（资产）有偿使用收入、转移性收入和其他收入。

行政事业性收费收入是指国家机关、事业单位等依照法律法规规定，经国务院规定的程序批准，在实施社会公共管理以及在向公民、法人和其他组织提供特定公共服务过程中，按照规定标准向特定对象收取费用形成的收入。

国有资源（资产）有偿使用收入是指矿藏、水流、海域、无居民海岛以及法律规定属于国家所有的森林、草原等国有资源有偿使用收入，按照规定纳入一般公共预算管理的国有资产收入等。

转移性收入是指上级税收返还和转移支付、下级上解收入、调入资金以及按照财政部规定列入转移性收入的无隶属关系政府的无偿援助。

2. 一般公共预算支出

一般公共预算支出按照其功能分类，包括一般公共服务支出，外交、公共安全、国防支出，农业、环境保护支出，教育、科技、文化、卫生、体育支出，社会保障及就业支出和其他支出。

一般公共预算支出按照其经济性质分类，包括工资福利支出、商品和服务支出、资本性支出和其他支出。

（三）中央和地方一般公共预算

（1）中央一般公共预算。中央一般公共预算包括中央各部门（含直属单位）的预算和中央对地方的税收返还、转移支付预算。中央一般公共预算收入包括中央本级收入和地方向中央的上解收入，此外，还包括从国有资本经营预算调入资金、从预算稳定调节基金调入资金、其他调入资金等。中央一般公共预算支出包括中央本级支出、中央对地方的税收返还和转移支付，此外还包括补充预算稳定调节基金。中央政府债务余额的限额应当在本级预算中单独列示。

（2）地方一般公共预算。地方各级一般公共预算包括本级各部门（含直属单位）的预算和税收返还、转移支付预算。地方各级一般公共预算收入包括地方本级收入、上级政府对本级政府的税收返还和转移支付、下级政府的上解收入，此外，还包括从国有资本经营预算调入资金、从预算稳定调节基金调入资金、其他调入资金。地方各级一般公共预算支出包括地方本级支出、对上级政府的上解支出、对下级政府的税收返还和转移支付，此外还包括补充预算稳定调节基金等。

二、一般公共预算的构成

我国一般公共预算包括政府行政过程中的经常性预算和公共建设性预算两大部分。

（1）经常性预算。经常性预算是指政府以社会管理者身份取得的收入以保证政府职能正常运转和维护社会公共利益的支出而形成的财力配置计划。经常性预算满足代表社会公共利益和长远利益的非营利性领域中的经费需要，主要用于两方面：一是维护社会秩序，保障国家安全，保证政府职能正常运转，主要包括国家机关、公安、部队、国防、警察等方面的经费需要；二是各项文教科学及社会公益事业，主要包括科教文卫体、农林水气、地震、海洋、广电等部门的经费。

（2）公共建设性预算。公共建设性预算是指用于公共性、非经营性的政府投资而确定的财力配置计划，一般适用于投资规模大、建设周期长，其价值难以通过市场增值的公共基础设施的投资，主要包括国防、教育、科研、卫生、环保、市政、水利、交通、能源、通信、广播、电视等各种公共设施、基础设施和公益性设施建设项目的投入。公共建设性预算为各级财政履行基本职能提供物质条件，财政资金供给必须以满足社会公共需要为前提，以弥补市场缺陷和发挥宏观调控作用为目标，提供市场无法满足和无法有效满足的公共品和准公共品，主要用于公共基础建设项目。

三、一般公共预算经常性支出管理

（一）行政经费管理

行政经费是指政府行政机关和类似行政机关的单位为社会提供一般公共服务所需要

的经费。国家财政对行政经费支出采取"保障供给，厉行节约"的原则。行政经费的效率可通过民意调查或公民投票进行评价，并根据相关的财政财务制度，对行政管理支出进行考核。此外还应服从国家政治经济任务的要求。

衡量行政支出规模的指标一般用行政管理支出占财政支出的比例表示；在控制办法上可对其规模规定一个具有法律效力的指标，并由司法和民意机关实行严格监督。

提高行政支出效率的途径：一是精简机构，合理定员定编。结合政府职能转变和机构改革，压缩机构人员，精简会议和文件，坚持勤俭办事，节省财政开支。二是严格财务管理制度，控制行政费用开支。三是净化行政管理费的内容，防止我国行政支出的"虚假"扩大，以利于国家宏观制约。四是健全经费定额包干制度。现实中经常会有因定额不健全而出现包而不干的局面，致使预算失控，因此，为了提高行政支出效率还必须健全经费定额包干制度，并切实控制追加预算的口子。

（二）公共事业支出管理

1. 科教文卫体广等事业支出管理

科教文卫体广等事业发展可以提高和丰富人民的文化生活水平，改善物质生产条件，培养有觉悟、有现代科学技术知识的一代新人，因此，科教兴国是我国经济发展的战略重点之一。

（1）科技支出管理体制机制创新。高新技术具有高风险与高收益的特性，应发挥政府组织和政策导向的作用，鼓励为高新技术产业的发展提供资金支持。1995年，我国科技体制改革确定了"稳住一头，放开一片"的方针。"稳住一头"就是要对基础性研究工作、高技术研究工作和重大攻关项目等提供充分保障和持续、稳定的支持；"放开一片"是搞活技术市场、加强科技开发使科研更好地为经济建设和社会发展服务。

在科技体制改革方针的指导下，我国与时俱进，对科研经费进行分类管理。一是技术开发型项目推行技术合同制。二是社会科学研究课题和国家重大研究项目攻关实行基金制，如国家社会科学基金，国家只拨给一定额度的事业费用以资助。三是对社会公益、技术基础、农业科研机构实行经费包干制，采用经费与任务挂钩等办法。四是国家重点基础研究专项经费实行课题制。五是多种研究类型的科研机构，其经费来源以多种渠道解决，通过财政政策进行间接的资金投入，加大科技贷款力度。六是国家重大科技项目逐步推行招标制。七是对企业科技投入采取减税让利优惠。八是为高新技术建立风险基金。九是设立揭榜制，"揭榜制"是指针对目标明确的科技难题和关键核心技术攻关，设立项目或奖金向社会公开张榜征集创新性科技成果的一种制度安排。这是一种注重任务导向和结果导向的新型科研立项和组织管理方式，把需要攻关的科研项目张榜，谁有本事谁就揭榜，实行"揭榜挂帅"，也可以称之为"科技悬赏制"。

（2）教育支出的管理。一是基础教育以政府免费提供为主、非政府组织有偿性提供为辅，充分发挥个人投资的多渠道筹资方式。二是大学教育和职业教育实行付费制。此类教育个人收益率大于社会收益率，属于混合商品，可以由私人市场来提供。如果是政府经营，也应通过收费来弥补成本。

科教文卫体广等事业发展资金的筹集要注意合理性。一是以公共性程度确定政府财政的资金支持力度，满足社会公共需要所需的资金应主要由国家财政来提供；其他事业单位或由国家供应部分经费或彻底推向市场。二是合理考查支出绩效。主要考核支出的实际结果与目标之间的差距。事业成果的表现形式多种多样，除关注数量外，更应关注质量。对科教成果还应考察其转化为现实生产力的状况。

2. 农林水气支出的管理

农林水气支出直接构成农林生产的外部条件。财政对此类支出可采取如下方式：一是财政补贴制，如对农民个人所种粮食采取的财政直接补贴方式，对粮食流通企业实行的补贴等；二是财政补助制，如对水利气象部门的事业费等采取财政拨款予以补助。农林水气支出的有些收益可以内在化，如科研成果可采取有偿形式转让，有些活动可进行企业化经营，用市场效率的方式予以评估，其所需经费可由部门自己负担。

（三）国家安全支出管理

（1）国内公共秩序和安全支出。这是有关单位为社会提供国内公共安全服务、维护并稳定社会秩序所需要的经费，主要包括武装警察、公安、国家安全、检察、法院、司法、监狱、劳教、国家保密、其他公共安全支出。

提供公共安全的单位往往具有执收执罚权，并提供事关人们切身利益的公共品。因此，一方面需要对执收执罚过程中形成的收入实行收支两条线管理，避免钱权交易，维护社会公平和正义；另一方面，财政通过部门编制综合预算，切实保障基本公共安全的资金需要。

（2）国防和外交支出。国防支出主要是用于保家卫国、维护国家安全的军事武装性支出。国防费的性质：一是不直接用于生产，但消费社会财富，具有非生产性。二是形成财富生产的社会条件，保护人民生产与生活的安全。三是调节社会经济的循环周转，影响生产。

国防支出的合理规模缺乏明确的衡量指标，最低限度是必须保证国家有足够的军事力量抵抗外来侵略，保证国家领土和主权的完整。可能侵犯之敌的方位、侵犯的程度、力量及遏制某种侵犯所需的军事力量，都可以较为准确地估算出来，并可量化为若干指标。因此，根据设计规划预算法可首先确定本国所需的军事打击力量的规模，其次为此制订军事措施计划，再次为执行各个计划项目拟订各种可以替代的实施方案，选定其中成本最小而效益最大的方案，最后根据被选定方案所需资金，编制出国防支出预算。

外交支出是用于发展国际关系的交往性支出，包括外交管理事务、驻外机构、对外援助、国际组织、对外合作与交流、对外宣传、边界勘界联检、其他外交支出等。

四、一般公共预算公共建设性支出管理

（一）公共建设性项目管理机制

（1）政府垄断方式，即由政府直接投资建设，直接经营和管理。公共提供、公共生产的经营管理体制在我国计划经济时期被普遍采用。在这种体制下，企业由政府建，领导由政府派，资金由政府拨，价格由政府定，政府包盈亏。政府对基本建设的垄断性管理往往会形成一批政府垄断企业，政府垄断企业往往缺乏创新的动力，政府搜集信息的动力不足，政府过多地从事具体事务而承担诸多额外的责任，容易导致公共品的质差量乏、价格高，资源浪费严重。因此，对基建投资项目的建设，政府除设立国有企业，对公共品项目进行管理、经营和服务外，还可以充分发挥企业、私人和国外资本融资投资功能，改革开放以来我国已逐步形成投资主体多元化的格局。

（2）项目法人责任制。加强政府投资项目的管理，建设项目采取项目法人责任制，实行政企分开，投资所有权与经营权分离，由项目法人负责从建设项目的筹措、筹资、设计、建设实施直至生产经营、归还贷款本息及国有资产的保值、增值的全过程，承担投资风险，从而真正建立起一种各类投资主体自求发展、自觉协调、自我约束、讲求效益的微观运行机制。这不仅是一种新的项目组织管理形式，而且是转换建设项目投资经营机制，提高投资效益的基础。国家可以通过参股、控股、联合投资、兼并等方式进行基建投资，国家预算可以通过直接投资或引导投资，或为投资创造基础条件等方式，引导社会资金的投向，保证重点产业、社会急需项目和基础设施建设，促进基础行业发展。我国近年来项目法人责任制的基本程序是：政府决定某项目后，随即拨出一定的款项作为资本金组成项目法人，由该项目法人以政府的名义融资，然后统筹项目投资建设和经营还贷的全过程。

（3）多元化投融资方式，即引入市场机制，对项目实行多元化的投融资方式，充分提高政府投资的效益。各级政府要创造条件，利用特许经营、投资补助等多种方式，吸引社会资本参与有合理回报和一定投资回收能力的公益事业和公共基础设施项目建设。对于具有垄断性的项目，实行特许经营，通过业主招标制度，开展公平竞争，保护公众利益。已经建成的政府投资项目，具备条件的经过批准可以依法转让产权或经营权，以回收的资金滚动投资于社会公益等各类基础设施建设。

一般而言，公路、桥梁等类型的公共工程项目，可以通过提供使用或服务而收回投资或部分投资，在投资管理上可实行项目法人责任制。对不宜回收投资的工程项目，政府可通过补贴或购买服务的方式，帮助企业收回成本，从而调动企业参与公益性投资的积极性。

（4）招投标方式。政府通过招标的方式，邀请所有的或一定范围的潜在供应商参加投标，按某种事先确定并公布的标准，从所有投标中评选出中标供应商，并与之签订合同的一种竞争制度。该方式具有公开、公正、公平和竞争性的特点，能够保证政府获得价廉物美的商品、工程和服务，降低基础设施的成本，同时减少腐败。招投标方式不仅

仅可在货物购买、建筑工程承包、租赁、技术转让等领域发挥重要作用，其在大型公共工程的建设和经营领域里也被世界许多国家广泛运用。政府通过招投标的方式授权企业投资、经营，并提出服务要求，激励企业提高工程质量、降低管理成本、提高服务水平，以便按期收回投资成本。

（二）公共建设性项目代建制

长期以来，由于普遍存在管理不规范的问题，加上资金管理者、建设管理者与建成使用者又是三位一体，没有形成相互制约的机制，缺乏监督约束，影响了概算控制和建设资金绩效。为了提高政府基建项目管理的专业化、职业化水平，完善投融资约束机制，近年来，我国改进政府基本建设项目的实施方式，对新建、改建、扩建的非经营性政府投资项目实行代建制。

代建制是指政府主管部门对政府投资的基建项目，按照使用单位提出的建筑功能要求，通过公开招标选定专业的工程项目建设单位并委托其进行项目可行性研究、环境评估、规划设计、项目报审，以及项目施工的投招标和材料设备采购等，由代建单位负责项目前期阶段和建设实施阶段的组织管理工作，严格控制项目投资、质量和工期，竣工验收后移交使用单位。代建制是一种在世界范围内比较先进和成熟的项目法人运作方式，在我国其是对政府投资项目进行优化管理的重要举措和新的尝试，便于增强投资风险意识，建立和完善政府投资项目的风险管理机制。

代建制项目的资金大部分来源于财政，属于非经营性政府投资。另外，代建制也成为我国公共采购领域里采用的一项新制度，即采购人利用国家非经营性政府投资，委托以营利为目的的招标公司，选择专业化的项目建设单位负责落实国家投资的建设项目实施，管理项目投资、质量和工期，竣工验收后移交给使用单位。

（三）公共建设性项目预算管理环节

（1）一般公共基建项目立项采取计划管理。基建影响国家产业政策、国民经济发展战略目标和国家宏观调控。因此，需要加强基建的计划管理。基建计划管理既是控制基建的总规模、合理分配投资结构的重要手段，也是保证完成计划、实现投资预期效果的重要条件。凡是国家规定为全民所有制的基建项目，不论是何种资金来源，都要纳入国家的基建计划。

（2）财政投资资金的供应采取拨贷并存的方式。财政投资的范围应该在公共领域，但为了提高基建项目的投资效率，财政投资可根据项目的属性，在资金的供应方式上实行拨贷并存，分别管理和核算。其中，无偿拨款方式适用于没有回收能力的非经营性建设项目，如属于社会再生产共同的外部条件的基础设施、大型公共设施建设。贷款方式是指国家对基建投资以信用原则，采取有借有还的贷款方式，通过中国建设银行按国家计划对有关基建项目供应资金。

（3）代建单位财务与会计相对独立管理。代建单位需要配备专职基建财务管理人员，设置在建工程会计科目，实行相对独立的管理。平常，对代建单位费用实行定总量、按标准的双向控管办法，促使工程决算和财务月报统计制度的有效实施；对代建单位财务加强日常监督与定期检查，防止各部门层层滞留和挪用资金。在期终，代建单位财务管理应该包括建立竣工财务决算审批和年度决算签证制度，通过这项制度核减不合理开支，严格基建预算的约束。

（4）建立"三算"审查制。"三算"审查制，即财政对项目建设过程中的工程设计概算、施工图预算和竣工决算进行评审，控制项目造价。工程设计概算是指在初步设计阶段，根据设计要求对建设项目投资额度、工程造价的概略计算。设计概算投资应包括建设项目从立项、可行性研究、设计、施工、试运行到竣工验收等的全部建设资金。施工图预算是指根据施工图、预算定额、各项取费标准、建设地区的自然及技术经济条件等资料编制的建筑安装工程预算造价文件。竣工决算是指在工程竣工验收交付使用阶段，由建设单位编制的建设项目从筹建到竣工验收、交付使用全过程中实际支付的全部建设费用。实行"三算"审查制强化对财政基建支出预算管理，形成从建设项目成立、执行、管理、考核等各环节和工程建设全过程财政监督管理机制，改变重拨款、轻监督的状况。

（5）实行全程绩效追踪管理制。对基建项目，通过定期分析，及时、准确地反映和分析预算投资资金的使用和效益情况，扭转投资领域热衷于分钱上项目的弊端。项目完工环节健全绩效评估分析报告制，绩效报告要以数据为依据，突出重点，包括对投资情况和预算投资来源情况、投资效果和投资政策进行分析。

第三节　国有资本经营预算管理

一、国有资本管理体制

国有资本是指国家作为出资者在企业中依法拥有的资本及其权益，可利用其从事产品生产、流通、经营服务等，依法经营或使用，其产权属于国家所有的经营性资产。经营性国有资产具有运动性、增值性、经营方式多样性等特征。

（1）国有资本管理层级。国有资本实行分级分层的管理体制，大体上可以分为"两级三层"模式。"两级"模式包括中央和地方两级，中央政府和省、市两级地方政府设立国有资产权能机构，如国务院国资委。国有资产权能机构代表政府履行出资人角色，对企业国有资产的投资和经营情况进行监督管理，由此形成国有资产管理机构、国有资本投资公司、运营公司"三个层次"的管理体系，其中国有资本投资公司、运营公司统称为国有企业。

（2）国有资本授权经营体制。组建国有资本投资、运营公司，作为国有资本市场化运作的专业平台，开展政府直接授权国有资本投资、运营公司履行出资人职责的试点，改变以往国有资产监管机构直接对所监管企业履行出资人权利的运作模式，而改由国有资本投资、运营公司对所授权的国有企业履行出资人权利，实质上是在政府和市场之间设立了一个"隔离带"。国有资产监管机构的指令主要通过国有资本投资、运营公司，按照规范的法人治理结构，以"市场化"方式层层传导，规避政府对市场的直接干预，真正实现政企分开。

（3）政府以管资本为目标。深化国有资产管理体制改革，需要把多年沿袭的对国有企业的管理转变为对国有资本或国有股权的管理，从过去注重管资产管企业转变为管资本，前者是国家以企业为载体拥有国有资产，后者是国家拥有价值形态的资本，资本具有流动性，但是企业很难流动，通过管资本可以建立国有产权委托代理制，明确企业投资主体，便于解决企业"自主经营、自负盈亏"的问题，建立现代企业制度。同时也有助于切实转变政府职能，推动政企分开、政府公共职能与国有资产出资人职能分开、所有权和经营权分开。

二、国有企业混合所有制改革

我国改革开放以来已经历多轮国有企业改革。第一轮国有企业改革始于 1978 年，将国有企业从完全计划经济模式转向自主经营、自负盈亏。第二轮始于 1993 年，国有企业通过兼并重组、下岗分流、债转股等措施，提高盈利能力，建立了现代企业经营管理制度。第三轮始于 2003 年，国有企业进行以股份制为主要形式的现代产权制度改革。2013 年启动第四轮改革以"做强做优"国有企业为主要目标，更注重从监管、产权、经营等多方面全面深化改革。2015 年 8 月中共中央、国务院出台《关于深化国有企业改革的指导意见》，之后出台配套文件，构建国企改革"1 + N"政策体系，国企改革顶层设计基本完成。2020 年 6 月中央全面深化改革委员会审议通过《国企改革三年行动方案（2020—2022 年）》，进一步推进国企混合所有制改革，通过转换企业经营机制，实现市场化运作，建立公司法人治理结构，全面深化中国特色现代企业制度和以管资本为主的国资监管体制改革。

（1）将国有企业分为商业类和公益类，并实行分类改革、分类发展、分类监管、分类定责、分类考核，推动国有企业同市场经济深入融合。商业类的国有企业原则上都要实行公司制、股份制改革。商业类国有企业的业务可以多元化，但其主要业务一般是关系国家安全、国民经济命脉的重要行业和关键领域，主要承担重大专项任务的商业类国有企业，要保持国有资本的控股地位，支持非国有资本参股。公益类国有企业，可以采取国有独资形式，具备条件的也可以推行投资主体多元化，还可以通过购买服务、特许经营、委托代理等方式，鼓励非国有企业参与经营。

（2）实行混合所有制改革。多领域、多方式、多途径推进混合所有制改革，鼓励非国有企业参与经营，发展混合所有制经济，促进国有企业转换经营机制，放大国有资本功能，提高国有资本配置和运行效率。为此，一方面国有企业应适当从竞争性领域退出，退出时应实行"招、拍、挂"等方式、运用市场机制公平进行国有产权转让，避免国有资产流失；另一方面，国有企业改革中积极引入各类投资者实现股权多元化，大力推动国有企业改制上市，创造条件实现集团公司整体上市。

三、中央企业经营指标体系及其预算管理

根据《国企改革三年行动方案（2020—2022年）》精神，国有企业改革强调要按照以管资本为主加强国有资产监管的要求，依法依规建立和完善出资人监管权力和责任清单，重点管好国有资本布局、规范资本运作、提高资本回报、维护资本安全四大工作。

近年来，为推动中央企业加快实现高质量发展，国务院国资委探索建立了中央企业经营指标体系。2020年首次形成"两利三率"指标体系，包括净利润、利润总额、营业收入利润率、资产负债率和研发经费投入强度。2021年增加全员劳动生产率指标，形成"两利四率"指标体系，2023年调整为"一利五率"。"一利五率"的优化调整包括以下内容。一是用净资产收益率替换净利润指标。保留原"两利"指标中的利润总额指标，利润总额包含净利润和上缴税费。将净利润调整为净资产收益率，以此衡量企业权益资本的投入产出效率，体现出资人以"管资本"为主的监管导向。二是用营业现金比率替换营业收入利润率指标。营业收入利润率为营业利润占营业收入之比，营业现金比率为经营活动产生的现金流量净额占营业收入之比，后者有利于落实国有资产保值增值责任，推动中央企业不仅关注账面利润，更加关注现金流的安全和可持续投资能力的提升，提高企业经营业绩的"含金量"。三是继续保留资产负债率、研发经费投入强度、全员劳动生产率指标。资产负债率约束了部分企业盲目扩张的冲动。资产负债率＝（负债总额÷资产总额）×100%，一般认为，企业资产负债率的适宜水平是40%～60%，70%为警戒线；研发经费投入强度是指研发经费支出与主营业务收入的比例，该指标鼓励企业提高创新能力，通常，高科技公司的研发经费投入强度都大于3.5%，2020年中央企业研发经费投入强度达2.55%，当年社会大型企业研发经费投入强度约1.5%，中央企业很多属于基础性、民生性行业，在我国创新驱动发展中发挥了支撑性、引导性、骨干性作用。全员劳动生产率是指全体员工在一定时期内创造的价值与其相适应的劳动消耗量之比，主要衡量劳动力要素的投入产出效率。

"一利五率"指标体系体现出三张财务主表的耦合关系，更有利于引导企业增强风险防控意识，增强自生能力、积累能力、可持续发展能力和价值创造能力。国务院国资委要求通过以全面预算管理为统领、结合业绩考核等工作将指标分解到中央企业，形成以预算目标为中心的责任体系，加强全员、全方面、全过程管理，切实抓好预算工作内部协同，提高预算投入有效性，优化资源配置导向性，增强风险管控约束性。

四、国有资本管理模式

（1）汇金模式。金融与文化类企业国有资产由财政部履行出资人职责，财政部主要通过汇金来管理金融国资，其体制接近于新加坡淡马锡模式，受到市场的认可。汇金与国务院国资委同年成立，代表国家行使对重点金融企业的出资人权责，掌控金融资产的半壁江山。此模式采用财政部（出资人）—汇金—国有金融企业三层架构，是"管资本"的典范。该模式根据国家授权，遵循市场化方式，积极履行国家注资改制平台和国有金

融资产出资人代表两大职责，"只做股东，不做婆婆"，没有行政审批色彩。

（2）国务院国资委直接监管国有企业。2003 年成立国务院国资委，按当年国务院"三定"方案，实业类的国有资产是由国务院国资委履行出资人的职责，国务院国资委集中监管中央所属企业（不含金融类企业）的资产，行使出资人职责，不得直接干预企业的生产经营活动。目前，我国有 90 多家中央企业由国务院国资委履行出资人职责。在实践中，国务院国资委对市场和企业的干预，却越来越全面和系统。国务院国资委通过一系列法规，对产权转让和资产重组的交易程序、合同对价、资产评估等都加以严格控制。国有企业对外投资、债券发行、申请股票发行、子企业境外注册并上市等都须经国务院国资委批准。国有资产监管部门应建立监管权力清单和责任清单，做到不缺位、不越位。

（3）财政履行出资人职责。国务院国资委是国务院特设机构，既长期对企业行使行政化监管职能，又成为国有资本出资人的代表，不太符合其应有的角色定位。有必要将其对国有资本的行政化监管职能回归给相关行政部门，适当保留国务院国资委的"管资本"职责，做好管好四个重点工作。在国务院国资委与国有企业之间加入了国有资本投资、运营公司后，国务院国资委或将淡化直接对所监管企业出资人职责的履行，对此，有必要由财政部门履行出资人职责。目前，财政部对中国国家铁路集团有限公司、中国邮政集团有限公司、中国烟草总公司、北大荒农垦集团有限公司履行出资人职责。中央文化企业由中央宣传部有效主导，财政部履行出资人职责。

此外，部分中央党政机关和事业单位因履行职责、承担相关工作任务和后勤保障等需要还兴办了一些企业，这些企业由所属部门、主办单位负责具体管理，财政部依照企业国有资产监督管理有关规定实施监管，按照党中央、国务院要求，正在实施经营性国有资产集中统一监管改革。

五、国有资本经营预算的特点

国有资本经营预算是国家以所有者身份依法取得国有资本收益，并对国有资本实行存量调整和增量分配而产生的所得收益进行分配的各项收支预算，是政府预算的重要组成部分。

（1）经营性。我国建立国有资本经营预算的目的是通过财政预算管理制度改革来改进和加强企业经营性国有资产的管理。其中家以国有资产所有者身份取得的收益往往是资产经营性收入，为国有资产再生产而安排的支出大多是国家的资本性投入，它们的目的是发展国有经济、保证国有资产产生较大的经济效益和社会效益，因此，反映资产经营性收支的专项预算，要求保值增值。

（2）公共性。国家所有权管理机构、国有资本经营预算的管理主体均为公共部门和单位，国有资本经营预算具体运营者是国有企业或公司，国有企业或公司具体经营或投资国有资本以取得的资本回报，国有资本回报的收益、利润等要由政府与国家所有权机构作出安排，并根据社会公共需要就国有企业利润是用于再投资还是作为红利支付的"股息政策"达成协议，体现出资者的目的、应有的权利，同时也表明对经营者的约束和经营者对出资者的责任。

（3）宏观性。国有资本经营预算以企业的财务预算为基础，属于财务预算的范畴，但具有宏观性。国有资产经营公司和其参股、控股公司编制的财务预算是国有资本经营预算的微观数据基础，因此，国有资本经营预算必须根据财务运行的规律和财务的原则编制。但国有资本经营预算又不同于一般的企业财务预算。企业财务预算以具体的生产经营业务预算为基础，编制的主体、依据、时空范围容易界定。国有资本经营预算要反映整个国有经济的资本投入与收益活动状况，属于宏观财务的范畴。

六、国有资本经营预算编制内容

（一）国有资本经营预算收入编制内容

国有资本经营预算收入包括依照法律、行政法规和国务院规定应当纳入国有资本经营预算的国有独资企业和国有独资公司按照规定上缴国家的利润收入、从国有资本控股和参股公司获得的股息红利收入、国有产权转让收入、清算收入、其他国有资本经营收入、上年结转收入。

（1）利润收入，即国有独资企业和国有独资公司按照规定上缴国家的利润收入。应交利润根据经中国注册会计师审计的企业年度合并财务报表反映的归属于母公司所有者的净利润和规定的上缴比例计算核定。

（2）股息红利收入，即国有资本控股和参股公司获得的股息红利收入。其上缴数根据国有资本控股、参股公司关于利润分配的决议核定。

（3）国有产权转让收入，即国有独资企业产权转让收入和国有控股、参股资本国有股权（股份）转让收入及国有股减持收入。国有产权转让收入根据资本产权转让协议和资产评估报告等资料核定。

（4）清算收入，即扣除清算费用后国有独资企业清算收入和国有资本控股、参股公司国有股权（股份）享有的清算收入。企业清算收入根据清算组或者管理人提交的企业清算报告核定。

（5）其他国有资本经营收入。其他国有资本经营收入根据有关经济行为的财务会计资料核定。

（6）上年结转收入。

（二）国有资本经营预算支出编制内容

国有资本经营预算支出是根据产业发展规划，国有经济布局和结构调整，国有企业发展要求，以及国家战略、安全需要的支出，弥补国有企业改革成本方面的支出，具体包括资本性支出、费用性支出、调出资金等转移性支出和其他支出。

（1）资本性支出，即向新设企业注入国有资本金，向现有企业增加资本性投入，向公司制企业认购股权、股份等方面的资本性支出。

（2）费用性支出，即弥补企业改革成本等方面的费用性支出。

（3）调出资金等转移性支出，主要包括调入一般公共预算用于补充社会保障的民生支出等。

（4）其他支出。

（三）中央和地方国有资本经营预算收支编制内容

中央国有资本经营预算收入编制内容包括本级收入、上一年度结余、地方上解收入。中央国有资本经营预算支出编制内容包括本级支出、向一般公共预算调出资金、对地方特定事项的转移支付。

地方国有资本经营预算收入编制内容包括本级收入、上一年度结余、上级对特定事项的转移支付、下级上解收入。地方国有资本经营预算支出编制内容包括本级支出、向一般公共预算调出资金、对下级特定事项的转移支付、上解上级支出。

七、国有资本经营预算管理原则

（1）统筹兼顾、适度集中。既结合企业自身积累、自身发展，又考虑国有经济结构调整与宏观调控的需要，适度集中国有资本收益，合理确定预算收支规模。

（2）相对独立、相互衔接。国有资本经营预算单独编制，既保持国有资本经营预算的完整性和相对独立性，又保持与政府一般公共预算、社会保险基金预算等相互衔接。

（3）以收定支、收支平衡。国有资本经营预算支出根据预算收入规模编制，坚持量入为出、以收定支、收支平衡、优化支出结构、不列赤字的原则。

（4）按项目编制、区别对待。预算收入根据财政当年取得的企业国有资本收益以及上年结转收入编制，一般由财政组织预算单位根据企业年度盈利情况和国有资本收益收取办法进行测算。目前，中央企业上缴的国有资本收益按项目区别情况核定。国有资本经营预算支出根据本年预算收入规模及预算支出重点，按项目编制。支出项目计划要由基层单位编制，逐级汇总。预算单位根据所监管企业提出的国有资本经营预算支出项目计划编制本单位国有资本经营预算建议草案。

（5）分级编制、逐级汇总。国有资本实行分级分层的管理体制，大体上可以分为"两级三层"模式，国有资本经营预算也相应实行分级编制、分级管理、逐级层层汇总，具体流程如下：一是企业提出的国有资本经营预算支出项目计划，报预算单位；二是单位汇编本部门的年度国有资本经营预算建议草案，报财政部；三是财政部将各部门的国有资本经营预算汇总编制，成为本级政府国有资本总预算草案，并纳入本级政府总预算草案，财政部代表政府提交人民代表大会审议，人民代表大会批准通过后执行。与此适应，目前，我国国有资本经营预算报表体系包括企业、单位和财政三类国有资本经营预算表。

第四节　社会保险基金预算管理

一、社会保险制度体系

社会保障关系千家万户，是民生的安全网，民之所盼，政之所向。社会保障体系一般由社会保险、社会救济和社会福利等构成。社会保险是由政府举办，特定群体将其收入的一部分作为社会保险税（费）形成社会保险基金，在满足一定条件的情况下，被保险人因丧失劳动能力、暂时失去劳动岗位或因健康造成损失可从基金获得固定的收入或损失的补偿的一种社会经济制度。社会保险是指国家通过立法，多渠道筹集资金，对劳动者在年老、失业、患病、工伤、生育而减少劳动收入时给予经济补偿，使他们能够享有基本生活保障的一项社会保障。习近平在党的十九大报告中指出，加强社会保障体系建设，全面建成覆盖全民、城乡统筹、权责清晰、保障适度、可持续的多层次社会保障体系。[①]目前，我国社会保险包括养老保险、失业保险、医疗保险、生育保险、工伤保险五大险种，养老保险是社会保险五大险种中最重要的险种。

（一）养老保险

养老保险是为解决劳动者在达到国家规定的解除劳动义务的劳动年龄界限、退出劳动岗位后，为保障基本生活需求提供稳定可靠生活来源而建立的一种社会保险制度，包括城镇企业职工基本养老保险和城乡居民基本养老保险制度。

自1997年建立全国统一的、具有强制性的城镇企业职工基本养老保险制度以来，职工基本养老保险实行统筹账户和个人账户结合的管理模式，缴费额由各地缴费工资与缴纳比例确定，职工所在企业缴纳比例为20%，职工个人承担8%。单位缴纳20%中的一部分和个人缴纳8%的全部划入个人账户，从2006年1月1日起，基本养老保险个人账户统一由本人缴费工资的11%调整为8%，单位缴费不再划入个人账户。

近年我国为了减轻企业负担，2015年至2019年，国家先后6次下调了社会保险单位缴费比例。比如，从2016年5月1日起我国阶段性降低企业职工基本养老保险单位缴费比例和失业保险总费率；2019年5月1日起基本养老保险单位缴费比例从原定的20%降至16%；为了稳岗保就业，2022年4月，有关部门决定，延续实施阶段性降低失业保险、工伤保险费率政策。从2005年开始我国调整养老金，到2022年已实现"十八连涨"。为弥补社保基金缺口，2017年11月国务院决定划转部分国有资本弥补企业职工基本养老保险基金缺口，划转对象为中央和地方国有及国有控股大中型企业、金融机构，划转比例统一为企业国有股权的10%。国务院发布《关于建立企业职工基本养老保险基金中央

① 《习近平：决胜全面建成小康社会 夺取新时代中国特色社会主义伟大胜利——在中国共产党第十九次全国代表大会上的报告》，http://www.gov.cn/zhuanti/2017-10/27/content_5234876.htm[2022-11-20]。

调剂制度的通知》，决定自 2018 年 7 月 1 日起在现行企业职工基本养老保险省级统筹基础上，建立中央调剂基金。中央调剂基金筹集比例从 2018 年的 3%起步，以后逐步提高，中央调剂基金由各省份养老保险基金上解资金构成，不增加企业和个人的负担。中央调剂基金用于对各省份养老保险基金进行适度调剂，确保基本养老金按时足额发放。2019 年人力资源和社会保障部、财政部、国家税务总局联合发文要求规范企业职工基本养老保险省级统筹制度，各省、自治区、直辖市要在统一基本养老保险制度、缴费政策、待遇政策、基金使用、基金预算和经办管理的基础上，推进养老保险基金统收统支工作，并建立地方各级政府养老保险基金缺口责任分担机制。2020 年我国在职缴费人和退休领取人的赡养比为 2.57∶1，养老保险基金收入 44 376 亿元，支出 51 301 亿元，收支缺口 6925 亿元。中央决定从 2022 年 1 月开始实施企业职工基本养老保险全国统筹。

2014 年国务院决定将新型农村社会养老保险（新农保）和城镇居民社会养老保险（城居保）两项制度合并，建立全国统一的城乡居民基本养老保险制度。城乡居民基本养老保险基金由个人缴费、集体补助、政府补贴构成。缴费标准设不同档次，参保人自主选择档次缴费，多缴多得。政府对符合领取城乡居民基本养老保险待遇条件的参保人全额支付基础养老金，其中，中央财政对中西部地区按中央确定的基础养老金标准给予全额补助，对东部地区给予 50%的补助。地方政府对参保人缴费给予补贴，补贴标准分档确定。城乡居民基本养老保险待遇由基础养老金和个人账户养老金构成，支付终身。参保人年满 60 周岁、累计缴费满 15 年可按月领取养老保险待遇。

（二）失业保险

失业保险是国家通过立法强制实行的，由社会集中建立基金，对因失业而暂时中断生活来源的劳动者提供物质帮助的制度。城镇企事业单位按工资总额 2%，职工按本人工资的 1%缴纳失业保险费。符合条件的城镇企事业失业人员按规定标准享受失业保险待遇。

（三）医疗保险

医疗保险是为了补偿劳动者因疾病风险造成的经济损失而建立的一项社会保险制度。该制度通过用人单位与个人缴费，建立医疗保险基金，参保人员患病就诊发生医疗费用后，由医疗保险机构对其给予一定的经济补偿。

中国于 20 世纪 50 年代初建立的公费医疗和劳保医疗统称为职工社会医疗保险。1998 年开始推进城镇职工基本医疗保险制度。该制度具有强制性，实行社会统筹与个人账户相结合的原则，基本医疗保险基金原则上实行地市级统筹。用人单位的缴费比例为工资总额的 6%左右，个人缴费比例为本人工资的 2%。单位缴费一部分用于建立统筹基金，一部分划入个人账户；个人缴纳的基本医疗保险费计入个人账户。统筹基金和个人账户分别承担不同的医疗费用支付责任。统筹基金主要用于支付住院和部分慢性病门诊治疗的费用，统筹基金设有起付标准、最高支付限额；个人账户主要用于支付一般门诊费用。医疗保险支付范围通过基本医疗保险药品目录、诊疗项目和医疗服务设施标准加以确定，并规定了起付线和报销比例，以及定点医疗机构。此外，各地还普遍建立大额医疗费用互助制度，以解决社会统筹基金最高支付限额之上的医疗费用。国家为公务员建立了医疗补助制度。有条件的企业可以为职工建立企业补充医疗保险。国家还将逐步建立社会医疗救助制度，为求助对象提供基本医疗保障。公费医疗和其他形式的医疗保障制度将逐步纳入基本医疗保险制度。

武汉原来实行总额预算下的定额付费、项目付费、单病种付费、床日结算相结合的复合式付费制度，医保基金支出压力大。2019 年以来，国家医疗保障局先后在武汉等地启动 DRG（diagnosis related groups，按疾病诊断相关分组）付费和 DIP（diagnosis intervention packet，按病种分值）付费国家试点医保支付方式改革，DRG 付费是按照疾病严重程度、治疗方法复杂程度、治疗成本不同划分为不同的疾病组，医保部门按照相应的支付标准向医院付费。DIP 付费是利用大数据将疾病按照诊断和治疗方式组合成付费单位，确定合理的付费标准并向医院付费。DRG 本质上是一种按病组打包的定额付费支付方式，根据住院病人的病情严重程度、治疗方法的复杂程度、诊疗的资源消耗（成本）程度以及合并症、并发症、年龄、住院转归等因素，将其分为若干的"疾病诊断相关组"，继而以组为单位打包确定价格、收费、医保支付标准。

与传统付费方式相比，DRG/DIP 付费是一种更科学、更精细的医保支付模式，其通过大数据的方法，对疾病诊疗进行分组或折算分值，实行"一口价"打包付费，有效避免"大处方"、过度诊疗等问题。国家医疗保障局印发《DRG/DIP 支付方式改革三年行动计划》，正式启动 DRG/DIP 支付方式改革，到 2025 年底，DRG/DIP 支付方式覆盖所有符合条件的开展住院服务的医疗机构，基本实现病种、医保基金全覆盖。

（四）生育保险

生育保险是国家通过立法，在怀孕和分娩的妇女劳动者暂时中断劳动时，由国家和社会对生育的职工给予必要的经济补偿和医疗保健的社会保险制度，其宗旨在于通过向职业妇女提供生育津贴、医疗服务和产假，帮助她们恢复劳动能力，重返工作岗位。

凡是与用人单位建立了劳动关系的职工，包括男职工，都应当参加生育保险。用人单位按照规定缴纳生育保险费，职工不缴纳。例如，北京企业按职工缴费基数的 0.80% 缴纳；广州企业生育保险费缴纳比率为 0.85%。

国务院 2015 年决定降低工伤保险平均费率 0.25 个百分点和生育保险费率 0.5 个百分点。2017 年，人力资源和社会保障部在 12 个试点地区启动生育保险和医疗保险两险合并工作，两险合并并不是简单地将生育保险并入基本医疗保险，而是要保留各自功能，实现一体化运行管理。2019 年 3 月，国务院决定 2019 年底前实现生育保险和职工基本医疗保险合并实施。

（五）工伤保险

这是指劳动者在工作中或在规定的特殊情况下，遭受意外伤害或患职业病导致暂时或永久丧失劳动能力以及死亡时，劳动者或其遗属从国家和社会获得物质帮助的一种社会保险制度。工伤保险是通过社会统筹的办法，集中用人单位缴纳的工伤保险费，建立工伤保险基金，对符合工伤认定的劳动者给予法定的医疗救治以及必要的经济补偿，包括医疗、康复所需费用，也包括保障基本生活的费用。工伤补偿不究过失原则，无论个人或企业责任，受伤害者都享有社会保险待遇。工伤保险基金的征集比例根据各行业工伤风险类别和工伤事故及职业病的发生频率实行行业差别费率和浮动费率，按用人单位工资总额 0.3%至 2.5%征集，个人不缴。国务院 2015 年决定降低工伤保险平均费率0.25 个百分点和生育保险费率 0.5 个百分点。

2020 年 8 月中共中央办公厅、国务院办公厅印发《关于改革完善社会救助制度的意见》，决定改革完善社会救助制度，为困难群众基本生活提供保障，切实兜住兜牢基本的民生保障底线。这是一项促进社会公平、维护社会稳定的兜底性、基础性制度安排。

社会保险相对于其他社会保障的特点是要求权利和义务对应，相对于商业保险而言具有非营利性。此外，包括社会保险在内的社会保障还具有三大属性：一是再分配性，社会保障具有将个人所得收入重新分配的功能；二是社会性，社会保障是维护社会稳定，促进社会安全的制度；三是经济性，有助于为劳动力再生产提供保障，促进物质生产和社会经济发展。

二、社会保障预算编制模式

社会保障预算是指国家在维护社会稳定、保障公民生活、实施救助及各项社会保障基金投资运营活动中的收支预算。各国社会保障预算的模式不尽相同，主要分为保险基金预算、政府公共预算、"一揽子"社会保障预算三种类型。

（1）保险基金预算。这种模式是将社会保障收入、支出与政府经常性预算收支分开，单独编列社会保障基金专项预算，是一种独立于国家预算之外的以基金形式反映社会保障收支状况的预算模式。美国、德国、日本、新加坡等国家实行这种模式，如美国社会保障财务状况不包括在政府公共预算内，而是以信托基金的形式来反映，包括养老保险、医疗保险、失业保险等项目。

（2）政府公共预算。这种模式是将社会保障收支同其他政府收支混在一起融为一体，全部直接列示在政府经常性预算收支中，不存在单独的社会保障预算，英国、瑞典等福利国家通常采用这种模式。这种模式下，国家全面担负起社会保障事业的财政责任，社会保障收支安排过程中直接体现政府意志，管理简便，没有保值增值的压力。但社会保障收支全部由财政负担，公民负担重，容易出现社会保障收支与政府经常性收支之间相互挤占资金，把社会保障资金用于弥补预算赤字的现象。

（3）"一揽子"社会保障预算。这种模式是将一般性税收收入安排的社会保障性支出和各项社会保障基金收支作为一个有机的整体，将来自社会保障基金的收支和来自政府公共预算安排的社会保障收支混合为一体，即将政府一般性税收收入安排的社会保障性支出、各项社会保障基金收支、社会筹集的其他社会保障资金收支、社会保障事业单位的收入等作为一个有机的整体，编制一个涵盖内容完整的"一揽子"社会保障预算，全面反映社会保障收支、结余、投资及调剂基金的使用情况。这种模式能够全面反映社会保障资金收支情况和资金规模，便于对社会保障基金进行统筹安排，但实施难度很大，具体编制技术方法复杂，社会保障事业多头管理，易于造成预算编制权限的割裂，影响社会保障预算的编制与执行。

三、社会保险基金预算特点

（1）按险种编制，专款专用原则。社会保险基金属于信托性质的缴费，资金使用具有递延性、滞后性，社会保险基金预算按险种编制，收支平衡，适当留有结余，不得出现赤字。社会保险基金余额应按规定进行投融资活动，保证其安全、完整和保值增值，不得挪作他用，不得用于弥补政府一般公共预算赤字或平衡政府公共预算。

（2）基金运营，兼顾安全保值增值。将社会保障资金收支及各项基金结余的投资运营活动纳入预算管理，统一核算、统筹安排，政府财政可以准确掌握各项社会保障资金支出的管理情况，使社会保障支出水平与国民经济发展水平及财政、企业和个人的负担能力相适应，增强政府宏观调控能力。

（3）依法编制，实施保障制度和政策。社会保障具有体现收入公平分配、稳定经济和社会的职能，有利于发挥国家预算的整体调控功能。社会保障预算要贯彻国家社会政策和收入分配政策的宗旨，成为政府引导和促进社会保障事业发展的重要手段，从财力上予以支持，提高资金使用效率，从而使国家的相关政策落到实处，推动社会保障事业发展。

（4）归口管理，发挥民生兜底作用。编制社会保障预算，更便于弄清各类社会保障资金的来龙去脉，掌握各类社会保障资金的收支规模，彻底摸清家底，有利于更加科学、合理地安排社会保障工作、推进社会保障资金归口管理，真正发挥社会保障制度所具有的"减震器"和"安全网"的作用。

（5）相对独立，有机衔接。在预算体系中，社会保险基金预算单独编报，与公共财政预算和国有资本经营预算相对独立、有机衔接。社会保险基金不能用于平衡公共财政预算，公共财政预算可补助社会保险基金。

四、社会保险基金预算编制

社会保险基金预算是根据国家社会保险和预算管理法律法规建立的反映各项社会保险基金收支的年度计划。2010 年，国务院发布了《关于试行社会保险基金预算的意见》要求试行社会保险基金预算，这将我国长期游离于国家预算体系之外的社会保险基金正式纳入了财政体系之中。《中华人民共和国社会保险法》要求"社会保险基金通过预算实现收支平衡"。财政部从 2010 年起试编社会保险基金预算，财政部 2010 年 3 月 11 日发布《社会保险基金预算编制手册》，2013 年正式编报社会保险基金预算。

（一）社会保险基金预算编制内容

目前，我国社会保险基金预算按险种编制，主要包括养老、失业、医疗、工伤、生育等①五大类险种。不同险种的预算分开编制，实施专门管理。同时对政府一般税收安排的社会保障事业经费支出也应列入社会保障预算中，具体是在政府公共预算中单独编列、统一反映。

一般情况下，社会保险基金预算收入包括各项社会保险费收入、利息收入、投资收益、一般公共预算补助收入、集体补助收入、转移收入、上级补助收入、下级上解收入和其他收入。社会保险基金预算支出包括各项社会保险待遇支出、转移支出、补助下级支出、上解上级支出和其他支出。

（二）社会保险预算编报流程

财政部门会同社会保险行政部门部署编制下一年度社会保险基金预算草案的具体事项。社会保险经办机构具体编制下一年度社会保险基金预算草案，报本级社会保险行政部门审核汇总。社会保险基金收入预算草案由社会保险经办机构会同社会保险费征收机构具体编制。财政部门负责审核并汇总编制社会保险基金预算草案。

（三）社会保险预算编制方法

社会保险基金预算编制采用科学、规范的方法，提高预算编制的预见性、准确性、完整性和科学性。编制社会保险基金预算草案应综合考虑统筹地区上年度基金预算执行情况、本年度国民经济和社会发展计划、人力资源社会保障事业发展规划、社会保险政策和财政补助政策等因素。

（1）社会保险基金收入预算的编制。社会保险基金收入预算的编制应综合考虑统筹地区上年度基金预算执行情况、本年度经济社会发展水平预测以及社会保险工作计划等因素，包括社会保险参保人数、缴费人数、缴费工资基数等。统筹地区人民政府应根据社会保险基金收支、财政收支等情况，合理安排本级财政对社会保险基金的补助支出。

社会保险基金收入预算草案的编制应按照收入项目分别进行测算。社会保险费收入应根据社会保险参保人数、保险费率、上年度社会平均工资水平、工资增长等因素，结合社会保险征缴扩面的任务合理确定。财政补贴收入应统筹考虑上年度财政补助水平，并剔除不可比因素后加上本年新增补助综合分析填列。利息收入按照存入银行和购买国债的利息收入，以及个人账户基金按规定运营取得的投资收益等合理测算。转移收入、上级补助收入、下级上解收入、其他收入等要按照上年度执行情况合理测算当年收入。

（2）社会保险基金支出预算的编制。社会保险基金支出预算的编制应综合考虑统筹地区本年度享受社会保险待遇人数变动、经济社会发展状况、社会保险政策调整及社会

①　2016年4月人力资源和社会保障部与财政部决定将生育保险和医疗保险合并，2016年12月召开的第十二届全国人民代表大会常务委员会第二十五次会议决定：授权国务院在河北省邯郸市等12个城市试点生育保险和医疗保险合并。其实施期限为2年，2018年全面推广。

保险待遇标准变动等因素。社会保险待遇支出预算应根据上年度享受社会保险待遇对象存量、上年度人均享受社会保险待遇水平等因素确定，同时考虑本年度变动情况；社会保险非待遇性支出预算要严格执行社会保险政策和管理制度规定。

社会保险基金支出预算草案的编制应按照规定的支出范围、项目和标准进行测算，考虑近年基金支出变化趋势，综合分析人员、政策等影响支出变动因素。各地要严格执行各项社会保险待遇规定，确保各项社会保险待遇政策落实，不得随意提高支付标准、扩大支出范围。

社会保险基金预算由社会保险费征收机构和社会保险经办机构具体执行，并按照规定向本级政府财政部门和社会保险行政部门报告执行情况。

各级政府及财政、人力资源社会保障部门要切实加强基金预算编制和审核工作，严格规范收支内容、标准和范围，并按照批准的预算和规定的程序执行，不得随意调整。进一步强化基金预算的严肃性和硬约束，确保应收尽收，杜绝违规支出。

五、养老保险收支预算编制

（一）养老保险基金收入预算

养老保险基金总收入=当期基本养老保险费收入＋利息收入＋转移收入＋其他收入＋财政补贴收入＋上级补助收入＋下级上解收入。

1. 当期基本养老保险费收入预算

当期基本养老保险费收入包括当期基本养老保险费征缴收入、清理企业欠费收入、一次性预缴和补缴收入。当期基本养老保险费收入预算应综合考虑当年参保扩面计划、缴费人数、缴费基数、在岗职工平均工资增长水平、清欠工作计划等政策性因素确定。

1）当期基本养老保险费征缴收入

当期基本养老保险费征缴收入预算值＝平均缴费人数预算数×月人均缴费基数预算数×12×平均费率×基金征缴率（分单位和个人计算）。

（1）平均缴费人数预算数。平均缴费人数预算数＝上年实际缴费人数×[1＋（上年缴费人数同比增长率×权重＋前三年缴费人数平均增长率×权重）]。

如计算出的缴费人数占参保人数的比例超过90%，按90%调整。设置的同比增长率和三年平均增长率权重之和为100%。

（2）月人均缴费基数预算数。企业以上年度职工工资总额为基数缴纳基本养老保险费，机关、事业单位、社会团体以参保人员上年度工资总额为基数缴纳基本养老保险费。单位缴费基数不得低于全部参保职工当期个人缴费基数之和。职工个人以本人上年度月平均工资为缴费基数。其中，个人缴费基数低于全省上年度在岗职工月平均工资60%的，按60%计缴；超过300%的部分不计入缴费基数。参加基本养老保险的城镇个体工商户和灵活就业人员，统一以全省上年度在岗职工月平均工资为基数。

（3）月人均缴费基数预算数＝上年月人均缴费基数×[1＋（上年月人均缴费基数同比增长率×权重＋前三年缴费基数平均增长率×权重）]×权重＋上年在岗职工月平均工资×（1＋前三年职工月平均工资）×上年全省人均缴费基数/上年全省在岗职工平均工资×（1−权重）。

（4）平均费率和基金征缴率。单位缴纳基本养老保险费的比例为 20%。职工个人按个人缴费基数的 8%缴纳基本养老保险费。城镇个体工商户和灵活就业人员，按缴费基数的 20%缴费，其中，有用工的，基本养老保险费由雇主和雇工共同缴纳，雇主缴纳 12%，雇工本人缴纳 8%。基金征缴率按 90%计算。

2）清理企业欠费收入

按年初下达的年度稽核追欠计划计算，一般为当地上年末企业累计欠费的 25%～30%。

3）一次性预缴和补缴收入

一次性预缴和补缴收入指国家和本省政策规定的一次性预缴和补缴情况，参考各市级统筹地区上年实际发生数，并结合本年当地破产企业改制及参保范围相关政策调整而形成的一次性预缴和补缴预计情况确定。

2. 利息收入、转移收入和其他收入预算

利息收入按各地上年度末基金累计结余、上年度中国人民银行公布的一年定期存款利率等因素确定。

（1）利息收入。统筹地区上年末累计结余与存款利息之积。活期存款状态的结余基金，以中国人民银行公布的同期活期存款储蓄利率计算；定期存款状态的结余基金，以中国人民银行公布的同期定期存款储蓄利率或双方协定利率计算。结余基金的存款状态以上年 12 月 31 日反映的状态为准。

（2）转移收入。在养老保险关系省际转移接续办法办理"转移收入"和"转移支出"预算。

（3）其他收入。按各市级统筹地区上年度收入水平并综合考虑影响收入的特殊因素确定。

3. 财政补贴收入预算

反映各级财政部门对养老保险基金收支缺口依据责任分担办法等有关规定予以安排的财政补贴。

4. 上级补助收入预算

上级补助收入是指本省级从各地上缴的省级调剂金收入中，按规定下拨的省级调剂补助收入。

5. 下级上解收入预算

下级上解收入指各地上解的省级调剂金，按省规定的当年上解比例确定。

（二）养老保险基金支出预算

养老保险基金总支出＝养老金支出＋丧葬抚恤补助支出＋上解上级支出＋补助下级支出＋转移支出＋医疗补助金支出＋其他支出。

1. 养老金支出预算

根据平均离退休人数和人均养老金水平测算。

$$养老金支出＝平均离退休人数×月人均养老金×12$$

（1）平均离退休人数的确定。以上年末离退休人数乘以一定的增长比例确定。增长比例按各地区前三年平均增长率确定，但年增长率最高不得超过5.5%。

（2）月人均养老金的确定。以上年度月人均养老金加上自然增长水平（不包括统一调待），自然增长水平暂定为月人均4元。

2. 丧葬抚恤补助支出预算

丧葬抚恤补助支出根据上年末离退休人数、上年度全省平均死亡率等因素确定，具体如下。

$$丧葬抚恤补助支出＝上年末离退休人数实际发生数×上年度全省平均死亡率$$
$$×上年度全省人均支付标准$$

3. 上解上级支出预算

这是指各地按规定比例上解的省级调剂金，按照省年初下达各市的计划确定。

4. 补助下级支出预算

这是指省从各地上解的省级调剂金收入中下拨各地调剂金补助支出。

5. 转移支出预算

转移支出按各地前三年转移支出的平均增长率确定。

6. 医疗补助金支出预算

此支出按以上年实际发生数为准。如果上年度本统筹地区没有发生医疗补助金支出，则该科目预算支出数为0。

7. 其他支出预算

其他支出按上年度发生数确定。

六、基本养老保险省级统筹

（一）基本养老保险省级统筹的总体要求

基本养老保险省级统筹是指包括企业和职工个人缴费比例、基本养老金计发办法、发放标准、基金管理、基金调剂等内容在内的整个企业职工基本养老保险制度和体系，以省、自治区、直辖市为单位实行统一管理方式。基本养老保险省级统筹要求各地在基本养老保险制度、缴费政策、待遇政策、基金使用、基金预算和经办管理等实现统一的基础上，积极创造条件实现全省基本养老保险基金统收统支。建立省级调剂金制度是基本养老保险省级统筹的初级阶段。

企业职工基本养老保险省级统筹制度的总体要求是建立与省经济社会发展相适应，以政策统一为基础、以基金省级统收统支为核心、以基金预算管理为约束、以信息系统和经办管理为依托、以基金监督为保障的企业职工基本养老保险省级统筹制度。

省主要负责制定全省统一的企业职工基本养老保险政策，包括参保范围对象、缴费基数、缴费比例、待遇计发及调整等政策；统一编制全省基金预算；实行基金省级集中统一管理，按"收支两条线"的要求，全额统一归集、统一下拨；建设全省集中统一的信息系统，制定全省统一的经办管理服务规程并组织实施；建立省与市县基金缺口责任分担机制，对各市县政府落实省级统筹目标情况、基金预算执行情况等工作进行考核。省政府承担全省企业离退休人员基本养老金按时足额发放主体责任。

各市县对本地养老保险工作负总责，将养老保险事业纳入本地国民经济与社会发展规划，并组织实施本地企业职工基本养老保险工作。实施全民参保登记计划，将符合条件的用人单位和人员纳入参保范围，基本实现法定人员全覆盖；夯实缴费基数，强化基金征缴，做到应收尽收；严格执行基金预算，及时归集各项基金收入；按照规定承担支出责任，确保本地企业离退休人员基本养老金按时足额发放；积极调整财政支出结构，多渠道筹措资金，有效防范风险；加强经办服务专业化、标准化、信息化建设，不断提高经办服务能力；做好本地退休人员社会化管理服务工作。

（二）统一基本养老保险制度和政策

（1）统一参保政策。在全省、自治区、直辖市范围内，城镇各类企业及其职工、城镇个体经济组织及其帮工、城镇私营企业主，均应参加国家的基本养老保险，全省执行统一的企业职工基本养老保险制度和政策。

（2）统一缴费标准。各类企业和个体经济组织、职工和帮工，都按照全省、自治区、直辖市统一确定的缴费比例、缴费基数缴纳基本养老保险费。

（3）统一待遇支付标准。基本养老金计发办法和统筹项目全省统一，对不同所有制、不同用工形式的劳动者，按照全省、自治区、直辖市统一确定的项目与计发办法支付基本养老保险待遇。基本养老金调整由省级人民政府按照国家规定部署实施，全省统一调整办法。

（三）统一基金收支管理

全省基金实行省级统一集中管理，"收支两条线"全额缴拨，统收统支。全省各项基金收入和结余按期全额归集至省级社会保障基金财政专户，各项基金支出由省统一核定、统一拨付，确保全省离退休人员基本养老金按时足额发放。

（1）基金统收。全省企业养老保险各项基金收入全部归集至省级社会保障基金财政专户。基金收入项目包括：征收机构征收的养老保险费、中央及省内各级财政补助、中央调剂下拨资金、利息收入、委托投资收益、转移收入，以及其他项目收入。各地社保费征收机构在养老保险费征收环节将征缴的养老保险费直接划入省级社会保障基金财政专户。归集至省级社会保障基金财政专户的各市当期基金结余，以定期存款的形式存放在当地，具体办法由省财政厅会同省人力资源和社会保障厅另行制定。

（2）基金统支。全省企业养老保险基金支出由省统一安排资金拨付。基金支出项目包括：人力资源社会保障部门按月核定的本省养老保险待遇总额、转移支出、中央调剂上解资金、退费支出，以及其他项目支出。各市社保经办机构根据企业养老保险基金支出情况按月提出用款计划，经同级人力资源社会保障、财政部门审核后报省级社保经办机构审核汇总，经省级人力资源社会保障部门审定，向省级财政部门提出全省基金支出用款计划。省级财政部门审核后按规定将基金拨付至省级社保经办机构基金支出户，再由省级社保经办机构拨付至各市社保经办机构基金支出户。各级社保经办机构做好基本养老金按时足额发放工作。为确保待遇按时足额支付，各市应预留2个月养老保险待遇支出额在社保经办机构支出户中作为周转金。省级统筹基金预算和财务管理办法由省财政厅会同省人力资源和社会保障厅另行制定。

（四）统一基金预算管理

（1）全省企业基本养老保险基金预算实行省级管理，按照基金省级统收统支的要求、遵循收支平衡的原则统一编制和实施全省基本养老保险基金预算，明确省、地（市）、县各级政府的责任。各级确定本级基本养老保险基金年度收支情况，省先进行"前置性"审核，再由财政、人力资源社会保障、税务部门报本级政府审批。

（2）统一基金预算编制。基本养老保险基金预算由省人力资源社会保障部门及其社会保险经办机构统一编制、省财政部门审核并汇总各级收支情况，编制全省基本养老保险基金预算草案，其中，基金收入预算由省社会保险经办机构会同省税务部门共同编制。基金预算草案报省政府审定并经省人大审查和批准后执行。基金收入预算应综合考虑各地经济发展状况、就业情况、参保人员征缴计划和职工平均工资增长等因素；基金支出预算应综合考虑各地领取待遇人数增长、待遇调整等因素。各地（市）、县严格按照批准的基金收支预算执行。预算调整按规定的程序进行。

（3）强化预算监督考核。对预算编制、执行、调整实施全程监督，强化绩效管理，压实各级政府责任，确保省级统筹基金按时足额调度到位。建立参保缴费考核机制，根据各市县目前的参保情况，分类下达参保缴费指标并实施考核。

（五）统一基本养老保险基金调剂

（1）统一调度使用。基本养老保险基金由省级统一调度使用，实行统收统支，由省级直接管理。省级统筹初期可采取省级统一核算、省和地（市）两级调剂，结余基金由省级授权地（市）、县管理的方式，其中，中央财政、省级财政补助资金和上解的调剂金由省级统一调剂使用。省级统一按国家规定组织实施基本养老保险基金投资运营。

（2）统一调剂管理基金。建立以省、自治区、直辖市为单位的基本养老保险基金，各地（市）、县征缴的基本养老保险费用于支付当期养老保险待遇后，结余基金除按规定留存外，其余应上缴省级社会保险经办机构纳入财政专户管理。省级社会保险经办机构统一组织实施对各地（市）、县的基金调剂。

（3）统一缺口分担机制。建立基金收支缺口由省级统筹基金与本地财政补助共同负担机制。比如，河北省 2020 年规定分担比例按照本地收支缺口占可用财力的比例分五档确定，省级统筹基金补助比例分别为 88%、90%、92%、94%、96%，地方财政补助比例对应为 12%、10%、8%、6%、4%。财政补助列入当地一般公共预算，每年 9 月底前全部上解到省风险储备金账户。

（4）统一激励约束机制。将各地企业养老保险政策落实、预算绩效、参保扩面、基金征缴、财政投入、待遇核发、经办服务、基金监督等方面工作列入市、县基本养老保险综合考核。例如，河北省根据考核结果调整省级统筹基金分担比例，考核第 1 名的市省级统筹基金多负担 1 个百分点，第 2 名 0.9 个百分点，第 3 名 0.8 个百分点，第 4 名 0.7 个百分点，第 5 名 0.6 个百分点。第 6 名（含）以后不再奖励。

（六）统一基本养老保险管理

（1）统一管理机构。基本养老保险业务统一由省、自治区、直辖市级社会保险经办机构负责管理，并达到全省、自治区、直辖市的规范和统一；社会保险经办机构实行省级垂直管理。

（2）统一集中信息系统。全省执行统一的数据标准、使用统一的应用系统，建立全省统一的社会保险公共服务平台，实现全省经办系统省级集中，全省集中统一的企业职工社会保险信息系统，纳入"金保工程"建设规划，实行省级统一建设、市县接入使用，各级人社、财政、税务、人行等部门要推进信息系统互联互通，实现数据资源省级集中管理并推进跨层级、跨部门数据共享，实施人力资源社会保障、财政、税务等部门信息系统联网对接，为养老保险决策管理科学化提供支撑。

（3）统一经办管理服务和业务规程。制定全省统一的社会保险业务经办规程和管理制度，逐步构建以信用为基础的新型经办管理服务模式。推进信息系统与一体化政务服务平台对接，实现线上线下"一网通办"，大力推进电子社会保障卡，支持和拓展养老保险参保登记、待遇发放、信息查询等业务经办和服务，建立全省统一的社会保险基金风险防控系统，健全政策、经办、信息、监督四位一体的社会保险基金风险防控体系和全程风险防控机制。

七、企业职工基本养老保险全国统筹

（一）企业职工基本养老保险全国统筹的背景和意义

社会保险遵循大数法则，即统筹层次越高、参保人数越多，基金的抗风险能力就越强。自 20 世纪 90 年代建立养老保险制度以来，从县级统筹起步，逐步提高统筹层次，截至 2020 年底，我国各省份都实现了企业职工基本养老保险基金省级统收统支，2022 年 1 月起企业职工基本养老保险启动全国统筹。

企业职工基本养老保险基金省级统筹解决了省内地区间基金负担不均衡的问题，但是，由于我国区域之间发展不平衡，经济发展水平、人口年龄结构等存在差异，各省份之间的养老保险基金存在结构性矛盾，一些人口老龄化程度较高的省份，养老保险基金的支出压力比较大。在此背景下，需要尽快实现全国统筹，在全国范围内调剂使用基金。

《中华人民共和国社会保险法》明确规定，基本养老保险基金逐步实行全国统筹，其他社会保险基金逐步实行省级统筹，具体时间、步骤由国务院规定。党的十九大报告进一步提出，完善城镇职工基本养老保险和城乡居民基本养老保险制度，尽快实现养老保险全国统筹。[①]

实施养老保险全国统筹制度的基础：一是已经建立中央调剂制度，2018 年 6 月，国务院决定建立企业职工基本养老保险基金中央调剂制度，迈出了实现养老保险全国统筹的第一步；二是已经统一各省养老保险政策，截至 2022 年，除个别省份外，其他省份的养老保险单位缴费比例已统一为 16%；三是已经建立全国社会保险公共服务平台，全国统一的社会保险公共服务平台已于 2019 年正式上线，为参保人员提供社保查询、参保登记、转移接续、申领失业金等服务，办理社保业务更加方便快捷。

实施养老保险全国统筹制度的现实意义，一是在全国范围内对地区间养老保险基金当期余缺进行调剂，从制度上解决基金在各省份之间的结构性矛盾问题，使困难地区的养老金发放更有保障。二是调节各省份之间养老保险缴费费率，降低中西部经济欠发达地区企业养老保险缴费费率，为减轻企业负担提供了空间，可缓解中西部欠发达地区的基金运行压力，缓解区域经济发展的"马太效应"。三是减少办理养老保险异地转移接续的麻烦，方便流动就业。

（二）企业职工基本养老保险基金中央调剂制度

1. 中央调剂基金筹集

中央调剂基金由各省份养老保险基金上解的资金构成。按照各省份职工平均工资的

---

① 《习近平：决胜全面建成小康社会 夺取新时代中国特色社会主义伟大胜利——在中国共产党第十九次全国代表大会上的报告》，http://www.gov.cn/zhuanti/2017-10/27/content_5234876.htm[2022-11-20]。

90%和在职应参保人数作为计算上解额的基数，上解比例从 3%起步，逐步提高。

某省份上解额 =（某省份职工平均工资×90%）×某省份在职应参保人数×上解比例

各省份职工平均工资，为统计部门提供的城镇非私营单位和私营单位就业人员加权平均工资。

各省份在职应参保人数暂以在职参保人数和国家统计局公布的企业就业人数二者的平均值为基数核定。将来条件成熟时，以覆盖常住人口的全民参保计划数据为基础确定在职应参保人数。

2. 中央调剂基金拨付

中央调剂基金实行以收定支，当年筹集的资金全部拨付地方。中央调剂基金按照人均定额拨付，根据人力资源和社会保障部、财政部核定的各省份离退休人数确定拨付资金数额。

某省份拨付额 = 核定的某省份离退休人数×全国人均拨付额

全国人均拨付额=筹集的中央调剂基金/核定的全国离退休人数

3. 中央调剂基金管理

中央调剂基金是养老保险基金的组成部分，纳入中央级社会保障基金财政专户，实行收支两条线管理，专款专用，不得用于平衡财政预算。中央调剂基金采取先预缴预拨后清算的办法，资金按季度上解下拨，年终统一清算。

各地在实施养老保险基金中央调剂制度之前累计结余基金原则上留存地方，用于本省、自治区、直辖市范围内养老保险基金余缺调剂。

第五节　政府性基金预算管理

一、政府性基金预算管理方式

政府性基金是指各级人民政府及其所属部门根据法律、行政法规和中共中央、国务院文件的规定，为支持特定公共基础设施建设和公共事业发展，向公民、法人和其他组织无偿征收的具有专项用途的财政资金。

（一）政府性基金的管理制度

（1）一级审批制度。政府性基金实行中央一级审批制度，遵循统一领导、分级管理的原则。

（2）依法征收。国务院所属部门、地方各级人民政府及其所属部门申请征收政府性基金，必须以法律、行政法规和中共中央、国务院文件为依据，法律、行政法规和中共中央、国务院文件没有明确规定征收政府性基金的，一律不予审批。

（3）按程序报批。法律、行政法规和中共中央、国务院文件明确规定征收政府性基金，但没有明确规定征收对象、范围和标准等内容的，应当按照规定程序进行申请和审批。法律、行政法规和中共中央、国务院文件已经明确政府性基金征收对象、范围和标准等内容的，其具体征收使用管理办法由财政部会同有关部门负责制定。

（4）纳入预算管理。政府性基金属于政府非税收入，全额纳入财政预算，按规定实行国库集中收缴制度，实行"收支两条线"管理。

（5）项目目录公示制。政府性基金收入以国家和省每年公布的政府性基金项目目录为准。

（二）政府性基金预算管理体制

（1）财政管理。各级财政部门是政府性基金管理的职能部门。其中，财政部负责制定全国政府性基金征收使用管理政策和制度，审批、管理和监督全国政府性基金，编制中央政府性基金预决算草案，汇总全国政府性基金预决算草案；地方各级财政部门依照规定负责对本行政区域内政府性基金的征收使用管理和监督，编制本级政府性基金预决算草案。

（2）政府性基金征收。部门和单位负责政府性基金的具体征收工作。各级财政部门可以自行征收政府性基金，也可以委托其他机构代征政府性基金。委托其他机构代征政府性基金的，其代征费用由同级财政部门通过预算予以安排。

（3）政府性基金预决算编制主体。政府性基金使用部门和单位负责编制涉及本部门和单位的有关政府性基金收支预算及决算。

二、政府性基金预算编审

政府性基金预算是国家通过向社会征收及出让土地、发行彩票等方式取得收入，并专项用于支持特定基础设施建设和社会事业发展的财政收支预算，是政府预算体系的重要组成部分。

（一）政府性基金预算编制内容

政府性基金预算收入是指各级财政部门自行征收或委托其他机构代征的政府性基金收入，预算编制内容包括各政府性基金项目收入和转移性收入。政府性基金预算支出包括与政府性基金预算收入相对应的各项目支出和转移性支出。

国有资本经营预算收入包括依照法律、行政法规和国务院规定应当纳入国有资本经营预算的国有独资企业及国有独资公司按照规定上缴国家的利润收入、从国有资本控股和参股公司获得的股息红利收入、国有产权转让收入、清算收入和其他收入。

国有资本经营预算支出包括资本性支出、费用性支出、向一般公共预算调出资金等转移性支出和其他支出。

中央政府性基金预算收入编制内容包括本级政府性基金各项目收入、上一年度结余、地方上解收入。中央政府性基金预算支出编制内容包括本级政府性基金各项目支出、对地方的转移支付、调出资金。

地方政府性基金预算收入编制内容包括本级政府性基金各项目收入、上一年度结余、下级上解收入、上级转移支付。地方政府性基金预算支出编制内容包括本级政府性基金各项目支出、上解上级支出、对下级的转移支付、调出资金。

（二）政府性基金预算管理原则

政府性基金预算坚持"以收定支、专款专用、结余结转按规定使用"的管理原则。

基金支出根据基金收入情况安排，自求平衡，不编制赤字预算。当年基金预算收入不足的，可使用以前年度结余资金安排支出；当年基金预算收入超出预算支出的，结余资金结转下年继续安排使用。各项基金按规定用途安排，不调剂使用。

（三）政府性基金预算汇编与审批

政府性基金使用单位应当按照财政部统一要求及同级财政部门的有关规定，编制年度相关政府性基金预算，逐级汇总后报同级财政部门审核。各级财政部门在审核使用单位年度政府性基金预算的基础上，编制本级政府年度政府性基金预算草案，经同级人民政府审定后，报同级人民代表大会审查批准。

财政部汇总中央和地方政府性基金预算，形成全国政府性基金预算草案，经国务院审定后，报全国人民代表大会审查批准。

三、政府性基金预算表

政府性基金预算表按级次可分为中央政府性基金预算表和地方政府性基金预算表。地方政府性基金预算表分为地方和地方本级两种，如省级政府性基金预算表、省本级政府性基金预算表。

政府性基金预算表按种类可分为政府性基金预算收支预算表、政府性基金预算收入预算表、政府性基金预算支出预算表、政府性基金预算转移支付预算表等。

本章思考与练习题

1. 分析复式预算形成的理论基础。
2. 说明我国早期的"双轨"复式预算存在哪些弊端。
3. 描述我国现行复式预算的构成框架。
4. 论述我国一般公共预算的管理要求。
5. 试述我国当前社会保险基金预算的基本构架。
6. 说明我国国有资本经营预算管理的状况及其改进。
7. 解析我国政府性基金预算的发展方向。
8. 说明我国复式预算各组成部分之间的关系。

第八章

政府赤字与债务

第一节　财政赤字

一、财政赤字类型

财政赤字是指财政支出超过财政收入、财政赤字类型分为两种。

（1）结构性赤字。它是假定经济达到充分就业及政府取得充分就业的收入时出现的预算赤字，是对经济周期性因素加以调整后的赤字，这在一般情况下应予以杜绝。

（2）周期性赤字。这是经济运行尚未达到充分就业水平时实际产生的财政赤字，是未对周期性因素加以调整的财政赤字。在经济萧条、资源大量闲置和失业严重的状况下，可以实行"逆周期"调节，实行适度的扩张性财政政策，借以扩大总需求。在经济效益提高和税制较为完善的情况下，资源的充分利用和经济的增长有利于最终实现预算平衡或盈余。因此，根据经济周期变动和资源状况，在一定条件下，可实行动态的财政收支平衡原则。

二、软硬赤字的口径

硬赤字是将债务收入计入政府收入后仍存在的收支差额，往往需要向中央银行透支或借款来弥补。软赤字是未加上当年发债额形成的政府收支差额，可以发债弥补。

（一）国际货币基金组织的计算方法

财政赤字＝政府正常支出＋国债利息支出＋财政借出资金净额-政府收入-国外捐款

（二）中国财政赤字的计算口径

$$财政硬赤字 = 财政支出 + 债务还本付息支出 - 财政收入 - 债务收入$$
$$财政软赤字 = 财政支出 - 财政收入$$

如果财政收入中不包括债务收入，财政支出中就不包括利息支出。通常，当年发债除了弥补财政赤字外，还用于归还当年到期的国债本金和利息。

《中华人民共和国预算法》将预算划分为一般公共预算、政府性基金预算、国有资本经营预算、社会保险基金预算，即"四本预算"，官方口径的财政赤字是指一般公共预算收支差额。

三、财政赤字指标与标准

（一）财政赤字率

财政赤字率是指一定时期内财政赤字额占同期 GDP 的比重，也指财政支出超过财政收入的部分的所占比例，意味着"花"的钱超过了"挣"到的钱。赤字口径按当年财政收支差额加上债务利息进行计算。

$$财政赤字率 = 财政赤字/GDP \times 100\%$$
$$= （财政支出 — 财政收入）/GDP \times 100\%$$

按照欧盟《马斯特里赫特条约》规定，各国政府的财政赤字不得超过当年 GDP 的 3%、公共债务不得超过 GDP 的 60%。赤字率的国际安全线标准一般设为 3%。1990 年美国华盛顿共识提出的判断财政赤字标准：如果赤字支出部分不是用在生产性的基础设施投资上，经常性预算赤字又超过了 GNP 的 1%～2%，就可以初步判断政策可能出了问题。美国政府和美国政府控制的世界银行、国际货币基金组织在贷款给经历金融危机和债务危机的发展中国家时，常常要求这些国家执行华盛顿共识的经济政策。

实际上，美国、日本等全球主要经济体赤字率常年在 3%以上。根据国际货币基金组织公布的全球财政监测报告，2020 年世界各国政府的赤字占 GDP 比率平均上升 9%，全球公共债务规模接近 GDP 的 100%，创历史新高。2021 年，美国财政赤字占 GDP 的 15%，日本 9.4%，印度 12.7%。

财政赤字率则是衡量财政风险的一个重要指标，财政赤字率高低表明的是政府在一定时期内动员社会资源的程度，反映了财政配置工具对经济运行的影响。高财政赤字率会扰乱正常的经济运行和形成沉重的债务负担，影响国民经济的正常运行。如果财政赤字率过高，政府应该从以下两方面降低财政赤字率：一是削减财政赤字；二是调整经济结构、提高经济效益、加快经济增长。

政府债务是弥补财政赤字的主要来源，赤字的增长会加大国债的规模，而政府债是要还本付息的，反过来又会加大财政赤字。财政就陷入了"赤字—债务—赤字"相互推动增长的困境，如果财政收支没有明显改善，赤字和政府债的增加，将会对未来的经济发展产生负效应。目前，我国财政赤字率是一般公共预算中通过一般债务部分形成的赤字率，不包括专项债。

（二）赤字依存度

赤字依存度反映财政赤字在财政支出规模中所占的比重，说明一国在当年的总支出中有多大比例是依赖赤字支出实现的。一般认为，赤字依存度警戒线为15%。

赤字依存度高低反映了政府在一定时期内（一年）总支出依赖财政赤字的程度，或者说，财政支出中有多少是依靠财政赤字融资的。赤字依存度高，说明在财政支出需求大的前提下，税收收入和其他非税收入则相对短缺，实际财政支出超出了现行收入制度下的收入供给能力，也可能说明现行收入制度筹措收入的能力不足，不适应经济发展的需要。因此，如果赤字依存度过高，政府应重新审查财政支出规模，以科学的方法判断财政支出规模是否合理，从而调整财政支出规模，或者分析现行收入制度是否完善，相应调整收入制度，提高财政收入。

赤字依存度可用于反映财政本身状况的好坏，说明财政本身的问题，特别是说明财政支出的需要与财政收入供给的能力之间的缺口或差距。

四、财政赤字弥补方法

（1）动用历年结余。使用以前年度财政收入大于支出而形成的结余来弥补财政赤字。由于我国实行银行代理金库制，财政动用上年结余必须协调好与银行的关系，处理好财政资金与信贷资金的平衡。

（2）增加税收。增加税收包括开增新税、扩大税基和提高税率。但能否增加税收受税收法定主义、税收负担及宏观经济形势等诸多因素的影响，具有相当的局限性。因此，增加税收并不是弥补财政赤字稳定可靠的方法。

（3）增发货币。通货膨胀主要取决于货币增长速度，依靠货币过量发行来支撑的财政支出一般会没有物资保证，必定造成通货膨胀、物价上涨、居民生活水平下降等恶性后果。因此，用增发货币来弥补财政赤字只是一个权宜之计。

（4）发行公债。从债务人的角度来看，公债具有自愿性、有偿性和灵活性的特点；从债权人的角度来看，公债具有安全性、收益性和流动性的特点。因此，发行公债对政府、认购者都有好处，最容易为公众所接受。因此，通过发行公债来弥补财政赤字成为世界各国通行的做法。

五、财政赤字货币化

财政赤字货币化，又称政府债务货币化，通俗的解释是：政府在财政入不敷出的情况下，不是通过"借钱"（如向市场发债）方式来为其财政赤字提供融资，而是靠自己"印钱"来为赤字融资。财政赤字货币化旨在利用以增发国债为核心的积极财政政策刺激经济,中央银行通过发行货币的方式为财政融资,中央银行通过印钞以零利率来购买财政部发行的特殊国债,相当于财政部不用任何成本得到资金,结果会导致货币供给量的增加。财政赤字货币化由中央银行购买国债,本质是直接给钱让财政部去安排支出,通过扩大需求的方式刺激经济增长,财政赤字货币化是一种货币刺激的表现。

因新冠疫情的冲击,受到经济下滑与财政收入回落的压力,美国、日本等国家长期零利率,启动无限量化宽松政策,同时,实行财政赤字货币化,由中央银行直接出钱以零利率认购国债,为扩张性财政措施与经济刺激计划筹资。财政赤字货币化突破了传统的货币数量论,重点关注"货币状态",在赤字与货币之间的关系上形成一种新的认识。

财政赤字货币化可能会使得财政不再受预算控制和约束,导致货币长期超发,进而形成通货膨胀,财政过度负债,政府占用大量资源,挤出企业部门经济活动,不利于经济增长。财政赤字货币化必须建立在传统货币、财政政策扩张空间匮乏,如零利率、无限量宽松政策无效等条件下,尽管受到新冠疫情冲击,但我国经济韧性足,且财政和货币政策都有空间,不必急于启动财政赤字货币化。

第二节 公债理论

一、公债类别

广义公债包括国债和地方债、金融债、国有企业债券等。狭义公债是政府举借的债务,包括国债和地方债,此为人们常说的公债。公债是政府为解决正常预算收入的不足,为筹措资金,以信用形式向投资者出具的书面借款凭证,承诺在一定时期内按约定的条件,按期支付利息和到期归还本金,包括在国内外借款而形成的债务。公债是政府弥补财政赤字的有效方法。公债类别多样,可以按不同标准进行分类。

1. 以偿还期限为标准分为短期公债、中期公债和长期公债

一般把偿还期限在 1 年以内的公债称为短期公债,偿还期限在 1 年以上 10 年以内的公债称为中期公债,偿还期限在 10 年以上的公债称为长期公债。短期公债主要用于平衡预算年度内因财政收支进度差异而出现的短期收支缺口。中、长期公债除了用于弥补年度财政赤字外,还可为建设周期较长的基础设施或重点投资项目筹措资金,如经济建设公债。

短期公债、中期公债和长期公债都属于有期公债。在公债发展史上,还曾经出现过一种无期公债。这种公债在发行时并未规定还本期限,债权人平时仅有权按期索取利息,而无权要求清偿,但政府可以随时从市场上买入而将其注销。

2. 以发行主体及其责任为依据分为国债和地方债

国债是指中央政府所借的债,即国家债券。我国的国债专指财政部代表中央政府发

行的国家公债，由国家财政信誉做担保，信誉度非常高，历来有"金边债券"之称，稳健型投资者喜欢投资于国债。

地方债是指地方政府发行或承担还本付息责任的公债券。市政债券是地方政府发行的市政建设债券，可以分为一般责任债券和收入债券两大类。一般责任债券并不与特定项目相联系，其还本付息得到发行政府的信誉和税收支持。收入债券是与特定项目相联系的，其还本付息来自投资项目的收费，因此其风险要高于一般责任债券。

3. 按利率变化特性分为固定利率债券和浮动利率债券

固定利率债券是指在发行时规定票面利率就被固定下来、在整个偿还期内不再变动，到期偿还的债券。固定利率债券又称普通债券，是浮动利率债券的对称，这种债券的一种传统形式，通常在票面上印制有固定利息息票和到期日，发行人每半年或一年支付一次利息。这种债券不考虑市场变化因素，因而其筹资成本和投资收益可以事先预计，不确定性较小，但债券发行人和投资者仍需承担市场利率波动的风险。

浮动利率债券是指发行时规定债券利率随市场利率定期浮动的债券，也就是说，债券利率在偿还期内可以进行变动和调整。浮动利率债券往往是中长期债券。其利率通常根据市场基准利率加上一定的利差来确定。浮动利率债券的种类较多，如规定有利率浮动上、下限的浮动利率债券，规定利率到达指定水平时可以自动转换成固定利率债券的浮动利率债券，附有选择权的浮动利率债券，以及在偿还期的一段时间内实行固定利率而另一段时间内实行浮动利率的混合利率债券等。

由于债券利率随市场利率浮动，采取浮动利率债券形式可以避免债券的实际收益率与市场收益率之间出现任何重大差异，使发行人的成本和投资者的收益与市场变动趋势一致。但债券利率的这种浮动性也使发行人的实际成本和投资者的实际收益带有很大的不确定性，从而导致较高的风险。

4. 按券面形式分为无记名式国债、凭证式国债和记账式国债

无记名式国债是一种票面上不记载债权人姓名或单位名称的债券，以实物债券形式记录债权，券面上标有面额，面值不等，不记名、不挂失，可上市流通，购买手续简便，持有的安全性差。

凭证式国债是以填制"凭证式国债收款凭证"的方式记录债权的国债，并非实物券，可记名、挂失，不能上市交易流通、随意转让，可提前兑现，按兑付本金收取一定比例的手续费，变现灵活。提前兑取收益提前预知的，无市场风险，具有安全、灵活、收益适中的特点，是集国债和储蓄的优点于一体的投资品种。

记账式国债通过交易所交易系统（后扩展到银行）以记账的方式办理发行。投资者购买记账式国债必须在交易所开立证券账户或国债专用账户，并委托证券机构代理进行。记账式国债的发行和交易均无纸化，可以记名、挂失，可上市转让，价格随行就市，具有发行成本低、安全性好、流动性强等特点。

20 世纪 50 年代和 80 年代我国发行的国债为无记名式国债，现已不再发行，并已兑完。从 1994 年起主要发行凭证式和记账式两种形式的国债。

此外，公债还可依据其他的标准加以分类。例如，按显示度可分为显性债务和隐性债务，隐性债务或称潜在债务；按发行地域可分为国内公债和国外公债；按举债形式可分为契约借款和公债券；按发行本位可分为实物公债和货币公债；按发行公债券面值的定价方式可分为平价公债、折价公债、溢价公债，低于公债券面值定价发行的为折价公债，高于公债券面值定价发行的为溢价公债；按用途可分为一般债务和专项债务。

二、李嘉图等价定理

英国古典经济学家李嘉图在《政治经济学及赋税原理》一书中指出：在某些条件下，政府无论用债券还是税收筹资，其效果都是相同的或者等价的，即李嘉图等价定理。李嘉图认为，从表面上看，以税收筹资和以债券筹资并不相同，但政府发行公债筹款需要在以后通过逐年征税的方式来履行偿付本息的义务，在将来偿还时，会导致未来更高的税收。如果人们意识到这一点，他们会把相当于未来额外税收的那部分财富积蓄起来，结果此时人们可支配财富的数量与征税的情况一样，政府举债同现时一次征税是相等的，在税收、债券两种筹资情况下纳税人财产净值的减少是相等的。由此，李嘉图指出，公债不是净财富，而是延迟的税收，政府无论是以税收形式，还是以公债形式来取得公共收入，对人们经济选择的影响是一样的，在具有完全理性的消费者眼中，债务和税收是等价的。根据这个定理，政府发行公债并不提高利率，对私人投资不会产生挤出效应，也不会增加通货膨胀的压力。

巴罗1974年发表《政府债券是净财富吗？》一文，用现代经济学理论对李嘉图的思想进行重新阐述。巴罗提出，在一个跨期的新古典增长模型中，在完备的资本市场、一次总付税、代际利他和债券增长不能超越经济增长等特定假设条件下，如果公众是理性预期的，那么不管是债券融资还是税收融资，政府所采用的融资方式并不会影响经济中的消费、投资、产出和利率水平。原因是当政府为弥补赤字而发行债券时，具有理性预期的公众明白债券变现最终还是要靠增加税收来完成，即现期债券相当于未来税收，政府债券融资只不过是改变了增加税收的时间。而且，消费者具有"利他主义"的遗产动机，即不仅从自己的消费中获得效用，还从子女的消费中获得效用；不仅关心自己的消费，也会间接关心子女的消费。尽管举债具有的减税效应使消费者收入增加，但在理性地预期到将来税收会增加从而子女消费水平受到不利影响时，消费者就不会因为现期收入的增加而增加消费，消费者不会将政府发行公债融资引起的财政扩张及收入增加看作幸运的意外收获，他们宁愿将一部分收入储蓄起来以支付未来（甚至子女）的税收负担。因此消费需求不会上升，更不会出现消费支出的乘数效应。

当今世界，各国政府支出日益依赖公债的发行，因此，公众在面对政府采用举债还是征税的不同决策时，是否会对消费采取不同的行动，将会对国民收入水平产生重要影响。巴罗和李嘉图的等价定理实际上是为了证明财政政策的无效性，这引起了经济学家的极大关注。许多经济学家认为李嘉图等价定理并不符合真实情况，因为它是在一系列现实生活中并不存在或不完全存在的假设条件下得出的。因此，李嘉图-巴罗假说遭到了新古典综合派及新凯恩斯主义的质疑和批评，代表性人物是莫迪利亚尼（Modigliani）、托宾（Tobin）和曼丘（Mankiw）等。

三、公债的功效

（一）公债的功能

1. 逆对周期行事，调控宏观经济

公债是需求管理政策的重要杠杆，政府要根据社会经济的景气状况审时度势，发行国债，充分利用债务的收、支、投、贷来影响市场供求关系，调节社会资金的流量与流向，调控经济总量和结构，逆对经济周期进行相机抉择，促进宏观经济的稳定和发展。

2. 促进财政平衡，优化预算结构

（1）弥补赤字，推进预算平衡。公债为政府投资筹集必要的财政资金，是弥补财政赤字、缓解财政资金不足的重要手段，可以推进预算平衡。

（2）公债不宜用于经常性支出。公债以还本付息为前提，经常性支出具有耗费性，不形成资产及相应的直接收益，因此，除特殊情况外，各国均尽量避免此类公债的发行。

（3）筹集建设资金用于资本项目。采用复式预算制度的国家，公债一般以进入资本性预算为主，这突出了公债筹集建设资金的功能，目的是加快经济发展、改善经济结构、弥补私人投资的不足。

3. 为金融市场提供基准利率和投融资工具

（1）形成市场基准利率。利率是资金的价格，对金融工具的定价产生重要影响。公债是一种收入稳定、风险极低的投资工具，这一特性使公债利率处于整个利率体系的核心环节，成为其他金融工具定价的基础。公债的发行与交易有助于形成市场基准利率。公债的发行将影响资金供求状况，从而引起利率的升降。公债发行时的票面利率代表了当时市场利率的预期水平，而公债在二级市场上交易价格的变化能够及时地反映出市场对未来利率预期的变化。

（2）机构投资者短期融资的工具。公债的信用风险极低，机构投资者之间可以利用公债这种信誉度最高的标准化证券进行回购交易，达到调节短期资金余缺、套期保值和加强资产管理的目的。

4. 财政政策和货币政策配合的结合点

公债，特别是短期公债，是中央银行进行公开市场操作的合适工具。公债的总量、结构对公开市场操作的效果有重要的影响。如果公债规模过小，中央银行在公开市场上的操作对货币供应量的控制能力就非常有限，不足以使利率水平的变化达到中央银行的

要求；如果公债品种单一，持有者的结构不合理，中小投资者持有公债的比例过大，公开市场操作就很难进行。

（二）公债的效应

1. 公债的挤出效应

政府支出资金无论是采取税收还是采取公债的方式筹措，都是把生产资源从私人经济转移给政府使用。一般认为，在采取税收方式时，转移的生产资源主要来自私人消费的减少，而在采取公债的方式时，政府同需要借款投资的私人企业争夺借贷资金，增加政府支出，会相应减少私人的投资支出，即发行公债挤出私人投资，此为公债的挤出效应。

公债的挤出效应是由于利率的变动，在货币供给不变的情况下，政府增加对信贷的需求，利率必然上升，利率上升，私人投资的成本就会增加，因而投资将减少。政府发行公债抑制私人投资，降低了政府赤字支出对扩大社会需求和刺激经济增长的作用。另外，当中央银行和商业银行持有公债时，通过货币乘数会产生通货膨胀效应，因此，政府以发行公债来弥补财政赤字会增加通货膨胀的压力。此外，公债还会给后代造成负担，因为政府通过发行公债筹款，将会给后代遗留较少的资本设备，因而后代人的实际收入将低于不发行公债筹款情况下可能达到的水平。

2. 公债的挤入效应

公债的挤入效应，是指政府发行公债会诱使全社会进行私人投资，从而使全社会的私人投资和社会总体资本增加。

挤入效应在经济学理论中与挤出效应的概念相对应。一般来说，公债在两种情况下会产生挤入效应：一是当用公债融资的政府支出形成了公共资本，且公共资本与私人资本有了互补性，能够提高私人资本的边际效率和私人投资的预期收益率，诱使私人企业增加投资时，公债的挤入效应就会产生。而且，如果由公债融资的政府支出用于技术乘数和关联度都比较高的公共资本品诸如基础设施等项目时，就会产生更大的公债挤入效应，往往可以带动一系列的相关投资。二是政府发行减税公债，并且减税公债的目的在于降低企业的所得税和企业固定资产投资税负，而不是个人所得税和消费税，企业用于投资的资金来源相对增加，企业投资的预期回报率也相应提高，此时的减税公债也会产生挤入效应。但无论哪种情况的挤入效应都会有一定的约束条件，那就是社会上必须有充裕的闲置资金以满足政府的债务融资需求，并且利率不会上升到阻碍私人企业的投资。

3. 公债的现实效应

公债具有积极和消极两方面的影响，关键在于公债发行规模是否适度、时机是否恰当、用途是否合理。如果规模控制不当、所筹资金使用效益不佳，也会导致始料不及的后果，如诱发通货膨胀，使财政陷入债务危机等。一般来说，过高的政府负债会给财政还本付息造成巨大压力，并导致新的财政赤字，引发更多的公债发行，使财政在债务泥潭中难以自拔。但只要债务规模适度，使用合理，其积极效应就是主要的。实际上，若从长期看，经济呈持续增长的态势，政府的部分债务并不需要真正偿付，即可用借新债还旧债的方式使原有的债务不断滚存下去。各国政府的债务收入处理方式一般是先将当期债务收入用于清偿到期公债本金，再将其余额列入当年预算，弥补预算收支缺口，以致部分政府债务并未真正偿还。

债务资金的有偿性要求国债的发行量必须与国家财政的偿还能力相适应，债务的投放必须与本息回收及社会效益、经济效益相适应，以实现债务资金的良性循环。如果公债规模过大、公债资金使用效益欠佳，也会产生相反的情况，造成财政的债务拖累，使未来的预算平衡更加困难。

我国公债的挤入效应具有不断增大的趋势，因为目前越来越多的居民已将存款转为买股票，将手中的有价资产进行组合。此外，公共工程投资具有一种更为直接的挤入效应，因为基础设施建设往往能带动一系列的相关投资。

四、公债度量指标

公债作为弥补财政赤字、促进经济增长、调控经济运行的重要手段，在社会经济生活中有着重要的作用。公债规模是指公共债务的总水平，公债规模存在一个适度的问题，如果公债规模失控，不但难以发挥其应有的积极效应，反而会给国家财政和社会经济的正常运转带来消极影响。

国际上度量政府债务风险主要采用负债率、债务率、偿债率等通行指标，此外，还有债务依存度、债务负担率、利息支出率、借新还旧率、财政自给率、政府资产负债率等相关指标。

（一）负债率

负债率是一国政府债务余额和 GDP 的比值，可以衡量经济规模对债务的承担能力，警戒线为 60%。负债率用于衡量全国汇总政府债务水平，政府债务包括中央政府国债和地方政府债务。根据财政部数据，2016 年政府负债率约为 36.7%，2021 年提高到 46.2%。

政府债务只是社会总债务中的一部分，国家总债务由政府债务、居民债务和非金融企业债务三个部分组成。宏观经济杠杆率由这三个部门杠杆率组成，用一个国家总债务与当年 GDP 的比值反映，即宏观杠杆率＝总债务/GDP＝（政府债务＋居民债务＋非金融企业债务）/GDP。当今世界主流发达国家的政府负债率远远超过国际警戒线，2020 年欧元区平均数为 98%、英国为 103%，美国为 130%，新加坡为 150%，日本为 250%。全球主要发展中国家非金融企业杠杆率大都低于 70%，日本为 115.6%、美国为 84.6%。2021 年底我国宏观杠杆率为 272.5%，政府债务占当年社会债务总规模的 16.9%，非金融企业杠杆率

（含地方政府融资平台债务等部分地方政府隐性债务）为 160.7%，远高于世界平均水平，根据国际金融协会的数据，2020 年末发达经济体和发展中经济体的非金融企业杠杆率分别为 98.2%和 103.5%。

（二）债务率

债务率是政府债务余额和当年综合财力的比值，主要反映地方政府的偿债能力，国际上通行标准在 100%到 120%之间，美国为 90%～120%，新西兰为 150%。债务率是地方政府债务指标，我国地方综合财力包括一般公共预算和政府性基金预算的本级收入、中央转移支付等。截至 2022 年 12 月末，全国地方政府债务余额约 35.07 万亿元，地方政府债务率达到 120%警戒线。

（三）偿债率

偿债率是偿还债务本息额和当年收入或综合财力的比值，警戒线一般是 20%。偿债率反映了政府财政偿还举借债务的能力。该项指标表明预算年度的财政收入中有多大份额需用于偿付到期债务本息，反映以往年度发行的公债对当期财政形成的压力大小。偿债率指标说明，国债或公债规模受国家财政收入水平的制约，国债或公债规模在一般情况下，应同当期财政收入状况相适应。一国财政偿债能力越大，政府举债的承受能力也就越大，反之则越小。

（四）债务依存度

债务依存度用以表示在当年政府预算中公债收入占财政支出的比重，反映一国的财政支出中有多少是由举债支持的，表明财政支出对公债的依赖程度，其中财政支出包括债务还本付息支出，用公式表示为

债务依存度 = 当年举借债务数额/（当年财政支出 + 当年债务还本付息额）×100%

当公债发行量过大，债务依存度过高时，表明财政支出过分依靠债务收入，这必然对未来的财政平衡构成潜在威胁。根据各国实际经验，这一指标应控制在 15%～20%为宜。

此外，还有债务负担率，即年末政府债务余额占当年地方 GDP 的比例，国际标准通常为 20%，美国为 13%～16%，加拿大为 25%；利息支出率，当年利息支出额占当年财政收入的比值；新增债务率，当年新增债务额占当年财政收入增量的比值，此指标没有统一的国际标准，巴西为 18%，日本为 9%；逾期债务率，年末逾期债务额占当年末全部债务余额的比值；借新还旧率，举借新债偿还本金占当年债务还本总额的比值；财政自给率，一般是指一般公共预算收入占一般公共预算支出的比值；政府资产负债率，指年末政府债务额占年末政府资产额的比值。

第三节　外债管理

一、外债管理制度

1. 外债集中统一管理制度

外债是指国内机构及个人对国境外政府和国际组织承担偿还义务的本外币债务。外债类型包括本币外债和外币外债，外债管理是国家制定利用外资的中长期和年度计划，对外借债和发行债券实行统筹安排、集中管理的制度。人民币外债的监管机构、人民币外债额度与外币外债额度实现统一管理。我国外债管理机关是中国人民银行管理的国家外汇管理局。

2. 外债管理内容

外债管理的主要内容包括外债总量管理、外债结构管理和外债营运管理三个方面内容。

（1）外债总量管理。外债总量管理的核心是使外债总量适度，不超过债务国的吸收能力。外债的吸收能力取决于债务国的负债能力和偿债能力两个方面。前者决定债务国能否将借入的外债消化得了，使用得起；后者决定债务国对外债能否偿还得起。

（2）外债结构管理。外债结构是指外债的各构成部分在外债总体中的排列组合与相互地位，具体包括对外债的种类、期限、利率、币种、国别以及投向等结构的优化。

（3）外债营运管理。外债营运管理是对外债整个运行过程进行管理，包括外债借入管理、外债使用管理和外债偿还管理。外债借入管理要掌握好借债窗口，控制好借债总量，调整好借债结构，控制好借债成本。外债使用管理要掌握好外债的投向，力争使外债投到微观经济效益和宏观经济效益综合最优的产业和项目上去。外债偿还管理要落实好偿债资金，合理安排偿债时间，避免出现偿债高峰。

二、外汇储备

（1）外汇储备。外汇储备（foreign exchange reserve），又称为外汇存底，它是国家经济实力和国际清偿力的重要组成部分，同时对于平衡国际收支、稳定汇率有重要的影响。外汇储备是一国政府所持有的国际储备资产中的外汇部分，是为了应付国际支付的需要，由各国的中央银行及其他政府机构所集中掌握的外汇资产，它是一国政府保有的以外币表示的债权，是由国家货币当局持有并可以随时兑换外国货币的资产。

狭义的外汇储备是一国用于平衡国际收支，稳定汇率，偿还对外债务的外汇积累。广义的外汇储备是指以外汇计价的资产，包括现钞、国外银行存款、国外有价证券等。外汇储备可以大致理解成是一国进出口业务中的结余部分。外汇储备既不能没有，又不可多有。

（2）特里芬难题。外汇储备是国家官方储备资产的重要组成部分。在金本位的时代，各国货币都和黄金挂钩，黄金成为各国通过贸易换回来的"储备资产"。黄金白银是通用的世界货币，且不怕贬值，但是黄金白银不便于交易流通，第二次世界大战后，1944 年建立的布雷顿森林体系使美元和黄金挂钩，美元作为国际储备货币和清偿手段，美元和黄金成为储备资产，其他主要国家的货币汇率盯住美元。该体系下，由于黄金的供给量很少，美国只能通过持续的国际收支逆差向世界提供更多美元作为国际基础货币。当时很多国家尚在战后复苏期，劳动成本相对美国较低，盯住美元能够刺激出口，所以多数国家不愿意调整汇率。20 世纪 60 年代初爆发了美元第一次危机，暴露出以美元为中心的布雷顿森林货币体系的重大缺陷，表明以一国货币为支柱的国际货币体系不可能保持长期稳定。比利时裔美籍经济学家特里芬提出这一问题并将其命名为"特里芬难题"，表明作为国际货币的美元，其流动性和稳定性之间存在不可调和的矛盾。

（3）储备结构多元化原则。外汇储备的主要经营原则是多元化储备结构，对同一种货币储备，有多种资产形式可供选择。例如，既可将其存放在国外银行的活期账户上，又可将其投资于收益较高的证券。外汇储备的具体形式表现为一国政府或央行在国外的短期存款或其他可以在国外兑现的支付手段，如外国有价证券，外国银行的支票、期票、外币汇票等，都可以被列入外汇储备的范围，主要用于清偿国际收支逆差，以及干预外汇市场以维持本国货币的汇率。我国外汇储备的主要组成部分是美元资产，其主要持有形式是美国国债和机构债券。

（4）特别提款权。为了让布雷顿森林体系继续运转，国际货币基金组织提出创设一种补充性的国际储备资产，作为对美国以外美元供给的补充。特别提款权（special drawing right，SDR），亦称"纸黄金"（paper gold），最早发行于 1969 年，是国际货币基金组织根据会员国认缴的份额分配的，可用于偿还国际货币基金组织债务、弥补会员国政府之间国际收支逆差的一种账面资产。其价值由美元、欧元、人民币、日元和英镑组成的一篮子储备货币决定[①]。会员国在发生国际收支逆差时，可用它向基金组织指定的其他会员国换取外汇，以偿付国际收支逆差或偿还基金组织的贷款，还可与黄金、自由兑换货币一样充当国际储备。因为它是国际货币基金组织原有的普通提款权以外的一种补充，所以称为特别提款权。SDR 作为一篮子货币，其汇率比单一货币更为稳定。以 SDR 作为外汇储备的报告货币，有助于降低主要国家汇率经常大幅波动引发的估值变动，更为客观反映外汇储备的综合价值，也有助于增强 SDR 作为记账单位的作用。2016 年 4 月起，中国人民银行同时发布以美元和 SDR 作为报告货币的外汇储备数据。

三、外债与外汇储备的联系

外汇储备涉及一国货币金融的稳定性，也体现一国对外债清偿的支付能力，但是用官方储备减去外债总额之差形成的"净储备"来判断一国的偿债能力，并不是一个合理

---

① 2022 年 5 月 11 日，国际货币基金组织执董会完成了五年一次的 SDR 定值审查，维持现有 SDR 一篮子储备货币构成不变，即仍由美元、欧元、人民币、日元和英镑构成，并将人民币权重由 10.92% 上调至 12.28%。

的指标，因为外债是一国整体外部债务，而外汇储备只是一国外部资产的一部分。国际货币基金组织在 2018 年曾经提出过"净外储"的概念，国际货币基金组织将"净外储"定义为外汇储备减去净短期外债，与上述"净储备"并非一个概念。国际货币基金组织指出，进口支付能力和短期外债偿还能力（外汇储备/短期外债余额）是度量外汇储备充足性的两个经典指标。一国合意外汇储备规模与外债规模有关，但主要与短期外债有关，且仅需要覆盖少部分外债。国际货币基金组织对合意外汇储备的建议主要是考虑到一国遇到突发情况或较大冲击时可能需要用外汇储备应对出口收入下降、债务展期风险和资本外逃等风险，以保持币值稳定和金融稳定。国际货币基金组织建议的合意外汇储备规模也仅需要覆盖 30%的短期外债和 10%～15%的其他外债，并不需要全部覆盖甚至超过外债规模。

测量国际储备适度规模的指标可以运用进口储备比率。由于储备需求与进口额之间存在一种比较稳定的关系，这二者之间的比例是衡量长期储备充分性的指标之一。进口储备比率是一国外汇储备与年平均进口余额之比，一般认为，一国持有的国际储备量应以满足三个月的进口需要为宜，照此计算，储备额对进口的比率为 25%。储备进口比率法是特里芬 1947 年提出的衡量外汇储备适度性的指标，并明确指出该指标的最高限为40%，最低限为 20%。

四、外债测度指标

外债负债率、债务率、偿债率、短期外债与外汇储备的比例，这是国际监测外债总量规模是否适度、衡量一国外债状况是否健康的四大主要指标，负债率、偿债率分别从经济能力和出口能力两个方面衡量外债规模。由于贷款国各笔债务的利率、期限等条件不同，实际还本付息额年年不同，使一些借款国年度之间的偿债率变化较大，还往往需要参考短期外债与外汇储备的比率、外债余额与出口收汇的比率、外汇储备与进口额的比率等其他指标考察外债规模及其负担情况。

（1）外债负债率，该指标为年末外债余额占当年国内生产总值的比率，国际公认安全线为 20%。

（2）债务率，即当年未清偿外债债务余额与当年国际收支统计口径的货物服务出口收入总额的比率，国际公认警戒线为 100%，即年末外债余额不应大于当年出口收入之和，否则可能发生偿债困难。

（3）偿债率，该指标是指一国当年中长期外债还本付息与短期外债付息额之和占当年商品劳务出口外汇收入总额的比重。国际上一般认为，一般国家的偿债率的警戒线为20%，发展中国家为 25%，危险线为 30%。

（4）短期外债与外汇储备的比例。外汇储备的应急支付作用不可忽视。该指标的国际警戒线区间为 70%～100%，一旦超过 100%，表明该国外债存在极大偿债风险。

根据国家外汇管理局公布数据，2021 年末，我国外债负债率为 15.5%，债务率为77.3%，偿债率为 5.9%，短期外债与外汇储备的比例为 44.5%，上述指标均在国际公认的安全线以内，外债风险总体可控。

第四节　政府债管理

一、政府债发行制度

（1）国债发行制度变迁。我国国债发行规模曾经长期实行年度发行额度管理制度，即下一年度国债发行计划通常是在上一年第四季度编制，对国家财政预算收支情况的测算是编制国债发行计划的主要依据。这个国债发行计划将作为国家预算的一部分上报国务院，由国务院在下一年的全国人民代表大会上提请审议。一旦通过，国债发行计划就如同法律文本一样具有法律效力。若在年度内，国际国内经济形势发生变化，需要追加或削减国债，政府无权随意调整，必须上报全国人民代表大会常务委员会，经其审议批准后才能执行。

我国自 2006 年起开始参照国际通行做法，中央政府债务由年度发行额度管理方式转变为国债余额管理方式。

（2）地方债发行方式变化。我国 1994 年颁布的《中华人民共和国预算法》第二十八条规定"地方各级预算按照量入为出、收支平衡的原则编制，不列赤字。除法律和国务院另有规定外，地方政府不得发行地方政府债券"。为了满足了地方融资需要，中央政府曾一度通过发行国债并转贷地方的形式，即"国债转贷"模式来弥补地方财政收支缺口。在 2008 年美国次贷引发全球金融危机爆发后，随着四万亿财政刺激方案的推行，其所要求的地方配套资金加剧了地方财政收支缺口的紧张状况，地方融资平台开始野蛮生长。2011 年，财政部在上海、浙江、广东和深圳启动地方政府自行发债试点，并代为办理还本付息。自行发债是试点省市在国务院批准的发债规模限额内，自行组织发行本省市政府债券的发债机制，即试点省市发行政府债券实行年度发行额管理。最新的《中华人民共和国预算法》赋予地方政府发债权，并决定对地方政府债务实行限额管理，并相继制定了一系列规范举债的法规制度。目前，地方政府债务总限额由国务院根据国家宏观经济形势等因素确定，并报全国人民代表大会批准。年度地方政府债限额等于上年地方政府债务余额限额加上当年新增债务限额，减去当年调减债务限额，具体分为一般债务限额和专项债务限额。

二、债务余额限额管理

债务余额是指现有的政府债务余额，债务限额是某一时期内未偿债务的最高额度限制数，包括中央政府国债、地方政府债务等，通常用于政府财政。我国自 1981 年恢复发行国债以来，一直采取逐年审批年度发行额的方式管理国债规模，2006 年正式推行国债余额管理，大多数发达国家采取的是国债余额限额管理。国债余额限额管理指立法机关不具体限定中央政府当年国债发行额度，而是通过限定一个年末不得突破的国债余额上限来管理国债规模的方式。在美国，债务限额是美国法律规定的某一时期内未偿债务的最高额，比如，为联邦、州和地方政府规定的债务限额美国。在美国联邦政府层面，国会负责审定一段较长时期的国债余额限额，只要不超过限额，国会对国债发行不予干涉；政府在国债余额的限额内，可以自主确定每一年度的国债发行规模；如果政府超出国债余额的限额，国会就会出手干预。

（1）中央一般公共预算债务余额限额管理。《中华人民共和国预算法》规定，中央一般公共预算中必需的部分资金，可以通过举借国内和国外债务等方式筹措，举借债务应当控制适当的规模，保持合理的结构。对中央一般公共预算中举借的债务实行余额管理，余额的规模不得超过全国人民代表大会批准的限额。余额限额管理是指国务院在全国人民代表大会批准的中央一般公共预算债务的余额限额内，决定发债规模、品种、期限和时点的管理方式；余额是指中央一般公共预算中举借债务尚未偿还的本金。国务院财政部门具体负责对中央政府债务的统一管理。

（2）地方政府债务余额实行限额管理。地方各级预算按照量入为出、收支平衡的原则编制，一般不列赤字。经国务院批准的省、自治区、直辖市的预算中必需的建设投资的部分资金，可以在国务院确定的限额内，通过发行地方政府债券举借债务的方式筹措。各省、自治区、直辖市的政府债务限额由财政部在全国人民代表大会或者其常务委员会批准的总限额内，根据各地区债务风险、财力状况等因素，并考虑国家宏观调控政策等需要，提出方案报国务院批准。各省、自治区、直辖市的政府债务余额不得突破国务院批准的限额。

地方举借债务的规模由国务院报全国人民代表大会或者全国人民代表大会常务委员会批准。举借债务的规模是指各地方政府债务余额限额的总和，包括一般债务限额和专项债务限额。除此之外，地方政府及其所属部门不得以任何方式违法违规举借债务，也不得为任何单位和个人的债务以任何方式提供担保。

三、政府偿债资金来源

公债到期后，国家必须安排资金及时清偿，以维护国家债信和公债持有者利益。偿债资金的来源主要有以下几种。

（1）经常性预算收入。用经常性预算收入（主要是税收）来清偿到期债务时，通常把公债还本付息作为支出项目列入当年预算，如"债务还本""利息支出"。这种做法的好处是偿债资金来源较为稳定，能确保到期债务的及时清偿，但实践上往往难以操作。一方面，对到期债务的偿付可能影响正常预算支出的稳定性，尤其当偿债数额较大时，会造成对经常性支出项目的挤出，影响政府职能的实现。另一方面，当偿债资金需求量过大而破坏财政平衡时，将迫使政府举借新债，以弥补预算收支缺口。这时，以经常性预算收入清偿到期债务显得徒具形式。因此，这种做法除了在国家财力较充裕的时期，一般较少采用，通常只是把债务利息支出纳入经常性预算，而还本支出则另行处理。

（2）预算盈余。以政府以前年度滚存的预算盈余作为偿还当年到期公债的资金，其限制条件是显而易见的。若盈余的数额能满足当期偿债的需要，则债务清偿可顺利实现；

若盈余不足以清偿当年应偿债务，或根本不存在盈余，则需另寻偿债资金来源。从实践上看，由于政府职能范围的不断扩大，支出需要日益增加，出现财政盈余的年份不多。即使有盈余，其数额也难以与不断扩大的公债规模相匹配。因此，预算盈余充其量只能作为偿债资金的补充来源，而不能成为主要来源。

（3）举借新债。政府通过组织新的债务收入来偿还到期债务，即借新债还旧债，将债务负担向后推移。这种做法既有实践上的必然性，也有理论上的合理性。从实践上看，由于赤字的年份较多，各国的债务累积额越来越大，每年需清偿的到期债务也不断增加，正常预算收入往往难以承受，从而不得不依赖举借新债来筹措偿债资金。从理论上看，持有公债可以被视为居民储蓄或企业投资的一种形式，或是居民和企业的一项特定金融资产。就单个主体而言，该项金融资产是可以变换的，即认购、兑付或转让。而从整体上看，有存有兑，有买有卖，其总额可以不变甚至不断增加。因此，就单项公债而言，它有偿还期，而从公债总体看，只要经济规模和财政规模不断扩大，它可以不断滚动累积下去，成为实际上无须偿还的债务。因此，借新债还旧债是各国政府偿还到期公债的基本手段。

（4）偿债基金。它是由政府预算设置一种专项基金，专门用以偿还到期公债。其做法是每年从财政收入中拨出一笔款项作为偿债基金，该基金由专门机构管理，专门用于偿债，并且在公债未还清之前，每年的预算拨款不能减少，以期逐年减少债务，故又称为减债基金。设立偿债基金的好处在于为清偿债务提供一个稳定的资金来源，均衡各年度的偿债负担，使偿还具有计划性和节奏性。其弊端是管理较为复杂，实践上往往难以保证款项的按期足额拨付和基金的专项使用。特别是在预算平衡出现较大困难时，一方面缺乏足够的拨款资金来源，另一方面会被迫挪用该项基金，从而使偿债基金形同虚设。

此外，我国目前专项债项目的收益是相对应专项债还本付息的来源。

四、政府债偿还方式

（1）一次清偿法。在公债到期时按公债票面金额一次全部兑清，这是一种常见的偿债方式，优点是公债偿还管理工作较为简单，缺点是造成政府偿债负担随着每年到期公债数额而起伏波动，当到期公债数额较大时，偿债负担较重，财政支出压力较大。我国1985年后发行的国库券，绝大部分采用这种方式清偿本息。

（2）抽签偿还法。在公债偿还期内分年度确定一定的偿还比例，由政府按公债券号码抽签对号确定具体的偿还对象，直至偿还期结束，全部公债皆中签偿清为止。抽签方式分为一次性抽签和分次抽签两种。一次性抽签是指在第一次偿还之前，把偿还期内所有需要清偿的公债，一次抽签，同时公告，债券持有者根据中签年份，届时兑付本息。我国1981～1984年发行的国库券，就是采用这种方式清偿的。分次抽签是指根据偿还期内每次需偿付的公债比例，定期抽签，确定当次偿付的对象，直至全部应偿公债付清为止。我国1954～1958年发行的国家经济建设公债就是采用分次抽签偿付的。抽签偿还法可以分散公债清偿时对国库的压力，避免集中偿还给财政带来的困难，其缺陷是管理工作较为复杂，需频繁进行本金兑付，同期公债因偿还时间不同其利率也要作差别规定，增加计付工作量。

（3）市场购销法。在公债存续期内，根据政府的财政状况、公债市场行情及经济调控需要，适时从证券市场上购回公债，在该公债到期前将债权收回。市场购销法通常与预算盈余、偿债基金和中央银行公开市场操作有关。在预算有盈余时，可动用盈余在市场上购入公债，以提前清偿债务。在实行偿债基金制度时，用偿债基金买入公债，一方面是政府的一种债务清偿行为，另一方面可对政府债券价格起支持作用。中央银行的公开市场操作是调节货币流通的一种方式，买入公债意味着增加基础货币投放，刺激需求。在这种情况下，当某种公债一部分或全部为中央银行持有，期满时，债券的偿还实际上成了财政与中央银行之间的账目处理问题。运用市场购销法要求有健全的管理制度，其对从事此项业务的人员也有较高的素质要求。

（4）借新还旧法。公债持有人以到期公债券替换相应数额的新发行公债，以达到兑付原有债券的目的。实际上这是延长债务清偿期的方式，这种方式通常在偿债高峰期或财政较为困难时采用。其优势在于减轻偿债时对国库的压力，增加了政府清偿债务的灵活性；其弊端是加大未来的债务负担，并容易损害政府债信。

（5）债务置换法。债务置换又称为债券置换或者债权置换，是债券持有人作出决定卖出所持有的债券，以交换其他被认为是相同或类似的市场价值的债券的一种规避风险的手段。债务置换大约在同一时间购买和销售，迅速有效地使用旧债券换得一套新的债券。一般来说，新债券期限更长，收益更高。进行债务置换的原因有多种，常见于一种债务到期之前置换极有可能出现偿还违约债券的情况，政府也可以采取延长国债到期支付时间的方法，通过发行新的债券来换回之前国家债券持有者手中的即将到期的老债券，解决政府债务违约问题，避免财政危机。

五、政府债务收支预测

（一）债务收入测算

债务收入的数量主要取决于三个因素：一是计划年度对债务收入的需求量。这个需求量由两个数字决定，即计划年度预算收支差额和计划年度到期的国内债务本息总额，两项合计等于债务收入需求量，扣除上年债务收入结余后为年度国家发行国债数额。二是预算年度国家债务计划。三是城乡居民储蓄存款余额和居民手持现金的数额。

计划年度债务收入的测算根据当年实际需要、按照计划年度预算收支状况来测定，即建设性预算收不抵支的差额，可以用债务收入来弥补。预算数额分两部分：一是国内债务收入，依据国家当年发行内债计划，按照每年国债等公债的发行额列入预算收入。二是国外债务收入，按照政府向外借款计划列入国家预算收入，依据是国家与外国新签或正在执行中的借款协议（本年执行数）。

（二）债务还本付息支出测算

政府向国内、国外借入的债务收入，到期应偿还本金，并按借款时确定的利率支付利息。国债还本付息支出的测算，应对内债还本付息和外债还本付息分别测算。

测算计划年度债务还本付息支出的计算公式为

计划年度债务还本付息额＝到期债务本金×（1＋债务年利率×债务偿还期限）

一般一个预算年度要偿还几种不同期限的债务本息，应按不同期限和利率分别测算。计划年度外债的还本付息支出测算除了根据公式所列的三个因素外，还必须考虑人民币与外汇的比价。

汇总以上测算出的偿还国内外债务的本息支出，就得到计划年度全部债务的还本付息支出。

计划年度债务还本付息额＝计划年度外债还本付息额＋计划年度内债还本付息额

第五节　地方政府债务管理

一、地方政府债务管理制度

《中华人民共和国预算法》赋予地方政府发债权，同时规定地方政府融资的唯一途径是发行债券。地方政府债券是指省、自治区、直辖市发行的，约定一定期限内还本付息的政府债券。现行法规制度规定地方债发行主体只能是省级政府，地方债实行限额管理，每年由国务院报全国人大审批各省债务发行规模的限额，并由各省政府提交本级人大审批，并要求对地方债务分门别类纳入全口径预算管理，实现"借、用、还"相统一，对地方债项目实行全生命周期管理、开展绩效管理与评价、加强风险管理以及信用管理、提高债务信息透明度、推进地方债项目穿透式管理、建立地方债责任终身追究制度、坚持中央对地方债不予救助的原则。

广义的地方债应该是指各级地方政府的债务，包括显性债务和隐性债务。从规范意义的角度进行定义，地方债一般是指依据我国法律法规、在规定的债务限额内发行的地方政府显性债务。

地方债务包括一般债务和专项债务，一般债务是指列入一般公共预算用于公益性事业发展的一般债券、地方政府负有偿还责任的外国政府和国际经济组织贷款转贷债务；一般债券纳入一般公共预算管理，是为没有收益的公益性项目发行，主要以一般公共预算收入作为还本付息资金来源的政府债券；专项债务是指列入政府性基金预算管理的、用于有收益的公益性事业发展的专项债券。专项债券纳入政府性基金预算管理，是为有一定收益的公益性项目发行，以公益性项目对应的政府性基金收入或专项收入作为还本付息资金来源的政府债券。再融资债券，即"借新还旧"债券，这是为偿还到期的一般债券和专项债券本金而发行的地方政府债券，不能直接用于项目建设。

二、地方政府债务的预算管理

按照《中华人民共和国预算法》及《中华人民共和国预算法实施条例》的规定，省、自治区、直辖市依照国务院下达的限额举借的债务，列入本级预算调整方案，报本级人民代表大会常务委员会批准。省、自治区、直辖市政府财政部门依照国务院下达的本地区地方政府债务限额，提出本级和转贷给下级政府的债务限额安排方案，报本级政府批准后，将增加举借的债务列入本级预算调整方案，报本级人民代表大会常务委员会批准。

接受转贷并向下级政府转贷的政府应当将转贷债务纳入本级预算管理。使用转贷并负有直接偿还责任的政府，应当将转贷债务列入本级预算调整方案，报本级人民代表大会常务委员会批准。

国务院可以将举借的外国政府和国际经济组织贷款转贷给省、自治区、直辖市政府。国务院向省、自治区、直辖市政府转贷的外国政府和国际经济组织贷款，省、自治区、直辖市政府负有直接偿还责任的，应当纳入本级预算管理。省、自治区、直辖市政府未能按时履行还款义务的，国务院可以相应抵扣对该地区的税收返还等资金。省、自治区、直辖市政府可以将国务院转贷的外国政府和国际经济组织贷款再转贷给下级政府。

三、地方政府债务发行和管理

（一）地方政府债发行

我国地方债包括财政部代理发行、地方政府自发自还两种不同的发行模式。地方债要坚持市场化发行，发行利率合理反映地区差异和项目差异。地方债的发行市场包括银行间债券市场与交易所债券市场。

地方债发行方式包括公开发行（公开招标和公开承销）和定向承销发行。

承销是指地方政府与主承销商商定债券承销利率（或利率区间），要求各承销商（包括主承销商）在规定时间报送债券承销额（或承销利率及承销额），按市场化原则确定债券发行利率及各承销商债券承销额的发债机制。

招标是指地方政府通过财政部国债发行招投标系统或其他电子招标系统，要求各承销商在规定时间报送债券投标额及投标利率，按利率从低到高原则确定债券发行利率及各承销商债券中标额的发债机制。其中公开发行单一期次发行额在5亿元以上的须通过招标方式发行。

地方政府债券公开承销是指各省（自治区、直辖市、计划单列市）财政部门与主承销商协商确定利率（价格）区间后，由簿记管理人组织承销团成员发送申购利率（价格）和数量意愿，按事先确定的定价和配售规则确定最终发行利率（价格）并进行配售的行为。地方政府债券公开承销通过财政部政府债券发行系统、财政部上海证券交易所政府债券发行系统、财政部深圳证券交易所政府债券发行系统开展。地方财政部门可以就地方政府债券公开承销专门组建承销团，也可以沿用公开招标方式下的承销团。承销团成员原则上不少于4家。簿记管理人是受地方财政部门委托，负责地方政府债券公开承销组织操作的主承销商。承销团成员可以进行自营申购或代意向投资者申购，承销团成员之间不得互相代为申购。

（二）地方政府债务使用和偿还

地方政府举借的债务应当有偿还计划和稳定的偿还资金来源，只能用于公益性资本支出，不得用于经常性支出。

地方政府债期限为1年、2年、3年、5年、7年、10年、15年、20年等，允许地方结合实际情况，采取到期还本、提前还本、分年还本等不同还本方式。

（三）地方政府债务风险管理

国务院建立地方政府债务风险评估和预警机制、应急处置机制以及责任追究制度。国务院财政部门对地方政府债务实施监督。地方各级政府财政部门负责统一管理本地区政府债务。财政部和省、自治区、直辖市财政部门应当建立健全地方政府债务风险评估指标体系，组织评估地方政府债务风险状况，对债务高风险地区提出预警，并监督化解债务风险。

四、地方政府专项债管理

（一）全生命周期风险管理机制

地方政府专项债是财政逆周期调控政策的重要工具，专项债项目应该建立全生命周期风险管理机制，对项目借、用、管、还进行全生命周期管理，识别全生命周期各阶段主要风险点，从专项债券发行前准备、建设管理、运营管理、资产管理、资金管理、信息披露、法律责任等方面全面落实风险管控措施，确保项目整体风险可控。

2019年底，财政部试运行中国地方政府债券信息公开平台，推动专项债纳入全生命周期动态信息披露。

（二）收益与融资自求平衡原则

地方政府专项债建设项目应当能够产生持续稳定地反映为政府性基金收入或专项收入的现金流收入，且现金流收入应当能够完全覆盖专项债还本付息的规模，地方政府专项债建设项目要满足项目收益与融资自求平衡原则，确保项目收益能够覆盖债券本息。

地方政府专项债建设项目年度资金计划包括总投资构成及以前年度已完成投资的认定、建设期分年度资金使用计划及来源、运营期收益实现进度及还本付息安排等内容。资金平衡方案要测算出项目收益未来能够覆盖债券本息，才可以发行债券，目前地方政府专项债建设项目收益一般被要求需覆盖本金利息的1.2倍，最低不能低于1.1倍。

资金平衡方案最终的输出结果与评价指标就是资金覆盖率（即还本付息倍数）及资金平衡状况（现金流缺口）。

资金覆盖率是省财政审批专项债项目的主要指标，计算方式是

$$资金覆盖率 = 项目收益合计/债券还本付息合计$$

（三）地方政府专项债期限与项目期限相匹配的原则

地方财政部门应当保障专项债期限与项目期限相匹配。新增地方政府专项债到期后原则上由地方政府安排政府性基金收入、专项收入偿还，地方政府专项债期限与项目期限不匹配的，可在同一项目周期内以接续发行的方式进行融资。专项债可以对应单一项目发行，也可以对应多个项目集合发行。财政部对地方债发行期限进行必要的统筹协调。

（四）坚持资金、要素跟着项目走的原则

优化调整投资结构，更加突出集中力量办大事、难事、急事，充分发挥地方政府专项债建设项目投资在外溢性强、社会效益高领域的引导和撬动作用，加快项目建设和资金使用进度，力争形成更多实物工作量。实物工作量是以实物计量单位表示的报告期实际完成的工作量。

地方政府要按照一一对应原则，将专项债严格落实到实体政府投资项目，不得将专项债作为政府投资基金、产业投资基金等各类股权基金的资金来源，不得通过设立壳公司、多级子公司等中间环节注资，避免层层嵌套、层层放大杠杆。

我国地方政府专项债不计入财政赤字，发行相对灵活，能有效缓解地方政府资金压力。

（五）地方政府专项债重大项目管理

1. 重大专项可采取专项债与市场融资

专项债项目收入分为两个部分，一部分用于偿还专项债，纳入政府性基金预算管理；另一部分为专项收入，用于偿还市场化配套融资，由项目主体负责管理并偿还，逐年还本付息。2019 年 6 月中共中央办公厅、国务院办公厅印发《关于做好地方政府专项债券发行及项目配套融资工作的通知》，允许将专项债券作为符合条件的重大项目资本金，积极鼓励金融机构提供配套融资支持，依法合规使用专项债券和其他市场化融资方式。

2. 专项债可作为重大项目资本金

资本金比例是指在股东自有资产投资占总投资的比例。国家重点支持的重大项目在评估项目收益偿还专项债券本息后专项收入具备融资条件的，允许将部分专项债券作为一定比例的项目资本金，但不得超越项目收益实际水平过度融资。

2019 年 9 月国务院常务工作会议提出"专项债资金用于项目资本金的规模占该省份专项债规模的比例可为 20%左右"，2020 年 3 月决定将此比例提升至 25%。专项债作为项目资本金相当于资本金中存在一部分债务性资金，其对项目收益有更高的要求。专项债项目资本金比例符合国家固定资产投资项目资本金比例要求，且项目融资不存在违规

增加地方政府隐性债务的情况。固定资产投资项目资本金制度是宏观调控手段，也是风险约束机制，该制度1996年建立，2009年作出调整，对国家重大建设项目，自主创新、高新技术投资项目，可以适当降低最低资本金比例要求。2019年11月国务院常务会议决定下调固定资产投资项目资本金，以促进有效投资。

地方政府专项债券应当在中央国债登记结算有限责任公司办理总登记托管，在国家规定的证券登记结算机构办理分登记托管。

地方专项债券发行结束后，符合条件的应按有关规定及时在全国银行间债券市场、证券交易所债券市场等上市交易。

五、地方政府债务风险管理

（1）地方政府债务风险度量。通常，政府债务率是衡量政府偿债能力的关键指标，地方政府偿债能力一般用当年末政府债务余额与同期政府综合财力的比值来表示，国际货币基金组织给出的风险控制参考区间为90%～150%，我国将地方政府债务的整体风险警戒线定为100%。财政部表示，已经把完善"以债务率为主的地方政府债务风险评估指标体系"列为"十四五"时期的重点工作。

地方政府性债务风险事件是指地方政府已经无法按期支付政府债务本息，或者无力履行，或有债务法定代偿责任，容易引发财政金融风险，需要采取应急处置措施予以应对的事件。隐性债务风险比较常见，显性债务风险发生相对较少。

（2）地方政府债务风险分级响应制度。总体来看，化解地方政府债务风险需要保持适当的经济增速，避免利率过快上升，以及透明、有序地实施大规模债务置换和债务重组。国务院办公厅2016年印发《地方政府性债务风险应急处置预案》规定"按照政府性债务风险事件的性质、影响范围和危害程度等情况，划分为Ⅰ级（特大）、Ⅱ级（重大）、Ⅲ级（较大）、Ⅳ级（一般）四个等级"，实行分级响应和应急处置，必要时依法实施地方政府财政重整计划，要求建立地方政府性债务风险责任追究机制，并规定"省级政府应当将地方政府性债务风险处置纳入政绩考核范围"。

（3）我国财政重整的触发机制。《国务院办公厅关于印发地方政府性债务风险应急处置预案的通知》提出"市县政府年度一般债务付息支出超过当年一般公共预算支出10%的，或者专项债务付息支出超过当年政府性基金预算支出10%的，债务管理领导小组或债务应急领导小组必须启动财政重整计划"，由此可见，财政重整的触发机制是显性债务付息支出占比超过10%的红线，财政重整并非针对隐性债务风险事件。四川资阳市雁江区和安岳县2018年启动财政重整计划，鹤岗市2021年启动财政重整计划。

（4）地方财政重整。这是指债务高风险地区在保障必要的基本民生支出和政府有效运转支出基础上，依法履行相关程序，通过实施一系列增收、节支、资产处置等短期和中长期措施安排，使债务规模和偿债能力相一致，恢复财政收支平衡状态。如果以上措施加起来仍然不足以应对，地方政府可以申请省级政府临时救助，手段包括代偿部分政府债务、减免部分专项转移支付配套资金等。财政重整计划结束后，省级政府可以决定是否收回相关资金。地方财政重整主要是对地方政府预算的重新安排，而非地方政府的破产，因此需要在维持政府有效运转、维护社会公共利益的基础上，实现地方政府独立承担财政责任。

（5）隐性政府债务化解。隐性债务风险化解遵循"中央不救助，政府不兜底""遏制增量，化解存量"两大原则。2018 年，中共中央、国务院下发《关于防范化解地方政府隐性债务风险的意见》后，多地政府出台方案提出在 5～10 年内将隐性债务化解完毕的目标。2019 年财政部部长指出"不允许发生新的地方政府隐性债务"[①]。采取"扶助托底+全域清零"举措推进隐性债务显性化，为此，财政部审批隐债置换额度用于 2019 年退出的建制县（区）隐性债务化解试点方案和 2021 年京沪粤实施的"全域无隐性债务试点"，建制县（区）隐性债务化解试点可发行地方政府债券（省代发）置换部分隐性债务。

第六节　公债债券市场

一、债券市场构成

债券市场是发行和买卖债券的交易场所或系统。根据债券的运行过程和市场功能，债券市场分为发行市场和流通市场。我国债券流通市场由三部分组成，即沪深证券交易所市场、银行间交易市场和证券经营机构柜台交易市场。

债券流通市场又分场内交易市场和场外交易市场两类。场内交易市场是在证券交易所内从事买卖债券交易的市场。场外交易市场是在证券交易所以外进行证券交易的市场，包括证券等经营机构柜台市场、银行间交易市场以及一些机构投资者通过电话、电脑等通信手段形成的市场等。

根据债券发行地点的不同，债券市场可以划分为国内债券市场和国际债券市场，国内债券市场的发行者和发行地点属于同一个国家，国际债券市场的发行者和发行地点不属于同一个国家。

债券的交易形式有现货交易、期货交易和回购交易。现货交易是指投资者根据合同商定的付款方式买卖债券，在一定时期内进行券款的交割，实现债券所有权的转让。期货交易是买卖双方债券所有权的转让和货款的交割时间分割开来，双方签订交易合同后不是立即付款和交付债券，而是到了约定的交割时间才进行买方付款，卖方交付债券。期货市场具有显示和引导国债价格或国债行市、套期保值、投机获利等独特的功能。回购交易是指债券买卖双方在成交时就约定于未来某一时间以某一价格双方再行反向成交的交易，即债券交易的双方在进行债券交易的同时，以契约方式约定在将来某一日期以约定的价格（本金和按约定回购利率计算的利息），由债券的"卖方"（正回购方）向"买方"（逆回购方）再次购回该笔债券的交易行为。债券回购实质上是以债券为抵押品拆借资金的信用行为。

[①]《财政部：不允许发生新的地方政府隐性债务》，http://news.cctv.com/2019/03/07/ARTItclPoBNj7Us073h6yQuc190307.shtml[2022-11-20]。

目前，中国公债流通市场的结构已形成以场内交易为主，银行间交易市场快速发展、证券经营网点的场外交易为辅的基本格局。

二、公债债券发行市场和流通市场

（1）公债债券发行市场，这是市场交易的初始环节，又称一级市场，是发行者初次出售新债券的市场。债券发行市场的作用是将政府为筹集资金向社会发行的债券，分散发行到投资者手中。一般是政府与债券承销机构，如银行、金融机构和证券经纪人之间的交易，通常由承销机构一次全部买下发行政府债券。发行市场一般以差额招标方式向国债一级承销商出售可上市债；以承销方式向承销商，如商业银行和财政部门所属国债经营机构，销售不上市的储蓄债（凭证式国债）；以定向招募方式向社会保障机构和保险公司出售定向债。这种发行市场结构是一种多种发行方式配搭使用，适应我国当前实际情况需要。

（2）公债债券流通市场又称二级市场，是指已发行债券买卖转让的市场，一般是承销机构与认购者之间的交易，也包括公债持有者与政府或公债认购者之间的交易。债券一经认购，即确立了一定期限的债权债务关系，但通过债券流通市场，投资者可以转让债权，满足债券变现需要。流通市场既能方便居民，又能防止购买力膨胀。

债券发行市场和流通市场相辅相成，是互相依存的整体。发行市场是整个债券市场的源头，是债券流通市场的前提和基础。发达的流通市场是发行市场的重要支撑，流通市场的发达是发行市场扩大的必要条件。

三、交易所证券交易市场

交易所债券市场包括上海证券交易所和深圳证券交易所两个债券市场，目前场内交易场所和系统包括上海证券交易所、深圳证券交易所、武汉证券交易中心（1992年建立，专营国债转让）、全国证券交易自动报价系统。

交易制度主要采取竞价交易机制和做市商制度，机构和个人投资者通过券商进行债券交易和结算。交易所债券市场债券的发行由中国证券监督管理委员会负责审核，托管机构为中国证券登记结算有限公司上海分公司和深圳分公司，分别对应上海证券交易所和深圳证券交易所。交易所债券市场的市场参与者主要包括证券公司、基金公司、保险公司、企业、符合中国证券监督管理委员会标准的商业银行以及个人等投资者。场内交易市场这种组织形式是债券流通市场的较为规范的形式，交易所作为债券交易的组织者，本身不参加债券的买卖和价格的决定，只是为债券买卖双方创造条件，提供服务，并进行监管。

目前在上海证券交易所和深圳证券交易所交易的债券品种有：国债、地方政府债、金融债、企业债、中小企业私募债、公开发行公司债、非公开发行公司债、可转债、可交换债、分离债、资产支持证券等。

上海证券交易所和深圳证券交易所债券市场提供的交易方式既包括现货交易，也包括质押式回购交易和协议回购交易。

四、银行间债券市场

（一）银行间债券市场的概念和地位

银行间债券市场是指金融机构进行债券买卖和回购的市场，参与者主要是银行及非银行类金融机构，主要有银行、农村信用合作联社、证券公司、保险公司、资产管理公司等；依托的中介机构包括中国外汇交易中心暨全国银行间同业拆借中心和中央国债登记结算有限责任公司、上海清算所（银行间市场清算所股份有限公司）。中央国债登记结算有限责任公司为市场参与者提供债券托管、结算和信息服务；全国银行间同业拆借中心为市场参与者的报价、交易提供中介及信息服务，经中国人民银行授权，其和中央国债登记结算有限责任公司可披露市场有关信息。

中国的银行间债券市场是在全国银行间同业拆借中心基础上建立起来的一个重要的场外交易市场，1997 年 6 月中国人民银行下令所有商业银行退出交易所市场，组建银行间债券市场，市场参与者主要为商业银行、保险公司及中央银行。自 1998 年在银行间债券市场上发行债券以来，主要竞标人基本集中于商业银行，尤其是四大国有商业银行。目前银行间债券市场是我国债券市场的主体部分。

（二）银行间债券市场交易询价方式和类型

银行间债券市场参与者以询价方式与自己选定的交易对手逐笔达成交易，这与上海证券交易所和深圳证券交易所的交易方式不同，交易所进行的债券交易与股票交易一样，是由众多投资者共同竞价并经精算机构配合磋商成交的。银行间债券市场定位为合格投资者，主要为具备理性定价能力和风险管理能力，内控机制完善的金融机构。银行间债券市场以机构为主，单笔成交量大，询价交易制度成本低，效率高。

（三）银行间债券市场做市商制度和同业经纪制度

做市商与同业经纪制度是国际报价驱动市场上普遍使用的定价与交易方式，成交占比很高，既能够满足机构投资者的正当交易需要，也能有效避免如利益输送等不良行为。2006 年 7 月中国人民银行正式启动银行间债券市场和银行间同业拆借市场经纪业务，中国银行间市场交易商协会不遗余力推动银行间市场流动性改善，积极推行做市商制度和同业经纪制度。做市商是指经中国人民银行批准在银行间市场开展做市业务，享有规定权利并承担相应义务的金融机构。做市业务是指做市商在银行间市场按照有关要求连续报出做市券种的现券买、卖双边价格，并按其报价与其他市场参与者达成交易的行为。同业经纪制度是为做市商之间和其他有需要的参与者提供匿名成交乃至匿名结算的经纪服务，以保护投资者诸如组合策略等商业秘密不被提早泄露而得以顺利实现。

（四）银行间债券市场的债券交易类型

银行间债券市场的债券交易类型包括债券的现货交易和债券回购，其中债券回购分为质押式回购交易和买断式回购交易两种。

（1）债券质押式回购交易，这是指融资方（正回购方、卖出回购方、资金融入方）在将债券质押给融券方（逆回购方、买入反售方、资金融出方）融入资金的同时，双方约定在将来某一指定日期，由融资方按约定回购利率计算的资金额向融券方返回资金，融券方向融资方返回原出质债券的融资行为。

（2）债券买断式回购交易，亦称"开放式回购"，这是指债券持有人（正回购方）将一笔债券卖给债券购买方（逆回购方）的同时，交易双方约定在未来某一日期，再由卖方（正回购方）以约定的价格从买方（逆回购方）购回相等数量同种债券的交易行为。《全国银行间债券市场债券交易管理办法》规定，全国银行间债券市场回购的债券是经中国人民银行批准可用于在全国银行间债券市场进行交易的政府债券、中央银行债券和金融债券等记账式债券。

我国自1991年兴起国债回购市场。国债回购是指国债持有人在卖出一笔国债的同时，与买方签订协议，承诺在约定期限后以约定购回同笔国债的交易额。如果交易程序相反，则称国债逆回购。国债回购是在国债交易形式下的一种融券兼融资活动，具有金融衍生工具的性质。国债回购为国债持有者、投资者提供融资，是投资者获得短期资金的主要渠道，也为公开市场操作提供工具。因而国债回购业务对国债市场的发展有重要的推动作用。

五、国债市场功效

（1）通过融资融券引导资金流向，宏观金融功能强。国债具有特殊宏观政策功能，国家可以采取固定收益出售和公募拍卖等方式在债市交易中完成发行和偿还债务的任务，同时为全社会的投资者和筹资者提供低风险的投融资工具。债市中承销机构、认购者、持有者与证券经纪人从事直接交易调节社会资金的运行，持有者和认购者从事的间接交易是社会资金的再分配过程，最终使资金和债券双方需要者得到满足，使社会资金配置趋向合理。若政府直接参与国债交易活动，以一定的价格售出或收回国债，就可以发挥引导资金流向和活跃证券交易市场的作用。国家通过债市引导资金流动方向，使资金得以向优势企业集中，有利于资源的优化配置。

（2）价格发现功能，规避利率风险。国债市场化是指按照市场规则建设国债市场，实现国债的发行和交易由计划向市场的转变，实质就是在国债运作中引入市场机制，它对完善金融市场体系具有重要意义。近年，我国日益推进政府债券发行利率和收益率市场化，国债市场化通过发行利率和二级市场上国债流通收益率形成国债收益率曲线，国债收益率曲线是社会经济中一切金融商品收益水平的基准，可形成市场基准利率，推进银行等金融机构利率市场化。

（3）中央银行公开市场操作，宏观调控功能。中央银行主要依靠存款准备金、公开市场业务、再贴现和利率等政策工具进行宏观经济调控。国债市场是货币政策公开市场业务有效实施的重要依托，中央银行通过在二级市场或证券市场上买卖国债等有价证券（直接买卖、国债回购、逆回购交易）来进行公开市场操作，借此吞吐基础货币、调节货币供应量和利率，实现宏观调控。在经济过热、需要减少货币供应时，中央银行卖出债券、收回金融机构或公众持有的一部分货币从而抑制经济过热运行；当经济萧条时则反之。债市交易成为传导中央银行货币政策的重要载体，具有联结财政和货币两大宏观政策、货币与资本两大市场、宏观政策及市场的功能，有助于提高人民币的国际化程度。

六、债券登记托管

（一）中央债券登记托管清算体系

1. 中央集中托管债券的功能

建立统一开放的国债市场，中央集中托管是发展债券市场的客观需要。债券托管结算机构是一国金融市场重要基础设施建设，在无纸化、网络化的现代债务工具市场形态中处于市场基础设施的核心地位。集中统一托管是市场最高层次和最大范围内的统一，是提高结算效率和降低结算风险的基础，托管结算机构作为特殊的金融中介，其作用不可或缺，其地位不可替代。统一是指在统一的国债托管、清算系统的基础上，无论投资者在哪个国债市场上交易，最终是在同一系统内交割。

1996年经国务院领导批准，成立了中央国债登记结算有限责任公司，负责全国债券的统一托管和集中结算。1997年4月，财政部颁布《中华人民共和国国债托管管理暂行办法》，明确了中央国债登记结算有限责任公司为国债总托管人的法律地位并让其负责办理国债中央托管业务和建立国债托管系统的账务管理体系，这样保证了中央托管机构业务经营的国家特许权和唯一性的特定行业性质。成立中央托管结算机构对市场平稳发展和风险控制具有重要意义，经过发展，中央国债登记结算有限责任公司具备了国际认同的中央证券托管功能，成为中国债券市场重要基础设施的提供者和政府管理市场的重要技术平台。2003年，党的十六届三中全会通过的《中共中央关于完善社会主义市场经济体制若干问题的决定》首次提出建立多层次资本市场体系，并要求"建立统一互联的证券市场，完善交易、登记和结算体系"。

2. 我国中央登记托管清算体系的运行

（1）成员分类。根据中央国债登记结算有限责任公司的规定，可办理债券自营结算和代理结算的结算成员为甲类成员，主要为商业银行；只能办理自营结算相关业务的结算成员为乙类成员，主要为信用社、保险、券商和基金等；自营结算及相关业务需委托一个甲类成员办理的为丙类成员，主要为非金融机构法人。

（2）券款对付（delivery versus payment，DVP）制度。中央国债登记结算有限责任公司债券托管采用全额、实时、逐笔双边清算的方式，即 DVP 制度结算。DVP 主要是靠双边一对一授信来达成交易后的履约，DVP 债权债务清晰、流程简单。

（二）上海清算所债券登记托管清算体系

目前，我国银行间债券市场共有两家登记托管机构：一是中央国债登记结算有限责任公司，其托管范围包括国债、央票、政策性银行债、商业银行债、企业债和中期票据等主要债券产品；二是上海清算所，主要负责短期融资券、超短期融资券、定向工具、资产支持证券等创新产品的托管工作。

全国银行间债券市场自 1997 年 6 月成立以来，一直由中央国债登记结算有限责任公司负责债券托管，随着银行间市场交易规模不断发展，大量手工操作及全额资金清算模式影响资金效率、清算效率。上海清算所 2009 年 11 月底成立，作为独立于交易所的专业清算所，该机构为银行间债券市场提供以清算所为中央对手方的净额清算或集中清算服务。成立上海清算所的初衷是建立场外市场的中央对手方清算机制，以兑现中国对 2009 年 G20 伦敦金融峰会的承诺。G20 伦敦金融峰会要求各国在 2012 年底以前实现场外衍生品市场的集中清算。上海清算所成立后先做银行间市场清算业务的承接工作，之后研究推出了衍生品市场集中清算、债券市场净额清算等服务。

上海清算所引入集中清算机制，以中央为对手方进行集中清算。集中清算机制是相对于双边清算机制而言，由某一清算机构充当中央对手方，成为原交易双方的交易对手的清算机制，以此提供集中的对手方信用风险管理和违约管理服务。两种结算方式各有特点。集中清算机制是净额轧差、日终结算模式，其优势是占用资金少，适合交易特别频繁、对资金头寸管理要求严的投资机构，如券商、做市商等。DVP 的优点是实时到账，没有本金风险，但占用资金多。上海清算所引入集中清算机制以后，对于监管机构来说，通过专业的清算所对场外交易的集中登记、集中净额清算，可以实现场外市场的集中监测，有助于全面准确地掌握市场的风险，统一防范由个体风险引发的系统性风险，亦可以更顺畅地推动新产品出台。

2011 年 12 月 19 日，在中央银行的推动下，上海清算所向银行间债券市场提供现券交易净额清算（简称现券净额）服务，即中央对手方清算机制，这丰富了债券市场的产品结算方式，使市场成员多了一个选择。

本章思考与练习题

1. 财政赤字的含义与度量。
2. 阐述财政赤字的类别。
3. 说明财政赤字货币化的含义与实质。
4. 分析财政赤字货币化的可行性。
5. 解析公债的界定。

6. 说明公债类型的划分。

7. 简述公债的管理方式。

8. 说明衡量公债规模的指标主要有哪些。

9. 说明外债风险监测的指标主要有哪些。

10. 解析公债市场的含义与构成。

11. 论述公债市场的功能。

12. 解析我国地方债限额管理制度的内容和要求。

13. 阐述我国地方专项债的管理制度和原则。

14. 地方偿债能力的判断与度量。

15. 说明中外地方财政重整的异同。

16. 说明我国地方财政重整的触发机制。

17. 以案例说明我国地方财政重整计划的内容。

18. 地方隐性债风险化解的政策。

19. 简述国债发行、销售和流通的渠道及其适用范围。

20. 概述公债偿还资金的来源有哪些。

21. 简述公债偿还的方式主要有哪几种。

22. 说明公债登记结算和托管制度的特点及其运行。

第九章

政府投融资管理

第一节　政府投融资概论

一、政府投资方式

政府投资是指使用预算安排的资金进行固定资产投资建设的活动，是全社会固定资产投资的重要组成部分。政府投资是政府实施宏观调控、落实国家发展战略的重要手段，也是引导和带动社会资本扩大有效投资的有力抓手。为了深化投融资体制改革，2019 年 5 月国务院总理李克强签署国务院令，公布《政府投资条例》，自 2019 年 7 月 1 日起施行，《政府投资条例》规定了中央预算内投资资金的安排方式。

（1）直接投资，这是指政府安排政府投资资金投入非经营性项目，并由政府有关机构或其指定、委托的机关、团体、事业单位等作为项目法人单位组织建设实施的方式。

（2）资本金注入，这是指政府安排政府投资资金作为经营性项目的资本金，指定政府出资人代表行使所有者权益，项目建成后政府投资形成相应国有产权的方式。

（3）投资补助，这是指政府安排政府投资资金，对市场不能有效配置资源、确需支持的经营性项目，适当予以补助的方式。

（4）贷款贴息，这是指政府安排政府投资资金，对使用贷款的投资项目贷款利息予以补贴的方式。

二、政府投融资界定

政府投融资是指政府以调控经济活动为目标，以政府信用为基础筹集资金并加以运用的金融活动，是政府财政的重要组成部分。政府投融资的主体是各级政府或代表政府从事投融资活动的、具备法人资格的国有独资企业。

政府基础设施等建设性项目可以采取建设—经营—移交（转让）（bulid operate transfer，BOT）、移交—经营—移交（transfer operate transfer，TOT）、资产支持证券化（asset-backed-securitization，ABS）、公私合作（public private partnership，PPP）、建设—拥有—运营—移交（bulid own operate transfer，BOOT）、建设—移交（build-transfer，BT）等多种投融资模式。各种政府投融资模式的资金来源主要有政府财政出资、政府债务融资等。

政府投融资模式的优点是能依托政府财政和良好的信用，快速筹措到资金，操作简便，融资速度快，可靠性大。政府融资量的大小，取决于政府的财政能力和所能提供的信用程度。

政府投融资的缺点主要有两个：一是对政府财政产生压力，投资风险集中于政府单方面；二是不利于形成市场化的竞争机制，经营效率低。

三、地方政府投融资平台

地方政府投融资平台是指各级地方政府成立的以融资为主要经营目的的公司，包括不同类型的城市建设投资、城市建设开发、城市建设资产公司。地方政府组建投融资平台进行基础设施和城市建设方面的融资，政府给予划拨土地、股权、规费等资产，包装出一个从资产和现金流上可以达到融资标准的公司，以实现融资目的，把资金运用于市政建设、公共事业等项目。地方融资平台的来源除了银行外，还有一些银行的理财产品，许多银行理财产品销售出去以后的钱也投到了地方政府投资项目。

2009年初中国人民银行与中国银行业监督管理委员会发布的《关于进一步加强信贷结构调整促进国民经济平稳较快发展的指导意见》提出"支持有条件的地方政府组建投融资平台，发行企业债、中期票据等融资工具，拓宽中央政府投资项目的配套资金融资渠道"。此后，地方政府投融资平台的数量和融资规模飞速发展，与此同时，也逐步积累并蕴含了多方面的潜在风险。地方政府投融资平台蕴含风险：一是政府大量的隐性负债，加大了财政压力。地方政府投融资平台法人治理结构不完善，责任主体不清晰，操作程序不规范，隐性债务大，给财政造成巨大压力。二是政府和平台企业关系扭曲，银行贷款风险大。投融资平台负债率、资本金普遍欠缺且偿债能力低下。平台公司统借统还，责任主体模糊，贷款使用人是建设单位，平台公司大多不对项目建设和资金使用实施管理，项目最终受益也不属于平台公司，贷款资金如果出现偿还问题，商业银行实际上难以顺利进行追溯。投融资平台项目过多，导致政府担保过多，易形成政府有名无实的担保，不利于平台和银行各方的良性发展，而且政府担保过多也会造成政府的违规行为。三是政府以土地抵押的负债投资与偿还，推高土地价格和房地产泡沫，地方政府替代企业成为投资项目选择的主要决策者，难免超前投资或者加剧产能过剩的投资，加剧宏观经济失衡。

针对风险，2010年《国务院关于加强地方政府融资平台公司管理有关问题的通知》

规定地方各级政府不得以财政性收入、行政事业等单位的国有资产，或其他任何直接、间接形式为融资平台公司融资行为提供担保。2014 年国务院发布《关于加强地方政府性债务管理的意见》，要求剥离融资平台公司政府融资职能，融资平台公司不得新增政府债务，地方政府举债采取政府债券方式，推广使用政府与社会资本合作模式。2017 年财政部发布《关于进一步规范地方政府举债融资行为的通知》规定，金融机构为融资平台公司等企业提供融资时，不得要求或接受地方政府及其所属部门以担保函、承诺函、安慰函等任何形式提供担保。2018 年财政部发布《关于规范金融企业对地方政府和国有企业投融资行为有关问题的通知》，规定金融企业"不得违规新增地方政府融资平台公司贷款"。此后，国家要求厘清投融资平台和政府的关系，要求投融资平台不得与政府信用挂钩来为政府筹资，形成政府隐性债务。

第二节　政府投融资模式

一、BOT 模式

为了推动我国经济建设的发展，落实国家宏观调控政策，有效筹集基础设施建设资金，激发市场主体活力和发展潜力，稳定有效投资，加强薄弱环节建设，增加公共品有效供给，促进调结构、补短板、惠民生，我国进一步放开市场准入、创新投资运营机制、采取多种投融资模式，推进投资主体多元化。政府基础设施建设项目采取投融资模式有 BOT、TOT、ABO（authorize build operate，授权—建设—运营）、ABS、PPP、BOOT、BT 等多种，其中 BOT 模式最为经典，其他模式大多是由 BOT 模式演化而来的。

BOT 模式，是基础设施投资、建设和经营的一种方式，该模式以政府和私人机构之间达成协议为前提，由政府向私人机构颁布特许，允许其在一定时期内筹集资金建设基础设施并管理和经营该设施及其相应的产品与服务。政府对私人机构提供的公共品或服务的数量和价格可以有所限制，但保证私人资本具有获取利润的机会。整个过程中的风险由政府和私人机构分担。当特许期限结束时，私人机构按约定将该设施移交给政府部门，转由政府指定部门经营和管理，所以，BOT 也可意译为"基础设施特许权"。

BOT 模式的基本思路是由政府或所属机构对项目的建设和经营提供一种特许权协议（concession agreement）作为项目融资的基础。由政府与私人资本签订项目特许经营协议，授权签约方的私人企业承担该基础设施的融资、建设和经营，在协议规定的特许期内，签约方的私人企业可以向设施的使用者收取费用，用于收回投资成本，并取得合理的收益。本国公司或者外国公司作为项目的投资者和经营者安排融资，承担风险，开发建设项目，并在有限的时间内经营项目获取商业利润，之后根据协议将该项目转让给相应的政府机构。有时，BOT 模式被称为"暂时私有化"（temporary privatization）过程。特许期结束后，签约方的私人企业将这项基础设施无偿转让给政府。

BOT 模式适应了现代社会工业化、城市化进程中对基础设施规模化、系统化发展的需要，是政府职能与私人机构功能互补的产物，是公共基础设施建设与私人资本的特殊结合方式。

BOT 模式是对一个项目投融资建设、经营回报、无偿转让的经济活动全过程典型特征的简要概括。BOT 模式经历了数百年的发展，为了适应不同的条件，衍生出许多变种形式，如 BT、BOOT、BOO（build own operate，建设—拥有—运营）、BLT（build lease operate，建设—租赁—移交）、BTO（build transfer own，建设—移交—运营）、BOOST（build own operate subsidy transfer，建设—拥有—运营—补贴—移交）和 TOT、ROT（renovate operate transfer，重整—经营—转让）、POT（purchase operate transfer，购买—经营—转让）、ABS 等多种其他投融资模式。人们通常所说的 BOT 应该是广义的 BOT 概念。BOT 模式演变出的多种模式，只有操作方式不同，其基本特点是一致的，即项目公司必须得到有关部门授予的特许经营权。

ABO 模式是由政府授权单位履行业主职责，依约提供所需公共品及服务，政府履行规则制定、绩效考核等职责，同时支付授权运营费用。

二、PPP 模式

PPP 模式，是指政府与私人组织之间，为了合作建设城市基础设施项目，或是为了提供某种公共品和服务，以特许权协议为基础，彼此之间形成一种伙伴式的合作关系，并通过签署合同来明确双方的权利和义务，以确保合作的顺利完成，最终使合作各方达到比预期单独行动更为有利的结果。PPP 模式的典型结构是公共部门与中标单位组成的特殊目的公司签订特许合同，由特殊目的公司负责融资、建设及经营。

PPP 模式有广义与狭义两个范畴。广义 PPP 模式以授予私人部门特许经营权为特征，包括 BOT 等多种模式。狭义的 PPP 模式是政府与私人部门组成特殊目的机构（special purpose vehicle，SPV），引入社会资本，共同设计开发，收益共享、风险共担，全过程合作，期满后再移交政府的公共服务或基础设施开发运营方式。

与 BOT 模式相比，PPP 模式的主要特点是，政府对项目中后期建设管理运营过程参与更深，企业对项目前期科研、立项等阶段参与更深。政府和企业都是全程参与，双方合作的时间更长，信息也更对称。

PPP 模式是政府和私人企业之间合作形成伙伴关系，为提供公共品和服务，基于具体项目的合作融资模式，适用于具有长期稳定收益的基础设施项目建设。PPP 模式下政府多元化投融资的关键是在实际操作中细分参与各方的权利义务边界，建立起公平、有效的利益和风险分担机制。

通常，规模较大、现金流稳定、长期合同关系清楚、适合谁使用谁付费的领域，如地铁、高速公路、水务、机场、供电等项目，宜采用 PPP 模式。但 PPP 模式绝非万灵药，技术不规范、商业可行性不匹配、风险分配机制缺失、项目准备不充分等一系列因素都可能造成 PPP 项目失败，给政府带来风险。

PPP 的功效有利于实现多方合作共赢：一是公共服务市场化，在公共服务的供给主体间引入竞争机制，优化资源配置。二是为政府化债减压，减轻政府债务负担，减缓地方融资平台压力。三是有效促进政府职能转变，减少对微观事务的干预，节省更多精力以便开展规划和监管。四是降低参与公共领域项目的门槛，拓宽了私人部门的发展空间，进一步激发非公有制经济的活力。五是通过吸引社会资本的加入，引导了民间资本的合理投向，提高资本利用效率。六是拓宽融资渠道，提高项目效益，可使未来财政性收入即期化，扩大资金来源，扩大内需，拉动地方经济增长，促进宏观经济稳定与增长。七是通过 PPP 项目的全生命周期预算管理，促进政府从以往单一年度预算收支管理，逐步向中长期财政规划和资产负债管理转变，加快基础设施建设的步伐，盘活存量资产，化解项目现有债务，创造更多现金流用于新项目建设，推动当地经济可持续发展，有效提高经济和社会效益。八是深化政府融资体制改革，合理分散风险。PPP 模式使产业资本和金融资本全新对接，形成了一种新的融资格局，既为政府提供了一种解决基础设施建设项目资金周转困难融资的新模式，又为投资方提供了新的利润分配体系的追求目标，为剩余价值找到了新的投资途径，可使银行或其他金融机构获得稳定的融资贷款利息，分享项目收益，有利于推进政府融资体制改革。

三、EOD 模式

EOD（ecology-oriented development，生态环境导向的开发）模式，是以习近平生态文明思想为引领，以可持续发展为目标，以生态保护和环境治理为基础，以特色产业运营为支撑，以区域综合开发为载体，采取产业链延伸、联合经营、组合开发等方式，推动公益性较强、收益性差的生态环境治理项目与收益较好的关联产业有效融合，统筹推进，一体化实施，将生态环境治理带来的经济价值内部化，是一种创新性的项目组织实施方式。也就是说，EOD 模式是以可持续发展为目标，在经济发展与生态环境之间构建了合作的桥梁，从而实现区域整体溢价增值，生态建设与经济发展相互促进。

EOD 模式要求将生态引领的基础塑造过程，产业协同的造血过程、创新开发的价值实现过程和综合运营的增值过程相统一，是一种更高层级的顶层设计与项目组织实施方式。EOD 模式下可应用 PPP、ABO、特许经营等商业模式工具。

EOD 模式突出"规划优先、生态引领"，将"生态"的理念贯穿于"规划—建设—经营—管理"全过程以及每一个环节，更注重人们的"感受"、"获得感"和"满意度"。

EOD 的创新之处在于片区生态环境治理与相关产业开发的一体化组织、一体化实施及一体化考核。在前端组织架构上进行创新设计，更好创新优化实施组织架构，达到一体化实施的效益；在后端融资模式的创新设计，利用项目本身的经济闭环、溢价、收益可靠性与金融机构合作创新投融资模式。EOD 项目大多可以通过关联产业收益达到收支平衡，或增加运营期限以达到更高的内部收益，可能不再需要政府提供可行性缺口补助，减轻了政府的财政负担。

EOD 模式是借鉴 TOD（transit-oriented development，公共交通为导向的开发）模式的理念，EOD 将以交通为导向的城市空间开发模式，变为以生态为导向的城市空间开发模式。TOD 开发模式是地铁公司在取得地铁沿线土地的开发权后，可以对土地进行综合开发利用。TOD 和 EOD 模式的理论基础均为"溢价回收"（value capture）理论，即按照

"谁受益，谁投资"的原则，将交通或者环境的改善带来的增量效益反哺于生态环境治理。

四、TOD 模式

TOD 模式要求在规划一个居民或者商业区时将多样化的城市功能集中布置在公共交通站点周边，通过"轨道建设—人流增加—商业开发—吸引人口"的良性循环，形成人气集聚、出行高效、方便快捷的城市生活，使公共交通的使用价值和效果最大化。

TOD 概念由新城市主义代表人物彼得·卡尔索尔普提出的，以地铁、轻轨、巴士等公共交通为中枢，以 5～10 分钟步行路程为半径建立集工作、商业、文化、教育、居住等为一体的城区，让人们真正实现自由玩乐、购物，自由工作、生活。

五、EPCO 模式

EPCO（engineering procurement construction operation）模式，即融资总承包模式，这是把项目的设计—采购—施工—运营等阶段整合后由一个承包商负责实施，而项目的决策和融资仍然由业主负责的项目建设管理模式。

传统模式下，政府投资项目的建设和运营往往分离，一般项目建成后再委托第三方运营或由平台公司运营，但如果项目建设阶段考虑运营不足，往往会造成运营不畅、成本增加、技术适用错误等，最终导致项目失败。对于强运营属性的项目，EPCO 通过将设计、施工和运营等环节的集成，可以解决设计和施工脱节以及建设和运营脱节的问题，强化运营责任主体，使承包商在设计和施工阶段就必须考虑运营策划问题，通过 EPCO 模式实现建设运营一体化来实现项目全生命周期的高效管理。

EPCO 是 EPC（engineering procurement construction，工程总承包）和 OM（operation and maintenance，委托运营）模式进行整合、综合打捆后形成的升级模式。EPC 是指承包方受业主委托，按照合同约定对工程建设项目的设计、采购、施工建设等融合实行全过程或若干阶段的总承包，并对其所承包工程的质量、安全、费用和进度进行负责。EPC 模式有利于引导工程总承包企业提高项目管理、技术创新和资源配置能力，培育综合管理能力，落实其主体责任，保障其合法权益。OM 模式是政府保留存量公共资产的所有权而将存量公共资产的运营维护职责委托给社会资本或项目公司，并向社会资本或项目公司支付委托运营费用，社会资本或项目公司不负责用户服务的一种 PPP 运作方式。EPCO 模式，即设计、采购、施工及运营一体化的总承包模式，是在 EPC 总承包模式基础上向后端运营环节的延伸，即总承包商除承担建设期内传统的设计、采购、施工任务外，还要承担运营期内的运营维护职责，通过该种整合方式提高项目的运营效率，降低全生命周期内的成本。

EPCO 与 DBO（design-build-operate，设计—建设—运营）模式的本质一致。它是由承包商设计并建设一个公共设施或基础设施，并且负责运营该设施，满足在工程使用期间公共部门的运作要求。承包商负责设施的维修保养以及更换在合同期内已经超过其使用期的资产，在该合同期满后，资产所有权移交回公共部门。

第三节　政府投资基金

一、政府投资基金的确认

政府投资基金是指由各级政府通过预算安排，以单独出资或与社会资本共同出资设立，采用股权投资等市场化方式，引导社会各类资本投资经济社会发展的重点领域和薄弱环节，支持相关产业和领域发展的资金。投资基金的亏损应由出资方共同承担，政府应以出资额为限承担有限责任。政府不得向其他出资人承诺投资本金不受损失，不得承诺最低收益。

根据目标企业所处阶段，政府投资基金分为种子基金、创业投资基金和重组基金等。

（一）种子基金

种子基金是指专门投资于创业企业研究与发展阶段的投资基金。新兴的高科技企业需要经历一个探索与创业的艰难过程。在这个过程的初期，即研究与发展阶段，高科技专业人才与风险投资者相结合，共同参与创业。这时需确定技术和商业方面的可能性，进行市场研究，制订经营计划。当创业的企业成长起来之后，种子基金便退出，投资于其他新的对象。

天使基金就是专门投资于企业种子期、初创期的一种风险投资。因为它的作用主要是对萌生中的中小企业提供种子资金，是面目最慈祥的风险资金，可以帮助中小企业脱离危险，因而获名"天使"。天使基金在美国最为发达。天使基金特别青睐具有高成长性的科技型项目。

（二）创业投资基金

创业投资基金是指由一群具有科技或财务专业知识和经验的人士操作，并且专门投资于具有发展潜力且快速成长的公司的风险投资基金。创业投资是当今世界上广泛流行的一种新型投资方式。它以一定的方式吸收机构和个人的资金，投向于那些不具备上市资格的中小企业和新兴企业，尤其是高新技术企业。无须风险企业的资产抵押担保，手续相对简单。它的经营方针是在高风险中追求高收益，多以股份的形式参与投资，其目的是帮助所投资的企业尽快成熟，取得上市资格，从而使资本增值。一旦公司股票上市后，创业投资基金就可以通过证券市场转让股权而收回资金，继续投向其他风险企业。其投资范围一般限于以高新技术为主的中小公司的初创期和扩张期。

私募股权投资基金是指通过私募基金对非上市公司进行的权益性投资。其业务是将实体产业带入资本市场。通常以基金方式作为资金募集的载体，由专业的基金管理公司运作，私募股权投资在交易实施过程中，会附带考虑将来的退出机制，即通过上市、并购或管理层回购等方式，出售持股获利。私募股权投资起源于风险投资，为初创阶段的企业提供发展资金，主要以中小企业的创业和扩张融资为主进行风险投资。

从 20 世纪 80 年代开始，大型并购基金①（如 KKR 集团②）的风行使产业投资基金有了新的含义，投资对象从创业期的中小企业拓展到长期的成熟企业，如私募股权基金的投资对象主要是那些已经形成一定规模的，并产生稳定现金流的成熟企业，这是其与创业投资基金最大的区别。私募股权基金的筹集方式不同于普通基金，通常采用资金承诺的方式。

（三）重组基金

重组基金是一种专门从事特定企业或资产重组和并购的金融资本，同时也是对被并购企业的资产在资源整合中进行改造的投资机构。在具体运作上，通过发行投资基金股份或受益券的方式，募集社会闲散资金，形成一定规模的信托资产，由专业管理人员根据资产组织原理进行分散投资，直接投资于产业领域，并按比例享受投资收益且共担风险。

政府投资基金涉及多个当事人，具体包括：基金股东、基金管理人、基金托管人及会计师、律师等中介服务机构，其中基金管理人是负责基金的具体投资操作和日常管理的机构。

二、政府投资基金的特点

政府投资基金遵循"精准定位、专业化运作、收益共享、风险共担"的管理原则，其运作特点如下。

（1）非营利性。政府投资基金是不以营利为目的的政策性基金，并非商业性基金，投资于公共服务、生态环保、基础设施、区域开发、战略性新兴产业、先进制造业、中小企业创业等公益性领域或关键性环节、战略性产业等。

（2）间接调控。政府投资基金本身并不直接从事创业或产业投资业务，主要是通过股权投资方式在资本市场上提供资本，引导社会资金进入创业企业发展或产业投资领域，基金投资完全打破行政性直接干预方式，实行市场化方式运营，投资基金主要采取股权方式直接投资项目（企业）。投资形成的股权可通过社会股东回购、股权转让（上市或非上市）或协议约定的其他方式退出。

（3）市场化运作。政府投资基金应由专业化公司按照市场化的有偿方式运作，而不是通过政府拨款、贴息等无偿方式运作。设立引导投资基金后，政府只负责"两端"，即在前端负责审定总体投资方案，在后端把握投资方向，对基金的运行管理，政府不干预，完全按照市场化原则运行。

（4）资金来源多元化。政府投资基金的资金来源主要有：支持创业投资企业发展的财政性专项资金；投资基金的投资收益与担保收益；闲置资金存放银行或购买国债所得

---

① 并购基金（buy-out fund）是专注于对目标企业进行并购与重组的基金。
② KKR 集团（Kohlberg Kravis Roberts&Co.L.P.），译为科尔伯格·克拉维斯·罗伯茨，成立于 1976 年，是老牌的杠杆收购天王、金融史上最成功的产业投资机构之一、全球历史最悠久也是经验最为丰富的私募股权投资机构之一。

的利息收益；个人、企业和社会无偿捐赠的资金等。通过政府出资，吸引有关地方政府、政策性银行、金融、投资机构和社会资本，不以营利为目的，以股权或债权等方式投资于创业风险投资机构或新设创业风险投资基金。

（5）以独立企业法人形式设立的政府投资基金。企业法人是以营利为目的，独立从事商品生产和经营活动的社会经济组织。企业是人格化的法人，可采取公司制、合伙制和契约制，分别遵循《中华人民共和国公司法》《中华人民共和国合伙企业法》《中华人民共和国信托法》，在不同的法人形式下，政府投资基金的运作模式、监管模式及考核激励体制均有所不同。财政部门会同有关部门任命或派出人员成立决策委员会，行使决策职责，并推动组建理事会，制定基金管理章程，按规定履行出资人职责，对外行使投资基金的权益和承担相应义务与责任。按照同股同权的原则获取基金收益，对于管理团队的激励机制相对市场化，政府可向社会资本适度让利，实行参股激励方式。

三、政府投资基金的宗旨

（1）放大财政杠杆效应。政府推动和出资的产业投资基金，以财政资金为引导撬动社会资本，拓宽投融资渠道，形成"四两拨千斤"的作用，吸引社会资金投入政府支持领域和产业，充分发挥财政的乘数效应。通过政府投资基金引导创业投资行为，带动各方资金用于产业投资，增加创业投资资本供给，完善竞争机制，让市场发挥资源配置的决定性作用，克服单纯通过市场配置创业投资资本的市场失灵问题，鼓励民间资本投资于公共服务、生态环保、基础设施、区域开发、战略性新兴产业、先进制造业等领域，支持创业和企业技术创新，扶持新兴产业，重点支持创新型企业，推动经济迈向中高端水平。特别是通过鼓励创业投资企业投资于种子期、起步期等处于创业早期的企业，弥补一般创业投资企业主要投资于成长期、成熟期和重建企业的不足。

（2）引导资本市场的投资行为。投资基金运作遵循"政府引导、市场运作和科学决策、防范风险"的原则，政府作为创业投资或产业投资领域的重要主体之一，对本国经济发展和产业推动起着非常重要的作用，应充分发挥宏观指导与调控职能，为创业投资或产业优化提供政策、法律上的支持，克服市场失灵问题，防止挤出效应的发生。同时，作为资本的提供主体之一，政府也会参与资本市场的运作，通过直接或间接参与的方式，引导并规范资本市场的投资行为。

（3）提高财政资金使用绩效。设立投资基金，财政部门通过整合、盘活、优化财政资金来源，创新财政资金的使用方式，改变了以往政府对企业绝大部分采取补贴、奖励、贴息等一次投入、一次使用的传统支持形式，转为以股权投资的形式对企业进行支持，与企业共享收益，共担风险，创新了政府扶持形式，资金的使用将更高效。

（4）理顺政府和市场的关系。党的十八大提出，经济体制改革的核心问题是处理好政府和市场的关系[①]。习近平在党的十九大报告中强调使市场在资源配置中起决定性作

---

① 《坚定不移沿着中国特色社会主义道路前进　为全面建成小康社会而奋斗——胡锦涛同志代表第十七届中央委员会向大会作的报告摘登》，http://theory.people.com.cn/n/2012/1109/c40531-19530534-2.html[2022-11-20]。

用,更好发挥政府作用[①],党的二十大报告提出"充分发挥市场在资源配置中的决定性作用,更好发挥政府作用"[②]。设立政府投资基金就是以政府资本为基础,在推动产业转型升级、吸引社会资本与地方优势产业融合发展方面所做的有益尝试。如果能在政府定位、投资和监管效率及治理结构层面做足功夫,建立一种资本市场层次体系合理、政府非理性干预减少、控制权利益分配到位、契约组织形式合理的发展模式,不仅能够通过财政杠杆撬动数倍民间资本投入实体经济,迸发出一般社会资本所无法比拟的巨大能量,而且能较好地实现政府引导与市场化运作的结合,解决政府干预和市场失灵两大固有顽疾。

四、政府投资基金的作用

(1)引导社会资金集聚,形成资本供给效应。政府投资基金的设立能够有效地改善创业资本的供给,解决创业投资的资金来源问题。创业投资的投资期长、风险大、流动性差,不像股票等证券投资可以迅速变现、流动性好,民间资本偏好于证券市场,而创业投资等股权投资整体资金供给不足,完全依靠市场机制无法有效解决资本供给不足问题。因此,政府设立引导基金,通过政府信用,吸引保险资金、社会保障资金等机构投资者的资金,使民间资本、国外资本等社会资金聚集,促使资本供给进入创业投资领域,这为创业投资提供了一个很好的资金来源渠道。

(2)优化资金配置方向,落实国家产业政策。政府投资基金的投资对象以创新型企业为主体,从而起到引导和带动社会资本对高科技创新企业的投资。通过设立政府引导基金,以政府信用吸引社会资金,可以改善和调整社会资金配置,引导资金流向生物医药、节能环保、新能源与新材料等战略性新兴产业领域,培育出一批以市场为导向、以自主研发为动力的创新型企业,有利于我国产业结构的调整升级。

(3)引导资金投资方向,扶持创新中小企业。政府投资基金有一个较强的政策导向——扶植极具创新能力的中小企业。通过设立政府投资基金,引导社会资金投资处于初创期的企业,从而可以促使一批极具创新能力、市场前景好的初创期企业快速成长,为商业化创业投资机构进一步投资规避一定的风险,引导其后续投资,用"接力棒"的方式将企业做强做大,最终实现政府目标的创业投资机构和商业化的创业投资机构的共同发展,建立起政府资金和商业资金相互促进、相互依赖的创业投资体系。

(4)引导资金区域流向,协调区域经济发展。市场机制的作用会加重地区间的创业投资资源不平衡现象,经济条件优越,发展条件越好的东部地区,越容易获得创投资本;而经济条件较差,发展越落后的中西部地区,越难获得创业投资资本。创业投资资本分布的不平衡进一步扩大了区域经济之间的差距。通过设立政府投资基金,引导社会资金投资于中西部地区,争取更多的中西部投资项目,有利于缓解区域间经济发展不平衡,促进区域经济协调发展。

---

① 《习近平:决胜全面建成小康社会 夺取新时代中国特色社会主义伟大胜利——在中国共产党第十九次全国代表大会上的报告》,http://www.gov.cn/zhuanti/2017-10/27/content_5234876.htm[2022-11-20]。

② 《习近平:高举中国特色社会主义伟大旗帜 为全面建设社会主义现代化国家而团结奋斗——在中国共产党第二十次全国代表大会上的报告》,http://www.gov.cn/xinwen/2022-10/25/content_5721685.htm[2022-11-20]。

第四节　政府投融资路径

一、财政专项资金拨改投

财政专项资金是指财政部门会同有关主管部门安排用于社会管理、公共事业发展、社会保障、经济建设及政策补贴等方面具有指定用途的资金。

传统财政专项资金分配的特点：一是采取以无偿补助、补贴、贴息、奖励为主的方式，并且往往要求地方或企业单位提供配套资金；二是在管理体制上往往形成五龙治水、多头管理的局面；三是小、散、乱，"撒胡椒面"式的财政浪费；四是财政专项资金无偿供给，不利于培养自由企业精神；五是财政资金利用效率低，寻租设租的情况普遍存在。

财政专项资金的行政性分配方式经历了一对一到一对多的转变。其中，一对一的分配方式具有点对点直接确定的特点；一对多的方式由企业进行资金申请，通过投资评审、竞争性分配确定是否立项。一对多分配方式的实质是在财政资金分配管理环节中引入竞争机制，强化资金分配和使用的绩效观念，从传统的单向固定性审批安排转向现代的选拔性审批安排，建立以竞争择优为原则的项目优选机制，使有限的财政资金能更好地满足社会公共需求，最大限度地实现财政资金的社会效应。

财政专项资金的支持和使用方式要进一步创新。一方面，要加大整合财政专项资金的力度，我国的项目名目繁多，需要将重复性项目合并，取消小、散、乱项目，规范并严控项目名目；另一方面，对部分产业投资性专项资金不提倡采用项目直接补助的方式，使其被市场化的基金所取代，从资金变为基金，由拨款变为投资，而是改无偿资助为有偿支持，由直接对实体企业注资改为资本供给方式，以产业发展政策为导向，将财政资金与金融、社会等方面的资本结合组建基金，通过基金公司的专业化团队在市场上选择项目，以股权方式进行资本投资，形成多元化的投融资模式。

二、盘活存量资金

预算收支是预算年度当年的流量资金，预算存量包括国有资产和存量资金。预算存量资金一般包括预算结余结转、预算周转金、预备费、预算稳定调节基金、库底现金，以及各部门、单位未动用的银行存款及往来款项等。为了提高预算绩效，需要盘活政府的存量资金。

盘活存量资金需要采取如下举措：一是扭转结余结转资金长期沉淀的局面，取消结余结转留归单位下年继续使用的规定，结转下年资金不得超过两年，超过两年的转为结余。二是控制预算周转金和预算稳定调节基金的规模。三是对国库现金进行有效管理。四是逐步取消财政资金以收抵支、专款专用的规定。五是定期清理往来款，各级财政应该建立财政暂付款、暂存款定期清理机制，全面清理财政对外借款，严禁违规新增财政对外借款，同时清理和控制部门暂付款，规范预算单位资金支付管理。通过以上措施，加大统筹使用财政资金的力度，以免存量资金对经济形成紧缩效应。

三、资产证券化

资产证券化是指以基础资产未来所产生的现金流为偿付支持，通过结构化设计进行信用增级，在此基础上发行资产支持证券的过程。它是以特定资产组合或特定现金流为支持，发行可交易证券的一种融资形式。资产证券化将缺乏流动性的资产转换为在金融市场上可以自由买卖的证券的行为，使其具有流动性。

资产证券化融资的基本流程是发起人将证券化资产出售给一家 SPV，或者由 SPV 主动购买可证券化的资产，然后将这些资产汇集成资产池，再以该资产池所产生的现金流为支撑在金融市场上发行有价证券融资、清偿所发行的有价证券。SPV 是个中枢，主要负责持有在未来能够产生现金流的资产并使其与破产等麻烦隔离开来，且为投资者的利益说话做事。SPV 进行资产组合，不同的资产在信用评级或增级的基础上进行改良、组合、调整，其目的是吸引投资者，发行证券。

资产证券化的基础资产可以是不动产、应收账款、信贷资产、未来收益（如高速公路收费）等。资产证券划分为股权型证券化、债券型证券化和混合型证券化。

资产证券化为发起者带来了传统筹资方法所没有的益处：一是盘活流动性较差的资产，增强资产的流动性，获得低成本融资；二是便于进行资产负债管理，资产证券化有利于发起者将风险资产从资产负债表中剔除出去，改善各种财务比率，提高资本的运用效率，减少风险资产，满足风险资本指标的要求，为发起者提供了更为灵活的财务管理模式。

从投资者的角度来看，资产担保类证券为投资者提供了多样化的选择，分散和降低了风险，提供了比政府担保债券更高的收益，满足了投资者对"基于利差的投资工具"的需求，从而达到投资多样化及分散、降低风险的目的，帮助投资者扩大投资规模。

2014 年，中国证券监督管理委员会将资产证券化业务由审批制改为备案制，此后我国资产证券化业务迎来高速发展。

四、公共基础设施 REITs

（一）REITs 的基本含义

REITs（real estate investment trusts，房地产投资信托基金）是一种通过发行股份或受益凭证的方式汇集投资者的资金，由专门的基金托管机构进行托管，并委托专门的投资机构进行房地产投资和运营管理，将投资综合收益按比例分配给投资者的一种公司型或契约型信托基金。REITs 本质上是将不动产产生的稳定现金流在资本市场证券化，连接资金供给方和需求方，从而实现资源整合与跨期配置的重要手段。

REITs 实际上是一种证券化的产业投资基金，通过发行股票（基金单位），集合公众投资者资金，由专门机构经营管理，通过多元化的投资，选择不同地区、不同类型的房地产项目进行投资组合，在有效降低风险的同时通过将出租不动产所产生的收入以派息的方式分配给股东，从而使投资人获取长期稳定的投资收益。

（二）REITs 的特点

REITs 起源于 20 世纪 60 年代的美国，REITs 有三个核心特点：一是底层资产以成熟不动产为主；二是收入来源来自租金、物业升值以及运营收益等；三是高分红，强制性规定高比例分红，将绝大部分收益分配给投资者。

REITs 的效果：一是有助于推动传统房地产模式转型，平滑房地产周期，推动传统房地产向"轻资产、重运营"的模式转型；二是 REITs 具有投融资双重属性，具有资产配置功能。REITs 作为一种收益稳定、流动性强、风险适中的投资品种，能够有效扩展社会资本投资方式，拓宽居民财产性收入渠道，应对通胀、加强期限匹配性，具有天然吸引力。

（三）REITs 的分类

根据发行方式的不同，REITs 可以分为公募型和私募型两类。根据组织方式的不同，REITs 可以分为公司型、信托基金型、契约型三种。REITs 可以采取权益型、抵押贷款型和混合型三类形式。根据美国国家 REITs 行业协会的统计，2018 年末美国超过 90% 的 REITs 为权益型。权益型 REITs 投资对象为商业物业、写字楼、长租公寓、公共基础设施等不动产或项目公司股权，持有并管理物业组合，租金收入将转化为分红支付给份额持有人，收入来源为租金和物业增值。抵押贷款型 REITs 将物业作为抵押设立基金，该基金投资于抵押贷款或抵押贷款支持证券，类似扮演金融中介的角色，利用所募集的资金发放房地产抵押贷款，或是购买抵押贷款支持证券。混合型 REITs 则是权益型和抵押贷款型 REITs 的综合体。

我国当前类 REITs 产品受限于专项资产管理计划形式，多为私募形式，通常为面向合格投资者的私募产品，投资者准入门槛较高、流动性较低，募集范围一般在 200 人以下。类 REITs 注定是一个偏小众的投资产品。私募产品一般 3～5 年后到期退出，原始权益人拥有优先回购权。类 REITs 缺乏信息披露规范，加之结构复杂，整体透明度较低。

（四）基础设施领域 REITs

2018 年以来，中国人民银行、中国证券监督管理委员会、交易所等积极推进公募 REITs 试点，底层资产推进方向包括长租公寓类、基础设施以及核心城市商办项目等，2020 年 4 月中国证券监督管理委员会联合国家发展和改革委员会发文推进基础设施 REITs 试点，标志着基础设施领域 REITs 试点正式启动。基础设施 REITs，即以基础设施为底层资产的公募 REITs。基础设施 REITs 具有流动性较高、收益相对稳定、安全性较强等特点，是国际通行的配置资产。

推出基础设施 REITs 的主要原因：一是基础设施底层资产底蕴足，存量规模可观。基础设施 REITs 通过盘活存量资产，将为庞大存量理顺证券化路径。二是开辟基础设施资金新来源，基础设施投资以财政支出和银行债务为主，宏观杠杆率较高，政府债务风险较大，而大规模的存量基础设施沉淀的资产价值并未有效挖掘，新基建建设又需要大量的投资支撑。三是促进公众储蓄转化投资，基础设施 REITs 由需要偿债到优化经营取得股权收益，降低了宏观杠杆率和政府债务风险的同时，也促进了公众储蓄投资的转化。通过集中投资于可带来收入的不动产项目，以租金收入和资产升值，为投资者提供定期收入。四是实行稳投资、补短板政策，基础设施 REITs 为基础设施项目提供资本金，既能稳投资、补短板，服务实体经济，同时有助于通过市场化吸引社会资本参与基建项目，借助资本市场公开透明的定价机制，推动基础设施建设高质量发展。

基础设施 REITs 试点运行的主要做法：一是遵循市场原则，坚持权益导向，通过 REITs 实现权益份额公开上市交易。试点明确基础设施 REITs 股权属性，不仅实现了私募向公募的转换，同时也实现了债性向股性的转变。二是优中选优，聚焦重点区域、行业和优质项目，六大城市圈、两大开发区、五大行业优先，具体包括优先支持京津冀、长江经济带、雄安新区、粤港澳大湾区、海南、长江三角洲等重点区域。聚焦重点行业，优先支持基础设施补短板行业；鼓励信息网络等新型基础设施，以及国家战略性新兴产业集群、高科技产业园区、特色产业园区等开展试点；聚焦优质项目，权属清晰，已产生持续、稳定的收益及现金流，投资回报良好，并具有持续经营能力、较好的增长潜力。三是初步产品结构为"公募基金＋ABS"形式。通过将公募基金与资产支持专项计划嫁接，形成"公募基金—专项计划—私募基金（或信托/有限合伙或其他载体）—项目公司"的交易结构，该交易结构突破了公募基金原有的投资单一资产支持证券比例的限制，进而实现了资金的公开募集。四是基础设施公募 REITs 具有"众筹"的性质，公募形式决定了任何符合条件的投资者都可以认购，投资人除了发行期认购之外，可以通过二级市场进行买入和卖出交易。

本章思考与练习题

1. 简述 EOD 和 EPCO 等模式。
2. 说明 BOT 以及 PPP 模式及其功效。
3. 解析产业投资基金的含义和类别。
4. 说明政府设置引导基金的宗旨是什么。
5. 概述我国设置了哪些政府引导基金。
6. 说明政府引导基金能够发挥哪些作用。
7. 解析政府引导基金可以采取哪些引导方式。
8. 阐述财政专项资金管理方式的创新。
9. 说明如何盘活预算存量资金。
10. 解析资产证券化的意义。
11. 简述 REITs 的概念和功效。
12. 说明 REITs 产品结构的类型。
13. 解析我国类 REITs 的特点。
14. 说明我国推进基础设施 REITs 的成因。
15. 论述我国基础设施 REITs 试点的运行机制。

第十章

政府间预算体制

第一节 预算分级理论与原则

一、财政纵横向平衡

纵向财政不平衡是指上级政府与下级政府的财政收支之间的不平衡。各级财政在收入手段与支出需要之间的不平衡，可能造成财政收入上的不足，从而形成财政缺口。

横向财政不平衡是指同级地方政府之间在收入能力、支出水平及最终在公共服务能力上所存在的差异。

由于各地区之间存在着横向财政不平衡，客观上要求中央政府在弥补纵向的财政不平衡时，应同时兼顾横向不平衡。只有建立规范的均等化转移支付制度才能够解决纵向和横向财政不平衡的问题，这就要求在进行政府间转移支付时，必须注意各地区收入能力和支出成本上的差异，确保各地区基本财力均等化，最终实现各地区在公共服务能力上的均等化。

二、预算集权与分权

各国政体、发展阶段及国情各不相同，预算体制也具有差异性。通常情况下，单一制国家的财政收入主要集中在中央政府；在联邦制国家，各州有自己的立法权和税收管辖权，地方政府在财政收支上有更大的自主权。

（1）美国的分权模式：财权分散，财力相对集中。财权分散，是一种明确的分权式的分税制模式，联邦、州、地方三级政府各司其职，各有自己的税收来源，各为自己的税收立法，州与地方税法不得与联邦税法相抵触。财力相对集中，是指在三级政府的财政分配格局中，联邦一级收入占较大比重。

（2）法国的集权模式：财权集中、财力集中。这是一种财权集中、财力集中的分税制模式，不仅税收管理权限集中于中央一级，财政立法和财政条例、法令均由财政部统一制定，地方政府只能按国家的财政法令执行，而且在税收收入划分上，中央一般占到总收入的75%左右，呈现出中央主导下的地方分权的分配格局。

（3）日德的混合模式：财权适度分散，财力有效集中。日本在财政体制上的集权或分权程度趋于中性，也就是介于美国模式与法国模式之间。在日本，地方政府根据自治原则，有权决定征收哪种地方税，但为了防止因税收分权导致地区间的税收失衡，中央政府设立了课税否决制度，即允许地方政府在地方税法列举的税种范围内自行决定开征地方税，但若地方政府的征税计划超出了这个范围，其新开征税种须经自治大臣批准。

总之，各种模式的共同之处是：无论在税收收入的划分上还是在税收管理上，都保证了中央政府的主导地位。在保证中央政府集中财权的前提下，也充分考虑到地方税制在整个税制中的重要地位。

三、预算体制管理原则

（1）财权与事权相匹配原则。财权应该包括税收立法权、税收征收权、债务发行权等。财权与事权相匹配原则适合高度分权的联邦制国家，联邦制国家中央财政和州财政相互独立，各级政府作为独立的预算主体，拥有独立的财权与事权，因此，应该遵循财权与事权相匹配原则。我国是单一制国家，税收立法权具有统一性，各级地方政府不具有独立完整的财权。如果我国预算体制遵循财权与事权相匹配原则，每一级政府势必都根据财权谋求发展，现实中往往出现如下状况：一些地方的发展条件并不好，却在财权与事权相匹配原则导向下一味追求发展，结果常常是破坏了生态环境，也并不能获得财力，以致财权与事权相匹配就像是"画饼"一样吃不上。

（2）财力与事权相匹配原则。财力是政府能够支配的财政收支、资金及资产等，核心是以税收为主的财政收入。财力与事权相匹配实际上就是将财力在政府间的分配与一项事权执行成本的分摊结合起来，哪一级政府执行责任大，执行成本高，给哪一级政府的财力就多。财力与事权匹配的过程就是从中央到地方支出责任细化，是在明确事权执行责任和执行成本的基础上，明晰各级政府相应的支出责任，有利于健全中央和地方财政体制。

（3）政府间事权和支出责任相适应原则。这是充分发挥各级政府职能、降低政府成本、提高政府效能和执行力的需要。首先，属于地方政府事务的，其自有收入不能满足支出需求的，中央财政原则上通过一般性转移支付给予补助；其次，属于中央委托事务的，中央财政通过专项转移支付足额安排资金；最后，属于中央与地方共同事务和支出责任的支出，明确各自的负担比例。

（4）集权与分权相结合原则。预算体制是对国家纵向权力进行配置，核心是处理中央与地方的财政关系，即财政体制集权与分权问题。单一制国家更强调统一性，偏重中央集权、地方服从中央、财政收支高度集中到中央。财政联邦制是指各级政府为共同履行公共经济职能，在财政职能和收支上有一定的独立性和自主性，注重财政分权。现实中，集权与分权具有对立统一性，二者并不总是互相对抗，而是相互依托，双向互动。联邦制有利于分权，但这并不意味着联邦制不需要一个强有力的中央政权，单一制意味着中央集权、地方对中央的绝对服从、地方财政全部上缴。现实中，中央集权（甚至极权）国家并不意味着绝对没有地方分权。

预算体制是规范上下级政府之间收入划分、支出职责及调节收支关系的制度，其实质是正确处理上下级政府在财权上的"收"与"放"、"集中"与"分散"之间的关系，涉及中央和地方、地方政府之间错综复杂的利益关系，其变革会引起各集团之间、各地区之间利益的重新分配。

四、财政分权理论

传统财政分权理论的代表性人物泰布特（Tiebout）、马斯格雷夫、奥茨（Oates）等经济学家。

（一）泰布特"用脚投票"模型

泰布特 1956 年 10 月在美国《政治经济学杂志》上刊登的《一个关于地方支出的纯理论》论文，提出"用脚投票"模型。该模型从公共品入手，假定居民可以自由流动，具有相同偏好和收入水平的居民会自动聚集到某一地方政府周围，居民的流动性会带来政府间的竞争，一旦政府不能满足其要求，那么居民就可以"用脚投票"迁移到自己满意的地区，结果是地方政府要吸引选民，就必须按选民的要求供给公共品，从而可以达到帕累托效率。奥茨及布吕克纳（Brueckner）等的实证研究结果也表明，理性的居民的确会对其享受居住地公共服务的收益与履行纳税义务的成本进行比较，在居民的约束下，地方政府具有有效提供公共品的动力。

（二）奥茨分权定理

美国经济学家奥茨 1972 年在《财政联邦主义》一书中，通过一系列假定提出了分散化提供公共品的比较优势，指出：如果公共品消费涉及全部地域的所有人口的子集，并且关于该公共品的单位供给成本对中央政府和地方政府都相同，那么让地方政府将一个帕累托效率的产出量提供给他们各自的选民，则总是要比中央政府向全体选民提供的任何特定的且一致的产出量有效率得多。因为地方政府更接近自己的公众，更了解其所管辖区选民的效用与需求。推而论之，如果下级政府能够和上级政府提供同样的公共品，那么由下级政府提供则效率会更高。奥茨认为，公共服务职责应尽可能下放到能够使成本与利益内部化的最小地理辖区内，即某项公共服务的受益范围和成本（税收）分摊都限于一个辖区内部，其他辖区并不能从中受益，也不为之分摊成本；越是低层级政府，越易于了解和处理当地居民对于公共服务的偏好信息；下放公共服务职责能够提高低层级政府的责任心，也便于当地居民对于地方开支和地方行政人员的监督；服务职责的下放是保证许多公共项目得以有效管理的重要条件，有利于发挥地方政府的革新精神。奥茨分权定理为强调政府间分权的财政联邦制提供了坚实的理论基础。

（三）财政分权化改革的取向

在 20 世纪 70 年代西方出现了分权理论，要求地方政府与中央政府之间划分事权和财权。到 20 世纪 90 年代，大社会、小政府则成为各国政府改革的方向，地方分权成为世界潮流，分权改革几乎都是从财政分权开始的。如何正确处理中央与地方的关系，往往成为财政立宪的新内容。

财政地方分权实质上就是给予地方一定的税收权力和支出责任范围，并允许地方政府自主决定其预算支出规模与结构，使地方政府能够自由选择其所需要的政策类型，并积极参与财政管理，其结果是地方政府能够提供更多更好的公共服务。因此，财政分权的精髓在于地方政府拥有财政自治权。

五、预算级次的划分

（一）联邦制国家三级预算模式

联邦制国家一般采取三级预算模式，美国是最为典型的联邦制国家，与此相适应，实行财政联邦制，强调中央和地方相对独立、分权治理，行政、立法和司法三权之间相互分离制衡，各州有自己的立法权和税收管辖权，政府预算级次分为联邦、各州和地方政府。德国也采取三级预算模式，实行联邦、各州和地方政府（包括乡镇、市或自治区预算）三级预算。

俄罗斯独立后，通过了一系列的联邦法律，更加明确了联邦、联邦主体和地方自治机构之间的权限划分原则，形成了联邦预算、地区预算和地方预算三个级次，建立了区预算和镇预算两个级次的地方预算，确定了长期的税收收入分配和联邦预算、地区预算和地区预算的预算间转移支付的形成与分配原则。

（二）单一制国家分级预算模式

单一制国家采取多种不同的分级预算模式。英国是中央集权型单一制国家，预算管理体制也体现出中央集权程度相对较高的特点。英国预算分中央预算和地方预算两级，地方预算包括各地区和大伦敦市及以下各级政府预算。英国实行分税制，中央与地方政府的预算收入完全按税种划分，不设共享税，由各自所属的税务征收部门征收。

法国实行国家高度集中的财政管理体制，预算级次分为四级，地方政府包括大区、省和市镇三级。法国中央级预算收支在四级政府总预算中所占比重在 66%左右，地方政府预算所占比重在 34%左右。中央对地方补助较大，占地方政府预算收入来源的 25%左右。法国预算收入主要来源于税收，税收占比 90%左右，法国的所有税收收入都由财政部派驻地方的税务机构和公共会计机构征收。

日本属于中央集权制国家，行政上分为中央、都道府县和市町村三级；在法律上都道府县与市町村是平行的行政机构，政府财政预算也是平行关系；中央政府与它们都存在直接的财政关系。日本现行预算管理体制是第二次世界大战后建立的，在明确划分事权的基础上实行分税制，具有明显的地方自治与中央集权相结合的特点。

（三）我国五级政府预算模式

我国是根据国家政权结构、行政区域划分和财政管理体制要求而确定的国家预算组织结构，国家预算通常实行一级政权一级财政，每级财政都建立一级总预算。《中华人民共和国预算法》健全了五级预算体系，确定"国家实行一级政府一级预算，设立中央，省、自治区、直辖市，设区的市、自治州，县、自治县、不设区的市、市辖区，乡、民族乡、镇五级预算"。五级预算划分为中央预算和地方预算，地方预算是省、自治区、直辖市以下的四级预算的统称，地方总预算则由省、自治区、直辖市预算汇总编制而成。

1. 省直管县体制

这是指省、市、县行政管理关系由"省—市—县"三级管理转变为"省—市、省—县"二级管理，对县的管理由现在的"省管市—市领导县"模式变为由省替代市，实行省直管县。

省直管县体制最大的好处是：省里拨给县里的钱不必像过去那样"弯弯绕"，先由省里拨到市里，再由市里拨到县里，省直管县能扭转此前"市刮县"格局，防止资金"截流"和"跑冒滴漏"，有利于激发县域经济发展活力，加快县域经济发展步伐。

2. 乡财县管模式

由县级财政部门负责管理乡镇财政资金并监督使用，使乡镇财政资金所有权、使用权与管理权相分离。

乡财县管模式是以乡镇政府管理财政的法律主体地位不变，财政资金所有权和使用权不变，乡镇享有的债权及负担的债务不变为前提，县级财政部门在预算编制、账户统设、集中收付、采购统办和票据统管等方面，对乡镇财政进行管理和监督，帮助乡镇财政提高管理水平。乡镇政府在县级财政部门指导下编制本级预算、决算草案和本级预算的调整方案，组织本级预算的执行。

乡财县管的主要做法是在坚持财权和事权相统一，预算管理权、资金使用权和财务审批权不变的前提下，以乡镇独立核算为主体，实行预算共编、账户统设、集中收付、票据统管的财政管理方式。预算共编，即县级财政部门按有关政策提出乡镇财政预算安排的指导意见并报同级政府批准，乡镇政府根据县级财政部门具体意见编制本级预算草案并按程序报乡镇人民代表大会审批。

第二节　分税制预算体制

一、政府间分税的不同模式

（1）彻底分税模式。彻底分税模式一般适用于地方高度自治、独立性强的国家，这类国家的地方享有完全独立的财权，主要表现为地方政府拥有税收立法权，能自主确定税基、选择税率、征管税收，中央政府不插手地方财权领域。这种模式的地方财权自主程度最高，但中央的宏观调控空间极其狭小。

（2）税基分享模式。地方政府拥有地方自有税种的税种选择权和税收征管权，中央政府拥有税收立法权及统一确定税基的权力，可简化税制。这种模式的地方财权自主程度居中，由地方政府自行选择税率，能够赋予地方政府根据支出责任的变化，自主调整收入规模的权力，有利于保证地方政府实现收支对称。

（3）税收分享模式。地方政府按固定比例与中央政府分享特定税种的收入，且分享的收入来源于本级政府辖区。地方对地方固有收入拥有征管权。中央政府拥有税收立法权，能统一确定税基、选择全国统一税率，对中央固有税种及共享税拥有征管权，共享收入的税收权力归中央，地方只能按固定比例从共享税收入中获得一定的份额，分享比例由中央确定。这种模式有利于中央政府集中掌握大部分财政资源，为中央政府有效实施宏观财政调控奠定了坚实的财力基础。地方财权自主程度较低，难免出现政府间纵向财政不均衡，导致政府间不合理分配现象，扭曲公共资源的配置效率。

此外，中央与地方政府之间的收入划分还有一种收入分享模式。例如，地方政府按固定比例与中央政府共享财政总收入的一部分，这种模式下，地方财权自主程度最低，中央政府掌握全部财权，包括税收立法、确定税基选择税率、征管税收。

二、政府间税收分享的模式

实行分税制是世界许多国家通行的做法，各国政府间税收分享可分为三种形式。

（1）划分税种型模式。该模式是中央政府与地方政府根据各自的事权范围，按税种划分为中央财政收入与地方财政收入，即把所有的税种划分为中央税、地方税及中央地方共享税。中央税属于中央政府的财政收入，地方税属于地方政府的财政收入，中央和地方按税额共同分享共享税，在此基础上，各自谋求预算平衡。划分税种共享型的特点是通过共享税保留一定数量的财源，能够在调动地方积极性的前提下，因地制宜地调剂中央与地方之间的收入关系，以适应各地区经济发展的需要，它有利于联结中央与地方政府的利益关系，可以形成中央与地方相互依赖、相互支持的关系。

（2）划分税源型模式。此模式是中央政府与地方政府根据各自的事权范围，把国民经济中的税源按不同标准，分别划归中央和地方政府，分别在各自的划定范围内，以各自的税种征收税款。它主要有按行业划分、按企业隶属关系划分、按地域划分三种划分方式。划分税源型模式的特点是它有利于分清各级政府之间的财力范围，使中央与地方各级政府各司其职，避免相互挤占，但某些税源划分在技术上难度很大，而且过分强调税源划分还可能导致各级政府过分偏重本级税源，不利于经济的协调发展和综合效率的提高。

（3）划分税额型模式。此模式是中央政府与地方政府根据各自的事权范围，将全部税收收入总额按一定比例在中央与地方之间进行划分。其显著特征是先税后分，特点在于财政较为集中，地方的自主权较小，地方对中央的依赖性较大，中央具有较强的调控能力。

三、我国预算体制改革

（一）计划经济时期的统收统支预算体制

（1）实行中央高度集权的财政体制。我国计划经济时期实行中央高度集权的财政体制，1953～1978 年先后经历了几次下放财权的变革，实行统一领导、分级管理的财政体制，但总体上没有改变统收统支体制。这种体制在计划经济条件下具有现实性，为新中国成立后前 30 年国民经济的恢复和发展作出了历史性的贡献，但该体制僵化性的缺陷也十分明显。

（2）改革初期推行"分灶吃饭"的预算制，实行划分收支、分级包干的财政体制，针对不同地区采取各种不同的包干制，包括定额上缴、定额补贴或保留老体制，总额分成、比例包干办法。1983 年实行第一步利改税，将国有企业上缴利润改为缴纳所得税，1984 年的第二步利改税推行税利分流，即国有企业在上缴企业所得税后再进行利润上缴。在第二步利改税基础上，中央决定将"分灶吃饭"的具体形式改为划分税种、核定收支、分级包干，在划分收支的基础上对各地方实行不同的分配办法。1988 年实行六种形式的财政包干，包括收入递增包干、总额分成、总额分成加增长分成、上解递增包干、定额上解和定额补助，简称地方包干。预算包干制包而不干，打破了统收，却未打破统支，中央和地方的分配方法缺乏规范性和稳定性，致使全国财政收支占 GDP 的比重、中央财政收入占全国财政收入的比重，即两个比重跌入低谷，中央调控能力弱化。

（二）1994 年分税制预算体制

我国 1994 年分税制改革的内容包括分税、分征、分管，同时还根据中央和地方政府的事权确定相应的财政支出范围，并以转移支付制度来配合。1994 年确立了分税制预算体制，后几经调整，分税制预算体制的核心框架是分税和转移支付两个方面的制度安排。

（1）分税财政体制改革的主要目标。加强中央政府对税收来源的控制，同时调动地方政府征税的积极性，提高财政收入占 GDP 的比重、中央财政收入占全国财政收入的比重，即两个比重，提高地方政府征税的积极性，解决中央和地方之间长期存在的利益矛盾；通过调节地区间分配格局，促进地区经济和社会均衡发展，实现基本公共服务水平均等化，实现横向财政公平是政府的重要施政目标。

（2）分税的基本原则。将一些关系到国家大局和实施宏观调控的税种划归中央，把一些与地方经济和社会发展关系密切且适合地方征管的税种划归地方，同时把收入稳定、数额较大、具有中性特征的增值税等划作中央和地方共享收入。1994 年将税种划分为中央固定税、地方固定税、中央与地方共享税，通过分税稳定中央和地方的财力关系。中央固定收入的税基大、税源广，能够确保中央财政收入的稳定增长，同时也有利于维护国家权益，调节宏观经济。

（3）中央和地方的税收划分。中央固定收入主要包括：关税，消费税，海关代征的消费税和增值税，中央企业所得税，铁道部门、各银行总行、各保险总公司集中缴纳的收入等税种。中央和地方共享收入包括：增值税（中央分享 75%，地方分享 25%）、证券交易税（目前仅在上海和深圳以印花税形式征收，中央和地方各分享 50%）和资源税（其中海洋石油资源税归中央，其他自然资源税目前暂归地方所得）。地方固定收入主要包括：营业税、地方企业所得税、个人所得税、城镇土地使用税、固定资产投资方向调节税、城市维护建设税、房产税、车船使用税、印花税、屠宰税、耕地占用税、农牧业税、契税等税种。

（4）中央和地方的财政支出范围。根据中央和地方政府的事权确定相应的财政支出范围。中央财政支出主要包括：中央统管的基本建设投资，中央直属国有企业的技术改造和新产品试制费、地质勘探费、国防费、武警经费、外交和援外等支出，中央级行政管理费和文化、教育、卫生等各项事业费支出，以及应由中央负担的国内外债务的还本付息支出。地方财政支出主要包括：地方统筹的基本建设投资，地方国有企业的技术改造和新产品试制经费，支农支出，城市维护和建设经费，地方文化、教育、卫生等各项事业费和行政管理费，价格补贴支出及其他支出。

四、近年预算体制新调整

（一）降低地方税收入的税制改革

（1）所得税分享制度改革。2002 年实行所得税分享改革方案，将企业所得税和个人所得税由地方固定税种改为中央和地方共享税，当年中央和地方分享比例设为 50∶50，2003 年后改为 60∶40，2003 年以后的分享比例根据实际收入情况再行考虑，所得税分享改革增加了中央财力。

（2）取消农业税。2006 年 1 月 1 日起废止《中华人民共和国农业税条例》，取消除烟叶以外的农业特产税、全部免征牧业税，中国延续了 2600 多年的"皇粮国税"走进了历史博物馆。2006 年全面取消农业税，减轻了农民负担，实行工业反哺农业、城市支持农村取得了重要突破，减少了地方税收收入。

（3）营改增使地方失去主体税种及其收入。2012 年以来推行的"营改增"已全面完成，税制改革极大地触动了中央与地方政府之间原分税制的分配格局，由此提出进一步深化分税制改革的要求。2016 年国务院印发《全面推开营改增试点后调整中央与地方增值税收入划分过渡方案》，明确在 2～3 年的过渡期内，增值税收入中央与地方五五分成，以保障地方既有财力，又不影响地方财政平稳运行，从 2016 年起，调整中央对地方原体制增值税返还办法，由 1994 年实行分税制财政体制改革时确定的增值税返还，改为以 2014 年为基数实行定额返还，对增值税增长或下降地区不再实行增量返还或扣减。返还基数的具体数额由财政部核定。

（二）调整分税制的三项举措

近年，为了应对经济下行的压力，我国实施了大规模的减税降费政策，调整中央与地方收入划分改革是落实减税降费政策的重要保障。2019 年国务院印发《实施更大规模减税降费后调整中央与地方收入划分改革推进方案》提出三项举措。

（1）保持增值税"五五分享"比例稳定。2016 年国务院印发《全面推开营改增试点后调整中央与地方增值税收入划分过渡方案》，对增值税收入中央与地方按"五五"比例分享，并确定 2～3 年的过渡期，过渡期后，继续保持增值税收入划分"五五分享"比例不变，即中央分享增值税的 50%、地方按税收缴纳地分享增值税的 50%。进一步稳定社会预期，引导各地因地制宜发展优势产业，鼓励地方在经济发展中培育和拓展税源，增强地方财政"造血"功能，营造主动有为、竞相发展、实干兴业的环境。

（2）调整完善增值税留抵退税分担机制。为了缓解部分地区留抵退税压力，增值税留抵退税地方分担的部分（50%），由企业所在地全部负担（50%）调整为先负担 15%，其余 35% 暂由企业所在地一并垫付，再由各地按上年增值税分享额占比均衡分担，垫付多于应分担的部分由中央财政按月向企业所在地省级财政调库。合理确定省以下退税分担机制，切实减轻基层财政压力。这次留抵退税政策调整，通过中央承担部分退税额，减少地方负担和占用企业资金，鼓励企业扩大支出。

留抵退税就是把增值税期末未抵扣完的税额退还给纳税人。增值税实行链条抵扣机制，以纳税人当期销项税额抵扣进项税额后的余额为应纳税额。其中，销项税额是指按照销售额和适用税率计算的增值税额；进项税额是指购进原材料等所负担的增值税额。当进项税额大于销项税额时，未抵扣完的进项税额会形成留抵税额。留抵税额主要是纳税人进项税额和销项税额在时间上不一致造成的，如集中采购原材料和存货，尚未全部实现销售；投资期间没有收入等。此外，在多档税率并存的情况下，销售适用税率低于进项适用税率，也会形成留抵税额。

国际上对留抵税额一般有两种处理方式：一是允许纳税人结转下期继续抵扣或申请当期退还，允许退还的国家或地区还会相应设置较为严格的退税条件，如留抵税额必须达到一定数额；二是每年或一段时期内只能申请一次退税，只允许特定行业申请退税等。

增值税留抵的方式会出现挤占企业资金问题，实施留抵退税是为了少占用企业资金，2018 年，我国开始实施降低增值税税率、对部分行业试行留抵退税，2019 年，进一步降低税率，扩大进项税额抵扣范围，正式建立增值税留抵退税制度，2022 年进一步完善增值税留抵退税制度，进一步加大增值税期末留抵税额退税规模和力度，把纳税人后期才可抵扣的进项税额提前返还，通过提前返还尚未抵扣的税款，增加企业现金流，缓解资金回笼压力，提升企业发展信心，激发市场主体活力，促进消费和投资，支持实体经济高质量发展，推动产业转型升级和结构优化。

（3）后移消费税征收环节并稳步下划地方。将部分在生产（进口）环节征收的现行消费税品目逐步后移至批发或零售环节征收，拓展地方收入来源，引导地方改善消费环境。具体调整品目经充分论证，逐项报批后稳步实施。先对高档手表、贵重首饰和珠宝玉石等条件成熟的品目实施改革。改革调整的存量部分核定基数，由地方上解中央，增量部分原则上归属地方，确保中央与地方既有财力格局稳定。

《中华人民共和国预算法实施条例》规定，地方政府依据法定权限制定的规章和规定的行政措施，不得涉及减免中央预算收入、中央和地方预算共享收入，不得影响中央预算收入、中央和地方预算共享收入的征收；违反规定的，有关预算收入征收部门和单位有权拒绝执行，并应当向上级预算收入征收部门和单位以及财政部报告。

（三）财政事权和支出责任划分

财政事权是一级政府应承担的运用财政资金提供基本公共服务的任务和职责，支出责任是政府履行财政事权的支出义务和保障。合理划分中央与地方财政事权和支出责任是政府有效提供基本公共服务的前提和保障。

2016 年国务院发布《关于推进中央与地方财政事权和支出责任划分改革的指导意见》，进行财政事权和支出责任划分，遵循体现基本公共服务受益范围、兼顾政府职能和行政效率、实现权责利相统一、激励地方政府主动作为、支出责任与财政事权相适应等划分原则，科学合理划分中央与地方财政事权和支出责任，形成中央领导、合理授权、依法规范、运转高效的中央与地方财政事权和支出责任划分模式，落实基本公共服务提供责任，提高基本公共服务供给效率，促进各级政府更好履职尽责。

推进中央与地方财政事权划分的主要内容，一是适度加强中央的财政事权，保障地方履行财政事权，减少并规范中央与地方共同的财政事权，建立财政事权划分动态调整机制。二是完善中央与地方支出责任划分。中央的财政事权由中央承担支出责任，地方的财政事权由地方承担支出责任，中央与地方共同财政事权区分情况划分支出责任。三是加快省以下财政事权和支出责任划分，将部分适宜由更高一级政府承担的基本公共服务职能上移，明确省级政府在保持区域内经济社会稳定、促进经济协调发展、推进区域内基本公共服务均等化等方面的职责。将有关居民生活、社会治安、城乡建设、公共设施管理等适宜由基层政府发挥信息、管理优势的基本公共服务职能下移，强化基层政府贯彻执行国家政策和上级政府政策的责任。

第三节　转移支付制度

一、转移支付的含义

政府转移支付是指政府在社会福利保险、失业补助救济金及对农民的补贴等方面的支出。它是不以取得商品和劳务作为报酬的支付，包括政府对个人、对企事业单位的转移支付，也包括上下级政府之间的转移支付。政府转移支付是通过政府将一些人的收入转给另一些人，全社会的总收入并没有变动，因而它不能对资源的利用发生重大影响，也不能有力地干预经济活动。转移支付的对象不同，相关概念的内涵和范围也不尽一致。

（1）转移支付。按照联合国《1990 年国民账户制度修订案》的定义，转移支付是指货币资金、商品、服务或金融资产的所有权由一方向另一方进行单方面的无偿性转移，转移的对象可以是现金，也可以是实物。

（2）政府转移支付。根据国际货币基金组织 2001 年编写的《政府财政统计手册》中的支出分析框架，政府转移支付包括两个层次：一是指国际的转移支付。这种转移支付的对象是其他国家、国际组织或跨国组织，具体包括对外捐赠、对外提供商品和劳务、向国际组织或跨国组织缴纳会费等。二是一个国家内部的转移支付。这种转移支付包括政府向家庭的转移支付，如养老金、失业救济金、价格补贴、住房补贴等；政府向国有企业提供的补贴，如向城市运输、供水和污水处理等公共企业提供的一般补贴和基建投资等；各级政府上下级之间的资金转移，包括共享税的分配、上级政府拨给下级政府的各种补助、下级政府向上级政府提供的补助等。

（3）政府间转移支付。在分级预算管理体制中，因为经济社会发展的不平衡，各级各地政府之间的财力及其使用存在较大的差别，政府收支的划分不可能也难以使各级各地的收支完全对应均衡，从而出现政府收支的纵向不均衡和横向不均衡。对此，需要运用转移支付的方式来实现财政体系内各级次和各级地方预算收支的最终均衡。政府间转移支付就是一个国家内部的各级政府之间或同级政府之间在既定的职能、支出责任和税收划分框架下，通过财政性资金的拨付来调节各政府收支水平的一项制度。

为了论述上的简便，以下"转移支付"专指政府间财政转移支付。转移支付制度是对政府间的财力进行单方面转移的活动进行规范的制度体系。政府间转移支付是均衡地区基本公共服务水平、实施中央对地方的特殊政策目标和中央对地方进行财政制衡的重要手段。通常，政府之间财政关系的协调是通过分税制和转移支付制度两大系统相互配合、共同运作来实现的，从而形成预算管理体制的基本构架，其中，前者是政府间的收入制度，后者是政府间的转移支付制度。

二、转移支付的目标

规范的转移支付制度一般以各级政府基本公共服务能力均等化为目标，在合理划分政府间收入和事权的基础上，采用科学的方法，核定各地方政府的标准收入能力和标准支出需求，据此确定均衡拨款，同时辅之以必要的专项拨款。

（一）调节财政纵横向失衡

1. 纵向失衡

这是指由地方政府所承担的支出责任与收入能力不相匹配所造成的地方本级财政收

支的不平衡。修正这种失衡需要估计出各地方政府实际的支出需要及实际的收入增长能力。世界银行推荐的衡量财政失衡的指标是财政支出自给率，即本级收入占本级支出的百分比。如果相对于地方政府本级收入而言，地方政府的支出水平相当高，纵向失衡严重。地方政府的税收自主权是有限的，筹集的大部分财力往往集中在中央。在美国，联邦财政收入达到财政总收入的 60% 以上；在日本，此比例更是超过 70%。我国大约 70%的公共支出发生在地方，即省、市、县、乡，其中 55% 以上的支出是在省级以下。政府间的收入划分往往引起纵向财政不平衡，即地方政府所承担的支出责任与它们的自主收入能力之间存在着失衡。

地方收支缺口可通过两种途径解决：一是中央政府赋予地方政府更多的筹集收入的权力；二是中央向地方政府通过补助金形式转移收入。前者需要地方具有较强的税收自主权，在高度分权化的美国，中央转移支付占整个州和地方政府全部支出的比重不足 1/4，消费税和所得税成为地方政府的主要收入来源。如果赋予地方政府更多的税收权限，地区间差异会进一步扩大。

2. 横向失衡

这是指由各地方政府间收入增长能力与支出需求存在差异造成的地方政府间的不平衡。纵向失衡是针对上下级政府之间的财力收支的对比关系而言的，一般指同级地方预算之间，上级预算收入大于支出有剩余，下级预算支出大于收入形成缺口；横向失衡是针对不同地区的同级政府之间的财力收支对比关系而言的，一般指一些地方政府出现收大于支的剩余，另外一些地方政府出现支大于收的缺口。

横向平衡的目标是减少富裕和落后地区之间的财政差异。如果存在横向失衡，那么无论纵向失衡是否存在，都要求在地区间进行收入的再分配。因此，一个国家为实现地区间财政能力的均等，就必须进行转移支付。中国是一个多民族的人口众多的单一制国家，地域广阔，各地区经济发展水平很不平衡，各地区之间公共服务水平也有较大差距，并且呈继续扩大的趋势。随着人口流动性的提高，社会稳定性逐渐变弱，需要中央积聚一定的财力基础，促进各地区均衡发展，使各地区的民众都能享受到大致均等的公共服务水平，以维护社会稳定和国家统一。

（二）消除公共品的外溢性

跨地区公共品具有外溢性，如果赋予地方政府自主决策的权力，会导致地方政府对具有较大外溢性的公共品供应不足。如果教育和健康服务项目由地方政府负担，地方政府在这些项目上的支出将达不到整个国家对其的需求。在这种情况下，中央政府就可通过向地方政府实施有条件的转移支付以鼓励地方政府加大这些项目的支出。中央政府财政转移支付的目的是通过粘蝇纸效应，即地方获得的拨款收入，较之地方自有收入，会带动更多的地方公共支出，以激励地方政府更多更好地提供公共品，使更多的人受益更多。

发达国家的转移支付往往针对环境保护、公共医疗卫生及对贫困人口的教育服务。

而发展中国家的转移支付针对面往往更宽一些，有些是特别针对医疗卫生、教育、运输和基础设施的发展。

财政转移支付有些是用于弥补特定公共品的成本，有些是按体制进行税收分享。

（三）实现中央政府调控意图

政府的财政转移支付能影响全社会的分配格局，促进经济的协调发展。中央财政对地方的转移支付，因时而变。在经济繁荣时期，中央政府可以减少对地方的拨款，限制地方支出。相反，在经济萧条时期，各地政府支出大为降低，这对于不景气的经济可以说是雪上加霜，中央政府一般会加大转移支付力度，促使地方政府增加支出。此外，财政转移支付的功效还在于实现中央政府的特殊目的，如发展教育、提高社会保障水平等。

三、转移支付均等化

各国一般性转移支付的具体模式受其特定的政治、文化等国情条件制约，各具特色。概括起来，以拨款的目的为依据主要划分为三种类型。

（1）收入均等化模式。根据各地的税收收入能力进行分配。采用这种模式的国家一般来说，以人为单位计算的支出成本差异不大。在按人均税收水平分配均衡拨款的同时，辅之以一定的专项补助，通常能够达到均等化的目标。比较有代表性的是加拿大的收入均等化拨款、德国的横向均衡补助。

（2）公共服务均等化模式。公共服务均等化模式以实现全国各地公共服务水平的均等化为目的。均等化意味着政府应该为各地的居民提供基本的、在不同阶段具有不同标准的、最终大致均等的公共品和服务，为各地居民生活和社会经济发展提供一些基础条件。这个目标绝不等于要直接拉平各地生活水平，也不意味着要完全消除各地经济发展的差异。

（3）政府收支均等化模式。这一模式的转移支付资金分配，既考虑收入因素，又考虑支出因素，以收不抵支的缺口作为拨款依据。适用于横向不均衡较为明显、地区间支出成本差异较大的国家。这种制度相对较为精确，但较为复杂。最典型的是日本的地方交付税制度和澳大利亚的均衡拨款制度。

为了规范和完善资金分配办法，需要调整现行转移支付的结构，尽可能多地考虑地方政府不能直接控制的变量（如人口、GNP 等），而尽可能少地与地方政府直接控制的变量（如地方财政收入或支出）相联系，运用客观因素法形成规范的转移支付公式，加大均等化转移支付的数量，实现地区间进步财力均等化。

四、转移支付效应

（1）转移支付乘数。转移支付乘数是指转移支付的变动对收入变动的倍增作用，是国民收入的变动量与引起这种量变的政府转移支付变动量之间的倍数关系，或者说是国民收入变化量与促成这种量变的政府转移支付变化量之间的比例。

（2）粘蝇纸效应。粘蝇纸效应是指中央政府拨付的钱会粘在它到达的地方部门，从而增加这个地方政府的支出，而增加的支出水平大于本地政府税收增加带来的地方政府公共支出水平。粘蝇纸效应是一种对比转移支付拨款与减税二者对提供公共品的不同效应理论。

财政拨款分为无条件补助、配套补助与专项补助三类，其效应也有别。专项补助指定了资金使用方向，必然会增加地方政府的公共支出水平。配套补助要求地方政府必须有配套资金拨付共同用于公共品支出，这样会扭曲公共品价格，增加地方政府公共支出，这种增加可能是不合理的。这两种类型的补助都具有替代效应（substitution effect）。无条件补助没有指定配套资金与使用方向，从理论上看，它对地方政府在公共支出提供上的促进作用与地方政府本身增加同水平的财政收入带来的公共支出水平应该是一样的，即产生收入效应；但由于存在粘蝇纸效应，无条件补助同样具有替代效应。

第四节　转移支付构成体系

一、转移支付模式

转移支付既可发生在中央与地方政府之间，也可在同级或上下级地方政府之间进行。根据国际经验，按照转移方向划分，转移支付的基本模式有三种。

（一）纵向转移支付

纵向转移支付是指上下级政府间的资金转移，既包括上级财政的向下拨款，也包括下级财政对上级财政的上缴，也称"父子资助式"。上级政府通过特定的财政体制把各地区所创造的财力集中起来，再根据实施宏观调控的需要和各地区财政收支平衡状况，将集中起来的部分财政资金分配给各地区，以此实现各地区间财力配置的相对均等。这一模式简单易行，但透明度低、稳定性差、随意性大。纵向转移支付侧重于实现国家的宏观调控目标，可以加强中央政府对地方政府的宏观调控能力，贯彻中央的政策意图。

（二）横向转移支付

横向转移支付是指同级地方政府间发生的资金平行转移，一般是富裕地区向落后地区提供资金援助，也称"兄弟互助式"。横向转移支付侧重于解决经济落后地区公共支出不足的问题。通过横向转移均衡地方公共服务能力，可以大大减轻中央财政压力，同时也便于提高转移支付的透明度，将富裕地区的贡献与落后地区得到的援助放在明处，便于促进地区间团结协助，不仅激励了富裕地区，也鞭策了落后地区。这种模式一般作为纵向转移支付的补充，与纵向转移支付配合使用。

（三）纵横交叉转移支付

纵横交叉转移支付以纵向转移为主，横向转移为辅，纵横交叉，相互配合。中央政府的纵向转移支付侧重于实现国家的宏观调控目标，地方政府间的横向转移支付主要用于补充经济不发达地区的财力。

根据我国区域经济发展不平衡、公共服务能力差距大、中央财政收入有限等实际情况，我国将现有单一的、自上而下的、纵向的资金转移支付模式改为以纵向为主，纵横交错、多种资源融合的模式，对不发达地区采取按项目实行人力、物力和财力等多种资源并用的对口支持。

纵向转移支付和横向转移支付并非完全对应于解决纵向失衡和横向失衡的问题，因为纵向转移不仅可以影响纵向平衡，也影响横向平衡，横向转移主要解决横向平衡问题，但同时会间接影响纵向平衡。

二、转移支付形式

（一）一般性转移支付

此类转移支付不规定具体用途，由接受拨款的政府自主使用。一般性转移支付限于增加地方财政综合实力时使用，弥补因财力集中形成的中央与地方财力分配纵向不平衡，以及地区经济发展不平衡形成的纵、横向财政缺口。一般性转移支付的基本目标是基本公共服务均等化，因此具有突出的公平性。

我国一般性转移支付的目的主要是均衡地方财力，具体构成包括三方面：一是均衡性转移支付；二是对革命老区、民族地区、边疆地区、落后地区的财力补助；三是其他一般性转移支付。

（二）专项转移支付

专项转移支付是指上级政府为了实现特定的经济和社会发展目标给予下级政府，并由下级政府按照上级政府规定的用途安排使用的预算资金。此类转移支付往往通过附加条件来规定资金的使用范围，通常是以政府间支出责任为划分依据，对承办应由上级政府承担的事务的政府给予一定的转移支付，这种转移支付应限于平衡地区间公共品供给不均时采用，以解决财力分配横向不平衡问题。专项转移地方自主权低于一般性转移支付（表10-1）。

表 10-1 中央对地方转移支付 （单位：亿元）

年份	转移支付合计	一般转移支付	专项转移支付
2023	102 945.19	85 145.78	17 799.41
2022	97 144.75	80 994.23	16 150.52
2021	82 215.94	74 862.90	7 353.04
2020	83 315.30	69 557.23	7 765.92
2019	74 359.86	66 798.16	7 561.70
2018	61 649.15	38 722.06	22 927.09
2017	57 028.95	35 145.59	21 883.36
2016	52 573.86	31 864.93	20 708.93

注：根据财政部发布关于 20××年中央和地方预算执行情况与 20××年中央和地方预算草案的报告整理。表中，2020 年一般性转移支付中包含了 32 180.72 亿元的共同财政事权转移支付，另有 5992.15 亿元特殊转移支付未在表中反映；各年份为决算数据

我国转移支付划分为一般性转移支付和专项转移支付。一般性转移支付不规定具体的资金用途，可由地方统筹安排使用，专项转移支付主要为实现中央特定政策目标。我国转移支付结构优化的趋势是提高一般性转移支付占比，目前，一般性转移支付占转移支付的比例超过 90%。

三、转移支付管理

（1）专项转移支付定期评估。《中华人民共和国预算法实施条例》规定县级以上各级政府财政部门应当会同有关部门建立健全专项转移支付定期评估和退出机制。对评估后的专项转移支付，按照下列情形分别予以处理：一是符合法律、行政法规和国务院规定，有必要继续执行的，可以继续执行；二是设立的有关要求变更，或者实际绩效与目标差距较大、管理不够完善的，应当予以调整；三是设立依据失效或者废止的，应当予以取消。

（2）转移支付预计数提前下达。为了加强预算管理，加快预算执行进度，《中华人民共和国预算法实施条例》规定，县级以上各级政府应当按照本年度转移支付预计执行数的一定比例将下一年度转移支付预计数提前下达至下一级政府，具体下达事宜由本级政府财政部门办理。

除据实结算等特殊项目的转移支付外，提前下达的一般性转移支付预计数的比例一般不低于 90%；提前下达的专项转移支付预计数的比例一般不低于 70%。其中，按照项目法管理分配的专项转移支付，应当一并明确下一年度组织实施的项目。

（3）转移支付归口财政管理。转移支付预算下达和资金拨付应当由财政部门办理，其他部门和单位不得对下级政府部门和单位下达转移支付预算或者拨付转移支付资金。

（4）转移支付资金直达机制。这是在保持现行财政体制、资金管理权限和保障主体责任稳定的前提下，实行"中央切块、省级细化、备案同意、快速直达"的做法，2020 年新增的财政赤字和抗疫特别国债共计 2 万亿元的资金通过特殊转移支付机制直达市县基层、直接惠企利民，主要用于保就业、保基本民生、保市场主体。2021 年建立常态化的财政

资金直达机制，拓展直达资金范围，提高财政资金效能，初步设想是聚焦与人民群众密切相关的民生等重点领域，把可以直接分配的中央和地方共同财政事权转移支付，具备条件的专项转移支付和用于直接保基层财力的一般性转移支付，纳入直达资金的范围。这样安排，可使直达资金覆盖的领域更广、规模更大、精准度更高，基本实现中央财政民生补助资金的全覆盖，兜牢兜实基本民生底线。

本章思考与练习题

1. 试述我国预算管理体制的演变。
2. 说明各国分税制模式的类型。
3. 评析我国现行分税制财政体制及其改革。
4. 简要说明我国地方税体系的建设思路。
5. 我国"营改增"后中央和地方收入分配关系的调整。
6. 论述我国应如何改革目前的分级预算管理体制。
7. 我国预算体制划分应该遵循什么原则？为什么？
8. 说明近年中央与地方财政事权划分的主要内容。
9. 解析转移支付制度的含义和成因。
10. 试述转移支付均等化的选择与定位。
11. 说明转移支付结构及其优化。
12. 解析我国转移支付预计数提前下达的原因和做法。
13. 说明转移支付会产生哪些效应。
14. 解析我国 2020 年设置的特殊转移支付。
15. 说明转移支付资金直达机制的改革方向。

第十一章

国 库 管 理

第一节　国库管理体制

一、国库职能拓展

国库也称为国家金库，字面上理解为国家储藏财富的仓库，一般认为只是存放钱物，包括具体实物、货币和黄金的库房。传统意义的国库指国家储存财物的总机关。现代意义上的国库可以看成一个簿记系统，其实是一个电子账户，用来负责办理和记录所有的财政预算收支的部门，担负着国家预算资金吸纳和库款的支拨、代理政府债券的发行与兑付、反映国家预算执行情况等重任。国库是办理预算收入的收纳、划分、留解、退付和库款支拨的专门机构。预算资金的收纳、保管和拨出，即出纳业务，是一项频繁的日常工作，由国库负责办理。国库资金收付是政府预算执行的重要环节，是在预算执行阶段通过对政府预算资金的流量进行控制以实现政府目标的有效手段。

现代国库已不单单是国家资金出纳机构，各个国家的国库往往都承担着保管、管理本国财政资产和负债，反映本国预算执行情况等一系列国家财政职能。国库已由传统库藏管理发展成为控制政府资金、管理政府现金和债务等全面财政管理的职能。现代国库实质上是办理国家财政预算收支的部门。国库职能活动范围一般包括：现金管理、政府银行账户管理、财务规划和现金流量预测、公共债务管理、国外赠款和国际援助对等基金管理、金融资产管理。国库制度是国家预算管理和国库管理工作的重要基础。

二、国库管理模式

（1）独立国库制。国家专设独立的国库，办理财政预算的出纳业务。自设国库费用较大，且容易引起财政资金在国库的闲置沉淀，所以采用独立国库制的国家较少。

（2）委托国库制。国家委托中央银行代理国库业务。采用这种类型的国家较多。日本国库由财务省主管，具体业务委托中央银行——日本银行来实施。1993 年俄罗斯政府颁布建立联邦国库的政府令，在俄罗斯财政部设立联邦国库管理局，委托中央银行具体管理。

（3）银行制。国家不设独立国库，也不委托中央银行代理国库，而是由财政部门在商业银行开立账户，办理结算业务。财政账户与银行其他存款账户一样，实行存款有息、结算付费的办法。美国地方政府收支总账户一般开在商业银行，部门没有各自账户，只有国库部门在银行开设相应总账户，按基金性质分类列账，分开核算，实行国库集中收付。

我国由中国人民银行经理国库，商业银行代理国库，在国家预算执行中具体办理库款出纳业务，形成了以中国人民银行为主导，商业银行和信用社为补充的国库组织体系。

三、国库管理级次

我国国库按国家统一领导、分级管理原则，实行一级财政一级预算设立一级国库机构，从上往下设立总库、分库、中心支库、支库四级机构，分别为中国人民银行总行经理总库；各省、自治区、直辖市分行经理分库；市、地（州）分行、支行经理中心支库；县（市）支行及城区办事处经理支库；支库以下设经收处，由有关商业银行的分支机构办理经收处业务。支库以下的国库经收处业务，由国有商业银行分支机构的营业部门办理，其收纳的预算收入是代收性质，不算正式入库，不办理预算收入的划分和报解，也不办理预算收入的退库。

国库分为中央国库和地方国库。中央国库业务由中国人民银行经理。未设中国人民银行分支机构的地区，由中国人民银行与财政部协商后，委托有关银行业金融机构办理。

地方国库业务由中国人民银行分支机构经理。未设中国人民银行分支机构的地区，由上级中国人民银行分支机构与有关地方政府财政部门协商后，委托有关银行业金融机构办理。具备条件的乡、民族乡、镇，应当设立国库。

第二节　国库资金收付制度

一、传统的财政资金分散收付制度

中华人民共和国成立以来我国长期实行以预算单位设立多重存款账户为基础的分级

分散收付制度，财政资金逐级层层经收、上解和下拨。在分散支付程序下，各部门在商业银行都开有账户，财政支出资金层层下拨，国库通过银行间票据交换将财政资金划入预算单位在商业银行开设的账户上。财政资金支出的运行程序是：各级预算单位根据同级财政部门下达的年度预算，按期向财政部门提出资金拨付申请，财政部门根据主管部门的申请，依据计划审核后开具拨款凭证，通知国库办理资金拨付手续，按月一次或分次拨给主管部门，再由主管部门按照隶属关系，层层转拨到基层用款单位，由基层用款单位分散使用资金，单位分散付款。

改革开放后，随着社会主义市场经济的发展，国家财政管理体制、金融管理体制进行了重大改革，国库管理制度却一直沿用计划经济时期的做法，长期采用的以多头设置账户为基础、分散进行的资金缴拨方式，带来了诸多问题：一是容易延压、挤占、挪用财政资金，资金到位率低，难以及时满足单位用款的需要，影响预算单位的正常支用，财政资金使用效益低。二是多头开户易于隐匿和转移资金，漏洞多，容易滋生腐败。三是财政资金的使用和支付过程脱离财政监督，无法用预算来约束和控制公共支出。四是大量财政资金分散沉淀在单位开户银行，财政调度资金的能力弱，加大了财政运行的成本。五是财政难以对国库管理工作以及财政资金活动实施有效监督。

二、国库集中收付制度改革

国库集中收付制度是建立、规范国库集中收付活动的各种法令、办法、制度的总称，其运作是以国库单一账户体系为基础，所有财政性资金都纳入国库单一账户体系管理，实行财政收入的资金直缴国库，财政支出直达商品劳务供应者，资金缴拨以国库集中收付为主要形式的财政国库管理制度。国库集中收付制度的实质是加强政府资金的集中管理，推进各级政府预算统一管理，建立相互分工协调、分离制约的机制，推动财政对预算运行全程监管。

（一）统一国库单一账户体系，账户集中管理

国库集中收付制度要求取消单位滥开的银行账户，所有财政性资金通过国库单一账户体系存储、支付和清算。我国国库单一账户体系由中国人民银行设立的国库单一账户、财政部门按资金使用性质在商业银行开设的财政零余额账户和为预算单位开设的单位零余额账户、在商业银行开设的财政专户四类银行账户构成。

（二）政府收入集中收缴，直达国库

预算收入缴库方式是指国家集中一部分国民收入并转化为预算资金的程序、手续和过程。预算资金采取两种缴库方式：一是直接缴库，即各项财政收入由缴款人（缴款单位或缴款代理人）按有关法律法规的规定提出纳税申报或缴款申请，经征收机关审核无误，执收单位开具缴款书后，缴款人直接将税收和非税款缴入国库单一账户或财政专户。

二是集中汇缴，缴款人将应缴的款项直接缴给执收单位，由执收单位按日到代理银行办理缴款业务，通过代理银行将所收款项缴入国库或财政专户。

（三）财政资金集中支付，直达供应商或个人

国库集中收付制度的重点是规范支出拨付程序，预算单位根据预算指标管理的要求进行资金支付。

财政资金支付采取两种方式。一是财政直接支付方式。这是指财政部门根据用款单位提出的用款申请，由财政部门签发支付指令，通过在代理银行设置的财政零余额账户，替单位将财政资金支付给商品劳务供应者，再由财政与财政零余额账户代理银行进行清算。财政直接支付的范围一般包括工资支出、购买支出、转移支出等稳定易控的支出。二是财政授权支付方式。这是指财政部门根据预算指标和用款计划，将授权支付的用款额度下达给用款单位及其零余额账户代理银行，单位在规定的用款额度及其用途内自行开具支付令，通过单位零余额账户代理银行将资金支付商品劳务供应者，之后再与国库单一账户进行资金清算。财政授权支付适用于未实行财政直接支付的购买支出和紧急、零星的支出。2019年以来财政部大力推行预算管理一体化系统，实行预算指标控制资金支付，不再以季度分月用款计划作为控制付款的依据，也不再采取财政授权支付方式。

（四）财政资金实行存款计利息、结算付费

通过结算付费给商业银行提供报酬厘清财政和商业银行的关系。采取国库存款计付利息、结算付费的做法可以增加财政资金业务的透明度，还可以促进商业银行在报价时开展竞争，促使商业银行将国家岁入及时转移到政府账户上。

（五）财政内设国库机构、管办分离

国库监管和国库资金收付事务机构分设，财政的国库部门负责政策协调，具体工作由支付执行机构负责，两个部门相互制约，形成预算执行和监督相互制衡的内控制度，财务管理监督更透明、更规范、更有力。

实行国库集中收付后，会计与出纳由两个部门制约，财政的国库部门负责政策协调，具体工作由支付执行机构负责。过去是事后商量，现在是事前安排，财务管理监督更透明、更规范、更有力。财政国库部门要与国库收付执行机构一道，做好国库管理的各项基础工作，包括选择代理银行，进行宣传动员，分清内部职责，印制账、证、表、单及进行账户清理和账务核对等工作。

三、公务卡结算制度

公务卡是指预算单位工作人员持有的，主要用于日常公务支出和财务报销业务的

信用卡。公务卡作为公务业务的一种现代新型的支付结算方式，其操作可以概括为：银行授信额度、个人持卡支付、单位报销还款、财政实施监控。公务卡支付的范围主要包括预算单位购买一般办公用品，支付差旅费、会议费、业务招待费和零星购买支出等费用。

公务卡具有两个不可分割的属性。一方面，公务卡属于银行卡范畴，是一种现代支付结算工具，具有一般银行卡所具有的授信消费等共同属性；另一方面，公务卡是将财政财务管理的有关规范与银行卡结算方式的独特优势相结合的一种新型财政财务管理工具和手段。因此，公务卡在卡种选择、额度设定、组织申办、结算报销和支付结算的信息管理等方面，都有不同于普通银行卡的专门管理制度规定。公务卡不仅携带方便，使用便捷，透明度高，所有支付行为都有据可查、有迹可循，对提高财政财务透明度、源头防治腐败，加强单位预算财务管理、推进银行卡产业发展等都具有重要意义。

第三节　国库现金管理

一、国库现金管理模式

国库现金管理是财政部门在代表政府进行公共财政管理时，预测、控制和管理国库现金的一系列政府财政资金理财活动。国库现金管理的目的是确保在国库资金安全完整和国库现金支付、财政支出需要的前提下，对国库现金进行有效的运作管理，实现国库闲置现金余额最小化、投资收益最大化。

国库现金管理遵循安全性、流动性和收益性相统一的原则。操作方式主要有发行短期国债等融资活动，商业银行定期存款、买回国债、国债回购和逆回购等投资活动，初期主要实施商业银行定期存款和买回国债两种操作方式。

实行国库现金管理可以减少闲置现金，弥合资金缺口，提高国库库存资金使用效率，促进金融市场创新，冲抵财政政策对货币政策的挤出效应，使社会经济沿着健康稳定的良性轨道发展。

（1）国库现金全部存入中央银行。将财政资金沉淀国库部分全部存放在中央银行，中央银行不对这部分资金支付利息或仅按活期利率支付较低的利息。此种模式风险性几乎为零，但无收益或收益低。

（2）国库现金定存商业银行，即将国库现金余额资金在中央银行保留一定的余额以后，其余部分存放在经过招投标产生的商业银行，收取利息。此种模式安全性较高，收益相对比第一种模式高，但需要商业银行提供较高信誉的抵押物如等额国债等来保证。

（3）国库现金余额进入货币市场进行短期投资。部分西方国家财政部门在中央银行保留了一定余额的库底资金，余下的库底资金则用于货币市场短期投资，可以在货币市场上从事国债、优质企业债券的现券买卖和回购投资活动，以获取短期投资收益。此模式安全性低、风险大，但收益高。

二、库底现金目标余额管理制

开展国库现金管理需要准确预测国库现金流量,现金流量预测是实施有效的现金管理的基础,包括收入预测和支出用款预测两部分。以准确地预测国库资金现金流量为基础,建立库底现金目标余额管理制,在保留最低国库存款余额以备紧急支付的前提下,采用适当方式,对闲置库款资金余额进行运作以获取收益。

(1)建立国库单一账户体系,集中所有财政资金的现金流量。建立国库收付制度改革,取消财政资金收缴及资金支付的中间环节,及时进行资金清算,将闲置现金余额统一集中在国库管理,提高预算资金运行效率,增强财政对预算资金的控制权。

(2)强化预算约束,财政收支准确预测国库现金流量。增强财政收支活动的预算约束,强化预算指标控制,准确预测国库现金流量,保证库款资金流量的均衡,为现金管理打下基础。现金流量预测是实施有效现金管理的基础和条件,包括收入预测和支出用款预测两部分,许多国家建立了国库现金收支基础数据库,选择科学有效的预测方法,按一定时段对国库现金流量进行滚动预测,减少预测误差。

(3)设置最低库底备付目标余额,采取适当方式实施现金管理。国库现金管理的对象主要包括库存现金、活期存款和与现金等价的短期金融资产。在国库现金管理初期,主要实施商业银行定期存款和买回国债两种操作方式。各国都根据国情,在保留最低国库存款余额以备紧急支付的前提下,采用适当方式对闲置库款资金余额进行运作,具体包括商业银行定期存款、买回国债、国债回购与逆回购、购买高信用等级的商业票据等。

(4)国库现金管理与货币政策、国债管理的有效配合。各国在现金管理过程中,都强调现金管理必须与货币政策、国债管理相配合,通常情况下,国库现金管理应该与中央银行货币政策保持一致,不要影响货币政策、不影响市场利率。另外,现金管理要紧密结合国债管理开展,根据国库现金管理的实际需要,各国都不同程度地滚动发行了一些短期国债,形成国库现金管理与国债管理的有效配合机制。

三、国库业务职责划分

(1)国库接受同级财政指导和监督。中央国库业务应当接受财政部的指导和监督,对中央财政负责。地方国库业务应当接受本级政府财政部门的指导和监督,对地方财政负责。省、自治区、直辖市制定的地方国库业务规程应当报财政部和中国人民银行备案。

各级国库应当及时向本级政府财政部门编报预算收入入库、解库、库款拨付以及库款余额情况的日报、旬报、月报和年报。

(2)经手办理预算库款收支出纳和清算业务。一是各级国库应当依照有关法律、行政法规、国务院以及财政部、中国人民银行的有关规定,加强对国库业务的管理,及时准确地办理预算收入的收纳、划分、留解、退付和预算支出的拨付。二是各级国库和有关银行业金融机构必须遵守国家有关预算收入缴库的规定,不得延解、占压应当缴入国库的预算收入和国库库款。三是各级国库必须凭本级政府财政部门签发的拨款凭证或者支付清算指令于当日办理资金拨付，并及时将款项转入收款单位的账户或者清算资金。各级国库和有关银行业金融机构不得占压财政部门拨付的预算资金。

（3）实施预算收入对账制度。各级政府财政部门、预算收入征收部门和单位、国库应当建立健全相互之间的预算收入对账制度，在预算执行中按月、按年核对预算收入的收纳以及库款拨付情况，保证预算收入的征收入库、库款拨付和库存金额准确无误。

（4）预算收入退库权属于本级财政。一是中央预算收入、中央和地方预算共享收入退库的办法，由财政部制定；地方预算收入退库的办法，由省、自治区、直辖市政府财政部门制定。二是各级预算收入退库的审批权属于本级政府财政部门，中央预算收入、中央和地方预算共享收入的退库，由财政部或者财政部授权的机构批准；地方预算收入的退库，由地方政府财政部门或者其授权的机构批准。具体退库程序按照财政部的有关规定办理。三是办理预算收入退库，应当直接退给申请单位或者申请个人，按照国家规定用途使用。任何部门、单位和个人不得截留、挪用退库款项。

（5）各级政府应当加强对本级国库的管理和监督，各级政府财政部门负责协调本级预算收入征收部门和单位与国库的业务工作。

本章思考与练习题

1. 国库具有哪些职能？
2. 简述国库管理体制。
3. 说明我国国库的分级与构成。
4. 国库单一账户体系是由哪些账户构成的？
5. 论述国库集中收付制度改革的原因和内容。
6. 说明预算资金缴库方式。
7. 说明直接缴库方式。
8. 简述集中汇缴方式。
9. 解析财政直接支付方式。
10. 说明财政授权支付方式。
11. 解析如何有效进行国库现金管理。
12. 解释公务卡结算制度及其适用范围。
13. 试述国库现金管理的要求。
14. 说明国库现金管理采取的方式。
15. 简述最低库底现金目标余额的含义和意图。

第十二章

政府采购制度

第一节　政府采购界定

一、政府采购概念

政府往往是一国社会经济生活中最大的单一消费者，政府采购对政府开支的效益、政府预算及其执行具有举足轻重的影响，并成为落实及控制国家预算、强化预算支出管理、调控经济的重要手段。

政府采购是指各级国家机关、事业单位、团体组织和其他采购实体，为了实现政务活动和公共服务的目的，使用财政性资金或者其他公共资源，以合同方式取得货物、工程和服务的行为，包括购买、租赁、委托、政府和社会资本合作等。

货物是指各种形态和种类的物品，包括原材料、燃料、设备、产品等。工程是指建设工程，包括建筑物和构筑物的新建、改建、扩建、装修、拆除、修缮等。服务是指除货物和工程以外的其他政府采购对象，包括政府自身需要的服务和政府向社会公众提供的公共服务。

政府采购活动实质上是通过政府支付和使用资金的行为促使政府采购行为规范化，实现政策目标，因此，政府采购需要有一套规范性、程序化的法律制度、规则。政府采购制度是采购政策、采购程序、采购过程及采购管理体制等一系列公共采购管理制度的统称。

二、政府采购特点

政府采购是相对于私人采购而言的公共采购，具有公共性的特点。

（1）采购主体是具有公共性的政府。政府采购最根本的特点在于其特殊的采购主体，即以政府为核心的公共部门，包括行政事业单位等。政府采购中的政府是市场交易中的买方，由此决定政府采购必然要体现政府偏好。政府采购必须遵循一般市场交易规则，强调公平、公开、有效竞争，通过所购商品劳务来满足政府日常运行需要，实现政府职能，满足社会公共需要。

（2）采购目标的公共性。政府采购的商品作为中间产品，其目的是生产出具有公共品性质的最终（和次终）商品，因此，政府采购的商品是用于形成服务于公众的公共品；同时，政府可以利用市场交易的方式，借助政府采购形式来支持一定产业、技术或项目的发展，实现政府职能，并与其他政府政策相互配合，为发挥宏观经济职能提供灵活、高效的手段，实现政府的公共政策目标。

（3）采购资金具有公共性。采购资金来源是依据公共权力或信誉取得的公共资金，政府采购仅限于政府的购买性支出，而不包括转移支付。在我国，政府采购资金具体包括：一是国家预算安排的购买性支出，这是由财政对公共部门或项目通过预算安排的购买商品、劳务的财政资金，是政府采购资金的主体；二是政府各个部门依法组织的收入。

（4）政府采购主管机构的公共性。通常，军用品的政府采购主管机构为国防部门，民用品的政府采购主管机构一般都是财政部门。财政部门内通常设置专门机构负责政府采购的管理和协调。我国政府采购管理逐步完善了职责分工，改变了财政既当运动员，又当裁判员的做法。

政府采购是将预算资金转化为实物、劳务的重要控制方式，但政府采购既不同于"控购"，也不是计划经济直接分配物资的复归，只是利用支付方式，通过间接地规范采购方式、财政监督、物品组织方式的改革，运用市场机制实现预算目标，为单位提供优良的采购服务，提高资金使用的效率，节约支出，细化预算，并不需要财政部门直接供给具体实物和劳务，物品也不限于"控购"商品的范围。财政只是监督商品的采购过程，商品的使用者不仅参与采购过程，而且是采购主体。

三、政府采购原则

政府采购是公共组织使用公共资金的行为，必须遵循两大原则。

（一）"三公"原则

"三公"原则即公开性、公平性、公正性原则。公开性原则要求有关政府采购的法律政策、程序和采购活动都要公开，防止采购主体及其工作人员在采购活动中反复无常和独断专行，乃至出现暗箱操作等违法问题。公开性原则可使供应商了解政府采购的基本情况，分析参加政府采购活动的成本和风险，提高自己的供应质量，提出最具竞争力的价格。

公平性原则是指采购主体要为供应商竞争性地获得采购合同提供公平的途径，要求为所有可能参加竞争的供应商或潜在的供应商提供平等的竞争机会，采购主体向所有供应商提供的信息一致，资格预审或投标评价对所有供应商使用同一标准，提供同等待遇。在供应商投标之前，采购主体就必须确定中标的条件或标准，而且不能在供应商竞标的过程中随意变更。

公正性原则要求合同的授予要兼顾政府采购社会目标的实现。在政府采购竞争中，有实力的供应商特别是那些垄断性企业将占据优势地位，而中小企业、少数民族企业、困难企业等将处于不利地位。公正性原则要求关照弱小企业，特别是少数民族企业。

（二）讲求绩效原则

政府采购的物品、劳务或服务应该价廉物美、物有所值，并实现政府采购政策的要求。为此，需要确立如下子原则：一是公平竞争原则。公平竞争可以增加贪污受贿被揭露的风险，通过公开招投标等方式，实行阳光采购，促进竞争，形成买方市场，满足采购主体的需要。二是效率优化原则。政府采购资金源自政府支配的公共资金，纳税人有权要求政府在使用其所缴纳的资金进行采购时使资金发挥最大的效益，精打细算用好每一分公共资金。政府采购支出的公共特性决定其既要确保政府采购过程中自身的微观效益，又要确保微观效益与社会效益相统一，避免采购程序烦琐、文山会海等官僚主义行为。

政府采购还应遵循诚实信用、法律地位平等、自愿协商、意思一致、等价交换、遵守法律法规、尊重社会公德、不扰乱社会经济秩序、不损坏社会公共利益等普遍性商业活动原则的要求。

四、《政府采购协议》

《政府采购协议》是在全球范围内，规范各国政府或其代理人为其本身消费而不是以盈利为目的的政府采购行为缔结的协议，是《马拉喀什建立世界贸易组织协定》下的一个诸边贸易协议，WTO（World Trade Organization，世界贸易组织）成员并无强制性义务加入该协议。《政府采购协议》要求其协议国彼此间对等开放政府采购市场。

《政府采购协议》分为正文和附录两大部分。正文为协议条款，包括目标、原则、范围、加入谈判程序、对发展中国家的特殊和差别待遇等，共24条。附录共有4大部分，附录一是各缔约方适用于该协议的市场开放清单，包括中央政府采购实体清单及门槛价、地方政府采购实体清单及门槛价、其他实体清单及门槛价、服务项目清单和工程项目清单 5 个附件；附录二至四为各缔约方发布政府采购信息的刊物清单，其中附录二为发布政府采购招标和中标信息的刊物名称，附录三为发布供应商信息的刊物名称，附录四为发布政府采购法律、法规、司法判决、采购程序等信息的刊物名称。

《政府采购协议》由序言、适用范围、原则、技术要求、投标程序、资料和审查、义务的执行、本协定的例外、最后条款等部分组成，对投标程序及时限、招标技术规格的采用、合格供应者的条件、中标及后续情况等做了比较详细的规定；对采购主体、采购对象、契约形式和采购限额适用的排除等也做了较为具体的规定，并就公开招标、选择性招标、限制性招标、谈判式采购的方式、对质疑程序的启动等规定了严格的程序。

《政府采购协议》主要强调三个原则：一是国民待遇原则和非歧视性原则，即各缔约方不得通过拟订、采取或者实施政府采购的法律、规则、程序和做法来保护国内产品或者供应商而歧视国外产品或者供应商；二是公开性原则，即各缔约方有关政府采购的法律、规则、程序和做法都应公开；三是对发展中国家的优惠待遇原则，即有关缔约方应向发展中国家，尤其是最不发达国家提供特殊待遇，如提供技术援助，以满足其发展、财政和贸易的需求。《政府采购协议》的基本规则是国民待遇和非歧视政策，要求在政府采购中外国的供应者和货物及服务所享受的待遇不得低于本国的供应者和货物及服务的待遇。

五、政府采购管控

政府采购基本程序：一是编制政府采购预算和计划，确定采购需求，预测采购风险；二是组织政府采购，执行采购方式，确认采购范围和供应商；三是签订政府采购合同，明确各方的权责和义务；四是履行政府采购合同，依据合同进行验收；五是结算采购资金，按国库集中支付制度支付采购款；六是追踪政府采购绩效，开展评估。

政府采购要构建管采分离机制，强化政府采购内部控制制度建设，加强政府采购内外部监管、落实采购人的主体责任，坚持监督与执行相分离、采购与验收相分离、权利义务责任相统一的原则，做到全流程、各环节相互监督和制约，充分发挥内部审计监督的作用，由此全面控制、从严管理，提升依法采购能力和水平，规范内部权力运行，促进廉政建设，科学合理地确定采购需求、规范采购行为，加强履约验收、实行采购信息公开，努力实现采购项目"物有所值"的价值目标，促进政府采购提质增效。

第二节 政府采购模式

一、分散采购模式

分散采购由需求单位自己进行，即由各支出单位自行采购。分散采购是指各采购单位对达不到集中采购额度或经特例审批的采购项目，自行组织的招标、谈判、询价和单一来源采购。分散采购是买卖双方直接地、面对面地交易，采购资金直接由买者支付，政府各部门和单位作为采购人，其采购活动自行、分散进行。

由于物品的使用者最了解自己的需求，因此，分散的政府采购具有方便、快捷的特点。但分散采购模式下的委托代理链长、多层级的委托代理关系形成多个代理人，加剧了委托代理双方信息不对称，容易产生供应商和采购人员"共谋"而损害公共利益的"败德"行为，助长设租寻租现象，形成普遍的权钱交易，造成盲目采购、重复采购、本地化采购、高价采购、工程和货物验收不严格等，导致交易成本和代理成本上升，严重损害原始委托人——纳税人的利益。

二、集中采购模式

资本主义制度出现以后，随着政治体制的民主化和经济的市场化，政府采购活动发生了根本性变革。现代政府采购制度最先出现在英国。1782 年，英国废除以前政府采购中的分散制，设立专门的采购机构——文具公用局（Stationery Office），各政府机构购买用具的支出由文具公用局直接开列预算，向国会申请经费。文具公用局通过契约向市场购买所需品，其订立的购买契约须经专家审查决定。随着政府采购规模的扩大，英国文具公用局后来扩展为物资供应部，专门负责采购政府各部门所需的物资。

集中采购模式，即本级政府所有的采购均由一个部门负责，由财政部门或另由一个专门的部门设置集中采购机构，负责本级政府所有的采购。集中采购模式设立相应的机构，分工负责，相互制约，减少暗箱操作，防止漏损，降低了单次采购的道德风险概率和变动交易费用，但造成了单次采购中道德风险的损失，使采购环节增多，从而增加了固定交易费用及新制度的执行成本。

集中采购机构有的设在财政部，如韩国和新加坡等。韩国财政经济院的政府采购厅负责对中央政府及中央政府驻地方机构的所有货物、工程和服务的采购、分配和管理。还有些国家的集中采购机构设在专门的部级或副部级机构，如美国的联邦总务署为联邦政府各部门所需物资设备、公务用车提供集中采购、供应、储存、修理服务和公务旅行、财产处置服务等。

政府采购模式的选择取决于政府采购的交易成本，各国的政府采购模式不尽相同，大多采取集中与分散相结合的采购模式。很多国家的采购模式都经历了从集中采购模式转变到集中与分散相结合的采购模式的过程，集中与分散相结合的采购模式是指部分物品由一个部门统一采购，另一部分物品由需求单位自己采购。我国政府采购实行集中与分散相结合的采购模式。国务院统一制定政府采购货物、工程和服务的集中采购目录。

三、集中采购目录

纳入集中采购目录的政府采购项目，应当实行集中采购。采购人必须委托集中采购机构代理采购。

集中采购机构为采购代理机构。设区的市、自治州以上人民政府根据本级政府采购项目组织集中采购的需要设立集中采购机构。集中采购机构是非营利事业法人，根据采购人的委托办理采购事宜。

纳入集中采购目录属于通用的政府采购项目的，应当委托集中采购机构代理采购；属于本部门、本系统有特殊要求的项目，应当实行部门集中采购；属于本单位有特殊要求的项目，经省级以上人民政府批准，可以自行采购。

采购未纳入集中采购目录的政府采购项目，可以自行采购，也可以委托集中采购机构在委托的范围内代理采购。采购人可以委托集中采购机构以外的采购代理机构，在委托的范围内办理政府采购事宜。采购人有权自行选择采购代理机构，任何单位和个人不得以任何方式为采购人指定采购代理机构。

四、政府采购限额标准

我国政府采购实行限额标准管理制度。对于集中采购目录以内或者政府采购限额标准以上的政府采购项目，应当按照《中华人民共和国政府采购法》规定的采购方式、程序和信息公开等要求进行采购；对于集中采购目录以外且未达到政府采购限额标准的政府采购项目，可以不执行《中华人民共和国政府采购法》关于采购方式、程序和信息公开的相关规定。政府采购限额标准，由国务院确定并公布。

第三节　政府采购方式方法

一、政府采购方式的类别

（一）招标采购方式

这是指通过招标的方式，邀请所有的或一定范围内的潜在供应商参加投标，采购实体通过某种事先确定并公布的标准从所有投标中评选出中标供应商，并与之签订合同的一种采购方式。WTO《政府采购协议》的分类是除公开招标和有限招标外，其余为自由采购。

（二）非招标采购方式

这是指除招标性采购方式以外的采购方式。非招标性采购方式主要有国内外询价采购、单一来源采购、竞争性谈判采购、自营工程等。

招标采购方式具有经济有效的优势，但在采购货物批量较少、采购来源单一或土建工程很分散的情况下难以体现其优势；在紧急情况下会延误时机。通常，采购金额是确定招标采购与非招标采购的重要标准之一，达到一定金额以上的采购项目一般要求采用招标采购方式；不足限额的采购项目采用非招标采购方式。

现代网络技术发展，许多地方政府依靠现代网络技术进行电子采购。

二、我国法定采购方式

我国政府采购法定方式包括招标、竞争性谈判、询价、单一来源采购、框架协议采购以及国务院政府采购监督管理部门认定的其他采购方式。具体由采购人根据政府采购项目需求特点、绩效目标和市场供需等情况以及依法规定的适用情形，确定采购方式。

（一）招标

招标包括公开招标和邀请招标两种方式。公开招标是指通过公开程序，邀请所有有兴趣的供应商参加投标。邀请招标采购是指通过公开程序，邀请供应商提供资格文件，只有通过资格审查的供应商才能够参加后续招标；或者通过公开程序，确定特定采购项目在一定期限内的候选供应商，作为后续采购活动的邀请对象。招标采购按照招标阶段分为单一阶段招标采购和两阶段招标采购，按国籍分为国内招标采购和国际招标采购。

（二）询价

询价即询问价格、货比三家的采购方式。符合下列情形之一的，可以采用询价方式采购：一是货源充足的现货；二是规格、标准统一的货物；三是简单的服务和工程。询价应当采用最低价法评定成交。

询价可以采用电子反拍程序实施，供应商在报价截止时间前可以进行多次报价，以最后一次报价为其最终报价。报价截止后，根据事先确定的排序规则，自动确定成交供应商。

（三）单一来源采购

单一来源采购是指在所购商品的来源渠道单一，或属专利、首次制造、合同追加、原有项目的后续扩充等特殊情况下，只能由一家供应商供货。符合下列情形之一的，可以采用单一来源方式采购：①公开竞争后没有供应商参与竞标或者没有合格标，以及竞标供应商或者合格标只有一家的；②发生了不可预见的紧急情况不能从其他供应商处采购的；③需要委托特定领域具有领先地位的机构或者自然人提供服务的；④采购艺术作品或者邀请具有特定专业素养、特定资质的文化、艺术专业人士、机构表演或者参与文化活动的；⑤采购原型、首项货物或者服务；⑥因清算、破产或者拍卖等，仅在短时间内出现的特别有利条件下的采购；⑦必须采用不可替代的专利、专有技术的；⑧公共服务项目具有特殊要求，只能从唯一供应商处采购的；⑨必须保证原有采购项目一致性或者服务配套的要求，需要继续从原供应商处添购，或者需要向原供应商采购工程，否则将影响施工或者功能配套要求；⑩其他依法只能从唯一供应商处采购的。

采取单一来源方式采购的，采购人与供应商应当遵循法规要求，进行协商采购。采购人应当根据市场调查和价格测算情况，要求供应商提供成本说明或者同类合同市场报价记录，并重点就保证采购项目质量和达成合理价格与供应商进行协商。协商过程应当进行记录。

（四）竞争性谈判

竞争性谈判是指采购人或机构通过与多家供应商进行谈判，从中确定中标供应商的一种采购方式。符合下列情形之一的，可以采用竞争性谈判方式采购：一是技术复杂或者性质特殊，不能预先确定详细规格、具体要求或者不能事先计算出价格总额的；二是需要通过谈判确定项目设计方案、解决方案的；三是新技术、新产品的订制、订购项目需要通过谈判确定采购目标及成本分担、成果激励机制的；四是政府和社会资本合作、政府购买服务中提供长期运营服务的项目，需要通过谈判确定服务标准以及物价变动、融资、自然灾害等风险应对方案的；五是采用招标所需时间不能满足用户紧急需要的。谈判可以依法签订固定价格合同、成本补偿合同和绩效激励合同，或者签订成本补偿和绩效激励相结合的合同。采购人应当依法成立谈判小组，负责谈判和评审工作；谈判小组应当由采购人的代表和有关专家共三人以上的单数组成。

（五）框架协议采购

框架协议采购是一种长期供货的采购方式，采购者同供应商通过协议，达成长期供货合同，在供货合同中，规定了商品的品种、规格、数量、供货期限、付款方式、索赔等条款，确定协议供货的范围和价格、供货商面向社会公开承诺，单位直接与协议供货商签订采购合同，并直接与有关供应商联系供货。

符合下列情形之一的，可以采用框架协议方式采购：一是集中采购目录以内品目，采购人需要多频次采购且单笔采购金额低于政府采购限额标准的；二是未纳入集中采购目录的品目，同一品目或同一采购项目年度采购预算超过政府采购限额标准，采购人自身需要多频次采购且采购数量、采购时间等不确定，单笔采购金额低于政府采购限额标准，由多家供应商承接有利于项目实施和提高项目绩效的；三是确定多家供应商由服务对象自主选择的公共服务项目；四是国务院政府采购监督管理部门规定的其他情形。

框架协议供货入围评审方法分为质量优先法和价格优先法。采用质量优先法的，采购人或者集中采购机构应当依法组建评审小组，负责对供应商提交的响应文件进行评审。采用价格优先法的，采购人或者集中采购价格可以自行评审，也可以依法组建评审小组评审。评审小组应当由采购人的代表和有关专家共五人以上的单数组成。

采购人或者集中采购机构根据评审结果确定入围供应商，也可以授权评审小组直接确定入围供应商。采购人或者集中采购机构应当及时与入围供应商签订框架协议。框架协议应当明确采购人确定成交供应商的方式以及采购标的单价、费率或者折扣率、量价关系等合同定价方式和入围供应商关于采购标的质量的响应情况。采购人应当根据框架协议约定，按照不高于入围最高限价或者不低于入围质量标准的原则，从入围供应商中确定成交供应商并授予合同。框架协议采购应当依法签订固定价格合同。

框架协议供货方式的特点：一是方便采购单位，减少重复招标，降低采购成本，提高采购效率；二是填补市场价格波动所形成的腐败漏洞。

（六）其他采购方式

实际执行政府采购活动中，财政部还曾在以上《中华人民共和国政府采购法》法定方式之外推行批量集中采购和竞争性磋商采购两种方式。批量集中采购是指对通用性强、技术规格统一、便于归集的政府采购品目，由采购人按规定标准归集采购需求后交由集中采购机构统一组织采购的一种采购模式，可以形成价格优势。竞争性磋商采购和竞争性谈判采购方式相似，但采用综合评分法，避免了竞争性谈判最低价成交可能导致的恶性竞争，达到了质量、价格、效率的统一。

三、政府采购竞争

（一）政府采购有限竞争的情形

采用招标、竞争性谈判、询价和框架协议等竞争性采购方式的，应当实行公开竞争，但招标、竞争性谈判和询价采购符合下列情形之一的，可以实行有限竞争：①受基础设施、行政许可、知识产权等限制，只能从有限范围的供应商处采购的；②需要扶持的科技成果转化项目；③审查供应商的竞标文件需要较长时间或者审查竞标文件的费用占政府采购项目总价值的比例过大的。

竞标是指招标方式中的投标、竞争性谈判方式中的谈判响应、询价方式中的报价，以及框架协议方式中的响应征集。

采用竞争性方式采购的，参加竞标的供应商不得少于三家。公开竞争后参与竞标供应商或者合格标只有两家，但招标文件、竞争性谈判文件、询价通知书没有不合理条款，且采购程序符合规定的，可以继续开展采购活动。

实行公开竞争的，采购人应当以公告的方式邀请非特定的供应商参加竞标；实行有限竞争的，采购人应当以书面方式邀请符合资格条件的特定供应商参加竞标。

除资格预审公告载明竞标供应商数量限制和从通过资格审查的合格供应商中确定有限数量竞标供应商的标准外，采购人应当向所有通过资格审查的合格供应商发出竞标邀请书。

（二）政府紧急采购

因自然灾害、事故灾难、公共卫生事件和社会安全事件等突发事件所实施的紧急采购，可以不执行《中华人民共和国政府采购法》关于采购方式、程序和信息公开的相关规定，但应当妥善保存与采购相关的文件和记录。

市场供应能力、供应时间能满足应急救援需要的，采购人不得因紧急采购排除竞争。供应商不得以明显不合理的价格、支付要求等交易条件参与紧急采购。

四、终止政府采购

在政府采购中，出现下列情形之一的，应当终止采购：①除法律、行政法规以及国务院政府采购监督管理部门规定的特殊情形外，在招标、竞争性谈判、询价采购和框架协议采购中，投标、响应和报价的供应商不足三家的；②出现影响采购公正的违法、违规行为，纠正违法、违规行为后仍然影响采购公正的；③供应商的报价均超过了采购预算，采购人不能支付的；④因重大变故，采购任务取消的。

终止采购后，采购人应当将终止理由通知所有供应商。除采购任务取消情形外，采购人应当重新组织采购；需要改变采购方式的，由采购人依照《中华人民共和国政府采购法》确定，法律和行政法规另有规定的从其规定。

五、政府采购评标方法

（1）最低评标价法。在评标过程中将投标文件中的各项评标因素尽可能地折算为货币量，将投标报价进行综合比较之后，确定出评标价格，低价中标。

最低评标价法可避免高价者中标的问题，能够节约资金，评标简单、直观，但可能导致供应商恶性竞争，难以实现政策目标。一般适用于具有通用技术、性能标准或者招标人对其技术、性能没有特殊要求的招标项目。采用最低评标价法的，采购人可以自行评标，也可以依法组建评标委员会评标。

（2）综合评分法。这种方法是将招标人各种资格、资质、技术、商务及服务的条款，都折算成一定的分数值，结合性价比选择供应商。综合评分法相对复杂，在具体实施时评标办法和标准很难统一规范，对评委要求高，容易造成不公，引起投诉。采用综合评分法的，采购人应当依法组建评标委员会评标。评标委员会应当由采购人的代表和有关专家共五人以上的单数组成。

采购人根据评标结果确定中标供应商，也可以授权评标委员会直接确定中标供应商。

六、采购合同定价方式

政府采购合同根据合同的标的和绩效目标，可以采取以下合同定价方式。

（1）固定价格。对于采购成本可以准确估算的情形，合同当事人可以按照固定总价或者固定单价签订合同，付款与合同履行进度挂钩。

（2）成本补偿。对于履约过程中因存在不确定性而无法准确估算采购成本的情形，合同当事人可以按照固定酬金加上供应商履约过程中产生的可列支成本确定合同价格，但不得超过合同规定的最高限价。

（3）绩效激励。对于技术创新、节约资源和提前交付能够更好实现经济社会效益的情形，合同当事人可以将合同价款的支付与供应商履约行为挂钩，依据供应商提供的货物、工程和服务质量、满意度或者资金节约率等支付合同价款。

第四节　政府采购体制

一、政府采购参加人

政府采购参加人包括政府采购当事人和其他参加人。

（1）政府采购当事人是指采购人和参加政府采购活动的供应商。其他参加人包括采购人委托的采购代理机构、政府采购评审专家、专业咨询人员、与采购活动有关的第三人等。

（2）采购人。这是指依法进行政府采购的机关法人、事业单位法人、社会团体法人和其他采购实体。其他采购实体是指实现政府目的，提供公共品和公共服务的其他实体。

（3）供应商。这是指参加政府采购活动，有意愿向采购人提供货物、工程或者服务的法人、非法人组织或者自然人。参加政府采购活动的供应商应当具备承担采购项目的能力。法律、行政法规和国家有关规定对供应商资格条件有规定的，供应商应当具备相应条件。采购人可以根据采购项目的特殊要求，规定供应商的特定条件，但不得以地域、所有制等不合理的条件对供应商实行差别待遇或者歧视待遇。

（4）政府采购联合体。两个以上的法人、非法人组织或者自然人可以组成一个联合体，以一个供应商的身份共同参加政府采购，但采购文件规定不接受联合体形式的除外。以联合体形式参与政府采购的，联合体各方应当具备采购项目要求的相应专业工作能力，并在联合体协议中载明各方承担的工作和义务。联合体的各专业资质等级，根据联合体协议约定的专业分工，分别按照承担相应专业工作的资质等级最低的单位确定。联合体各方应当共同与采购人签订采购合同，就采购合同约定的事项对采购人承担连带责任。

二、政府采购代理机构

（一）采购代理机构及其选择

采购代理机构包括集中采购机构和社会代理机构。

（1）集中采购机构。集中采购机构是县级以上人民政府根据本级政府采购项目组织集中采购的需要设立的非营利事业单位法人。集中采购机构进行政府采购活动，应当符合采购价格低于市场平均价格、采购效率更高、采购质量优良和服务良好的要求。

对于适合实行批量集中采购的集中采购项目，应当实行批量集中采购，但紧急的小额零星货物项目和有特殊要求的服务、工程项目除外。

（2）社会代理机构。社会代理机构是从事采购代理业务的社会中介机构，是指依法成立，具有法人资格和招标能力，并经财政部门进行资格认定后，从事政府采购招标等中介业务的社会招标机构，其主要职责是接受委托、组织政府采购招标投标等事务。招标代理机构主要是指具有政府采购招标能力的一些社会中介机构。在我国，采购人或采购机构采取招标采购的，可以委托具有省级以上人民政府有关部门资格认定和政府采购资格的招标代理机构承办政府采购具体事务。

采购人有权自行选择采购代理机构，任何单位和个人不得以任何方式为采购人指定采购代理机构。采购人依法委托采购代理机构办理采购事宜的，应当由采购人与采购代理机构签订委托代理协议，依法确定委托代理的事项，约定双方的权利义务。

（二）政府采购项目的委托和组织

纳入集中采购目录的政府采购项目，应当委托集中采购机构采购；未纳入集中采购目录的政府采购项目，可以自行采购，也可以委托采购代理机构采购。

对于本部门、本系统基于业务需要有特殊要求的项目，预算部门可以归集所属预算单位需求，统一组织采购。

对于有共同需求的采购项目，鼓励采购人自愿联合，集中带量采购，提高效益。

三、政府采购需求管理

1. 采购需求的界定

采购人应当在采购活动开展前，根据法律、行政法规和国家有关规定、采购预算、采购政策以及市场调查情况等，厉行节约，科学合理确定采购需求，全面落实绩效管理要求。

采购需求是指采购人为实现采购项目的功能或者目标，确定的采购标的数量、质量、技术、服务、安全、期限、特征描述等要求，是采购人确定采购方式、竞争范围、合同定价方式，以及开展履约验收、绩效评价等工作的依据。

2. 采购需求的内容

采购需求应当完整、明确，包括以下内容：①采购标的需实现的功能或者目标，以及为落实政府采购政策需满足的要求；②采购标的需执行的国家相关标准、行业标准、地方标准或者其他标准、规范；③采购标的需满足的质量、安全、卫生、技术规格、物理特性、包装等要求；④采购标的需满足的服务标准、期限、效率、技术保障、服务人员组成等要求；⑤采购标的的数量、采购项目交付或者实施的时间和地点；⑥采购标的的专用工具、备品备件、质量保证、售后服务等要求；⑦采购标的的其他技术、服务等要求；⑧采购标的的验收标准。

3. 采购需求编制与确定

采购人应当按照先明确需求后竞争报价的原则，在采购活动开始前确定采购需求。符合《中华人民共和国政府预算法（修订草案征求意见稿）》第六十五条第（一）至（四）项情形的，采购人可以在采购实施阶段，通过与供应商谈判确定采购需求。采购人可以自行编制采购需求，也可以委托采购代理机构或者其他咨询机构编制。采购人对采购需求承担主体责任。

编制采购需求，应当开展市场调查，进行可行性分析，必要时可以邀请相关专业人员或者第三方机构参与咨询论证。向社会公众提供的公共服务项目，采购人应当就确定采购需求征求社会公众的意见。

采购需求明确、评审因素能够通过客观指标量化的采购项目，由采购人自行确定评标委员会、谈判小组和评审小组中的评审专家。采购需求难以准确描述、评审因素需要进行主观判断的采购项目，应当严格评审专家的选择标准和程序。

四、政府采购计划管理

采购人应当根据采购需求特点编制采购计划。政府采购计划是指采购人为了满足自身业务需求编制的、反映其采购需求情况及实施要求的计划。采购计划包括采购实施时间、采购组织形式、采购方式、竞争范围、评审方法及专家选取、采购子项目划分与合同分包、合同定价方式、知识产权约定、风险管理措施等。

采购计划的具体内容主要包括采购项目、项目预算、数量、规格、技术参数、价格、资金来源、采购方式、交货期、付款期等一系列计量经济指标和专业技术指标及有关要求，还包括当年集中采购目录，采购机关各采购项目的采购组织形式、采购方式、资金支付办法等，并按各项需求排定政府采购品目的部门需求量。

采购子项目划分应当按照有利于选择采购方式、落实采购政策、促进公平竞争、平衡成本效益等原则确定。合同分包应当按照技术、产品协作实际需要和支持创新、促进中小企业发展等政府采购政策要求确定。

采购人应当建立健全货物、工程和服务采购的内部控制制度，加强采购计划审核，提高内部控制管理水平。

采购人应当对采购需求和采购计划进行审查，健全评估论证和集体决策制度，确保采购需求和采购计划合法、规范、科学，体现预算绩效目标。

采购人应当根据编制的采购计划，及时发布采购意向公告，方便供应商获悉政府采购信息。

五、政府采购预算

政府采购预算是指政府为满足公共需要，反映预算主体（采购机关）年度政府采购项目及资金的计划。政府采购预算按部门性质可划分为单位采购预算、部门采购预算、政府采购总预算。政府采购预算按采购对象可划分为货物类采购预算、工程类采购预算及服务类采购预算，主要包括经常性预算、专项预算资金安排的货物和服务采购项目，以及建设性预算支出中安排的工程类采购项目。此外，政府采购预算还可按级次划分为中央政府采购预算、地方政府采购预算。

政府采购预算按价值和实物相结合的办法进行管理，具有如下特点：一是从属性。政府采购预算的编制不能脱离财政支出总预算的框架，其是单位、部门预算的一个重要组成部分，也是财政总预算的组成部分。编制政府采购预算要遵循量入为出、收支平衡的编制总原则。政府采购预算应与年度部门预算同时编报。二是完整性。政府采购预算应该全面反映采购单位的整个采购活动。因此，编制政府采购预算时要将不同来源的采购资金全部纳入预算的范围，实行统一预算管理。在筛选各部门的上报采购项目计划时要严格按照各类别的要求，将各种采购项目列入相应符合标准的类型中，为采购活动的实施提供标准依据。三是公开性。由于政府采购预算要细化到每个项目，根据每个单位的采购需求开设相关的科目，进行账目的明细核算。政府采购预算作为财政预算的一个重要组成部分须经过人民代表大会审批，并向全社会公布，使采购单位的采购需求公开化，将政府采购预算置于全社会的监督之下，从而提高政府采购预算的透明度。四是控制性。政府采购预算作为政府的重要支出计划，反映政府预算中用于货物、工程或服务采购项目的开支，规定了政府在预算年度内的政府采购活动的范围、方向和重点。因此，政府采购预算通过对政府采购行为的控制来体现对政府支出的控制。

六、政府采购信息管理

政府采购信息是指政府采购法律、法规、政策规定，以及反映政府采购活动状况的资料和数据的总称。

（1）政府采购需求信息公告。政府采购需求信息公告是指将应当公开的政府采购信息在报刊和网络等有关媒介上公开披露。凡提供给指定媒介公开披露的政府采购信息，均应加盖单位公章，确保信息真实、准确、可靠。财政应该按照相对集中、受众分布合理的原则，指定发布政府采购信息的报刊和网络等媒介。省级政府采购管理机构还可以指定其他报刊和网络等媒介公告信息，但公告的信息内容必须一致。

（2）政府采购文件资料保存。采购人、采购代理机构对政府采购项目每项采购活动的采购文件应当妥善保存，不得伪造、变造、隐匿或者销毁。采购文件的保存期限为从采购结束之日起至少保存十五年。采购文件资料是指在采购活动中形成的、能够反映和记录采购过程的电子及纸质文件，包括采购预算，采购计划，招标文件、谈判文件、询价通知书或者征集文件，投标文件或者响应文件，评标报告或者评审报告，谈判记录或者协商记录，定标文件，政府采购合同，验收证明，质疑答复，投诉处理决定及其他有关文件、资料。

（3）政府采购信息全公开。根据《中华人民共和国预算法》《中华人民共和国政府采购法》《中华人民共和国政府采购法实施条例》和财政部信息公开通知的有关要求，政府采购的预算、过程、结果、合同及履约情况等五方面的信息应全部公开。

第五节　政府采购功效

一、宏观经济效应

政府支出最终要形成各种用途，其使用过程就蕴含着政府对经济的影响。当支出的使用缺乏统一的规则时，蕴含于支出过程中的经济影响就可能处于"各自为政"的境地，这时，无论政府支出规模有多大，都无法达到自觉的宏观调控状态，也无法实现统一的目标。规范的政府采购可以成为增强调控的手段，对宏观经济形成有效的总量和结构调节效应。

（1）调节总需求，调控产业结构，实现社会宏观政策目标。政府采购计划应该围绕国家经济社会发展目标而制定，消费是稳定经济的重要因素，政府采购支出直接构成社会总需求的一部分，采购规模的扩大与缩小可对经济起到扩张和收缩的政策效果。在总需求不足时，加大政府采购；在总需求过大时，减少政府采购，以此实现政府反周期调节的政策目标。政府可对某些重点行业发展进行直接支持和刺激，政府采购计划的制定可体现政府的产业政策，从合同的签订、采购价格、规格的确定到采购方案的选择都体现战略目标，通过控制政府资金的流量和流向调节市场资源配置的方向，为社会利益服务。通过对所需购买的产品品种、质量进行选择，引导产业发展方向。

（2）以政府消费市场化，培育市场。政府税费等收入改革只涉及负担公平的问题，政府支出则影响企业机会的公平。政府消费具有规模大、批量大的特点，长期以来，我国政府消费由部门内部而不是市场供给，资源不能共用，这不符合市场经济体制改革的要求。政府采购以其公开性、公正性和竞争性，将各单位零星分散的购买量集中，使机关后勤内部服务社会化，利用买方市场条件和规模购买优势，借助市场竞价，将政府采购计划向社会公开，使用公平一致的标准为社会提供平等的竞争机会。面对公开透明、规则统一的政府采购，企业要想进入政府采购市场，高质量、优服务和低价格成为唯一的通行证，有效的市场竞争就可以形成，整个国民经济的效率也能得以提高，政府采购市场的规范还能够带来显著的示范效应，带动整个市场体系的发育和完善，从而促进全社会经济的发展。

政府采购将政府预算的调控从配置领域延伸到资金使用领域，将政府的政策意图由预算配置阶段延伸到预算的执行阶段，能够提高政府计划配置的灵活性，增强政府调控经济、实现社会目标的力度。

二、财政效应

（1）提高政府和社会的效率，控制财政支出规模。由于政府采购在财政支出中引入了市场竞争机制，能发挥规模优势降低成本，确保政府能够获得质优价廉的物品和服务，提高财政资金的使用效率；同时通过替代效应和收入效应形成财政支出总效应的增加，节约财政支出，强化财政对预算支出的管理，硬化预算约束。虽然政府购买性支出侧重于效率，但政府采购额出现任何大的变化事实上都会引起社会生产效率和分配公平两方面的反应。

（2）支持部门预算和国库管理制度改革。政府采购将项目预算以合同形式法律化，财政通过按合同支付货款，能够建立物品价格信息库，为细化预算提供及时、准确的数据资料，也有利于科学合理地确定定员定额和开支标准，使预算约束建立在科学的基础上，也可增强预算政策效果测算的准确性。同时，编制政府采购预算和实行政府采购资金财政直接拨付制度，在一定程度上也支持了部门预算和国库管理制度改革。

三、政治社会效应

（1）规范和约束政府经济行为，有效促进反腐倡廉工作。政府采购以公开、透明的方式使社会公众和财政部门能够对机构采购行为进行有效的监督。政府采购应建立购物支付货款主体、采购物品验收主体和购买主体等相关环节分离的约束机制，分离的结果就是形成一个钱与物、验收与购买分离的相互制约机制，相互促进，各负其责，且透明度高，减少了设租与寻租的空间，有利于从源头上防范腐败行为的发生，杜绝腐败事项。

（2）培育市场，理顺政府与市场的关系。以改革和规范政府资金使用方式为宗旨的政府采购制度，突破了围绕国企放权让利的传统改革思路，改革从公共部门的放权与收权的循环转变到政府的自我革命。购买性支出的使用不再由政府的各部门说了算，而是交给市场选择，即原来由政府掌握的一部分权力归还给了市场。面对市场分权的要求，必须重塑政府职能结构，使政府分权限定在与市场相适应的范围内。显然，政府采购制度从公共支出入手，为合理界定政府与市场之间的关系迈出了实质性的一步。

第六节　政府采购政策

一、政府采购政策目标

在经济全球化背景下，开放型经济形态要求推进自由贸易，减让关税、取消政府对企业的补贴，我国加入 WTO 以后，对外开放程度进一步扩大，关税、财政补贴等政策手段有限，政府采购则是符合 WTO 规则的有效政策工具，政府采购成为现代保护民族工业，发展优势企业，促进公平竞争的有效手段。我国要在 WTO 规则允许范围内，积极利用政府采购的规模优势和导向作用，发挥好政府采购的宏观调控职能。

政府采购可以积少成多，发挥规模购买优势，获得价廉物美的商品、节支增效、反腐倡廉，还有利于培育市场，增强企业竞争力，对需要支持的企业或行业、地区从过去的给资金转变为给市场，转换以政府补贴式的输血型支持方式，增强企业造血功能等。

政府采购资源合理配置、采购机会的倾斜，有助于实现经济和社会发展目标，包括节约资源、保护环境、支持自主创新、促进中小企业发展、扶持不发达地区和少数民族地区、维护弱势群体利益、保护民族产业、支持本国产业发展等，促进外资和技术的引进，帮助企业提高创新的能力，维护国家安全。

二、政府采购政策类型

（1）优先购买国货，支持本国家产业发展。许多国家都通过立法，强制要求政府采购购买本国产品，保护民族产业。例如，美国 1933 年的《购买美国产品法》，其宗旨就是保护美国工业、工人及美国资本。《中华人民共和国政府采购法》规定政府采购应当采购本国货物、工程和服务。但有下列情形之一的除外：一是需要采购的货物、工程或者服务在中国境内无法获取或者无法以合理的商业条件获取的；二是为在中国境外使用而进行采购的；三是其他法律、行政法规另有规定的。本国货物、工程和服务的界定依照国务院有关规定执行。

（2）扶持中小企业，促进高新技术产业化。中小企业是促进国民经济和社会发展的重要力量。政府采购通过对小微企业预留一定比例的份额，给予一定比例范围的价格扣除，以及鼓励小微企业联合采购等方法，鼓励采购人允许获得政府采购合同的大型企业依法向中小企业分包。小微企业获得政府采购合同后，不得分包或转包给大中型企业，中型企业不得分包或转包给大型企业，对高新技术实行首购和订购制，以此促进中小企业发展，这一举措对推动科技创新、提供就业岗位、满足社会需要具有重要作用。

（3）实行绿色采购，推进节能减排。绿色采购是指政府通过庞大的采购力量，优先购买对环境负面影响较小的环境标志产品，促进企业环境行为的改善，从而对社会的绿色消费起到推动和示范作用。政府绿色采购制度要求政府优先购买对环境友好的环境标志产品，鼓励企业生产可回收、低污染、省资源的产品，推动企业技术进步，促进资源循环利用，减少污染，保护环境，同时引导消费者选择绿色产品。

（4）政采云网促消费，迈向乡村振兴。2019 年出台政府采购政策，鼓励各级预算单位预留一定比例采购份额，优先采购贫困地区农副产品，开通我国贫困地区农副产品网络销售线上平台，将 832 个国家级贫困县的农副产品和各级预算单位政府采购大市场连接，以政府采购支持脱贫攻坚工作，在 2020 年决胜脱贫攻坚战、全面建成小康社会后，政府继续采购脱贫地区农副产品，推进乡村振兴。

三、政府采购政策措施

国务院政府采购监督管理部门会同国务院有关部门制定政府采购政策，通过首购订购、预留采购份额、制定采购需求标准、评审优惠、优先采购、鼓励分包等执行措施，实现政府采购政策目标。

采购人应当在预算编制、需求确定、方式选择、项目评审、合同订立和履行等采购活动中，严格执行政府采购政策，按照政府采购监督管理部门要求，定期报送政府采购政策执行情况。

国家建立政府采购安全审查制度，政府采购活动可能影响国家安全的，应当通过国家有关部门组织的国家安全审查。

本章思考与练习题

1. 简述政府采购的特点。
2. 说明政府采购应该遵循的基本原则。
3. 试述我国政府采购模式的选择。
4. 简述政府采购方式及其适用情形。
5. 简述招标采购方式及其适用情形。
6. 说明询价采购方式及其适用情形。
7. 简述竞争性谈判采购方式及其适用情形。
8. 简述单一来源采购方式及其适用情形。
9. 简述框架协议采购方式及其适用情形。
10. 说明政府采购需求及其内容。
11. 解析政府采购计划的编制。
12. 说明政府采购预算管理的特点。
13. 简述政府采购的程序。
14. 简述我国政府集中采购模式。
15. 论述政府采购政策功能。

第十三章

预算执行

第一节　预算执行体系

一、预算执行机构的职责

我国政府预算执行的组织体系中，国务院和地方各级政府是组织领导机构，财政部作为专司政府理财的部门代表本级政府负责组织安排、监督管理政府预算执行，具体执行政府预算的机构包括政府收入预算执行机构、政府支出预算执行机构和政府预算资金出纳机构。其中，政府收入预算执行机构主要是征收机构，包括税务机关、海关及非税执收执罚部门等；政府支出预算执行机构主要是通过花钱办事履行政府职能、提供公共服务的机构，主要涉及政策性银行、部门和单位；政府预算资金出纳机构是国库。

（1）各级政府应当加强对预算执行工作的领导，定期听取财政部门有关预算执行情况的汇报，研究解决预算执行中出现的问题。各级政府财政部门应当每月向本级政府报告预算执行情况，具体报告内容、方式和期限由本级政府规定。

（2）各级政府财政部门有权监督本级各部门及其所属各单位的预算管理有关工作，对各部门的预算执行情况和绩效进行评价、考核。各级政府财政部门有权对与本级各预算收入相关的征收部门和单位征收本级预算收入的情况进行监督，对违反法律、行政法规规定多征、提前征收、减征、免征、缓征或者退还预算收入的，责令改正。

（3）国务院各部门制定的规章、文件，凡涉及减免应缴预算收入、设立和改变收入项目和标准、罚没财物处理、经费开支标准和范围、国有资产处置和收益分配以及会计核算等事项的,应当符合国家统一的规定;凡涉及增加或者减少财政收入或者支出的,应当征求财政部意见。

(4)地方政府依据法定权限制定的规章和规定的行政措施,不得涉及减免中央预算收入、中央和地方预算共享收入,不得影响中央预算收入、中央和地方预算共享收入的征收;违反规定的,有关预算收入征收部门和单位有权拒绝执行,并应当向上级预算收入征收部门和单位以及财政部报告。

(5)地方各级政府财政部门应当定期向上一级政府财政部门报送本行政区域预算执行情况,包括预算执行旬报、月报、季报,政府债务余额统计报告、国库库款报告以及相关文字说明材料。具体报送内容、方式和期限由上一级政府财政部门规定。

(6)各级税务、海关等预算收入征收部门和单位应当按照财政部门规定的期限和要求,向财政部门和上级主管部门报送有关预算收入征收情况,并附文字说明材料。

各级税务、海关等预算收入征收部门和单位应当与相关财政部门建立收入征管信息共享机制。

各部门应当按照本级政府财政部门规定的期限和要求,向本级政府财政部门报送本部门及其所属各单位的预算收支情况等报表和文字说明材料。

二、收入预算执行

(一)收入预算执行的要求

1. 征收机构依法征收、正确处理各种分配关系

征收机构在征收过程中必须应收尽收,不收过头税费;缴款单位应缴尽缴,及时、足额上缴入库,不能直接作为单位收入;取得的各项收入要及时入账,不得坐支;主管部门和财政部门对单位应缴未缴资金要督促催缴,合理组织预算收入。

(1)财政部门会同社会保险行政部门、社会保险费征收机构制定社会保险基金预算的收入、支出以及财务管理的具体办法。社会保险基金预算由社会保险费征收机构和社会保险经办机构具体执行,并按照规定向本级政府财政部门和社会保险行政部门报告执行情况。

(2)各级政府财政部门和税务、海关等预算收入征收部门和单位必须依法组织预算收入,按照财政管理体制、征收管理制度和国库集中收缴制度的规定征收预算收入,除依法缴入财政专户的社会保险基金等预算收入外,应当及时将预算收入缴入国库。

(3)除依法缴入财政专户的社会保险基金等预算收入外,一切有预算收入上缴义务的部门和单位,必须将应当上缴的预算收入,按照规定的预算级次、政府收支分类科目、缴库方式和期限缴入国库,任何部门、单位和个人不得截留、占用、挪用或者拖欠。

2. 预算收入分别征收,缴入国库或财政专户

预算收入执行的计划管理不能与实际工作中征利、征税的依据混为一谈。预算收入

缴款是根据收入性质和缴款单位的不同情况分别规定的。其中，各项税收一般依照国家税法规定的计税价格、税率，依率计征，在纳税期限内缴入国库；其他收入按照收入实现的数额分别缴入国库或财政专户。

（1）财政专户的含义。财政专户是指财政部门为履行财政管理职能，根据法律规定或者经国务院批准开设的用于管理核算特定专用资金的银行结算账户。特定专用资金包括法律规定可以设立财政专户的资金，外国政府和国际经济组织的贷款、赠款，按照规定存储的人民币以外的货币，财政部会同有关部门报国务院批准的其他特定专用资金。

（2）财政专户的开设与变更。开设、变更财政专户应当经财政部核准，撤销财政专户应当报财政部备案，中国人民银行应当加强对银行业金融机构开户的核准、管理和监督工作。

（3）财政专户资金管理。财政专户资金由本级政府财政部门管理。除法律另有规定外，未经本级政府财政部门同意，任何部门、单位和个人都无权冻结、动用财政专户资金。

财政专户资金应当由本级政府财政部门纳入统一的会计核算，并在预算执行情况、决算和政府综合财务报告中单独反映。

（二）政府收入缴库的方式

政府收入缴库的方式以计算依据划分为按计划缴库、按实际缴库两种。

（1）按计划缴库，是指按照上级核定的年度缴库利润计划和季度分缴款计划，按月一次或分次缴库。年终时应该将多缴的利润退还企业。按计划缴库有利于国家及时均衡地得到预算收入，同时也有利于促使企业加强计划管理。

（2）按实际缴库，是指按会计报表的实际数额缴库。目前，商业、粮食供销、外贸和物资供应企业，一般采取这种方法。这些企业的特点是各个时期的销售额变化较大，流动资金占用多。

国库收纳预算收入是国库工作的起点，也是国家预算收入保管环节管理的起点。国库收纳各项预算收入一律依据统一规定的缴款书办理。缴款书是办理预算收入缴库的唯一凭证，缴款书应由缴款单位或征收机关按政府收入科目的款、项填制。

（三）国家预算收入退库的管理

收入退库是指在政策允许范围内，将缴库的预算收入退还给指定的收款单位或个人。国家预算收入缴库后，成为国家预算资金。国家预算资金属于国家所有，由财政部门统一支配使用，任何地区、部门、单位和个人都不得随意退库。

根据现行国库制度的规定，预算收入退库的具体范围有：一是技术性差错退库，因工作疏忽发生技术性差错，多缴、错缴或者应集中缴库却误在当地缴库的。二是结算性退库，因改变企业单位隶属关系而发生上划下划，交接双方办理财务结算需要退库的；企业超缴而需清算退库（指不宜在下期抵缴）的。三是政策性退库，对亏损企业计划补贴的退库，根据批准的企业亏损计划弥补给企业的计划亏损。四是提留性退库，为了简化手续，规范管理，部分预算收入先入库后再定期提留收入的退库，地方财政往往需要从已入库的税款中按期、按比例提取各税附加及税收代征手续费而后退库。五是经财政部批准的其他退库项目。

凡办理收入退库时，由申请退库的单位提出书面申请，经财政部门或其授权的当地监缴企业收入的税务机关签发收入退还书，收入退库款审核无误后，国库将库款退给申请单位。收入退库的审批权限按中央预算和地方预算划分。属中央预算收入的退库，由财政部或授权的收入机关审查批准；属于地方预算收入的退库（包括中央预算和地方预算实行分成的收入退库），由地方财政部门或其授权的主管收入机关在国家规定的收入退库项目范围内审查批准；不属于国家明文规定的收入退库项目范围的退库事项，要报财政部专案审批。

各级财政部门和授权的收入机关，对收入退库应该审查以下几个方面的问题：一是对于弥补企业的超计划亏损的亏损补贴退库，需要严格按照规定的审批程序办理，不能随便乱批退库；二是认真审查国家规定的退库凭证的统一印鉴，收入退还书要按国家规定盖有财政部门或县以上（含县）税务局公章和负责人印章方为有效；三是收入退库一律转账退付，不退现金，个别特殊情况必须退付现金时，要由财政部门、征收机关严格审查，并加盖明显戳记，国库才能审查付款；四是各级预算收入的退库应按预算收入的级次办理，库款不足时不得退库；五是财政部门原则上不能自批自退已经缴库的预算收入，除国家明文规定，如各项地方财政附加可由国库按规定转账退库外，遇有特殊情况，财政部门需要作为申请单位办理退库时，须经上级财政部门审批，方能办理收入退库；六是严格执行收入退库报告制度。

（四）国家预算收入资金库款的收纳、划分与报解

国库工作是国家预算执行的一项重要基础工作，是国家预算资金出纳环节的管理。国库工作质量的好坏直接关系到国家预算能否正常、顺利地进行。国库对每天收纳入库的预算收入都要按预算级次逐级划分、上报和解缴。

预算收入的收纳就是各级国库和国库经收处收到的、与缴款书所填列数据一致的各级预算收入。各项预算收入一律以缴入基层国库即支库的数额为正式入库数，征收机关和国库计算入库数字与入库日期都以基层国库收纳的数额和入库日期为准。各级国库及国库经收处要加强对国库缴款书的审核工作，发现问题经办银行要及时通知征收机关予以纠正。

预算收入的划分就是国库对每天收纳入库的预算收入，根据预算管理体制规定的各级预算固定收入的划分范围，以及中央与地方、地方上下级之间分成收入的留解比例，划分并计算中央预算收入和地方各级预算收入。

预算收入的报解，即在划分收入的基础上，按照规定的程序将各级预算收入的库款分别报告并解缴到相应的各级国库，相应地增加各级预算在各级国库的存款，以保证各级预算及时取得预算收入。"报"是指国库通过编报预算收入统计表向各级财政机关报告

预算收入的情况；"解"是在划分预算收入和办理分成收入的留解比例后，把库款逐级解缴到同级财政的国库存款账户上。

预算收入划分和报解的程序是由基层国库（支库）自下而上逐级分别进行的。方法是通过每天编制各级预算收入日报表进行，即根据国库缴款书、收入退还书、收入明细账或登记簿，按照预算科目，分清预算级次，办理各级预算收入的报解。

三、预算资金拨付原则

预算支出管理的任务：一是合理地拨付预算资金；二是促进单位管好预算资金，充分发挥资金的使用效果。各级政府财政部门应当加强对预算资金拨付的管理，并遵循下列原则。

（1）按照预算拨付，即按照批准的年度预算和用款计划拨付资金。除《中华人民共和国预算法》规定的在预算草案批准前可以安排支出的情形外，不得办理无预算、无用款计划、超预算或者超计划的资金拨付，不得擅自改变支出用途。

（2）按照规定的预算级次和程序拨付，即根据用款单位的申请，按照用款单位的预算级次、审定的用款计划和财政部门规定的预算资金拨付程序拨付资金。各级部门应根据规定用途申请拨付资金，不得随意改变支出用途，以保证项目计划正确地执行。

（3）按照进度拨付，即根据用款单位的实际用款进度拨付资金，既要保证资金需要，又要防止资金分散积压；既要考虑本期资金需要，又要考虑上期资金的使用和结余情况，以保证国家预算资金的统一安排、灵活调度和有效使用。

此外，财政机关还需要坚持按库款情况调度资金的原则。

四、预算约束力度

软预算约束是研究转型经济的重要概念，首先由匈牙利著名经济学家亚诺什·科尔内（János Kornai）于 1980 年在《短缺经济学》中提出。科尔内认为，当一个经济组织的收入小于支出需求时，会依赖外部资金维持发展，当形成软预算约束时，更多依靠外部的资金补贴。软预算约束就是指当一个经济组织遇到财务上的困境时，借助外部组织的救助得以继续生存的一种经济现象。硬预算约束与软预算约束对应，即经济组织的一切活动都以自身拥有的资源约束为限，遵循市场机制，实行优胜劣汰。硬预算约束指强化预算的刚性约束力，也称预算刚性。

软预算约束的存在至少有两个主体，即预算约束体（budget constraint organization）和支持体（supporting organization）。预算约束体是指由于支出超出需要，只有依靠经济支持才能存续的组织，这些组织由注入流动性、支付能力或债务等限制设定了持续性债务赤字的边界，因此，预算约束体也是指那些在以自有资源为限的前提下，如果收不抵支，产生赤字，在没有外部救助的情况下不能继续存在的组织。支持体，通常是受政府控制的，可以直接转移资源来救助陷入困境的预算约束体的组织。支持体就是在预算约束体出现赤字时，给予全部或者部分支持的组织。软预算约束体现了上述两者之间的互动模式或社会关系，其频度是这种互动模式的具体度量。

软预算约束的产生机制有两方面：一是信息不对称性和沉没成本。在我国政府主导管理的体制中，政府拥有项目投资的审批权，政府代理人（地方政府和国企）拥有项目建议权。由于信息的不对称，谎报信息的投资项目可能会获得国家的前期投资，当政府发现时，前期投资已成为沉没成本，继续为项目投资是一种有效的选择。二是市场资源掌控权问题。政府掌握大量生产要素的领域和市场规则、国家或者政府对资源的实际控制过于集中、政府和各种组织拥有不受制约的权力，是产生软预算约束的重要基础。

软预算约束的表现形式有三种。一是政府预算行为不规范，资源配置扭曲，政府预算无法对政府行为形成强有力的约束力，部门活动与政府预算的既定目标脱节，引发道德风险和逆向选择问题，造成大量资源浪费，影响预算绩效。二是预算失控，财政支出膨胀。财政收入是实现政府各项职能的物质保证。软预算约束下，年度支出计划不再对政府的实际支出具有约束力。软预算约束是造成政府支出膨胀的制度性缺陷。软预算约束使原来的收支平衡计划被打破，预算失去了严肃性，严重时会形成大量的财政赤字。三是体现社会利益分配的规则，弥补制度缺陷。软预算约束在一定程度上能够在传统制度中解决通货膨胀和可能由此带来的社会福利问题，适应整体的政治经济结构等，软预算约束在事实上是一种社会利益的分配机制。

预算松弛是指最终确定的预算水平与最优预算水平之间的差异，预算松弛是人们在预算管理中对收入与生产能力的低估和对成本与资源消耗的高估，是一种功能异化。预算松弛实际上是预算执行人员在制定预算时放宽标准，故意高估或低估预算额度，以便于达到目标。预算松弛在预算编制过程中普遍存在，直接影响整个预算管理制度的有效性。预算松弛不能充分调动下级的工作积极性且不能发挥其潜力，偏离了对收入或成本的现实估计，以牺牲整体利益为代价，常常给组织的发展带来难以估量的损害。预算松弛直接影响了预算管理的有效性，致使预算流于形式，难以发挥应有的效用，导致预算约束软化。

五、预算先期执行

预算由立法机关审批确定，强调合法性。合法性涉及在立法机关批准预算期间预算执行所采用的程序。预算年度起始后就开始执行本年预算、发生支出维持机构运行，但此时间往往会或多或少早于立法机关审批确定预算的时间，预算年度开始后但年度预算尚未经立法机关批准的这段时间为预算执行的法律空档时期，这段无法按照立法审批后的预算而先行开展的预算活动可称为预算先期执行。在预算法律空档期进行预算先期执行政府开支所需要的资金可以采取不同的预算方式确定。

（1）立法通过临时拨款案方式。临时预算或拨款案主要采取法案形式，即立法机关先期审批临时预算或临时拨款议案，先期预算活动据此专门的临时法案开展预算先期执行，后续再与年度预算相衔接。美国、英国都通过暂准临时拨款议案解决，英国一般可批准所需资金的 1/4。美国财年始于每年的 10 月 1 日，如果美国国会两党议员在财年开始后尚未就该财年政府支出方案达成一致，联邦政府就只有靠临时拨款维持运营。如果当时的临时拨款法案国会不予通过，联邦政府就难免"关门"停摆。

（2）立法审批临时预算方式。日本规定由立法机关审批临时预算解决，日本的预算采取国会决议的形式，日本宪法规定，日本预算遵循事前审批原则，预算必须在执行之前经过国会的审议和批准。日本财政年度为 4 月 1 日至次年 3 月 31 日，如果进入新预算年度后预算仍未获国会批准，作为应急措施，内阁要编制一份包含预算年度指定部分的临时预算提交国会审批后，方可开支。一旦正常预算获得通过，临时预算便失效，但临时预算的支出要与正常预算保持一致。

（3）沿袭预算方式。这种方式是参照上年同期预算执行情况先行执行，待本年度预算立法审批通过后再相互衔接，这种方式能够简化立法程序的过度烦琐而导致的低效。我国预算先期执行采取沿袭预算方式，《中华人民共和国预算法》规定，预算年度开始后，各级预算草案在本级人民代表大会批准前，可以安排以下支出：①上一年度结转的支出；②参照上一年同期的预算支出数额安排必须支付的本年度部门基本支出、项目支出，以及对下级政府的转移性支出；③法律规定必须履行支付义务的支出，以及用于自然灾害等突发事件处理的支出。在荷兰、葡萄牙和拉丁美洲国家，预算批准之前以及审议期间，行政部门可以开支，但每月金额不得超过上年同期水平。

第二节　预算执行的平衡

一、预算调整与调剂

《中华人民共和国预算法》明确规定经人民代表大会批准的预算，非经法定程序，不得调整。经全国人民代表大会批准的中央预算和经地方各级人民代表大会批准的地方各级预算，在执行中出现下列情况之一的，应当进行预算调整：①需要增加或者减少预算总支出的；②需要调入预算稳定调节基金的；③需要调减预算安排的重点支出数额的；④需要增加举借债务数额的。预算调整必须经过一定的法定程序才能被执行和认可。我国法律明确规定各级政府进行预算调整必须编制本级预算调整方案递交同级人民代表大会，并规定了人民代表大会常务委员会对政府预算调整方案进行初步审查及会议审查的时限和要求。《中华人民共和国预算法》第六十九条规定：在预算执行中，各级政府对于必须进行的预算调整，应当编制预算调整方案。预算调整方案应当说明预算调整的理由、项目和数额。在预算执行中，由于发生自然灾害等突发事件，必须及时增加预算支出的，应当先动支预备费；预备费不足支出的，各级政府可以先安排支出，属于预算调整的，列入预算调整方案。国务院财政部门应当在全国人民代表大会常务委员会举行会议审查和批准预算调整方案的三十日前，将预算调整初步方案送交全国人民代表大会财政经济委员会进行初步审查。《中华人民共和国各级人民代表大会常务委员会监督法》第十七条对预算调整及相关问题做了更详尽的规定：国民经济和社会发展计划、预算经人民代表大会批准后，在执行过程中需要作部分调整的，国务院和县级以上地方各级人民政府应当将调整方案提请本级人民代表大会常务委员会审查和批准。严格控制不同预算科目之间的资金调整。预算安排的农业、教育、科技、文化、卫生、社会保障等资金需要调减的，国务院和县级以上地方各级人民政府应当提请本级人民代表大会常务委员会审查和批准。国务院和县级以上地方各级人民政府有关主管部门应当在本级人民代表大会常务委员会举行会议审查和批准预算调整方案的一个月前，将预算调整初步方案送交本级人民代表大会财政经济委员会进行初步审查，或者送交常务委员会有关工作机构征求意见。

各级一般公共预算年度执行中厉行节约、节约开支，造成本级预算支出实际执行数小于预算总支出的，不属于预算调整的情形。在预算执行中，地方各级政府因上级政府增加不需要本级政府提供配套资金的专项转移支付而引起的预算支出变化，不属于预算调整。接受增加专项转移支付的县级以上地方各级政府应当向本级人民代表大会常务委员会报告有关情况；接受增加专项转移支付的乡、民族乡、镇政府应当向本级人民代表大会报告有关情况。

预算调剂是指在预算调整范围之外所进行的预算变更。各部门、各单位的预算支出应当按照预算科目执行。严格控制不同预算科目、预算级次或者项目间的预算资金的调剂，确需调剂使用的，按照国务院财政部门的规定办理。预算调剂可以采取如下四种方法。

（1）动用预备费。《中华人民共和国预算法》规定，各级一般公共预算应当按照本级一般公共预算支出额的百分之一至百分之三设置预备费，用于当年预算执行中的自然灾害等突发事件处理增加的支出及其他难以预见的开支；各级预算预备费的动用方案，由本级政府财政部门提出，报本级政府决定。在预算执行中，如果发生较大的自然灾害和经济上的重大变革，发生原来预算没有列入而又必须解决的临时性开支等情况，可以动用预备费。预备费是用作急需的资金，动用应从严掌握，一般应控制在下半年使用，并需要报经同级政府批准。批准动支后，再列入指定的预算支出科目。

（2）预算追加追减。在原核定的预算收支总数不变的情况下，追加追减预算收入或支出数额。各部门、各单位需要追加追减收支时，均应编制追加追减预算，按照规定的程序报经主管部门或者财政部门批准后，财政机关审核并提经各级政府或转报上级政府审定通过后执行。政府财政办理追加、追减预算时须经各级人民代表大会常务委员会批准，方可执行。

（3）经费流用。经费流用也称科目流用，是在不突破原定预算支出总额的前提下，根据因预算科目之间调入、调出和改变资金用途而形成的预算资金再分配，而对不同的支出科目具体支出数额进行调整。

为了充分发挥预算资金的使用效果，可按规定在一些科目之间进行必要的调整，以便预算资金的以多补少、以余补缺、统筹安排。

（4）预算划转。由于行政区划或企事业、行政单位隶属关系的改变，在改变财务关系的同时，相应办理预算划转，将其全部预算划归新接管地区和部门。预算的划转应报上级财政部门。预算指标的划转由财政部门和主管部门会同办理。企事业单位应缴的各项预算收入及应领的各项预算拨款和经费，一律按照预算年度划转全年预算，并将年度预算执行过程中已经执行的部分——已缴入国库的收入和已经实现的支出一并划转，由划出和划入的双方进行结算，即划转基数包括年度预算中已执行的部分。

二、预算周转金和预备费

《中华人民共和国预算法》规定，各级一般公共预算按照国务院的规定可以设置预算周转金，用于本级政府调剂预算年度内季节性收支差额。预算周转金是指各级财政为平衡预算年度内季节性收支差额，保证及时用款、完成预算收支任务而设置的周转资金。

经本级政府批准，各级政府财政部门可以设置预算周转金，额度不得超过本级一般公共预算支出总额的1%，用于本级政府调剂预算年度内季节性收支差额。各级预算周转金由本级政府财政部门管理，不得挪作他用。年度终了时，各级政府财政部门可以将预算周转金收回并用于补充预算稳定调节基金。

各级一般公共预算应当按照本级一般公共预算支出额的1%～3%设置预备费，用于当年预算执行中的自然灾害等突发事件处理增加的支出及其他难以预见的开支。

三、预算稳定调节基金

1994年分税制改革后，我国财政超收现象逐渐常态化，预算编制不科学、不规范，预算约束不力，财政支出进度不平衡、年底突击花钱等现象突出。2007年开始设立中央预算稳定调节基金，《中华人民共和国预算法》第六十六条规定：各级一般公共预算年度执行中有超收收入的，只能用于冲减赤字或者补充预算稳定调节基金。各级一般公共预算的结余资金，应当补充预算稳定调节基金。省、自治区、直辖市一般公共预算年度执行中出现短收，通过调入预算稳定调节基金、减少支出等方式仍不能实现收支平衡的，省、自治区、直辖市政府报本级人民代表大会或者其常务委员会批准，可以增列赤字，报国务院财政部门备案，并应当在下一年度预算中予以弥补。

超收收入是指年度本级一般公共预算收入的实际完成数超过经本级人民代表大会或者其常务委员会批准的预算收入数的部分。短收是指年度本级一般公共预算收入的实际完成数小于经本级人民代表大会或者其常务委员会批准的预算收入数的情形。此处所称实际完成数和预算收入数，不包括转移性收入和政府债务收入。

预算稳定调节基金的特点：一是发挥"蓄水池"作用，"以丰补歉，以盈填亏"，政府可以根据经济形势进行逆周期调节；二是连接中期财政规划与年度预算，稳定年度预算收支，防范财政风险，实现滚动、长期的预算平衡，使预算更具连续性和前瞻性。

预算稳定调节基金主要来自各级预算超收收入及结余资金，但预算稳定调节基金的规模应该控制在国家规定的范围内，不得过大，以免对经济形成紧缩效应。

四、增列赤字或节约开支

《中华人民共和国预算法实施条例》规定：省、自治区、直辖市政府依照预算法第六十六条第三款规定增列的赤字，可以通过在国务院下达的本地区政府债务限额内发行地方政府一般债券予以平衡。设区的市、自治州以下各级一般公共预算年度执行中出现短收的，应当通过调入预算稳定调节基金或者其他预算资金、减少支出等方式实现收支平衡；采取上述措施仍不能实现收支平衡的，可以通过申请上级政府临时救助平衡当年预算，并在下一年度预算中安排资金归还。各级政府性基金预算年度执行中有超收收入的，应当在下一年度安排使用并优先用于偿还相应的专项债务；出现短收的，应当通过减少支出实现收支平衡。国务院另有规定的除外。各级国有资本经营预算年度执行中有超收收入的，应当在下一年度安排使用；出现短收的，应当通过减少支出实现收支平衡。国务院另有规定的除外。

第三节　预算执行信息管控系统

一、政府会计

（一）政府会计体系

政府会计是各级财政部门、行政单位、事业单位对国家预算执行过程中的资金活动及其结果进行反映与控制的一种管理活动。目前我国政府会计体系按会计的执行主体划分，包括政府财政总预算会计、行政事业单位会计、国库会计、税收会计、社会保险基金会计等。

（1）财政总预算会计。财政总预算会计，是指各级政府财政部门核算、反映、监督政府预算执行和各项财政性资金活动的专业会计。

（2）行政事业单位会计。行政事业单位会计是各级行政机关、事业单位和其他类似组织核算、反映和监督单位预算执行及各项业务活动的专业会计。根据机构建制和经费领报关系，行政单位会计、事业单位会计组织系统分为主管会计单位、二级会计单位和基层会计单位三级。

（3）国库会计。国库会计是运用银行会计核算方法，对预算收入、支出、退付、划拨、清算等资金运动进行真实、准确、及时、全面的确认、计量、记录和报告，确保国库资金的安全与完整，促进预算的顺利执行。在整个会计体系中，国库会计兼具预算会计和银行会计的双重属性。

（4）税收会计。税收会计是税务机关核算税收收入，反映和监督税款的征收、解缴、入库和提退等税务资金运用情况的专业会计，体现了税务机关和国库的关系，是属于国家政府会计范畴的一门专业会计。

（5）社会保险基金会计。社会保险基金会计是社会保险经办机构对所经办的基本养老保险基金、失业保险基金、基本医疗保险基金、工伤保险基金和生育保险基金等社会保险基金收支情况进行的会计核算。

（二）行政事业单位会计体制

会计体制是指会计机构和会计人员的归属的管理模式和方法。行政事业单位会计管理体制采取两种模式。

（1）分散管理模式。会计机构和人员的分散管理模式，其特征：一是会计机构分散设置在各个行政事业单位，会计凭证、账簿由本单位会计人员办理。二是会计人员隶属于所在服务单位，直接对单位领导负责。

（2）集中管理模式。会计机构和人员的集中管理模式。例如，政府委派制是由政府财政会同主管部门向其所属单位统一委派会计人员，进行统一管理的一种会计人员管理制度。集中管理模式的特征：一是会计机构集中由会计管理机构统一设置，如会计核算中心或会计局，对各单位实行统一核算，或对各单位实行分户核算。二是会计人员由会计管理机构统一管理，不再隶属于其所在的服务单位，不受单位领导控制，能较好地完成监督职能，减少经济违法犯罪行为。

（三）政府会计标准体系

2015 年以来，财政部逐步构建了由政府会计基本准则、具体准则及应用指南、政府会计制度、会计准则制度解释公告、成本核算指引等组成的政府会计标准体系。

2015 年 10 月颁发财政部令第 78 号《政府会计准则——基本准则》，基本准则主要对政府会计目标、会计主体、会计信息质量要求、会计核算基础，以及会计要素定义、确认和计量原则、列报要求等作出规定。基本准则确定政府会计的概念、框架，对制定政府会计具体准则和政府会计制度具有统驭作用，并为政府会计实务问题提供处理原则，为编制政府财务报告提供基础标准。

政府会计具体准则主要规定政府发生的经济业务或事项的会计处理原则，我国先后发布了存货、投资、固定资产、无形资产、公共基础设施、政府储备物资等 6 项政府资产方面的会计具体准则，此外，还颁发了会计调整、负债、财务报表编制和列报、政府和社会资本合作项目合同等政府会计具体准则，这些具体准则大多具体规定了经济业务或事项引起的会计要素变动的确认、计量和报告。政府会计具体准则应用指南主要对具体准则的实际应用做出操作性规定，目前已经发布的有《〈政府会计准则第 3 号——固定资产〉应用指南》《〈政府会计准则第 10 号——政府和社会资本合作项目合同〉应用指南》。

2019 年起我国行政事业单位正式实施《政府会计制度——行政事业单位会计科目和报表》，财政部还针对高等学校、医院、科学事业单位等 7 个行业制定了执行《政府会计制度——行政事业单位会计科目和报表》的补充规定。广义的政府会计制度应该规定各级各类政府会计主体在预算执行活动中各种会计业务事项进行账务处理的规范，便于会计人员进行日常核算。目前，我国政府会计制度主要规定行政事业单位会计科目及其使用说明、会计报表格式及其编制说明等，主要规范行政事业单位会计核算和管理，强调集中统一核算的要求。

为了进一步健全和完善政府会计准则制度，确保政府会计准则制度有效实施，财政部从 2019 年至今先后出台政府会计准则制度解释第 1 号到第 5 号，明确有关经济业务和事项的会计处理规定，及时回应有关各方的关切。

建立事业单位成本核算指引体系。财政部于 2019 年 12 月制定发布《事业单位成本核算基本指引》，并在其基础上，研究出台有关高等学校、公立医院、科学事业单位等行业事业单位成本核算的具体指引，为事业单位树立成本的基本概念和理念，明确成本核算的基本原则和基本方法，提供事业单位开展成本核算工作的基本遵循依据。

（四）行政事业单位会计改革

（1）引入权责发生制，确立"双会计"。单位会计在收付实现制的基础上，引入完全权责发生制，收付实现制和权责发生制的双会计基础对应双会计，包括预算会计和财务会计。预算会计以收付实现制进行预算收支，财务会计以权责发生制为基础核算收入和费用及资产负债等。财务会计主要改革内容：一是扩大资产核算的范围；二是实行折旧和摊销制度；三是将基本建设统一核算；四是适应预算改革需要。

（2）确立"双会计"的"3＋5"会计要素。预算会计包括预算收入、预算支出、预算结余 3 个要素，财务会计设置资产、负债、净资产、收入、费用 5 个要素，财务会计的收入、费用两个要素有别于预算会计的预算收入和预算支出要素，主要是为了准确反映政府会计主体的运行成本，科学评价政府资源管理能力和绩效。

（3）构建政府决算和财务"双报告"体系。政府会计主体除按财政部要求编制决算报表外，至少还应编制资产负债表、收入费用表和现金流量表，并按规定编制合并财务报表，形成政府部门财务报告和政府综合财务报告，由此确立政府决算和财务"双报告"体系。

二、政府综合财务报告

（一）政府资产负债表

传统的政府会计以收付实现制为核算基础，只能报告当年的财政收支流量数据及盈余或赤字状况，忽视了政府资产和负债这些存量数据，无法全面反映政府真实的资产负债和成本费用等财务状况，难以满足建立现代财政制度、促进财政长期可持续发展和推进国家治理现代化的要求。

2011 年财政部启动政府资产负债表的试编工作，财政部国库司在全国财政系统范围内印发了《政府资产负债表试编指南》，政府的资产负债表是权责发生制的政府综合财务报告的重要内容，政府综合财务报告是以权责发生制为基础、按年度编制政府综合财务报告，包括政府资产负债表、收入费用表等财务报表及其解释、财政经济状况分析等内容。《中华人民共和国预算法》规定：各级政府财政部门应当按年度编制以权责发生制为基础的政府综合财务报告，报告政府整体财务状况、运行情况和财政中长期可持续性，报本级人民代表大会常务委员会备案。这一规定的实质是要求编制政府资产负债表，加强政府的资产负债管理。

政府资产负债表制度能够完整反映各级政府所拥有的各类资产和承担的各类负债，资产负债表是存量概念，需要考虑以往经济成果对当期经济活动的影响，并预计当期经济活动对未来经济成果的影响。推行权责发生制的政府综合财务报告制度，编制政府的"资产负债表"，可以全面反映政府财务"家底"，有力规范债务，将地方债关进"政府财报"的笼子。

政府财务报告主要包括政府部门财务报告和政府综合财务报告。政府部门编制政府部门财务报告，反映本部门的资产负债、财务状况和运行情况；财政部门编制政府综合财务报告，反映政府整体的资产负债情况、财务状况、运行情况和财政中长期可持续性。政府综合财务报告的核心是以权责发生制为会计基础编报政府综合资产负债表，预算收支平衡拓展为具有跨年特征的资产负债平衡。

（二）国家资产负债表

国家资产负债表（national balance sheet）是指将一个国家所有经济部门在内的资产和负债信息进行分类，然后分别加总得到的报表。一张完整的国家资产负债表一般由政府、居民、企业（非金融机构）和金融机构四个经济部门各自的子表构成。它反映一个国家整个国民经济在某一特定时点上的资产和负债的总量规模、分布、结构，资产与负债的关系，同时还分别反映国内主要经济主体的资产与负债状况，显示一个国家在某一时点上的"家底"，体现国民财富及总体经济实力的状况和水平。

许多国家的财政和金融危机均源自不牢固的国家资产负债表。国家资产负债表的不牢固表现为结构错配、货币错配和期限错配。国家资产负债表从一个侧面反映出中国的国家资产负债能力可持续性的真实情况，可据此制定相应的战略性对策。经济危机中居民、金融机构和政府三大部门都有着不同程度的结构错配，并且这种结构错配还在部门之间相互传染，为了应对危机，部分发达国家的官方统计部门定期公布其国家资产负债表，如加拿大和英国。党的十八届三中全会通过的《中共中央关于全面深化改革若干重大问题的决定》要求编制全国和地方资产负债表。

（三）自然资源资产负债表

2015 年 11 月国务院办公厅印发《编制自然资源资产负债表试点方案》，自然资源资产负债表是用国家资产负债表的方法，将全国或一个地区的所有自然资源资产进行分类加总，形成报表，显示某一时点上自然资源资产的"家底"，反映一定时间内自然资源资产存量的变化。自然资源资产负债表是自然资源核算体系的重要组成部分，属于自然资源核算基础上信息的披露与报告部分。

根据自然资源保护和管控的现实需要，我国自然资源资产负债表的核算内容主要包括土地资源、林木资源和水资源。有条件的话还可以探索编制矿产资源实物量的资产账户。土地资源资产负债表主要包括耕地、林地、草地等土地利用情况，耕地和草地质量等级分布及其变化；林木资源资产负债表包括天然林、人工林、其他林木的蓄积量和单位面积蓄积量；水资源资产负债表包括地表水、地下水资源情况，水资源质量等级分布及其变化情况。

编制自然资源资产负债表是生态文明体制改革的一项重要基础性制度创新，自然资源的资产负债体现资源性财产的存量，即消耗量，编制自然资源的资产负债表，就能够看出原来有多少资源，消耗了多少，有没有超出极限。编制自然资源资产负债表旨在构建土地资源、林木资源、水资源等主要自然资源的实物量核算账户，努力摸清自然资源资产的"家底"及其变动情况，为完善资源消耗、环境损害、生态效益的生态文明绩效评价考核和责任追究制度提供信息基础，为有效保护和永续利用自然资源，推进生态文明建设和绿色低碳发展提供信息支撑、监测预警和决策支持。

三、财政统计

（一）政府财政统计界定

财政统计是指将反映国家各级政府财政资金的形成、分配、使用及其平衡和变动情况等的有关财政预算信息按一定的标准或口径进行归类整理的方法，是财政政策制定、财政经济形势分析和宏观调控的重要依据，也是社会经济统计体系中的一种专业统计。运用财政统计形成的综合资料，包括历史和现状、财政经济等，具有系统性，从中可以分析和揭示预算管理存在的问题，为有效地进行预算监督提供数字根据。

政府财政统计核算体系（System of Government Finance Statistics，GFS）是从经济角度反映一个政府治理国家、管理经济活动运行情况的多功能体系。GFS 是国际货币基金组织首创的国际标准财政统计方法，目前已被所有的国际机构和绝大多数国家采用。其基本要求：一是根据国民账户体系（System of National Accounts，SNA）界定政府范畴；二是财政统计对象为政府的全部资金流量，即流入和流出政府的资金，税收、非税收支和社会保障基金也纳入财政统计范围；三是借鉴国际惯例制定财政统计分类标准，将政府资金流量按政府职能和经济性质等进行多角度交叉分类。

国际货币基金组织对政府财政统计范围的界定方法是，只有非金融公共部门的单位才能划入 GFS 范围，公共金融企业不包括在 GFS 的统计范围内。根据国际货币基金组织的定义，政府是指在一国领土或管辖范围内通过政治或法律程序建立的、具有强制性和垄断权的、制定和实施公共政策的机构或单位，其主要职责是为社会大多数人提供非商业性公共服务。

国际货币基金组织对政府财政统计范围按一般政府机构来界定，具体范围包括：一是主要执行非商业性职能的部门、机构和组织；二是由政府征集收入或提供资金并为社会大多数人提供社会保障服务的机构；三是全部由政府投资且只为政府雇员提供养老金服务的养老基金组织；四是为满足政府部门的某种需要而执行一些辅助政府职能的机构（可以在规定范围内对公众进行小规模销售活动），如政府部门的印刷厂；五是少数财政性金融机构，其特点是信贷资金全部来源于政府部门，不以储蓄存款方式向社会筹集资金，其收入自动流向政府的贷款机构，类似于我国的政策性银行；六是经营资本全部或大部分来自政府部门并由政府控制的其他非营利性机构或主要为政府服务的机构；七是在多个国家拥有征税权的超国家当局，目前只有欧盟。

为正确反映国家公司（包括政府拥有或控股的公司）对国民经济的影响，同时与联合国 SNA 保持一致，澳大利亚 GFS 的统计范围扩大到公共贸易企业。国际货币基金组织的 GFS 则不包括公共贸易企业。

（二）政府财政统计的核算方法

1. 单一的平衡账户结构

由于 GFS 只是核算政府财政收支总流量，而并不关心这些收入流量或支出流量在经济性质上是属于生产还是消费或投资，或是属于产出还是投入。因此，只是设置一个单一的收付式平衡账户。账户的左方记录财政收入流量，账户的右方记录财政支出流量。由于只有一个账户，GFS 采用单式记账的方法记录每一项收支，即所有各项收支都只列示一次。因此，账户只有一个平衡项目——赤字或盈余，这正是财政核算中极其重要的指标。这样的单一平衡账户，结构确实非常简单，但对核算政府财政收支总流量来说，却是十分有效的。

如果为了增强核算的严谨性，也可尝试设置一两个与政府财政收支对应的账户，采用复式记账的方法登记各项收支。新设的账户一般不会增加政府收支的信息，但增加许多核算工作量。

2. 分级独立核算制

GFS 采用分级独立核算制，即各级政府内部的各个部门、各个单位都分别独立编制自己的一套 GFS 报表，然后通过一种专门的汇总方法得到每一级政府的 GFS，得到它们的财政收入与支出总量。

3. 合并综合汇总制

GFS 以现金收付制为核算原则进行综合汇总，在合并汇总时相关部门间流量收支会互相抵消，剔除涉及政府范围内所有单位之间的收支流量。在汇集广义政府的货币收支流量时，需进行三个层次的汇总。首先，进行每个政府内部的汇总，剔除政府内部各机构之间发生的所有收支；其次，进行同一级所有政府的汇总，剔除同级政府之间发生的所有收支；最后，将各级政府汇总成整个广义政府，剔除各级政府之间发生的所有收支。

第四节 预算管理一体化

一、"金财工程"

预算管理一体化以先期财政信息化系统建设的"金财工程"为基础,是财政核心业务一体化系统建设的新发展。

1999 年下半年开始财政部着手规划建立"政府财政管理信息系统",2002 年初,国务院正式将其命名为"金财工程"。"金财工程"是利用现代先进的计算机信息网络技术和专业化软件系统,支撑预算管理、国库集中收付和财政经济景气预测等核心业务的政府财政综合管理信息系统,以实现财政收支全过程监管、提高财政资金使用效益为目标。

"金财工程"分为财政业务应用系统、信息网络系统和安全保障体系三个方面,即以应用为中心,以网络为支撑,以安全为保障。

(1)财政业务应用系统。这主要指预算管理系统、国库支付管理系统、总账管理系统、现金管理系统、工资统一发放管理系统、国债管理系统、政府采购管理系统、固定资产管理系统、收入管理系统、财政经济景气分析系统、标准代码系统和外部接口系统等业务管理系统。

(2)信息网络系统。一个覆盖全国各级财政部门和财政资金使用部门的纵横向三级网络系统,包括本级局域网、纵向连接各级财政部门的广域网和横向连接同级的各预算单位、国库、银行、税收等相关职能部门的城域网。

(3)安全保障体系。建立统一的安全体系,要实现全系统的应用安全、系统安全、网络安全和物理安全的统一管理,重点建设以认证中心、数据加密为核心的应用安全平台,制定相应的安全管理制度,确保"金财工程"应用系统高效、稳定运行。因此,要按照高可靠性和高标准的故障恢复能力,建立完善的备份与恢复系统,做好现场备份、同城备份及异地备份。电子签名等具备法律效力后可采用无纸化网上支付及收缴,采用实时模式灾难恢复技术,建立一个高度可靠可用的系统。

二、财政核心业务一体化

2019 年,财政部发布《财政核心业务一体化系统实施方案》等文件,提出由省级财政统建统管的财政核心业务一体化系统建设,其总体目标是运用信息化手段全面深化预算制度改革,建立全面规范透明、标准科学、约束有力的预算制度,全面实施绩效管理,为此,在先期"金财工程"的基础上升级改造,实行财政核心业务一体化系统建设,推行预算管理一体化系统建设,用软件系统固化预算管理流程,全面深化预算制度改革,严格落实党中央精神和《中华人民共和国预算法》。

三、预算管理一体化系统

2023 年财政部印发《预算管理一体化规范（2.0 版）》，大力推进和优化预算管理一体化系统建设。预算管理一体化是以统一预算管理规则为核心，以预算管理一体化系统为主要载体，将统一的管理规则嵌入信息系统，将"制度+技术"结合，形成预算管理一体化、集成性的现代预算管理系统。

（1）预算管理一体化实行大数据集中、集成化管理机制。预算管理一体化规范的内容包括基础信息管理、项目库管理、预算编制审批、预算调整和调剂、预算执行、资金支付、政府资产和债务管理、会计核算和预算指标核算、决算和报告、绩效管理等十个部分，涵盖预算管理的主要环节。预算管理一体化要求实现五个"一体化"，包括全国政府预算管理的一体化、各部门预算管理的一体化、预算全过程管理的一体化、预算项目全生命周期管理的一体化、全国预算数据管理的一体化。预算管理一体化要求全省的财政和预算大数据由省财政集中统管数据，并与中央财政对接，由此形成向前各环节递进、环环相扣、相互衔接，向后可留痕回溯的管理机制，实现各级预算数据的集中统一管理和上下贯通。

预算管理一体化系统对以前的部门预算、国库集中支付系统、会计核算软件、资产管理系统、部门决算、财务报告等系统进行集中整合，统一口径，保持了数据的唯一性，数据按既定标准和规则自动获取生成，且模块之间互相衔接，解决了不同系统往返切换、数据重复填报，账表不一致问题，集成化管理流程更为规范精细，硬化预算约束。

（2）预算管理一体化系统的管理机制创新。一是项目化管理，将预算项目按照支出性质和用途分为人员类项目、运转类项目、特定目标类项目三类。二是预算指标控制。国库资金支拨不再需要用季度分月用款计划控制，而是以预算指标控制，不再需要授权支付方式。采用会计复式记账法核算预算指标管理业务或事项，强化财政部门对预算指标管理全流程的追踪和控制，实时掌握预算分配和执行进度，加强对预算执行的监督，严格预算执行。三是预算工作规范高效，预算管理一体化系统统一规范各模块部分的管理要素，提高预算工作标准化、自动化、智能化水平，实现对预算管理全流程的动态反映和有效控制，保证各级预算管理规范高效。

第五节　预算执行的分析与报告

一、预算执行情况检查和分析

预算执行情况检查和分析是国家各级预算执行机关通过采取多种形式和方法，对国家预算资金的筹集、分配和使用的活动情况进行的检查和分析。预算执行政策性强，涉及面广，除了分析预算政策、收支项目执行情况外，还要对影响国家预算收支发展变化的相关因素，以及预算收支平衡和综合平衡的态势进行分析。

　　预算收支指标表现的经济现象之间具有一定的因果关系，预算检查分析对这些因果关系不仅应从本质上对预算资金的运动进行定性分析，还应进行定量分析。量的分析建立在质的分析基础上，最常用的是比较法和因素法。

（一）比较法

　　比较法简便易学，通过对事物数量的对比分析即可在总体上揭示内在的矛盾。比较法的具体内容包括预算指标和决算指标对比，本期实际完成指标和前期实际完成指标对比，地区、部门、企业之间实际完成指标对比等。

　　比较法只能用于同质指标间的数量对比，如果某项差异只受一个因素影响，则通过指标对比分析，就可以制定该因素对差异的影响程度。由于比较法无法分析诸多变化因素对预算和实际差异的影响程度，限制了检查分析的广度和深度。

（二）因素法

　　采用比较法确定了各种差异之后，还应分析引起差异的因素，衡量诸因素对差异的影响程度，如果某项差异是多因素交叉作用影响的结果，则需用因素法确定各因素对差异的影响程度。

　　因素法是对某一事物分析其内在诸矛盾交叉作用影响程度的一种方法。它通过对组成某一经济指标诸因素的顺序分析，用数值来测定诸因素变化而产生的影响。只要按顺序依次把其中一个因素视为可变，把其他因素视为不变，就会得到任何一种可能的组合结果。因素法的基本原理可概括为依次替换，顺序分析。

　　预算：$A \times B \times C = D$。

　　一次替换：$A_1 \times B \times C = D_1$。

　　二次替换：$A_1 \times B_1 \times C = D_2$。

　　三次替换：$A_1 \times B_1 \times C_1 = D_3$。

　　D_1 与 D 比较，二者之差即表示由于 A 因素发生变动而产生的影响；D_2 与 D_1 比较，二者之差即表示由于 B 因素发生变动而产生的影响；D_2 与 D_3 比较，二者之差即表示由于 C 因素发生变动而产生的影响。

　　最后，分析判断各因素对预算和预算执行的影响程度，从而寻求破解问题的对策。

　　在实际操作时，事先要严格规定诸因素的排列顺序，并在不同时期均按既定排列顺序分析才具有可比性，才能得到正确的组合结果，否则，因素会失真，得到的是错误的组合结果。

　　国家预算执行检查分析的形式包括定期检查分析、专题检查分析和典型调查分析。

　　国家预算执行机关都必须认真检查分析本地区、本部门、本单位预算执行情况，并应将本部门、本单位的预算执行情况按规定及时报同级财政部门。各级地方财政部门应当将本地区预算执行情况的检查分析报告，及时报送同级人民政府和上级财政部门。各省、自治区、直辖市及有关重点城市的财政部门，都必须将其预算执行情况的检查分析报告，按规定及时报送财政部。财政部对于全国预算收支执行情况的检查分析报告，在报送国务院和中央有关部门的同时，也要抄送各省、自治区、直辖市，供各地区在组织预算执行工作时参考。

二、预算执行报告制度

预算执行报告制度就是定期以报表和文字反映国家预算收支执行情况的制度，此制度有利于加强预算执行情况的信息反馈，以便上级预算或国家权力机关及预算执行机关及时掌握预算收支情况。我国各级政府财政部门一年要向本级人民代表大会（和人民代表大会常务委员会）提交两次预算执行报告，包括预算执行结果报告和年中预算执行报告。

（一）预算执行报告制度的构成

（1）各级政府应当加强对预算执行工作的领导，定期听取财政部门有关预算执行情况的汇报，研究解决预算执行中出现的问题。为此，一是各级政府财政部门应当每月向本级政府报告预算执行情况，具体报告内容、方式和期限由本级政府规定。二是各部门应当按照本级政府财政部门规定的期限和要求，向本级政府财政部门报送本部门及其所属各单位的预算收支情况等报表和文字说明材料。三是地方各级政府财政部门应当定期向上一级政府财政部门报送本行政区域预算执行情况，包括预算执行旬报、月报、季报，政府债务余额统计报告，国库库款报告以及相关文字说明材料；具体报送内容、方式和期限由上一级政府财政部门规定。

（2）政府财政部门汇总、编报分期的预算执行数据，分析预算执行情况，按照本级人民代表大会常务委员会、本级政府和上一级政府财政部门的要求定期报告预算执行情况，并提出相关政策建议。

财政专户资金应当由本级政府财政部门纳入统一的会计核算，并在预算执行情况、决算和政府综合财务报告中单独反映。

（3）各部门、各单位的主要职责汇总本部门、本单位的预算执行情况，定期向本级政府财政部门报送预算执行情况报告和绩效评价报告。

社会保险基金预算由社会保险费征收机构和社会保险经办机构具体执行，并按照规定向本级政府财政部门和社会保险行政部门报告执行情况。

各级国库应当及时向本级政府财政部门编报预算收入入库、解库、库款拨付以及库款余额情况的日报、旬报、月报和年报。

（4）各级政府财政部门、预算收入征收部门和单位、国库应当建立健全相互之间的预算收入对账制度，在预算执行中按月、按年核对预算收入的收纳以及库款拨付情况，保证预算收入的征收入库、库款拨付和库存金额准确无误。

各级税务、海关等预算收入征收部门和单位应当按照财政部门规定的期限和要求，向财政部门和上级主管部门报送有关预算收入征收情况，并附文字说明材料。各级税务、海关等预算收入征收部门和单位应当与相关财政部门建立收入征管信息共享机制。

（二）预算执行信息的常用报表

预算执行报告制度的载体是报表，预算执行报告按时间可以划分为年度预算执行报告、中期预算执行报告等。预算执行报告还可以按种类划分如下几类。

（1）各级财政总预算会计报表。其包括旬报、月报和月份报告情况分析的书面报告。通过这些报告，可以掌握各级财政的总预算收支执行和完成情况，从而帮助政府了解国民经济计划的重要经济指标、事业指标的完成情况，进一步掌握各项生产、建设和事业计划的执行进度，以便做好各项工作，不断提高预算管理水平。

（2）国库预算收支项目电报。各级国库每月都要编报预算收支项目电报，逐级上报国家总金库，由总金库汇总后报送财政部。它反映一定时期预算收支的执行情况。预算收入项目电报分为旬报和月报两种，中央预算收入分月执行数根据中国人民银行上海总部代理国家总金库汇总的中央预算收入月报编列；中央预算支出只有月报，于月后四日内报出。

（3）国有企业会计报表。国有企业会计报表是国有企业和参与预算执行的职能部门填报的各种报表，主要有国有企业月份、季度会计报表。它反映国有粮食、工商利润或亏损总额、抵缴利润、应缴利润、交库利润和欠缴利润，应拨亏损及实际拨补亏损等数据，可使财政部门及时掌握企业生产、成本和盈亏情况，也是各级总预算部门分析企业收入执行情况的重要依据。各级财政机关对这些报表都要分别汇总，逐级上报。

（4）税收报表。其包括税收旬报、税收月报、税收统计月报表。税收旬报、税收月报用电报报送，它们是分析税收执行情况的重要资料。税收旬报一般按主要税种和税类项目编报，月报比旬报更细，除旬报项目外，工商税还按税目列报；税收月报主要包括工商各税、资源税分项目、分经济类型统计月报表，企业所得税统计月报表等。税收月报、税收旬报电报数是实际缴库数，与国家预算收支旬报、月报该项收入数基本相符；税收统计月报是征收数，包括应退库款。

（5）海关税收缴库月报表。其每月报送一次，反映关税收入中集中纳税和各口岸纳税的详细数额，可分为进口税额、出口税额，以及海关其他收入、罚没收入和代征工商税收等。

（6）行政事业单位会计报表。它反映行政、事业单位在各时期的支出情况，以及事业进度。规定按月向主管部门编报，主管部门汇总后报同级财政部门汇入月份预算收支报表。

国家预算收支执行情况旬报和月报由财政部汇总编报。旬报于每旬终了五日内编出；月份快报于每月终了七日内编出；月份执行情况简报于月份终了十日内编出，报送国务院，并抄送有关部委和各省自治区、直辖市财政部门。每季终了，还要结合各项经济指标的完成情况，对预算执行情况作全面的分析检查，为制定决策和采取措施提供参考资料。因此，在报送执行情况时，必须坚持数字准确、有情况有分析、报送及时的原则。

（三）预算执行信息管理的要求

（1）做好历史资料的收集整理工作，分析、掌握预算收支的规律。一是根据当期分析检查的项目，整理好上期、上年同期的收支实际数据占全年收支的百分比；二是调整口径，特别是对企事业单位隶属关系的改变、重点税源纳税环节的转移、税率的调整和征免的变更等因素加以调整，使各期的数字有可比性；三是检查上期、上年同期收支中的特殊情况，对大额的多交或退库以及较集中的查补、催缴入库等不可比因素，在对比分析时要加以说明。

（2）加强部门之间的联系，互通信息，从多方面掌握资料。这种联系主要有以下三个方面：一是加强与国民经济管理部门和预算执行有关机构的联系。例如，通过与国家统计局、中国人民银行、国库等的联系，掌握国民经济计划执行情况、银行信贷计划执行情况、预算收支执行情况等方面的资料。二是加强财政部门上下级之间的联系。在逐级分析检查的基础上，可以指定若干重点地区的财政部门按期报送预算收支执行情况简报；根据各个时期的任务和要求，组织所属财政部门进行专题调查；定期召开预算执行情况检查碰头会，共同分析问题，研究解决办法等。通过这些办法，把各地区的预算执行情况和问题集中起来，使上级的分析检查具有更为广泛的基础。三是加强财政部门内部各职能单位之间的联系。在预算执行过程中，大量的、具体的管理工作是由财政部门内部财务、税收等单位负责的。所以，预算执行情况的分析检查必须与各项财务收支计划执行情况和税收计划执行情况的分析检查紧密配合。

三、预算执行信息管理

预算执行信息是显示国家预算执行情况的各类情报的总称。

（一）预算执行信息格式的类别

（1）数据信息。其包括预算收支执行旬报、月报、季报、年报，税务会计、统计报表，企业财务、基建财务、行政事业单位财务报表，国库报表等。

（2）文字信息。其包括工作总结、报告、决议、计划、通知、预算收支执行情况及其动态分析等各种有关文字资料。

（3）语言信息。其包括通过电话、谈话、广播、会议、录音等形式传递的预算执行信息。

（二）预算执行信息的作用

预算执行信息有利于调节、控制预算资金活动、促进微观经济的活力，还有利于监督、检查预算资金活动情况，促进经济、文教、科学等事业的发展。

预算执行信息载体包括纸质信息和电子信息。过去，我们主要是靠手工记账、邮寄支付命令进行信息记录、传递和资金支付；如今，可以运用电子网络系统这一现代科学技术手段，实行计算机联网，共享资源，互相监督，及时、准确地反映政府预算执行的情况。

在当前高度信息化时代，财、税、库、行等预算机构之间的信息应该互联互通共享，保证相关数据核对一致，避免差错，为财政业务实行无纸化办公创造条件，提供大量、准确、详细的信息和方便、快捷的网上联络，提高工作效率和预算管理绩效。

本章思考与练习题

1. 说明我国预算执行机构的职责。

2. 简论预算先期执行的原因及其运行流程。

3. 简述我国政府收入收缴方式及其改革。

4. 试述预算调整的情形和管理要求。

5. 说明预算调剂的含义与方法。

6. 说明预算周转金的作用与设置要求。

7. 说明预备费的设置要求。

8. 说明预算稳定调节基金的作用与设置要求。

9. 解析预算执行报告制度的构成。

10. 简述"金财工程"的建设体系的构成。

11. 阐述预算管理一体化系统的运行机制。

12. 简要说明政府会计管理体系。

13. 说明国际货币基金组织对财政统计的要求。

14. 试述我国权责发生制政府综合财务报告制度的改革。

15. 说明国家资产负债表的原理、编制和分析方法。

16. 解析编制自然资源资产负债表的意图和方法。

第十四章

预算绩效管理与评价

第一节 预算绩效管理机制

一、绩效管理循环

绩效管理是连续不断、循环往复、周而复始地运转的过程。美国质量管理专家戴明（Deming）首先提出绩效管理循环，又叫戴明环。一个完整绩效管理的戴明环循环期一般由计划（plan）、执行（do）、检查（check）和改进（adjust）四个阶段或任务构成，四个依次经过，形成绩效管理 PDCA 循环。

（一）计划

计划是整个绩效管理循环流程中的起始环节，是新绩效期间的开始。制订绩效计划要求明确方针，确定计划活动及其目标。在计划里，主要的工作是为工作执行者制定关键绩效指标。

（二）执行

执行是实施计划，切实地去做，实现计划中内容的细节，绩效管理是一项协作性活动，由工作执行者和管理者共同承担，因此需要开展绩效沟通与辅导。绩效沟通与辅导是针对绩效目标的辅导，依托于计划阶段所制定的绩效目标，也就是关键绩效指标管理。

关键绩效指标确定以后，管理者应与工作执行者保持积极的双向沟通，帮助工作执行者理清工作思路，授予与工作职责相当的权限，提供必要的资源支持，为工作执行者完成绩效目标提供各种便利，进而保证工作执行者的绩效目标得以达成和超越，为执行者在下一绩效周期挑战更高的目标做好准备。此外，管理者还需要观察和记录绩效表现，形成业绩档案。

（三）检查

检查包括绩效考核与反馈、处理、申诉等。通过检查总结执行计划的结果，找出问题，在绩效周期结束时，评估者依据预先制定好的关键绩效指标、业绩档案对执行者的绩效目标的完成情况进行考核。绩效考核并非只是确定打分结果就结束了，还需要进行绩效反馈面谈和沟通，使执行者全面了解自己的绩效状况，正确认识其成效与问题，明确有待改进的弱项。

绩效评价是绩效管理的构成部分，一般是由财政部门和预算部门（单位）根据设定的目标，运用科学合理的绩效评价指标、评价标准和评价方法，对财政支出的绩效进行客观、公正的评价，进行文字分析和描述，形成带有相关结论的报告文本。

（四）改进

运用绩效评估结果进行调整，对总结检查的结果进行处理，对成功的经验加以肯定并适当推广、标准化；对失败的教训加以总结，以免重现，未解决的问题放到下一个 PDCA 循环。

绩效诊断与提高需要从绩效管理体系、管理方式及执行者多方面进行诊断，并进行绩效满意度调查，发现不足，得出结论，根据绩效反馈的结果，制订发展计划，在下一个 PDCA 循环里加以调整，改进计划和绩效管理体系。

我国预算绩效管理制度是将绩效贯穿财政管理全过程，逐步建立预算编制有目标、预算执行有跟踪监控、预算完成有评价、评价结果有反馈、反馈结果有应用的五有预算全程绩效管理流程，目的是实行谁花钱谁负责、用钱必问效、无效要问责的机制，从根本上扭转过去长期花钱不问效的弊端。

二、平衡计分卡

平衡计分卡（balanced score card，BSC），源自哈佛大学教授卡普兰（Kaplan）与诺顿（Norton）1992 年在《哈佛商业评论》发表的一篇关于平衡计分卡的文章，该文章提出了一种绩效评估体系。该体系超越传统以财务量度为主的绩效评估模式，以使组织的策略能够转变为行动。2000 年，二人出版图书《战略中心型组织》，平衡计分卡从最初的业绩衡量体系转变为用于战略执行的新绩效管理体系，平衡计分卡的应用和研究取得重大的突破。2004 年，二人又联名出版一本关于平衡计分卡的图书《战略地图——化无形资产为有形成果》。

传统的财务会计模式只能衡量过去发生事项及其结果的影响因素，无法评估组织前瞻性投资及其领先的驱动因素，针对此，卡普兰和诺顿二人联手改用一个将组织愿景转变为一组绩效指标架构来评价组织的新型绩效管理体系，该体系从财务、客户、内部运营、学习与成长四个维度绩效指标，将组织的战略落实为可操作的衡量指标和目标值，目的就是要建立实现战略制导的绩效管理系统，从而保证组织战略得到有效的执行。因此，人们通常称平衡计分卡是加强组织战略执行力的最有效的战略管理工具。

平衡计分卡主要是通过图、卡、表来实现战略的规划，运用战略地图、平衡计分卡、单项战略行动计划表三个必备构成文件来描述战略，并通过设计的组织与管理流程来实现战略的规划。平衡计分卡通过将战略地图、个人计分卡、指标卡、行动方案、绩效考核量表结合，用直观的图表和职能卡片展示抽象而概括性的部门职责、工作任务与承接关系等，显得层次分明、量化清晰、简单明了，能够有效解决制定战略和实施战略脱节的问题，堵住执行的漏洞。

三、我国全面实施预算绩效管理

全面实施预算绩效管理是政府治理方式的深刻变革，要牢固树立正确政绩观，创新预算管理方式，突出绩效导向，落实主体责任，通过"三全"全面实施预算绩效管理。

（1）构建全方位预算绩效管理格局。要实施政府预算、部门和单位预算、政策和项目预算绩效管理。将各级政府预算全面纳入绩效管理，推动提高收入质量和财政资源配置效率，增强财政可持续性。将部门和单位预算全面纳入绩效管理，增强其预算统筹能力，推动提高部门和单位整体绩效水平。将政策和项目预算全面纳入绩效管理，实行全周期跟踪问效，建立动态评价调整机制，推动提高政策和项目实施效果。

（2）建立全过程预算绩效管理链条。将绩效理念和方法深度融入预算编制、执行、监督全过程，构建事前、事中、事后绩效管理闭环系统，包括建立绩效评估机制、强化绩效目标管理、做好绩效运行监控、开展绩效评价和加强结果应用等内容。

（3）形成全覆盖预算绩效管理体系。各级政府将一般公共预算、政府性基金预算、国有资本经营预算、社会保险基金预算全部纳入绩效管理。积极开展涉及财政资金的政府投资基金、主权财富基金、PPP、政府采购、政府购买服务、政府债务项目绩效管理。

四、预算绩效管理一体化

预算绩效管理一体化要求扭转预算和绩效分割、相互脱节的局面，这意味着政府预算管理和绩效管理的主体、对象、过程、权责、信息子系统完全融为一体。一是主体一体化，这意味着预算管理与绩效管理主体的协同。各个部门既是预算管理第一责任主体，也是绩效管理第一责任主体。二是过程一体化。这意味着预算过程与绩效管理过程的协同一致，形成事前绩效评估、事中绩效监控、事后绩效评价的全过程运行机制。三是信息一体化。这意味着将产出、成本、质量、效益等绩效信息用于预算编制、分配、执行和监督，形成绩效预算模式。

　　预算绩效管理一体化要求在事前申报预算资金时提交绩效目标，其中绩效目标是导向，预算资金配置是基础保障，在事中实行预算执行和绩效进度双监控，在事后开展预算执行结果的总结，并进行绩效评价和追踪，在预算绩效管理进程中及时发现问题并采取措施及时解决问题，防患于未然，同时在改进的基础上进行下一轮预算绩效循环。

　　通过预算与绩效管理一体化联动，将政府、部门和单位预算编制与绩效管理数据实时联动，实现预算资源与绩效目标实现同步编制、同步审核、同步批复，形成协同效应，提高财政资金分配效率，增强预算透明度。

第二节　预算绩效评价体系

一、预算绩效评价主客体

（一）预算绩效评价主体

　　预算绩效评价是指根据设定的绩效目标，依据规范的程序，对预算资金的投入、使用过程、产出与效果进行系统和客观的评价。

　　预算绩效评价的主体是财政部门、主管部门或单位，组织实施绩效评价时应成立评估机构。评价机构按照"谁评价，谁确定"的原则。评估主体具体负责整个评估工作的组织领导及协调工作，负责制订评估工作方案，选择评估机构，审核评估报告等。

　　评价机构可以由财政部门、主管部门或单位的相关人员组成，也可以聘请第三方机构开展绩效评价。第三方机构是指依法设立并向各级财政部门、预算部门和单位等管理、使用财政资金的主体（统称委托方）提供预算绩效评价服务，独立于委托方和预算绩效评价对象的组织，主要包括专业咨询机构、会计师事务所、资产评估机构、律师事务所、科研院所、高等院校等。

　　根据评估组织方式和要求选择确定评估机构，评估机构有三种形式：①由项目单位或主管部门内部相关专业人员组成的评估组；②由项目单位、主管部门或财政部门组织的专家组，专家组成员可在绩效评估专家库中选取，对于重大项目的评估，选取时应考虑人民代表大会、政协及相关大专院校的专家；③具有相应资质的社会中介机构参与评估，中介机构应在绩效评估中介机构库中选择。

（二）预算绩效评价客体

　　预算绩效评价的客体通常应该包括纳入预算管理所有资金和国有资产。

　　（1）项目绩效评价。这是指财政部门、预算部门和单位依据设定的绩效目标，对项目的投入、过程、产出和效果进行客观、公正的测量、分析和评判。

（2）部门预算整体绩效评价。这是通过采用科学的评价工具对部门履职的预算绩效进行的评价活动，包括基本支出、项目支出和部门整体支出绩效评价等。

（3）政府预算绩效评价。这是对一级行政辖区的政府预算绩效进行的评价活动。

（4）财政政策绩效评价。这是对财政政策的绩效实现情况开展评价。

预算绩效评价客体还可以根据资金来源特点分为本级部门预算管理的资金和上级政府对下级政府的转移支付资金等。

二、预算绩效目标

预算绩效目标是预算绩效管理的对象在一定时期内达到的产出和效果。作为预算绩效管理的第一环节，预算绩效目标是建立项目库、编制部门预算、编制中期财政规划、实施绩效运行跟踪监控、开展绩效评价等的重要基础和依据。

预算绩效目标编制依据包括国家相关法律、法规和规章制度、国民经济和社会发展规划、部门（单位）职能、中长期发展规划、年度工作计划或项目规划、部门中期财政规划、中期和年度预算管理要求、相关历史数据、行业标准、计划标准、其他依据。

预算绩效目标是在规划期内要达到的整体产出和效果，需要确定总体绩效目标，并以定量和定性指标对总体绩效目标进行分解，确定长期绩效指标和长期指标值。与此同时，进一步将总体绩效目标、长期绩效指标和长期指标值进行分解，确定阶段性或者年度绩效目标、绩效指标和指标值。

预算绩效目标通过决策树方式选择关键绩效指标，关键绩效指标是对组织运作过程中关键成功要素的提炼和归纳，以此作为衡量绩效目标实现程度的考核工具，可以明确各部门的主要责任，明确各部门或项目的业绩衡量指标。

三、预算绩效指标

（一）预算绩效目标指标化

预算绩效目标主要包括投入、过程、产出和效果四方面内容的指标。其中，投入指标看资源，过程指标看管理，产出指标看数据、体现所办的事，效果指标主要关注成果、体现所办事情的影响效果。

预算绩效指标是绩效目标的细化和量化描述。绩效目标要从数量、质量、成本、时效以及经济效益、社会效益、生态效益、可持续影响、满意度等方面进行细化、量化和指标化。无法量化者可采用定性表述，并具有可衡量性。

（二）预算绩效指标设计遵循 SMART 原则

S 代表具体（specific），指绩效考核要切中特定的工作指标，不能笼统。

M 代表可度量（measurable），指绩效指标是数量化或者行为化的，验证这些绩效指标的数据或者信息是可以获得的。

A 代表可实现（attainable），指绩效指标在付出努力的情况下可以实现，避免设立过高或过低的目标。

R 代表现实性（realistic），指绩效指标是实实在在的，可以证明和观察；R 还代表关联性（relevant），指绩效指标与上级目标具有明确的关联性，最终与组织目标相结合。

T 代表有时限（timebound），注重完成绩效指标的特定期限。

（三）预算绩效指标种类

（1）共性指标，是适用于所有评估对象的指标，主要包括预算编制和执行情况，财务管理状况，资产配置、使用、处置及其收益管理情况，以及社会效益、经济效益等，共性指标由财政部门统一制定。

（2）个性指标，是针对预算部门或项目特点设定的，适用于不同预算部门或项目的业绩评估指标，个性指标由财政部门会同预算部门制定。

四、绩效评价方式

（1）单位自评。这是指预算部门组织部门本级和所属单位对预算绩效目标完成情况进行自我评价。单位自评由项目单位自主实施，即"谁支出，谁自评"，旨在落实资金使用单位绩效主体责任，要求实现全面覆盖。

（2）部门评价。这是指预算部门根据相关要求，运用科学、合理的绩效评价指标、评价标准和方法，对本部门的项目组织开展的绩效评价。部门评价优先选择部门履职的重大改革发展项目，原则上应以 5 年为周期实现部门重点项目绩效评价全覆盖。

（3）财政评价。这是财政部门对预算部门的项目组织开展的绩效评价。各级政府财政部门有权监督本级各部门及其所属各单位的预算管理有关工作，对各部门的预算执行情况和绩效进行评价、考核。财政评价优先选择贯彻落实党中央、国务院重大方针政策和决策部署的项目和覆盖面广、影响力大、社会关注度高、实施期长的项目，对重点项目应周期性组织开展绩效评价。

部门和财政重点评价可以委托第三方机构参与预算绩效评价，要坚持委托主体与绩效管理对象相分离原则，禁止预算部门或单位委托第三方机构对自身绩效管理工作开展评价，自评以及单位内部管理事项不得委托第三方机构，第三方机构参与预算绩效评价要求设置"主评人"制度，将受托自律责任落实到人。

五、预算绩效评价结果

预算绩效评价结果应当采取评分与评级相结合的形式，具体分值和等级可根据不同评价内容设定。财政部门和预算部门应当及时整理、归纳、分析、反馈绩效评价结果，并将其作为改进管理和编制以后年度预算的依据。预算绩效评价结果还应当按照政府信息公开的有关规定在一定范围内公开。对预算绩效评价结果较好的，财政部门和预算部门可予以表扬或继续支持；对预算绩效评价发现问题、达不到绩效目标或结果较差的，财政部门和预算部门可予以通报批评，并责令其限期整改。不进行整改或整改不到位的，应当根据情况调整项目或相应调减预算，直至取消该项财政支出。

第三节　预算绩效评价准则

一、5E 绩效评价准则

政府绩效审计起源于美国并在世界上其他国家得到广泛推广，绩效审计原则、核心内容和理念也被应用到绩效评估中。

（1）经济性（economy）是指组织经营活动过程中获得一定数量和质量的产品与服务以及其他成果时所耗费的资源最少，主要关注的是资源投入和使用过程中成本节约的水平和程度及资源使用的合理性。

（2）效率性（efficiency）是指组织经营活动过程中投入资源与产出成果之间的对比关系，当一定量的资源投入获得符合既定质量和数量的产出最大化时，或者确定一定数量、质量的产出最大化时，或者取得一定数量、质量的产出而投入的资源最小化时都可以称为有效率。

（3）效果性（effectiveness）是指组织从事经营活动时实际取得成果与预期取得成果之间的对比关系。效果性主要关注的是既定目标的实现程度及经营活动产生的影响。

（4）公平性（equity）用于评估预算资金的安排及其结果是否公平、公正、合理、适当。公平性就是要分别保证绩效评价的内部公平性和外部公平性，公平是确立和推行绩效评价制度的前提，否则绩效评价就不可能发挥应有作用。

（5）环境性（environment）主要是指组织活动对环境保护和治理环境污染的生态环境效果。《环境绩效评估》1999 年 10 月正式公告环境绩效评估标准，规定了持续对组织环境绩效进行测量与评估的基本程序，评估对象则是针对组织的管理系统、操作系统，乃至其周围的环境状况。组织的环境管理绩效为环境绩效评估的工作重点所在，在考虑成本效益时，可针对其重要的环境参数，建立持续监督的系统，并与各利害相关者沟通评价结果。

经济性为管理活动开展的前提，效率性主要关注管理活动的过程，效果性则评估管理活动是否达到目的，公平性和环境性是在前 3E 基础的发展，是经济绩效向社会绩效的拓展。

二、《卓越绩效评价准则》

我国《卓越绩效评价准则》属于质量管理体系，其结构主要分为领导，战略，顾客与市场，资源，过程管理，测量、分析与改进，结果七大部分，帮助企业或组织提高质量管理水平。

《卓越绩效评价准则》说明了七个类目之间的逻辑关系，过程旨在结果，结果通过过程取得，并为过程的改进和创新提供导向。卓越绩效模式旨在通过组织运行过程创出卓越的结果，只有那些取得卓越结果的组织才是真正卓越的组织。领导、战略、顾客与市场构成领导作用三角，是驱动性的；资源、过程管理、结果构成资源、过程和结果三角，是从动性的；测量、分析与改进的数据、信息和知识对于基于事实的管理和竞争性改进而言，是至关重要的，构成了组织运作和绩效管理系统的基础。

《卓越绩效评价准则》将所关注的质量管理上升为经营管理的大质量管理，强调组织的战略策划、经营结果和社会责任，目的就是为组织追求卓越提供一个经营模式框架和一个组织诊断当前管理水平的检查表，并通过自我评价来不断提升组织各方面的质量与绩效，真正实现组织的卓越。

三、预算绩效评价标准

预算绩效评价标准是设定绩效指标时所依据或参考的标准。

（1）计划标准，以预先制定的目标、计划、预算、定额等数据作为评估的标准。

（2）行业标准，参照国家公布的行业指标数据制定的评估标准。

（3）历史标准，参照同类指标的历史数据制定的评估标准。

（4）其他经财政部门确认的标准。

由于预算的公共性，预算绩效评价还需要考虑政治标准、社会标准和民意标准等。

第四节　预算绩效评价方法

一、常规性评价方法

常规性绩效评价方法主要有成本效益分析法、最低成本法、比较分析法、因素分析法、公众评判法、标杆管理法等。根据评价对象的具体情况，可采用一种或多种方法。

（1）成本效益分析法。这是指将一定时期内的支出或投入与产出、效益进行关联性对比分析，以评估绩效目标实现程度。

（2）最低成本法。这是指在绩效目标确定的前提下，成本最小者为优的方法。通常情况下，可用于对效益确定却不易计量的多个同类对象的实施成本进行比较，评估绩效目标实现程度，以最低成本提供同等质量和效果服务。

（3）比较分析法。这是指通过对绩效目标与实施效果、历史与当期情况、不同部门和地区同类支出的比较，综合分析绩效目标实现程度。

（4）因素分析法。这是指通过综合分析影响绩效目标实现、实施效果的内外因素，评估绩效目标实现程度。

（5）公众评判法。这是指通过专家评估、公众问卷及抽样调查等方式对财政支出效果进行评判，评估绩效目标实现程度的方法。

（6）标杆管理法。这是指以国内外同行业中较高的绩效水平为标杆进行评判的方法。

二、360 度绩效考评法

传统的考核方式主要采取上级对下级的单向考察和评价。360 度绩效考评法是指从与被考核者发生工作关系的多方主体那里获得被考核者的信息，以此对被考核者进行全方位、多维度的绩效评估的方法，又称 360 度绩效反馈、全方位评估、多源绩效考核法。其优点是比较全面地进行评估，易于做出比较公正的评价；缺点是评估工作量比较大。

三、数理统计分析方法

开展预算绩效评价还可以运用数据包络分析（data envelopment analysis，DEA）法、主成分分析（principal components analysis，PCA）法、因子分析（factor analysis）法等数理统计分析方法。

（1）DEA 法是运筹学、管理科学与数理经济学交叉研究的一个新领域。它是根据多项投入指标和多项产出指标，利用线性规划的方法，对具有可比性的同类型单位进行相对有效性评价的一种数量分析方法。DEA 法于 1978 年由美国著名运筹学家查恩斯（Charnes）和库珀（Cooper）提出。

DEA 法可以把多种投入和多种产出转化为效率比率的分子和分母，而不需要转换成相同的货币单位，避开了计算每项服务的标准成本。DEA 是一个线性规划模型，表示为产出对投入的比率。通过对一个特定单位的效率和一组提供相同服务的类似单位的绩效进行比较，它试图使服务单位的效率最大化。在这个过程中，获得 100%效率的一些单位被称为相对有效率单位，而另外的效率评分低于 100%的单位被称为无效率单位。用 DEA 法衡量效率可以清晰地说明投入和产出的组合，它比经营比率或利润指标更具有综合性并且更值得信赖。

（2）主成分分析法。主成分分析法是一种利用降维的思想，通过线性变换简化数据集的技术，一般是减少数据集的维数，运用回归分析把多指标转化为少数几个综合指标。低阶成分往往能够保留住数据的最重要的方面，通过保留低阶主成分，忽略高阶主成分的方法，保持数据集的对方差贡献最大的特征。主成分分析法的原理是设法将原来的变量重新组合成一组新的相互无关的综合变量，同时根据实际需要从中可以取出几个较少的综合变量尽可能多地反映原来变量的信息。

（3）因子分析法。这是从研究指标相关矩阵内部的依赖关系出发，把一些信息重叠、具有错综复杂关系的变量归结为少数几个不相关综合因子并对其进行多元统计分析的一种方法。其基本思想是：根据相关性大小把变量分组，使同组内的变量之间相关性较高，但不同组的变量不相关或相关性较低，每组变量代表一个基本结构，即公共因子。

本章思考与练习题

1. 解释绩效管理的 PDCA 循环。

2. 解析平衡计分卡原理。

3. 说明我国全面预算绩效管理制度的内容和要求。

4. 阐述绩效评价目标的含义和编制要求。

5. 掌握绩效目标编制内容及其绩效评估指标设置的方法。

6. 简述预算绩效评价指标设计应该遵循的 SMART 原则。

7. 说明关键性绩效评价指标的含义和选择思路。

8. 简述 5E 预算绩效评价准则。

9. 说明卓越绩效评价职责。

10. 解析预算绩效评价实务标准。

11. 概述预算绩效评价的方法。

12. 简述 360 度绩效考评法。

13. 解析绩效评价的成本收益分析法及其运用。

14. 预算绩效评估的数理分析方法有哪些？

15. 简析 DEA 法及其适用性。

第十五章

预决算监督

第一节 国家决算

一、编制决算的必要性

决算是对年度预算执行情况最终的、全面的反映，也是一年来国民经济和社会发展计划执行结果在财政收支上的集中反映。

（1）国家决算是国家政治、经济活动在财政上的集中反映。国家决算体现着一年政府活动的范围和方向，通过国家决算的编制可以掌握国家预算和国民经济计划的实际情况，了解党和国家有关方针政策的贯彻执行情况及年度内国家财政资金活动的范围的流向，便于了解政府在年度中所致力的重要工作，了解政治、经济与财政的关系；同时，预算执行结果或决算最终由本级人民代表大会以及人大常委会审查，体现了社会主义的民主，便于民众了解预算与决算。

（2）国家决算反映国家预算执行的结果。国家决算收入反映年度国家预算收入的总规模、收入来源和收入构成，体现国家集中资金的程度和国家资金积累水平；国家决算支出反映年度国家预算支出的总规模、支出方向、支出构成，以及各种重要比例关系，体现国家经济建设和社会事业发展的规模和速度。决算中的有关基本数字体现着各项事业发展的速度和取得的成果。

（3）国家决算是制定国家财经政策的基本资料。通过决算的编制和分析，可以从资金积累和资金分配的角度总结一年来各项经济活动在贯彻执行党和国家的方针、政策方面的情况，为国家领导机关研究经济问题、决定经济政策提供资料。

（4）国家决算是系统整理和积累财政统计资料的主要来源。通过国家决算的编制可以系统地整理反映预算执行的最终实际数字，通过对决算资料的分析，总结一年来预算编制、执行、管理、平衡预算收支、资金效果和财政监督等方面的经验教训，提出改进意见和措施，为提高下年度的预算管理工作水平创造条件并为制定下年度预算收支控制指标提供数字基础。

预算执行结果与预算不完全一致，国家预算执行情况如何，是否完成收支任务，收支是否平衡，只有通过决算才能准确地反映出来。决算编制工作政策性很强，是各级政府向人民报账、总结预算执行效果和经验、总结预算规律的大事。因此，从中央到地方，各地区、各部门、各企业、各事业及行政单位都应该重视决算的编制工作，年度终了，都要按国家的规定，正确、完整、及时地编制决算。

二、决算草案编报

决算草案是指各级政府、各部门、各单位编制的未经法定程序审查和批准的预算收支和结余的年度执行结果的报告，由决算报表和文字说明两部分构成。决算草案由各级政府、各部门、各单位，在每一预算年度终了后按照国务院规定的时间编制。

编制决算草案，必须符合法律、行政法规，做到收支真实、数额准确、内容完整、报送及时。决算草案应当与预算相对应，按预算数、调整预算数、决算数分别列出。一般公共预算支出应当按其功能分类编列到项，按其经济性质分类编列到款。

（1）财政部应当在每年第四季度部署编制决算草案的原则、要求、方法和报送期限，制发中央各部门决算、地方决算以及其他有关决算的报表格式。省、自治区、直辖市政府按照国务院的要求和财政部的部署，结合本地区的具体情况，提出本行政区域编制决算草案的要求。县级以上地方政府财政部门根据财政部的部署和省、自治区、直辖市政府的要求，部署编制本级政府各部门和下级政府决算草案的原则、要求、方法和报送期限，制发本级政府各部门决算、下级政府决算以及其他有关决算的报表格式。

（2）地方政府财政部门根据上级政府财政部门的部署，制定本行政区域决算草案和本级各部门决算草案的具体编制办法。各部门根据本级政府财政部门的部署，制定所属各单位决算草案的具体编制办法。

（3）各级政府财政部门、各部门、各单位在每一预算年度终了时，应当清理核实全年预算收入、支出数据和往来款项，做好决算数据对账工作。决算各项数据应当以经核实的各级政府、各部门、各单位会计数据为准，不得以估计数据替代，不得弄虚作假。各部门、各单位决算应当列示结转、结余资金。

（4）各单位应当按照主管部门的布署，认真编制本单位决算草案，在规定期限内上报。各部门在审核汇总所属各单位决算草案基础上，连同本部门自身的决算收入和支出数据，汇编成本部门决算草案并附详细说明，经部门负责人签章后，在规定期限内报本级政府财政部门审核。各级预算收入征收部门和单位应当按照财政部门的要求，及时编制收入年报以及有关资料并报送财政部门。

（5）各级政府财政部门对本级各部门决算草案审核后发现有不符合法律、行政法规规定的，有权予以纠正。各级政府财政部门应当根据本级预算、预算会计核算数据等相关资料编制本级决算草案。年度预算执行终了，对于上下级财政之间按照规定需要清算的事项，应当在决算时办理结算。

（6）决算草案审计。县级以上各级政府财政部门编制的决算草案应当及时报送本级政府审计部门审计。国务院财政部门编制中央决算草案，经国务院审计部门审计后，报国务院审定，由国务院提请全国人民代表大会常务委员会审查和批准。县级以上地方各级政府财政部门编制本级决算草案，经本级政府审计部门审计后，报本级政府审定，由本级政府提请本级人民代表大会常务委员会审查和批准。乡、民族乡、镇政府编制本级决算草案，提请本级人民代表大会审查和批准。

三、决算草案审批

（一）初步审查

国务院财政部门应当在全国人民代表大会常务委员会举行会议审查和批准中央决算草案的 30 日前，将上一年度中央决算草案提交全国人民代表大会财政经济委员会进行初步审查。

省、自治区、直辖市政府财政部门应当在本级人民代表大会常务委员会举行会议审查和批准本级决算草案的 30 日前，将上一年度本级决算草案提交本级人民代表大会有关专门委员会进行初步审查。

设区的市、自治州政府财政部门应当在本级人民代表大会常务委员会举行会议审查和批准本级决算草案的 30 日前，将上一年度本级决算草案提交本级人民代表大会有关专门委员会进行初步审查，或者送交本级人民代表大会常务委员会有关工作机构征求意见。

县、自治县、不设区的市、市辖区政府财政部门应当在本级人民代表大会常务委员会举行会议审查和批准本级决算草案的 30 日前，将上一年度本级决算草案送交本级人民代表大会常务委员会有关工作机构征求意见。

全国人民代表大会财政经济委员会和省、自治区、直辖市、设区的市、自治州人民代表大会有关专门委员会，向本级人民代表大会常务委员会提出关于本级决算草案的审查结果报告。

（二）决算批复

各级决算经批准后，财政部门应当在 20 日内向本级各部门批复决算。各部门应当在接到本级政府财政部门批复的本部门决算后 15 日内向所属单位批复决算。

地方各级政府应当将经批准的决算及下一级政府上报备案的决算汇总，报上一级政府备案。县级以上各级政府应当将下一级政府报送备案的决算汇总后，报本级人民代表大会常务委员会备案。

（三）决算汇总报备

县级以上地方各级政府应当自本级决算经批准之日起 30 日内，将本级决算以及下一级政府上报备案的决算汇总，报上一级政府备案；将下一级政府报送备案的决算汇总，报本级人民代表大会常务委员会备案。

乡、民族乡、镇政府应当自本级决算经批准之日起 30 日内，将本级决算报上一级政府备案。

国务院和县级以上地方各级政府对下一级政府报送备案的决算，认为有同法律、行政法规相抵触或者有其他不适当之处，需要撤销批准该项决算的决议的，应当提请本级人民代表大会常务委员会审议决定；经审议决定撤销的，该下级人民代表大会常务委员会应当责成本级政府依照本法规定重新编制决算草案，提请本级人民代表大会常务委员会审查和批准。

四、决算重点审查内容

县级以上各级人民代表大会常务委员会和乡、民族乡、镇人民代表大会对本级决算草案，重点审查下列内容：①预算收入情况；②支出政策实施情况和重点支出、重大投资项目资金的使用及绩效情况；③结转资金的使用情况；④资金结余情况；⑤本级预算调整及执行情况；⑥财政转移支付安排执行情况；⑦经批准举借债务的规模、结构、使用、偿还等情况；⑧本级预算周转金规模和使用情况；⑨本级预备费使用情况；⑩超收收入安排情况，预算稳定调节基金的规模和使用情况；⑪本级人民代表大会批准的预算决议落实情况；⑫其他与决算有关的重要情况。

县级以上各级人民代表大会常务委员会应当结合本级政府提出的上一年度预算执行和其他财政收支的审计工作报告，对本级决算草案进行审查。

五、年终清理和结算

年终清理是指各级财政部门和行政事业单位、企业单位、基建单位，在年终对预算收支、会计账目、财产物资进行的全面核对和清查。它是做好年度决算编制工作的重要条件。

各级财政部门和主管部门在收到国家决算编制的通知后，将通知按隶属关系下达后，便着手进行年终清理。年终清理的内容主要包括：核对年度预算收支数字、清理本年预算应收应支、结清预算拨借款、清理往来款项、清查财产物资、进行决算收支数字的对账工作。

为了保证各项决算收入数字的准确性，年终决算期，各级财政部门、企业利润监缴机关、国库，要会同预算缴款单位将决算收入数字共同核对一致，填制对账单办理签证后，分别按系统上报；各级财政部门要会同主管部门、用款单位和开户银行，把决算支出数字共同核对一致，按照规定的程序逐级进行年终对账签证，要保证各级财政总预算、企业财务决算、行政单位决算、事业单位决算、基建财务决算、国库年报、税收年报等有关决算收支数字衔接一致。

年终结算是指各级财政在年终清理的基础上，结清上下级财政总预算之间的预算调拨收支和往来款项。

六、结余或结转资金管理

预算结余或结转是指预算收入大于预算支出的差额。预算结余或结转按预算机构的设置情况分为财政、部门和单位的预算结余或结转，按预算支出类型分为基本支出预算和项目预算结余或结转。我国地方财政结余或结转的计算公式为

地方财政预算结余或结转 = 地方财政本级收入 + 中央财政税收返还和转移支付
–地方财政本级支出–上解中央支出

部门预算结余和结转 = 部门收入合计–部门支出合计

为了规范预算结余和结转资金的管理，提高绩效，我国近年来采取了如下措施。

（1）定期清理压缩结余结转资金规模。各级财政部门每年定期组织清理本级财政结余结转资金，加大部门结余结转资金清理力度，摸清底数、分类处理，切实压缩结余结转资金规模。

（2）结余结转资金按规定使用。我国计划经济体制时期，实行结余上缴，改革开放后实行预算包干制度，财政对预算单位实行超支不补、结余留用，结果助长了部门扩张预算、滥用资金或累积巨额存量资金的冲动，近年来，改革要求结余结转不再留用，而是按规定使用。

（3）结转资金限期转为结余资金管理。《中华人民共和国预算法》要求各级政府上一年预算的结转资金，应当在下一年用于结转项目的支出；连续两年未用完的结转资金，应当作为结余资金管理。各部门、各单位上一年预算的结转、结余资金按照国务院财政部门的规定办理。

第二节　预算监督体系

一、预算监督界定

国家预算监督是指国家财政对各级政府预算编制、执行、调整乃至决算等活动的合法性和有效性进行的监督。它属于财政监督的重要组成部分，是预算管理的重要内容。

预算监督是指国家通过国家预算参与国民收入分配的过程，从预算资金筹集、分配和使用情况对国民经济以及社会各项活动、各环节、各方面进行的监察、监督和制约。

预算法定监督包括：①各级人民代表大会及其常务委员会对预算进行的监督；②各

级政府对下一级政府预算执行的监督等；③各级政府财政部门对部门预算的监督；④各级政府审计部门对预算的监督。

在人民代表大会监督、政府监督、财政监督、审计监督等法定监督之外，还有上级监督、财会监督、纪律监督、监察监督、派驻监督、巡视监督、社会监督等。

社会监督包括第三方机构监督、社会公众监督和媒体舆论监督等，其中第三方机构主要包括专业咨询机构、会计师事务所、资产评估机构、律师事务所、科研院所、高等院校等。第三方机构监督是依法享有经济监督检查职权的政府有关部门、依法批准成立的会计师事务所、师事务所等中介机构对国家机关，社会团体，企业事业单位经济活动的合法合规和绩效情况进行的会计、审计和绩效监督。第三方机构监督具有独立性、专业性特点，行业自律至关重要，财政部门有权对会计师事务所出具审计报告的程序和内容进行监督。

二、全面坚持党的领导

全面坚持党的领导就是要求将坚持和加强党的全面领导贯穿预算管理制度改革全过程，强化预算对落实党和国家重大政策的保障能力，实现有限公共资源与政策目标有效匹配。

在预算安排上加强重大决策部署财力保障。各级预算安排要将落实党中央、国务院重大决策部署作为首要任务，贯彻党的路线方针政策，增强对国家重大战略任务、国家发展规划的财力保障。完善预算决策机制和程序，各级预算、决算草案提请本级人民代表大会或其常务委员会审查批准前，应当按程序报本级党委和政府审议；各部门预算草案应当报本部门党委（党组）审议。

坚持党对人民代表大会预算审查监督工作的领导，全国人民代表大会及其常务委员会开展预算审查监督工作中的重要事项和重要问题要及时向党中央请示报告，地方人民代表大会及其常务委员会开展预算审查监督工作中的重要事项和重要问题要及时向本级党委请示报告。

三、坚持预算民主法治

预算监管要坚持以人民为中心，兜牢基本民生底线。每年在政府预算草案编制前，应当通过召开座谈会、通报会等多种形式，认真听取本级人民代表大会代表、专家智库等社会各界关于重点支出、重大投资项目、重大支出政策等方面的意见建议。各级人民代表大会常务委员会预算工作委员会等工作机构要结合听取意见建议情况，与本级政府财政等部门密切沟通，认真研究提出关于年度预算的分析报告。

预算治理要坚持法定原则，增强法治观念，强化纪律意识，严肃财经纪律，更加注重强化约束，着力提升制度执行力，维护法律的权威性和制度的刚性约束力。预算法治化要求明确地方和部门的主体责任，切实强化预算约束，加强对权力运行的制约和监督。

第三节 财政监管预算

一、财政监管预算权

我国财政部门是代表政府理财的专职职能机构，由于预算是国家财政的主体，因而预算监督在财政监督体系中起着主导作用。财政监督是财政机关对行政机关、企事业单位及其他组织执行财税法律法规和政策情况，以及对涉及财政收支、财务管理、会计资料和国有资本金、社会保险基金管理等事项依法进行的监督检查活动，包括财政监督、财务监督和会计监督。财务监督和会计监督在监督体系位居基础性地位，通过防范会计造假、财务舞弊、预算松软，为其他监督提供不可或缺的支撑，目的是减少财经和廉政风险。

《中华人民共和国预算法》规定，各级政府财政部门负责监督本级各部门及其所属各单位预算管理有关工作，并向本级政府和上一级政府财政部门报告预算执行情况。

县级以上人民政府财政部门依法对单位和个人涉及财政、财务、会计等的事项实施监督，财政部门实施监督应当坚持事前、事中和事后监督相结合，建立覆盖所有政府性资金和财政运行全过程的监督机制。财政部门实施监督可以采取监控、督促、调查、核查、审查、检查、评价等方法。

二、财政监督体制

我国财政监督包括纵向监督和横向监督。在横向层面，部分地区设置财政监督局，各地政府的财政监督局都是财政局管辖下的一个部门，相当于一个分局，主要负责本级财政性资金使用的监督检查。大多数地区是由局内监督委员会监督，不单独设立局办。在纵向层面，财政部设置了驻地方监督机构，对中央在各地的企事业单位行使预算监督权。

我国财政监督机构的设置纵横条块结合，各地财政部门内部都设置监督机构对本级预算执行情况进行同级监督；财政部各地监管局①发挥在属地的优势，工作重心包括监管地方使用中央转移支付、提升财政资源配置效率和财政资金使用效益，同时增加地方政府债务监督新职能，明确监管局开展绩效评价的和对象包括重大财税政策和专项转移支付两类，赋予监管局组织对此两类资金在属地执行情况进行绩效评价，提出相关改进措施建议并跟踪落实的职责。监管部门要强化绩效评价结果运用，将绩效评价结果与政策调整、转移支付资金分配挂钩。

---

① 2019 年 4 月财政部驻各地财政监察专员办事处更名为"财政部各地监管局"，财政部各地财政监察专员办事处原承担的财政部的中央预算执行情况和其他财政收支情况的监督检查职责划入审计署，财政部在全国范围内共设立 35 个正司局级的各地监管局。

三、财政监督预算的方式

财政部门实施监督可以采取日常监督和专项监督相结合的方式。日常监督主要是对预算执行和财政管理中的某些重要事项进行日常监控。日常监督应当结合履行财政、财务、会计等管理职责，按照规定程序组织实施。财政机关业务机构的日常监督检查是结合预算编制，对财政资金分配进行事前的审查、稽核，对资金拨付、使用进行事中的审核、控制，以及对财政资金运行和预算执行中重要环节进行必要的延伸检查核证，及时进行重点监控和实地检查。专项监督是财政机关根据财政管理和监督检查工作中暴露的难点、热点和重大问题，有针对性地开展专项监督检查。专项监督检查是日常监督的必要补充，应当结合年度监督计划，按规定程序组织实施。

四、财政"双随机、一公开"监管机制

国务院办公厅 2015 年印发《关于推广随机抽查规范事中事后监管的通知》，要求在全国全面推行"双随机、一公开"监管方式，即在监管过程中随机抽取检查对象，随机选派执法检查人员，抽查情况及查处结果及时向社会公开。"双随机"抽查机制，严格限制监管部门自由裁量权，要求做到全程留痕，实现责任可追溯，防止检查任性、执法扰民、"监管俘获"等问题。"一公开"要求加快政府部门之间、上下之间监管信息的互联互通，形成统一的市场监管信息平台，及时公开监管信息，形成监管合力。"双随机、一公开"监管方式为科学高效监管提供了新思路，为落实党中央、国务院简政放权、放管结合、优化服务改革的战略部署提供了重要支撑。

此外，预算监管还包括联合监管、综合监管、穿透式监管等方式。

第四节　人大预算监督

一、全口径全过程监管

过去政府预算审核管理和人大预算审查监督的重点主要是赤字规模和预算收支平衡状况，对支出预算和政策关注不够，对财政资金使用绩效和政策实施效果关注不够，不利于发挥政策对编制支出预算的指导和约束作用，不利于提高人大预算审查监督的针对性和有效性。

在新时代，以习近平同志为核心的党中央就人民代表大会制度和人民代表大会工作提出一系列新论断新举措新要求，党的十八大报告提出"支持人大及其常委会充分发挥

国家权力机关作用""加强对政府全口径预算决算的审查和监督"。①近年，中共中央要求人大预算审查监督重点向支出预算和政策拓展，推进人大对支出预算和政策开展全口径审查和全过程监管。

人大全口径审查和全过程监管的主要内容包括两个方面：一是审查支出预算的总量与结构、重点支出与重大投资项目、部门预算、财政转移支付、政府债务等。二是加强对政府预算收入编制的审查，强化对政府预算收入执行情况的监督，推动严格依法征收，不收"过头税"，防止财政收入虚增、空转，推动依法规范非税收入管理。这两方面的审查监督都要求增加"预算绩效审查监督"，从而达到将人大监督的视野由花钱的合规延伸到花钱的效果。

人大全口径审查和全过程监管的方式方法包括：一是坚持党对人大预算审查监督工作的领导，人民代表大会及其常务委员会开展预算审查监督工作中的重要事项和重要问题要及时向党中央或本级党委请示报告。二是充分听取意见建议。三是深入开展专题调研。四是探索就重大事项或特定问题组织调查。五是探索开展预算专题审议。根据需要，可以引入社会中介机构为人大预算审查监督工作提供服务。六是推动落实人民代表大会及其常务委员会有关预算决算决议。通过听取报告、开展专题调研、组织代表视察等形式，推动政府及其有关部门积极落实本级人民代表大会及其常务委员会有关预算决算的决议。七是及时听取重大财税政策报告。八是加快推进预算联网监督工作。

二、人大预算监督方式

审查监督政府预算是《中华人民共和国宪法》《中华人民共和国预算法》《中华人民共和国各级人民代表大会常务委员会监督法》等法律赋予各级人民代表大会最重要的一项职权。人大监督预算的机制包括询问和质询制、重大事项调查与决定权、人民代表大会代表议案与建议等。

（一）询问和质询制

议员可以书面或口头向政府总理（首相）、政府部长提出问题，要求答复。质询与询问不同，质询所涉及的问题一般较询问重要或深入，涉及较广泛的公共利益问题；质询往往导致一般辩论；在西方国家，质询通常会带来政治后果，如不信任案或信任表决。质询权是指立法机构成员按照法定程序就特定问题质问有关国家机关及其公职人员，要求其作出解释、说明和答辩并可据此采取进一步措施的权力。质询权是我国人民代表大会监督的标志性权力，如果人民代表大会代表对行政机关、审判机关、检察机关等国家机关工作严重不满，或发现这些机关有失职行为，给国家和社会造成重大损失的，在人民代表大会会议上，人民代表大会代表可以依法对有关部门提出质询。质询案的程序主

---

① 《坚定不移沿着中国特色社会主义道路前进 为全面建成小康社会而奋斗——胡锦涛在中国共产党第十八次全国代表大会上的报告》，https://www.12371.cn/2012/11/18/ARTI1353183626051659_5.shtml [2022-06-09]。

要包括提起、答复、处理三个阶段。质询是人民代表大会代表的一项重要权力，可以发挥重要的监督作用，程度上要比询问严厉得多。《中华人民共和国地方各级人民代表大会和地方各级人民政府组织法》第二十四条规定"地方各级人民代表大会举行会议的时候，代表十人以上联名可以书面提出对本级人民政府和它所属各工作部门以及监察委员会、人民法院、人民检察院的质询案。质询案必须写明质询对象、质询的问题和内容。质询案由主席团决定交由受质询机关在主席团会议、大会全体会议或者有关的专门委员会会议上口头答复，或者由受质询机关书面答复"。

人民代表大会代表质询权的基本特征：一是强制性，从法理上看，质询权既是人民代表大会所享有的一项职权，同时又是一定数额的人民代表大会代表共同行使的个人权利。作为权利和权力的结合体，质询权具有直接支配受质询对象的强制力量。二是主动性，意指人民代表大会代表应积极利用其所掌握的社会资源，主动行使质询权以切实地履行其所肩负的神圣职责。

对质询权的行使给予必要的法律限制，西方国家议员对政府的质询一般都不会自动引发表决程序，以体现国家机关之间权力的相互制约与内在平衡，因此，人民代表大会代表质询权具有有限性：一是质询权的行使主体一般都有一定的数额限制，如在我国全国人民代表大会会议期间，只有30名以上的代表联名才能提出质询案；二是质询必须在人民代表大会会议期间提出，且需要取得特定机关的认可才能转交质询对象答复；三是质询的内容必须是被质询机关职权管辖范围内的事项或与政府首长职务有关的个人言行。

全国人民代表大会常务委员会办公厅出台过全国人民代表大会代表的批评、建议和意见的处理办法，但人民代表大会代表的权力不止于此。人民代表大会代表的批评、建议和意见是一种柔性监督，而且这项监督权并不专属于人民代表大会代表，而且批评、建议和意见表现的是人民代表大会代表对其他国家机关及其工作人员存在的工作疏忽进行的提醒，不是纠察，更不是责问。

质询权则是一种刚性的监督，是专属于人民代表大会代表的监督权，是对其他国家机关及其工作人员工作失误的一种纠察和责问，具有一定的强制性，其他公民、组织均无此权力。从这个意义上说，质询权是人民代表大会代表对国家机关的监督权之中的标志性权力。

质询的功能是获取信息和敦促受质询机关行动。与审议、询问、建议、约见等相比，其程序更复杂，略显刚性；与罢免、撤职、撤销等监督方式相比，又显现柔性。质询给政府施政的压力及跟进处理，敦促政府公开施政，提高管理绩效，促进了责任政府的构建。

（二）重大事项调查与决定权

许多国家都赋予国会对政府一些重大问题行使调查权，并以此来监督政府的行为。《中共中央关于全面深化改革若干重大问题的决定》提出，"推动人民代表大会制度与时俱进""健全人大讨论、决定重大事项制度，各级政府重大决策出台前向本级人大报告"。

讨论、决定本行政区域内的重大事项是法律赋予各级人民代表大会的一项重要职权，也是人民当家作主、治国理政、建设法治国家的重要体现。重大预算事项必须是根本性、全局性、长远性的事项，是对本行政区域经济社会发展产生较大影响的预算事项。

（三）人民代表大会代表议案与建议等

人民代表大会代表议案是指各级人民代表大会在举行会议时，法定的代表人数在规定的期限内提出的属于本级人民代表大会职权范围内的重大预算事项。如果属于政府工作方面的事情，则不应以议案形式提出，而要用建议、批评和意见形式去提出。议案必须有案由、案据和解决问题的方案。议案是具备提议案的法定资格的机构或符合法定联名人数的人民代表大会代表向国家权力机关，即人民代表大会提出的议事原案，也可以说，议案是讨论、解决某一问题的办法、措施、意见和方案。此外，政协委员提出提案进行预算监督。

三、人大预算联网监督

人大预算联网监督系统是全国人民代表大会要求"统一编码体系、统一数据标准规范、统一联网方式、统一信息安全体系"，通过查询、分析、审查、服务四大功能实现预算资金全口径、预算部门全覆盖、执行监督全过程、预算审查全方位的网络监督系统。

人大预算联网监督利用现代数据仓库与网络信息技术实现人民代表大会及其常务委员会与同级财政、税务、人力资源和社会保障、国资、审计等部门的联网，建立各级人民代表大会预算支出联网监督系统，以"全口径全过程预算决算"为业务监督信息化突破口，对一般公共预算、政府性基金预算、国有资本经营预算、社会保险基金预算的编制、执行、调整及决算的全过程进行监督，实现报表查询、数据分析、智能预警、动态监控、比对纠错等功能，让资金运作处于监督之下，增加透明度，实现阳光下的财政监督，促进资金分配和管理的公开、公平、公正，规范权力的行使，提高了人大预算审查监督的针对性和有效性，推动政府依法理财、依法行政，更好地发挥财政在国家治理中的基础和重要支柱作用。

第五节 审计监督

一、审计监督的界定

审计监督是由专业人员进行的审计，由内部审计和国家审计（政府审计）、社会审计（事务所审计、独立审计）三大类构成，如果进一步归纳，可以按机构和人员的归属关系分为外部审计和内部审计，按审计机构性质可划分为国家审计、民间审计。

外部审计是由政府审计机构开展的外部审计监督。内部审计是由部门、单位内部专职审计人员进行的审计，是部门、单位内部经济管理和内部控制制度的重要组成部分。内部审计是一种独立、客观的确认和咨询活动，它通过运用系统、规范的方法，审查和评价组织的业务活动、内部控制和风险管理的适当性和有效性，以促进组织完善治理、履行职能、实现目标。内部审计发展趋势是由"监督主导型"向"服务主导型"转变，传统理论认为内部审计具有经济监督、经济管理、经济评价和经济鉴证等职能。国际内部审计师协会 2017 年发布了新版的《国际内部审计专业实务框架》，新定义的内部审计是一项独立、客观的鉴证和咨询服务，目标在于增加价值并改进组织的经营。根据 2003 年中国内部审计协会发布《内部审计基本准则》定义，内部审计是指组织内部的一种独立客观的监督和评价活动，它通过审查和评价经营活动及内部控制的适当性、合法性和有效性来促进组织目标的实现。2018 年《审计署关于内部审计工作的规定》定义的内部审计是指对本单位及所属单位财政财务收支、经济活动、内部控制、风险管理实施独立、客观的监督、评价和建议，以促进单位完善治理、实现目标的活动。

内部审计与外部审计相配合并互为补充，内部审计是国家审计的基础，健全的内部审计制度可以为外部审计提供可信赖的资料，减少外部审计的工作量。

民间审计是指由注册会计师、审计师所组成的社会会计、社会审计组织，即会计师事务所和审计事务所，接受当事人的委托，对有关经济组织的有关经济事项所进行的审计查证业务。

国家审计是指由专设的国家审计机关依照法律规定对财政经济活动开展检查监督所实施的审计，属于外部审计。国家审计的内容包括公共资源、财政收支、部门预算财务、公有资产等的配置、管理和使用等有关经济事项的真实性、合法性和效益性检查，对国家财政资金配置的决策权与执行权的监督。国家审计专业性强和权威性高，对制约和监督权力发挥着不可替代的作用。

二、国家审计体制

（1）立法型审计体制。在立法型审计体制下，政府审计机构隶属于立法部门，即各国的国会或议会，直接对议会负责，具有很强的独立性。通常具备较为完善的立法机构与立法程序，能够保证其立法型审计体制职能的发挥，是目前审计体制的主流，美国、英国等 50 多个国家采用的是立法型审计体制。

（2）行政型审计体制。在行政型审计体制下，政府审计机构作为国家行政机构的一部分，其独立地位往往在宪法或有关法律中有明确规定，这使其有更多的精力投入到对政府财政经济工作的检查之中，对整个国民经济发展规划的履行情况进行监督。目前采用这种审计体制的国家不多，我国采用的就是典型的行政型审计体制。

（3）司法型审计体制。在司法型审计体制下，政府审计机构拥有司法权，政府审计人员具有司法地位。有些国家还在审计机构内部设立审计法庭，直接对违反财经法纪的案件进行审理，具有很高的权威性。这种模式相对于立法模式而言，更侧重于审查和追究当事人的财务责任，而不注重于向议会提供建设性的批评和建议。法国、意大利等国家属于这种审计体制。

（4）独立型审计体制。在独立型审计体制下，国家审计机构独立于政府、议会和法院，政府审计机构不属于任何国家机构，单独形成国家政权的一个分支。同立法型审计体制一样，这种体制也具有较强的独立性。德国、日本是这种体制的典型代表。

三、最高审计机关国际组织规范

（一）最高审计机关国际组织的成立与发展

为了交流各国审计准则建设经验，协调各国政府审计准则，并为各国建立审计程序和开展审计实务提供总的指导，最高审计机关国际组织 1991 年 10 月在华盛顿召开的第 35 次理事会通过了《最高审计机关国际组织审计准则》[①]，1998 年在蒙得维的亚召开的最高审计机关国际组织会议上，与会代表一致同意对《最高审计机关国际组织审计准则》进行重组，开发审计准则应用指南。

为了不断完善国际政府审计准则体系，最高审计机关国际组织理事会在 2004 年建立了一个常设机构——职业准则委员会（Professional Standards Committee，PSC），负责组织、协调各分委员会、工作组为公共部门外部审计制定基础性原则和实务指南。2011 年的第 62 次理事会批准了关于开发新准则和新指南的"规定程序"，规范了准则制定、修改及报批的严格流程。2016 年最高审计机关国际组织第 22 届大会之后，职业准则委员会牵头开发了 IFPP（The INTOSAI Framework of Professional Pronouncements， 最高审计机关国际组织专业准则公告体系）专门网站，实现了对准则制定全过程的实时跟踪、反馈和查询。

（二）最高审计机关国际组织审计准则体系

1. 国际公认专业准则体系——最高审计机关国际组织国际准则

最高审计机关国际组织国际准则（International Standards of Supreme Auditing Institutions，ISSAI）适用于公共部门的外部审计，ISSAI 体系包括《最高审计机关国际组织审计准则》和《最高审计机关国际组织良好治理指南》两大具体内容，《最高审计机关国际组织审计准则》为最高审计机关的职责、基本审计原则和审计指南设定了基础性原则，旨在推动全世界公共部门审计发展。《最高审计机关国际组织审计准则》的内容主要分为政府审计的基本要求和前提、政府审计的一般准则、政府审计的现场操作及外勤准则和政府审计的报告准则四章，共 191 条。在政府审计的现场操作及外勤准则中，较为详细地分别论述了各项内容在合规性审计、绩效审计中的应用等，并以大量篇幅规范绩效审计，绩效审计在许多国家的审计机关也占有越来越多的工作量。《最高审计机关国际

---

① 《最高审计机关国际组织审计准则》是以由奥地利、阿根廷、澳大利亚、巴西、哥斯达黎加、日本、菲律宾、沙特阿拉伯、瑞典、英国及美国为代表所组成的审计准则委员会，在借鉴世界上政府审计开展得比较好的国家的成功经验的基础上形成的，其中也包括了民间审计准则方面的有益内容，但它更充分地体现了政府审计的特征。

组织良好治理指南》是为帮助最高审计机关国际组织在各项工作中运用审计准则而制定的指南，目的是推动公共部门实现良治，并为合理使用公共资金提供指南。

国际准则体系由根本原则、最高审计机关国际组织履行职能的前提、基本审计原则、审计指南四个层次构成。第一层次是根本原则，旨在处理建立独立高效的最高审计机关的相关问题，并为审计规则提供指南，如《利马宣言——审计规则指南》等，1977 年最高审计机关国际组织第 9 届大会颁布《利马宣言——审计规则指南》，确定了独立、高效并富有成效的公共部门外部审计的根本原则。第二层次是最高审计机关国际组织履行职能的前提，包括最高审计机关国际组织发布的最高审计机关有效运行和遵守职业守则的必要前提，包括《墨西哥宣言——关于最高审计机关的独立性》等，提出最高审计机关国际组织独立性、审计机关透明度和问责的有关原则等。最高审计机关国际组织倡议加强最高审计机关独立性原则，在 1977 年通过了《利马宣言——审计规则指南》，并在 2007 年发布的《墨西哥宣言——关于最高审计机关的独立性》中以系统的方式，用专业的术语，确立了政府外部审计独立性的 8 项原则。第三层次是基本审计原则，阐释公共部门审计的实质，确保公共部门进行高效、独立的审计并得到广泛认同的职业原则，如《公共部门审计的基本原则》《绩效审计的基本原则》等。第四层次是审计指南，审计指南较准则更具体详细，是将基本审计准则细化为具体日常审计工作操作指南，指南操作性更强，如绩效审计指南等，还包括财务审计指南、合规性审计指南和其他审计领域指南等。还有一些最高审计机关国际组织为公共部门制定的内部治理与会计标准的良治指南，主要包含最高审计机关国际组织对各国政府及其他负责公共资金管理的机构的建议。

政府审计包括合规性审计和绩效审计。最高审计机关国际组织发布的《关于绩效审计、公营企业审计和审计质量的总声明》中对绩效审计做出了如下定义：除了合规性审计，还有另一种类型的审计，它涉及对公营部门管理的经济性、效率性和效果性的评价，这就是绩效审计，也就是我们常说的"3E"审计。国际会计师联合会下设的国际审计与鉴证准则委员会[①]（International Auditing and Assurance Standards Board，IAASB）颁布了财务审计指南的国际审计准则，最高审计机关国际组织以此为基础颁布了财务审计实务指南。最高审计机关国际组织于 2004 年在匈牙利召开的全体大会上签署了绩效审计指南，《世界审计组织绩效审计指南》指出："效益（绩效）审计一般是事后审计。"效益审计指南、合规性审计指南应考虑到各国最高审计机关法律地位和法定职权的差异。

其他审计领域指南是指除前三者以外其他领域内更为具体的审计指南，分散在各分委员会和工作小组的文件中，如私营化项目审计、公共债务审计、环境项目审计以及国际组织审计等，由最高审计机关国际组织大会负责制定颁布。此外，审计指南还包括政府良政，政府良政审计指南是指导政府实施良政效果的审计指南，包括为公共部门编订的内部治理与会计标准的良治指南，主要是对各国政府及其他负责公共资金管

---

① 国际审计与鉴证准则委员会是 1977 年成立的国际会计师联合会下设的独立准则制定机构，成立于 1978 年，它通过制定高质量的审计、质量控制、审核、其他鉴证和相关服务的国际准则，促进国际和国家准则的融合。其由 18 人组成，包括 1 名主席及 1 名副主席，现任理事来自中国、美国、英国、瑞典、荷兰、德国、俄罗斯、加拿大等国家。

理的机构的建议，其基本要素包括政府行为的合法性、透明性、责任性、法治、快速反应和有效性。

为了确保最高审计机关国际组织职业准则委员会各分委员会、工作组和特别工作组制定的准则和指南保持一致性，最高审计机关国际组织职业准则委员会在 2011 年年初专门成立了准则协调组，对最高审计机关国际准则框架第三层级的基本审计准则进行修订，使 ISSAI 各层次保持协调一致。2013 年 4 月最高审计机关国际组织职业准则委员会协调项目工作组第五次会议在印度北部城市昌迪加尔举行，ISSAI 框架第三层级（基本审计原则）四个准则工作组最终定稿，包括 ISSAI 100——公共部门审计的基本原则、ISSAI200——财务审计的基本原则、ISSAI 300——绩效审计的基本原则、ISSAI 400——合规性审计的基本原则。会后，最高审计机关国际组织职业准则委员会协调项目工作组圆满完成了对 ISSAI 框架第三层级的修订工作。此外，会议还讨论了提交最高审计机关国际组织第二十一届大会的工作组报告框架和对 ISSAI 框架第四层级（审计指南）修订的约定要求等内容。

审计准则对世界各国的政府审计工作只起建设和指南的作用，不具有强制约束力，目的是更好地指导最高审计机关国际组织各成员的审计工作。2011 年联合国大会通过了《通过加强最高审计机关提高公共行政效率、问责、效果和透明度》的决议，对最高审计机关国际组织及其成员的工作予以认可。

2. 专业准则从 ISSAI 体系转变为 IFPP

2014 年，最高审计机关国际组织第 66 次理事会讨论研究了 ISSAI 体系准则数量过多、范围过杂、内容交叉重复等问题，决定组建一个专家论坛，对 ISSAI 体系进行审阅和评估，确认各层级的审计准则是否需要修订、合并或废止，并制订相应计划。该论坛随后被命名为最高审计机关国际组织专业准则公告论坛，伴随这个论坛建立的是一个新的公共部门外部审计准则体系，即 IFPP。按照计划，ISSAI 体系中的所有文件均需要整合修订后融入 IFPP，并由后者最终取代 ISSAI。IFPP 包含三个层级。

第一层级：原则。原则由根本原则和核心原则组成，是整个准则体系的基石，提出了最高审计机关国际组织存在的前提条件。根本原则是具有历史意义的《利马宣言——审计规则指南》，它阐述了最高审计机关国际组织的作用与功能。核心原则部分来自原 ISSAI 体系第二层级——最高审计机关国际组织发挥作用的先决条件，阐述了最高审计机关国际组织的社会价值以及如何保证最高审计机关国际组织发挥有效作用，并新增了最高审计机关行使司法职能的有关原则。

第二层级：准则。准则基本来自原 ISSAI 体系的第三层级，明确了财务、绩效和合规三类审计业务的概念、原则和方法，对审计原则和审计标准做了区分，并纳入了 ISSAI 体系第二层级中有关职业规范和质量控制等涉及最高审计机关国际组织建设准则的内容。

第三层级：指南。指南是对第二层级准则的描述和延伸，也是对审计原则和标准的具体化，并针对不同的审计对象提供了相应的审计实务范本。这一层级大多数是 ISSAI 体系第四层级中的各类审计指南的修订版。原准则体系中以"最高审计机关促进政府良治指南"命名的 11 个文件也整合到此层级，不再单独作为一个类别保留。

除此之外，还计划在 IFPP 中制定能力建设准则与指南，规定公共部门审计人员应具备和遵守的专业能力、职业规范、价值观和工作态度，根据准则开展审计工作，从而为最高审计机关国际组织成员加强职业化建设和能力开发凝聚更多共识，这表明最高审计机关国际组织自身建设对保证审计准则实施效果的重要意义。

从 ISSAI 体系到 IFPP，这一系列准则体系的建立和完善，IFPP 的准则体系架构及其内容更为全面，制定过程更加透明，准则编制更加科学。

四、中国审计体制机制

（一）我国审计机关的监督预算权

审计监督财政预算及其执行情况，也是法律赋予地方各级审计机关的重要职责。《中华人民共和国审计法》第四条规定："国务院和县级以上地方人民政府应当每年向本级人民代表大会常务委员会提出审计工作报告。审计工作报告应当报告审计机关对预算执行、决算草案以及其他财政收支的审计情况，重点报告对预算执行及其绩效的审计情况，按照有关法律、行政法规的规定报告对国有资源、国有资产的审计情况。必要时，人民代表大会常务委员会可以对审计工作报告作出决议。国务院和县级以上地方人民政府应当将审计工作报告中指出的问题的整改情况和处理结果向本级人民代表大会常务委员会报告。"《中华人民共和国各级人民代表大会常务委员会监督法》第十九条规定："常务委员会每年审查和批准决算的同时，听取和审议本级人民政府提出的审计机关关于上一年度预算执行和其他财政收支的审计工作报告。"

我国 1983 年恢复国家审计制度，审计机关依照《中华人民共和国宪法》和《中华人民共和国审计法》等对政府收支、资产负债的真实性、合法性和效益性等实施审计监督。审计机关是指依照国家法律规定设立的、代表国家行使审计监督职权的国家机关，泛指各级审计机关。我国审计机构归属于政府序列。《中华人民共和国审计法》自 1995 年 1 月 1 日起施行，2006 年第一次修正，2021 年修正的《中华人民共和国审计法》于 2022 年 1 月 1 日正式实施。我国 1989 年 1 月 1 日施行《中华人民共和国审计条例》，2011 年 1 月 1 日起施行新修订的《中华人民共和国国家审计准则》，用以规范审计机关和审计人员履行法定审计职责的行为，这个准则是执行审计业务的职业标准，是评价审计质量的基本尺度。审计署颁发多项审计指南，对国家审计基本准则、通用审计准则和专业审计准则的解释和补充说明，为审计机关和审计人员从事专门审计工作、办理审计事项提供可操作的规程、方法等方面的指导性意见，不具有行政规章的法律效力，包括《商业银行审计指南》《企业财务审计指南》《部门预算执行审计指南》等。

财政审计在审计工作中具有重要地位，是国家审计的永恒主题。当前我国财政审计是以增强预算执行和财政收支的真实性、合法性和效益性，推进预算规范管理、建立现代财税体制、优化投资结构为目标，加强对预算执行、重点专项资金和重大公共工程投资等的审计。财政审计工作包括开展财政预算执行及决算草案审计，部门预算执行及决算草案审计，重点专项资金审计，政府债务审计，税收、非税收入和社会保险费征管审计，重大公共工程投资审计，国外贷援款项目审计等。

《中华人民共和国审计法》将党中央推进审计管理体制改革成果法治化，使审计在党和国家监督体系中的重要作用更好地发挥，为构建集中统一、全面覆盖、权威高效的审计监督体系提供了法律保障，进一步健全了审计监督机制、完善了审计监督职责、优化了审计监督手段、规范了审计监督行为、强化了审计查出问题整改、加强了审计机关自身建设。2021 年修正的《中华人民共和国审计法》调整了重大公共工程项目的审计监督范围，"审计机关对政府投资和以政府投资为主的建设项目的预算执行情况和决算，对其他关系国家利益和公共利益的重大公共工程项目的资金管理使用和建设运营情况，进行审计监督"，还明确要求对国有资源、国有资产的审计监督，与《中华人民共和国预算法》相衔接，要求对同级决算草案的开展审计监督，指出"审计署在国务院总理领导下，对中央预算执行情况、决算草案以及其他财政收支情况进行审计监督，向国务院总理提出审计结果报告。地方各级审计机关分别在省长、自治区主席、市长、州长、县长、区长和上一级审计机关的领导下，对本级预算执行情况、决算草案以及其他财政收支情况进行审计监督，向本级人民政府和上一级审计机关提出审计结果报告"。

（二）中国特色审计体制机制创新

（1）组建中国共产党中央审计委员会，加强党的集中统一领导。为了增强审计监督的独立性、权威性，2018 年 3 月中央决定改革审计管理体制，组建中国共产党中央审计委员会，这是加强党中央对审计工作领导的重大举措，是推进国家治理体系和治理能力现代化的一场深刻变革，有利于加强党对全国审计工作统筹，优化审计资源配置，应审尽审、凡审必严、严肃问责，更好发挥审计在党和国家监督体系中的重要作用。

（2）扩大审计范围，确立全覆盖审计格局。2015 年 12 月中共中央办公厅、国务院办公厅印发《关于完善审计制度若干重大问题的框架意见》和《关于实行审计全覆盖的实施意见》要求对公共资金、国有资产、国有资源和领导干部履行经济责任情况实行审计全覆盖，构建大数据审计工作模式，提高审计能力、质量和效率，扩大审计监督的广度和深度。《全国人民代表大会常务委员会关于加强国有资产管理情况监督的决定》要求国务院审计部门"加大对国有资产的审计力度，形成审计情况专项报告，作为国务院向全国人大常委会提交的年度中央预算执行和其他财政收支的审计工作报告的子报告"。未来，将进一步高质量推进审计全覆盖，把握形式与内容的统一，形成常态化、动态化震慑，通过审计提高国家免疫力。

五、财政预算审计发展趋向

近年来，我国各级审计机关着力探索实施财政审计一体化，积极促进财政、企业、金融、经济责任审计"3＋1"审计模式，构建目标统一、内容衔接、层次清晰、上下联动、全覆盖的财政审计大格局。

（1）财政审计从预算执行转向政策执行，促进政策优化。财政审计不仅仅只关注于具体的资金收支、管理、使用等情况，而是从更高层次去审查和分析财政资金所承担的政策目标的实现情况，反映资金、数字背后所体现的政策执行效果问题，从审查预算执行向政策执行方向发展，体现了财政审计的宏观性。

（2）财政审计内容从资金扩大到资产资源，全口径全覆盖。审计部门深入开展了财政预算执行情况审计、税收征管审计、部门预算执行审计、转移支付资金审计和决算审计等。目前，我国对所有管理和使用政府性资金的单位实行轮审，对重点单位和重点资金原则上实行常年审计，逐步实现全部政府性资金审计全覆盖，并逐步推行政府性资产审计全覆盖，构建起以全部政府性资金、资产审计为核心内容的财政审计大格局体系，推动建立健全完整协调的政府性资金、资产的管理体系，更好地服务经济社会发展大局。

（3）财政审计由事到制，反映政府绩效。财政审计对财政资金筹集、分配、拨付、使用等方面所发现的问题，以往只停留在就事论事层面，对于产生问题的体制、机制、政策等深层次原因分析不够，如今，财政审计从如何深化财政体制改革、健全财政法制、提高政府绩效水平，如何建立廉洁政府、绩效政府、效能政府的高度分析问题，提出建议，全面反映政府行政理念和绩效，体现了财政审计的建设性作用。

（4）从"审计风暴"到预算改革，呼应民意。2003年掀起"审计风暴"，审计日益成为社会公众了解政府履行职责情况、监督政府财政收支活动的重要而又权威的渠道。随着预算公开进程步伐的加快，社会公众对财政审计工作提出了新的更高要求。财政审计工作只有从社会公众的需求出发，不断地推陈出新，才能真正满足社会公众的需求。

六、审计查出问题整改报告与检查机制

为了增强人民代表大会以及审计监督的实效性，我国近年对审计发现和查出的突出问题建立了整改报告机制。审计查出问题整改报告机制是由审议长代表国务院向全国人民代表大会作报告，报告内容应涵盖审计查出的突出问题的整改情况，同时将重点被审计部门单位的单项整改结果作为报告附件提交审议。《中华人民共和国审计法》第五十二条规定：被审计单位应当按照规定时间整改审计查出的问题，将整改情况报告审计机关，同时向本级人民政府或者有关主管机关、单位报告，并按照规定向社会公布。各级人民政府和有关主管机关、单位应当督促被审计单位整改审计查出的问题。审计机关应当对被审计单位整改情况进行跟踪检查。通常，审议长审查问题整改报告的时间是在全国人民代表大会听取审议工作报告后的6个月内。审议长向全国人民代表大会常务委员会作报告由以往的书面报告形式，改为口头报告，并为全国人民代表大会常务委员会会议安排时间审议报告。审计长向全国人民代表大会常务委员会作报告时，被审计部门、单位应派人到会；相关审计部门、单位和审计署有关负责人也要到会听取意见，回答询问，增强审计监督的实效。

人民代表大会常务委员会用好监督方式方法，听取政府负责人作整改情况报告，也可委托审计机关主要负责人作报告。根据需要，人民代表大会常务委员会可听取存在审

计查出突出问题责任部门单位的报告。综合运用专题询问、质询、特定问题调查等法定监督方式。通过座谈调研、实地察看、调阅资料等多种形式，提高跟踪监督质量。根据需要依法对审计工作报告、整改情况报告作出决议。

各级政府应当及时研究部署审计查出问题整改工作，将审计查出突出问题的整改落实工作纳入督查范围。各级审计机关应当健全完善审计查出问题清单、整改责任清单和部门预算执行审计查出问题整改情况清单制度，实行台账管理，对整改情况进行跟踪检查，推动整改结果公开。审计机关和政府相关部门单位应当加大审计结果及其整改情况信息的公开力度，自觉接受社会监督。

2021年7月国务院常务会议部署中央预算执行和其他财政收支审计查出问题整改工作，会议要求：一是对审计查出问题，有关地方和部门要抓紧制定整改台账，严格落实责任，扎实整改到位。二是抓住重点严肃查处，以儆效尤。国务院成立专门调查组，无论涉及到什么单位、什么层次，都要一查到底，严肃追责。三是举一反三，有针对性完善相关制度规定[①]。

第六节　预算整改与问责

一、责任政府

在资本主义社会以前，自给自足的自然经济形态下人们的社会地位和社会关系不平等，统治者与被统治者的关系是人身依附关系，而不是平等的契约关系，奉行君权神授、朕即国家、国王不能为非等原则，形成了主权无责论、绝对权力论、主权命令论、人民利益论等理论观点，借此为统治者不承担行政责任辩护。19世纪中叶以后，主权无责论的观念越来越受到社会的非议，主权在民、社会契约论、天赋人权等观念日益深入人心，逐步推进责任政府。

（一）责任政府要求

（1）政府依法行政。责任政府作为一种新的行政法理念，是指具有责任能力的政府在行使社会管理职能的过程中，积极主动地就自己的行为向人民负责；政府违法或者不当行使职权，应当依法承担法律责任，实现权力和责任的统一，做到执法有保障、有权必有责、违法受追究、侵权须赔偿。

（2）政府受托行政。责任政府是与主权在民思想和代议民主制的产生相联系的。代议民主制的出现，使人民可以通过议会将管理国家的权力委托给政府，在人民和政府之

---

　①《李克强主持召开国务院常务会，部署中央预算执行和其他财政收支审计查出问题整改工作　成立专门调查组　一查到底严肃追责》，http://www.bjsupervision.gov.cn/xwzx/yw/202107/t20210715_74636.html[2022-11-20]。

间形成委托代理关系。在这种关系中，人民是委托人，政府是代理人，人民赋予政府管理国家的权力，政府要履行代理人义务，对人民负责。

（二）政府责任类别

责任政府的建立和落实不仅需要政府作为整体对议会和选民负责，而且需要政府对公务人员行政行为负责，从而使公务人员对行政管理相对人负责。公共行政理论的出现推进了这一进程。美国著名行政伦理学专家特里·L.库珀（Terry L. Cooper）把责任政府中的公务员职责分为客观责任和主观责任。客观责任包括三对责任关系，即公共行政人员对上级负责、公共行政人员对民选官员负责、公共行政人员对公民负责。而主观责任则是基于对忠诚、良知、认同的信仰，不是上级或法律的要求。

责任政府除了政治责任和行政责任外，还有法律责任和公共道德责任。在公共道德责任方面，依据罗尔斯的正义论，国家应将平等、自由、社会正义当作政府的基本价值取向，要树立一种以公共利益为依归的社会正义原则，政府应当享有社会正义的权威，并在社会公共生活中发挥必要的启动和引导作用。通过制定公共政策致力于实现社会公平，从而为良好公共生活的建立和高尚道德情操的培养提供必要的经济条件，从而推进个人和公共道德的完善。

二、预算问责旨意

财政违法违纪行为是指国家机关、企业事业组织及其工作人员、社会组织和公民违反财政法律规范的规定，破坏了正常的财政经济秩序，给国家资财造成了某种损害的有过错行为。

（1）打造责任政府。问责制的实质在于惩戒政府及其行政人员的失职行为，追究其在行使职权过程中所做出的不当行为或造成的不良后果的法律责任，迫使其承担直接或间接责任。问责制实际上是一种责任追究制度，约束政府权力，规范政府行为，打造责任政府。

问责蕴含着责任理念，实施问责制，必然要求政府树立向公众负责的行政理念。这种理念会内化为公务员的内心信念，行政良好的行政品质，提高责任意识。同时，问责制作为追究机制将会对责任政府的实现起到保障和促进的作用。

（2）纠正财政违法行为。财政违法行为的表现形式多样，依照财政违法行为的性质和危害程度、情节的不同，可将财政违法行为划分为一般的财政违法行为和触犯刑法的财政违法行为两种。一般的财政违法行为是指对社会危害性较小、情节轻微、没有触犯刑法的违反财政法规的行为；触犯刑法的财政违法行为，是指对社会的危害性较大，已经构成犯罪，应当受到刑罚处罚的行为。

财政违法行为既破坏了我国财政经济秩序的稳定，又影响了国家财政经济的正常发展，依法对其进行惩处，这对维护国家政党的财经秩序，具有重要的作用。

（3）维护国家财政经济秩序。针对不同的财政违法行为，规定了具体的制裁措施，主观上对财政违法行为起到警示作用，客观上明确或者加大了对财政违法行为的制裁，使参与财政经济活动的各个经济主体自觉遵守经济规则，遵守国家的财政法律、法规和政策，自觉维护国家财政经济秩序。

三、预算责任类型

政府的预算责任主要归属于行政责任，也会涉及经济责任和刑事责任等，此外还有党纪问责方式。

行政责任是指行为主体违反有关行政义务、经济法律法规而依法应承担的行政法律责任及其后果，包括行政处罚和行政处分。行政处罚的种类包括警告、罚款、没收违法所得、没收非法财物、责令停产停业等。行政处分的种类从轻到重依次为警告、记过、记大过、降级、撤职、开除六种。我国执行行政追责的法律依据主要包括《中华人民共和国预算法》《中华人民共和国预算法实施条例》《财政违法违规行为处罚处分条例》《中华人民共和国政府采购法》《中华人民共和国政府采购法实施条例》《中华人民共和国税收征收管理法》等。此外，还有《中华人民共和国行政诉讼法》《中华人民共和国行政处罚法》《中华人民共和国行政复议法》《中华人民共和国国家赔偿法》以及相关的实施条例、细则和行政性规章制度等，这些法律法规对于建立和完善行政责任制，保障依法行政、依法理财具有积极作用。

《中华人民共和国预算法》对预算法律责任及其追究设列5条，列举了追究预算违法行为行政责任的各种情形，针对不同情形实行双责制。一方面要求政府及有关部门、单位责令改正；另一方面对负有直接责任的主管人员和其他直接责任人员直接追究个人的法律责任，依法给予降级、撤职、开除等行政处分，构成犯罪的，依法追究刑事责任，强化了法律责任追究的效力。

四、党纪问责方式

（一）党组织严重违纪实行三种问责方式

对党组织严重违纪实行检查、通报、改组三种问责方式。

检查：对履行职责不力、情节较轻的，应当责令其作出书面检查并切实整改。

通报：对履行职责不力、情节较重的，应当责令整改，并在一定范围内通报。

改组：对失职失责，严重违反党的纪律、本身又不能纠正的，应当予以改组。

（二）对党的领导干部违纪实行四种问责方式

对党的领导干部的违纪实行通报、诫勉、组织调整或者组织处理、纪律处分四种问责方式。

通报：对履行职责不力的，应当严肃批评，依规整改，并在一定范围内通报。

诫勉：对失职失责、情节较轻的，应当以谈话或者书面方式进行诫勉。

组织调整或者组织处理：对失职失责、情节较重，不适宜担任现职的，应当根据情况采取停职检查、调整职务、责令辞职、降职、免职等措施。

纪律处分：对失职失责应当给予纪律处分的，依照《中国共产党纪律处分条例》追究纪律责任。

上述各种问责方式可以单独使用，也可以合并使用。为建立健全典型问题问责通报曝光制度，采取组织调整或者组织处理、纪律处分方式问责的，一般应当向社会公开。

本章思考与练习题

1. 解释决算的意义。

2. 说明我国决算审查的重点内容。

3. 简述结转和结余的含义与管理要求。

4. 分析说明预算如何实行党的全面领导。

5. 说明中国特色的预算民主法治化。

6. 说明财会监督的特点和作用。

7. 说明我国审计监督的取向和创新。

8. 论述我国预算监管构成体系。

9. 怎样有效发挥人大监督预算的职能？

10. 请以人民代表大会代表的身份写一份预算议案。

11. 说明我国人民代表大会及其常务委员会对预算全口径审查和全过程监督的内容。

12. 说明我国人民代表大会及其常务委员会实行预算全口径审查和全过程监督的方式方法。

13. 简析人大预算联网监督。

14. 说明中外政府预算审计体制的特点。

15. 解析新时代我国政府预算审计的创新。

16. 说明我国审计查出问题整改制度的要求和效果。

17. 阐述如何通过预算监管制度改革推进责任政府的构建。

参 考 文 献

阿罗 K J. 2020. 社会选择与个人价值：第 3 版[M]. 丁建峰，译. 上海：格致出版社.

阿特金森 A B，斯蒂格利茨 J E. 2020. 公共经济学[M]. 蔡江南，许斌，周庭煜，译. 上海：格致出版社.

埃格特森 T. 1996. 新制度经济学[M]. 吴经邦，李耀，朱寒松，等译. 上海：商务印书馆.

艾仑 R，托马斯 D. 2008. 公共开支管理：供转型经济国家参考的资料[M]. 章彤，译. 北京：中国财政经济出版社.

奥尔森 M. 2014. 集体行动的逻辑[M]. 陈郁，郭宇峰，李崇新，译. 上海：格致出版社.

奥康纳 J. 2017. 国家的财政危机[M]. 沈国华，译. 上海：上海财经大学出版社.

奥肯 A M. 2010. 平等与效率：重大抉择[M]. 王奔洲，等译. 北京：华夏出版社.

白景明，程北平，王泽彩. 2018. 中国财政绩效报告：理论与实践（2018）[M]. 北京：中国财政经济出版.

鲍德威 R W，威迪逊 D E. 2000. 公共部门经济学：第 2 版[M]. 邓力平，译. 北京：中国人民大学出版社.

彼得斯 B G. 2001. 政府未来的治理模式[M]. 吴爱明，夏宏图，译. 北京：中国人民大学出版社.

布坎南 J M. 1992. 民主过程中的财政：财政制度与个人选择[M]. 唐寿宁，译. 上海：上海三联书店.

布伦南 G，布坎南 J M. 2012. 宪政经济学[M]. 冯克利，等译. 北京：中国社会科学出版社.

财政部预算评审中心. 2018. 中国财政支出政策绩效评价体系研究[M]. 北京：经济科学出版社.

财政部预算司. 2005. 部分国家预算法汇编[M]. 北京：外文出版社.

财政部预算司. 2018. 中央部门预算编制指南（2019 年）[M]. 北京：中国财政经济出版社.

财政部预算司. 2020. 中央部门预算编制指南（2021 年）[M]. 北京：中国财政经济出版社.

陈共. 2017. 财政学：第 9 版[M]. 北京：中国人民大学出版社.

陈旭东. 2017. 清末新政时期西方预算知识引介与制度嫁接[EB/OL]. [2024-07-01]. http://www.historychina.net/qsck/425335.shtml.

大岛通义. 2019. 预算国家的危机[M]. 刘守刚，魏陆，徐一睿，译. 上海：上海财经大学出版社.

德鲁克 P F. 2009. 管理的实践（珍藏版）[M]. 齐若兰，译. 北京：机械工业出版社.

邓子基，陈工，林致远，等. 2014. 财政学：第 4 版[M]. 北京：高等教育出版社.

杜金富. 2008. 政府财政统计学[M]. 北京：中国金融出版社.

樊丽明，李一花，汤玉刚，等. 2020. 中国政府预算改革发展年度报告 2019：聚焦中国人大预算监督改革[M]. 北京：中国财政经济出版社.

费雪 R C. 2000. 州和地方财政学：第 2 版[M]. 吴俊培，译. 北京：中国人民大学出版社.

格林 J J. 2002. 公共部门财务管理[M]. 杨世伟，译. 北京：经济管理出版社.

《公共财政概论》编写组. 2019. 公共财政概论[M]. 北京：高等教育出版社.

苟燕楠. 2011. 绩效预算：模式与路径[M]. 北京：中国财政经济出版社.

苟燕楠，董静. 2004. 公共预算决策：现代观点[M]. 北京：中国财政经济出版社.

海迪 A C. 2006. 公共预算经典（第 2 卷）：现代预算之路：第 3 版[M]. 苟燕楠，董静，译. 上海：上海财经大学出版社.

胡恒松，刘浩，王宪明，等. 2020. 中国地方政府投融资平台转型发展研究 2020[M]. 北京：经济管理出版社.

黄达. 2013. 金融学：第 3 版[M]. 北京：中国人民大学出版社.

霍布斯. 1985. 利维坦[M]. 黎思复，黎廷弼，译. 北京：商务印书馆.

克莱默 M. 2013. 联邦预算：美国政府怎样花钱[M]. 上海金融与法律研究院，译. 北京：三联书店.

勒庞 G. 2016. 乌合之众：大众心理研究[M]. 陈剑，译. 南京：译林出版社.

李 Jr R D，约翰逊 R W. 2002. 公共预算系统：第 6 版[M]. 曹峰，译. 北京：清华大学出版社.

李 Jr R D，约翰逊 R W，乔伊斯 P G. 2010. 公共预算制度：第 7 版[M]. 扶松茂，译. 上海：上海财经大学出版社.

李启成. 2022. 资政院议场会议速记录：晚清预备国会论辩实录（上下卷）[M]. 北京：商务印书馆.

李松森，孙哲，孙晓峰. 2016. 国有资产管理：第 3 版[M]. 大连：东北财经大学出版社.

李燕. 2016. 政府预算管理：第 2 版[M]. 北京：北京大学出版社.

梁发芾. 2010. 清末西方预算制度在我国的传播与建立[J]. 中国财政，（9）：74-75.

林德布洛姆 C. 1988. 决策过程[M]. 竺乾威，胡君芳，译. 上海：上海译文出版社.

林德布洛姆 C. 1994. 政治与市场：世界的政治：经济制度[M]. 王逸舟，译. 上海：上海三联书店，上海人民出版社.

林奇 T D. 2002. 美国公共预算[M]. 苟燕楠，董静，译. 北京：中国财政经济出版社.

刘剑文，熊伟. 2019. 财政税收法：第 8 版[M]. 北京：法律出版社.

刘锦藻. 1988. 清朝续文献通考[M]. 杭州：浙江古籍出版社：8275.

刘立峰. 2018. 政府投资学[M]. 北京：科学出版社.

刘尚希. 2018. 公共风险论[M]. 北京：人民出版社.

刘尚希. 2020. 财政蓝皮书：中国财政政策报告（2020）[M]. 北京：社会科学文献出版社.

刘尚希，傅志华. 2018. 中国改革开放的财政逻辑（1978—2018）[M]. 北京：人民出版社.

刘尚希，石英华. 2018. 公共债务与财政风险[M]. 北京：经济科学出版社.

刘守刚. 2014. 晚清财政思想的现代转向[J]. 经济与管理评论，30（2）：104-109.

刘守刚. 2020. 财政中国三千年[M]. 上海：上海远东出版社.

卢梭 J J. 2018. 社会契约论[M]. 崇明，译. 杭州：浙江大学出版社.

卢真，陈莹. 2015. 澳大利亚政府预算制度[M]. 北京：经济科学出版社.

鲁宾 I S. 2001. 公共预算中的政治：收入与支出，借贷与平衡：第 4 版[M]. 叶娟丽，马骏，等译. 北京：中国人民大学出版社.

罗尔斯 J. 2001. 正义论[M]. 何怀宏，译. 北京：中国社会科学出版社.

罗尔斯 J. 2014. 正义论[M]. 何怀宏，何包钢，廖申白，译. 北京：中国社会科学出版社.

罗森 H S，盖亚 T. 2015. 财政学：第 10 版[M]. 郭庆旺，赵志耘，译. 北京：中国人民大学出版社.

洛克. 1964. 政府论（下篇）[M]. 叶启芳，瞿菊农，译. 北京：商务印书馆.

马蔡琛. 2018. 政府预算：第 2 版[M]. 大连：东北财经大学出版社.

马国贤. 2011. 政府预算[M]. 上海：上海财经大学出版社.

马国贤，等. 2017. 政府绩效管理与绩效指标研究：兼论政府绩效管理“德州模式”[M]. 北京：经济科学出版社.

马海涛，曹堂哲，王红梅. 2020. 预算绩效管理理论与实践[M]. 北京：中国财政经济出版社.

马海涛，肖鹏. 2020. 现代财政制度建设之路：新中国 70 年重大财税发展改革回顾与展望[M]. 北京：中国财政经济出版社.

马金华. 2009. 民国财政研究：中国财政现代化的雏形[M]. 北京：经济科学出版社：29.

马骏，等. 2011. 公共预算：比较研究[M]. 北京：中央编译出版社.

马骏，谭君久，王浦劬. 2011. 走向"预算国家"：治理、民主和改革[M]. 北京：中央编译出版社.

马克思，恩格斯. 1961. 马克思恩格斯全集：第 9 卷[M]. 中共中央马克思恩格斯列宁斯大林著作编译局，译. 北京：人民出版社：67，87.

马克思，恩格斯. 2018. 共产党宣言[M]. 中共中央马克思恩格斯列宁斯大林著作编译局，译. 北京：人民出版社：32.

马斯格雷夫 R A，马斯格雷夫 P B. 2003. 财政理论与实践：第 5 版[M]. 邓子基，邓力平，译. 北京：中国财政经济出版社.

曼昆 N G. 2009. 宏观经济学：第 6 版[M]. 张帆，译. 北京：中国人民大学出版社.

梅耶斯 R T. 2005. 公共预算经典（第 1 卷）：面向绩效的新发展[M]. 苟燕楠，董静，译. 上海：上海财经大学出版社.

缪勒 D C. 1999. 公共选择理论[M]. 杨春学，等译. 北京：中国社会科学出版社.

普雷姆詹德 A. 1989. 预算经济学[M]. 周慈铭，何忠卿，李鸣，译. 北京：中国财政经济出版社.

瑞宾 J，林奇 T D. 1990. 国家预算与财政管理[M]. 丁学东，居昊，王子林，等译. 北京：中国财政经济出版社.

萨缪尔森 P，诺德豪斯 W. 2013. 经济学：第 19 版[M]. 萧琛，译. 北京：商务印书馆.

沙安文，乔宝云. 2006. 政府间财政关系：国际经验评述[M]. 北京：人民出版社.

斯蒂格利茨 J E. 1998. 政府为什么干预经济：政府在市场经济中的角色[M]. 郑秉文，译. 北京：中国物资出版社.

斯坦 H. 2010. 美国的财政革命：应对现实的策略[M]. 苟燕楠，译. 上海：上海财经大学出版社.

童伟. 2013. 俄罗斯政府预算制度[M]. 北京：经济科学出版社.

王广谦. 2011. 中央银行学：第 3 版[M]. 北京：高等教育出版社.

王金秀. 2017. 国家预算管理[M]. 北京：科学出版社.

王绍光. 2002. 美国进步时代的启示[M]. 北京：中国财政经济出版社.

王绍光. 2007. 从税收国家到预算国家[J]. 读书，（10）：3-13.

王绍光. 2018. 抽签与民主、共和：从雅典到威尼斯[M]. 北京：中信出版社.

王绍光，马骏. 2008. 走向"预算国家"：财政转型与国家建设[J]. 公共行政评论，（1）：1-37，198.

王毅，郭永强. 2015. 政府资产负债表：国际标准与实践[M]. 北京：中国金融出版社.

王雍君. 2019. 公共预算与财务管理[M]. 北京：科学出版社.

王泽彩. 2016. 绩效：政府预算的起点与终点[M]. 上海：立信会计出版社.

王泽彩. 2020. 政府预算绩效评价指南：基于绩效评价方法、工具和流程[M]. 北京：经济科学出版社.

威尔达夫斯基 A. 2014. 预算过程中的新政治[M]. 苟燕楠，译. 北京：中国人民大学出版社.

威尔达夫斯基 A，凯顿 N. 2006. 预算过程中的新政治学：第 4 版[M]. 邓淑莲，魏陆，译. 上海：上海财经大学出版社.

威尔达夫斯基 A，斯瓦德洛 B. 2010. 预算与治理[M]. 苟燕楠，译. 上海：上海财经大学出版社.

威廉姆斯 M. 2010. 政府债务管理新趋势与挑战[M]. 张伟，余亮，等译. 北京：中国金融出版社.

吴俊培. 2012. 中国地方政府预算改革研究[M]. 北京：中国财政经济出版社.

西蒙 H A. 2013. 管理行为（珍藏版）[M]. 詹正茂，译. 北京：机械工业出版社.

希克 A. 2000. 当代公共支出管理方法[M]. 王卫星，译. 北京：经济管理出版社.

希克 A. 2011. 联邦预算：政治、政策、过程：第 3 版[M]. 苟燕楠，译. 北京：中国财政经济出版社.

希克 A. 2012. 国会和钱：预算、支出、税收[M]. 苟燕楠，译. 北京：中国财政经济出版社.

习近平. 2020. 习近平谈治国理政：第 3 卷[M]. 北京：外文出版社.

肖鹏. 2014. 美国政府预算制度[M]. 北京：经济科学出版社.

新中国图书局. 1913. 戊壬录[M]. 上海：广益书局.

休斯 O E. 2007. 公共管理导论：第 3 版[M]. 张成福，王学栋，韩兆柱，译. 北京：中国人民大学出版社.

亚伯拉. 2008. 货币战争中的犹太人[M]. 北京：中国书籍出版社.

杨灿明，王金秀. 2010. 政府预算决策与监督实验教程[M]. 北京：经济科学出版社.

杨英. 2016. 全面预算管理全流程实战指南[M]. 北京：人民邮电出版社.

杨志勇，张斌. 2019. 中国政府资产负债表（2019）[M]. 北京：社会科学文献出版社.

於莉，马俊. 2010. 公共预算改革：发达国家之外的经验与教训[M]. 重庆：重庆大学出版社.

张龙平，李璐. 2017. 现代审计学：第 2 版[M]. 北京：北京大学出版社.

张守文. 2014. 财税法学：第 4 版[M]. 北京：中国人民大学出版社.

张中华. 2017. 投资学：第 4 版[M]. 北京：高等教育出版社.

赵雪章. 2006. 彼得·德鲁克管理思想全集[M]. 北京：中国长安出版社.

郑涌，郭灵康. 2021. 全面实施预算绩效管理：理论、制度、案例及经验[M]. 北京：中国财政经济出版社.

中共中央文献研究室. 1999. 毛泽东文集：第 6 卷[M]. 北京：人民出版社.

中国财政学会绩效管理研究专业委员会课题组. 2019. 中国财政绩效报告（2019）：地方经验[M]. 北京：经济科学出版社.

中国人民大学政府债务治理研究中心. 2021. 统筹发展与安全：中国政府债务研究[M]. 北京：中国财政经济出版社.

钟文. 2004. 百年小平（上卷）[M]. 北京：中央文献出版社：218.

朱秋霞. 2005. 德国财政制度（修订本）[M]. 北京：中国财政经济出版社.

朱新蓉. 2019. 金融市场学：第 3 版[M]. 北京：高等教育出版社.

邹进文. 2008. 民国财政思想史研究[M]. 武汉：武汉大学出版社.

Alt J E，Lassen D D，Skilling D. 2002. Fiscal transparency，gubernatorial approval，and the scale of government：evidence from the states[J]. State Politics and Policy Quarterly，2（3）：230-250.

Kopits G，Craig J. 1998. Transparency in government operations[EB/OL]. [2024-07-02]. https://www.imf.org/external/pubs/ft/op/158/op158.pdf.

Migué J L，Gérard Bélanger G，Niskanen W A. 1974. Toward a general theory of managerial discretion[J]. Public Choice，17（1）：27-47.

Poterba J M，von Hagen J. 1999. Fiscal Institutions and Fiscal Performance[M]. Chicago：University of Chicago Press.

Wildavsky A. 1992. "Political implications of budget reform："a retrospective[J]. Public Administration Review，52（6）：594-599.